三聯學術

知其所止
中国古代思想典籍绎说

潘星辉 著

Classics & Civilization

生活·讀書·新知 三联书店

Copyright © 2022 by SDX Joint Publishing Company.
All Rights Reserved.

本作品版权由生活・读书・新知三联书店所有。
未经许可,不得翻印。

图书在版编目(CIP)数据

知其所止:中国古代思想典籍绎说/潘星辉著.—北京:生活・读书・新知三联书店,2022.12
(古典与文明)
ISBN 978-7-108-07516-1

Ⅰ.①知… Ⅱ.①潘… Ⅲ.①思想史-研究-中国-古代 Ⅳ.① B215

中国版本图书馆 CIP 数据核字(2022)第 182150 号

责任编辑	钟　韵	
装帧设计	薛　宇	
责任印制	宋　家	

出版发行　生活・讀書・新知 三联书店
　　　　　(北京市东城区美术馆东街 22 号 100010)
网　　址　www.sdxjpc.com
经　　销　新华书店
印　　刷　河北鹏润印刷有限公司
版　　次　2022 年 12 月北京第 1 版
　　　　　2022 年 12 月北京第 1 次印刷
开　　本　880 毫米 × 1092 毫米　1/32　印张 16
字　　数　319 千字
印　　数　0,001—4,000 册
定　　价　89.00 元
(印装查询:01064002715;邮购查询:01084010542)

"古典与文明"丛书
总 序

甘阳 吴飞

古典学不是古董学。古典学的生命力植根于历史文明的生长中。进入 21 世纪以来，中国学界对古典教育与古典研究的兴趣日增并非偶然，而是中国学人走向文明自觉的表现。

西方古典学的学科建设，是在 19 世纪的德国才得到实现的。但任何一本写西方古典学历史的书，都不会从那个时候才开始写，而是至少从文艺复兴时候开始，甚至一直追溯到希腊化时代乃至古典希腊本身。正如维拉莫威兹所说，西方古典学的本质和意义，在于面对希腊罗马文明，为西方文明注入新的活力。中世纪后期和文艺复兴对西方古典文明的重新发现，是西方文明复兴的前奏。维吉尔之于但丁，罗马共和之于马基雅维利，亚里士多德之于博丹，修昔底德之于霍布斯，希腊科学之于近代科学，都提供了最根本的思考之源。对古代哲学、文学、历史、艺术、科学的大规模而深入的研究，为现代西方文明的思想先驱提供了丰富的资源，使他们获得了思考的动力。可以说，那个时期的古典学术，就是现代西方文明的土壤。数百年古典学术的积累，是现代西方文明的命脉所系。19世纪的古典学科建制，只不过是这一过程的结果。随着现代研究性大学和学科规范的确立，一门规则严谨的古典学学科应运而生。但我们必须看到，西方大学古典学学科的真正基础，乃在于古典教育在中学的普及，特别是拉丁语和古希腊语曾长期为欧洲中学必修，才可能为大学古典学的高深研究源源不断地提供人才。

19世纪古典学的发展不仅在德国而且在整个欧洲都带动了新的一轮文明思考。例如，梅因的《古代法》、巴霍芬的《母权论》、古朗士的《古代城邦》等，都是从古典文明研究出发，在哲学、文献、法学、政治学、历史学、社会学、人类学等领域带来了革命性的影响。尼采的思考也正是这一潮流的产物。20世纪以来弗洛伊德、海德格尔、施特劳斯、福柯等人的思想，无不与他们对古典文明的再思考有关。而20世纪末西方的道德思考重新返回亚里士多德与古典美德伦理学，更显示古典文明始终是现代西方人思考其自身处境的源头。可以说，现代西方文明的每一次自我修正，都离不开对其古典文明的深入发掘。正是在这个意义上，古典学绝不仅仅只是象牙塔中的诸多学科之一而已。

由此，中国学界发展古典学的目的，也绝非仅仅只是为学科而学科，更不是以顶礼膜拜的幼稚心态去简单复制一个英美式的古典学科。晚近十余年来"古典学热"的深刻意义在于，中国学者正在克服以往仅从单线发展的现代性来理解西方文明的偏颇，而能日益走向考察西方文明的源头来重新思考古今中西的复杂问题，更重要的是，中国学界现在已经超越了"五四"以来全面反传统的心态惯习,正在以最大的敬意重新认识中国文明的古典源头。对中外古典的重视意味着现代中国思想界的逐渐成熟和从容,意味着中国学者已经能够从更纵深的视野思考世界文明。正因为如此,我们在高度重视西方古典学丰厚成果的同时,也要看到西方古典学的局限性和多元性。所谓局限性是指,英美大学的古典学系传统上大多只研究古希腊罗马,而其他古典文明研究例如亚述学、埃及学、波斯学、印度学、汉学,以及犹太学等,则都被排除在古典学系以外而被看作所谓东方学等等。这样的学科划分绝非天经地义,因为法国和意大利等的现代古典学就与英美有所不同。例如,著名的西方古典学重镇,韦尔南创立的法国"古代社会比较研究中心",不仅是古希腊研究的重镇,而且广泛包括埃及学、亚述学、汉学乃至非洲学等各方面专家,在空间上大大突破古希腊罗马的范围。而意大利的古典学研究,则由于意大利历史的特殊性,往往在时间上不完全限于古希腊罗马的时段,而与中世纪及文艺复兴研究多有关联(即使在英美,由于晚近以来所谓"接受研究"成为古典学的显学,也使得古典学的研究边界越来越超出传统的古希腊罗马时期)。

从长远看,中国古典学的未来发展在空间意识上更应参考法国古典学,不仅要研究古希腊罗马,同样也应包括其他的古典文明传统,如此方能参详比较,对全人类的古典文明有更深刻的认识。而在时间意识上,由于中国自身古典学传统的源远流长,更不宜局限于某个历史时期,而应从中国古典学的固有传统出发确定其内在核心。我们应该看到，古典中国的命运与古典西方的命运截然不同。与古希腊文字和典籍在欧洲被遗忘上千年的文明中断相比较，秦火对古代典籍的摧残并未造成中国古典文明的长期中断。汉代对古代典籍的挖掘与整理，对古代文字与制度的考证和辨识，为新兴的政治社会制度灌注了古典的文明精神，堪称"中国古典学的奠基时代"。以今古文经书以及贾逵、马融、卢植、郑玄、服虔、何休、王肃等人的经注为主干，包括司马迁对古史的整理、刘向父子编辑整理的大量子学和其他文献，奠定了一个有着丰富内涵的中国古典学体系。而今古文之间的争论，不同诠释传统之间的较量，乃至学术与政治之间错综复杂的关系，都是古典学术传统的丰富性和内在张力的体现。没有这样一个古典学传统，我们就无法理解自秦汉至隋唐的辉煌文明。

从晚唐到两宋，无论政治图景、社会结构，还是文化格局，都发生了重大变化，旧有的文化和社会模式已然式微，中国社会面临新的文明危机，于是开启了新的一轮古典学重建。首先以古文运动开端，然后是大量新的经解，随后又有士大夫群体仿照古典的模式建立义田、乡约、祠堂，出现了以《周礼》为蓝本的轰轰烈烈的变法；更有众多大师努力诠释新的义理体系和修身模式，理学一脉逐渐展现出其强大的生命力，最终胜出，成为其后数百年新的文明模式。称之为"中国的第二次古典学时代"，或不为过。这次古典重建与汉代那次虽有诸多不同，但同样离不开对三代经典的重新诠释和整理，其结果是一方面确定了十三经体系，另一方面将四书立为新的经典。朱子除了为四书做章句之外，还对《周易》《诗经》《仪礼》《楚辞》等先秦文献都做出了新的诠释，开创了一个新的解释传统，并按照这种诠释编辑《家礼》，使这种新的文明理解落实到了社会生活当中。可以看到，宋明之间的文明架构，仍然是建立在对古典思想的重新诠释上。

在明末清初的大变局之后，清代开始了新的古典学重建，或可称为"中国的第三次古典学时代"：无论清初诸遗老，还是乾嘉盛时的各位大师，虽然学问做法未必相同，但都以重新理解三代为目标，以汉宋两大古典学传统的异同为入手点。在辨别真伪、考索音训、追溯典章等各方面，清代都取得了巨大的成就，不仅成为几千年传统学术的一大总结，而且可以说确立了中国古典学研究的基本规范。前代习以为常的望文生义之说，经过清人的梳理之后，已经很难再成为严肃的学术话题；对于清人判为伪书的典籍，诚然有争论的空间，但若提不出强有力的理由，就很难再被随意使用。在这些方面，清代古典学与西方19世纪德国古典学的工作性质有惊人的相似之处。清人对《尚书》《周易》《诗经》《三礼》《春秋》等经籍的研究，对《庄子》《墨子》《荀子》《韩非子》《春秋繁露》等书的整理，在文字学、音韵学、版本目录学等方面的成就，都是后人无法绕开的，更何况《四库全书总目提要》成为古代学术的总纲。而民国以后的古典研究，基本是清人工作的延续和发展。

我们不妨说，汉、宋两大古典学传统为中国的古典学研究提供了范例，清人的古典学成就则确立了中国古典学的基本规范。中国今日及今后的古典学研究，自当首先以自觉继承中国"三次古典学时代"的传统和成就为己任，同时汲取现代学术的成果，并与西方古典学等参照比较，以期推陈出新。这里有必要强调，任何把古典学封闭化甚至神秘化的倾向都无助于古典学的发展。古典学固然以"语文学"（philology）的训练为基础，但古典学研究的问题意识、研究路径以及研究方法等，往往并非来自古典学内部而是来自外部，晚近数十年来西方古典学早已被女性主义等各种外部来的学术思想和方法所渗透占领，仅仅是最新的例证而已。历史地看，无论中国还是西方，所谓考据与义理的张力其实是古典学的常态甚至是其内在动力。古典学研究一方面必须以扎实的语文学训练为基础，但另一方面，古典学的发展和新问题的提出总是与时代的大问题相关，总是指向更大的义理问题，指向对古典文明提出新的解释和开展。

中国今日正在走向重建古典学的第四个历史新阶段，中国的文明复兴需要对中国和世界的古典文明做出新的理解和解释。客观地说，这一轮古典学的兴起首先是由引进西方古典学带动的，刘小枫和甘阳教授主编的"经典与解释"丛书在短短十五年间（2000—2015年）出版了三百五十余种重要译著，为中国学界了解西方古典学奠定了基础，同时也为发掘中国自身的古典学传统提供了参照。但我们必须看到，自清末民初以来虽然古典学的研究仍有延续，但古典教育则因为全盘反传统的笼罩而几乎全面中断，以致今日中国的古典学基础以及整体人文学术基础都仍然相当薄弱。在西方古典学和其他古典文明研究方面，国内的积累更是薄弱，一切都只是刚刚起步而已。因此，今日推动古典学发展的当务之急，首在大力推动古典教育的发展，只有当整个社会特别是中国大学都自觉地把古典教育作为人格培养和文明复兴的基础，中国的古典学高深研究方能植根于中国文明的土壤之中生生不息茁壮成长。这套"古典与文明"丛书愿与中国的古典教育和古典研究同步成长！

      2017年6月1日于北京

目 录

自 序 1

绪论一 1
绪论二 10

《论语》 31

・平圣人 31　・《论语》与性别 33　・孔子刺"今" 36
・人生哲学 37　・孔子的普世性 40

个体・群体・共同体 42

・直面死亡 46　・行学 49　・仁知 51　・道德与财富 55
・佞 60　・尽礼 62　・性分三等 65　・博弈论 67
・政治 70　・华夷之辨 73

《孟子》 77

・还原孟子 77　・孟子与孔子 80　・性善论 82
・赤子之心 85　・好辩 86

保民而王 89

・辞章 94　・乐（yuè）与乐（lè）96　・民本主义与民粹主义 98
・不忍 102　・君子远庖厨 104　・类比 107　・举斯心加诸彼 109
・仁政 110　・定于一 113

《庄子》 116

- 《老子》与《庄子》116 · 庄子与儒家 118
- 庄子与孟子 120 · 无用之用 122

恓惶的逍遥 126

- 绝迹易，无行地难 130 · 小大之辩 131
- 谁是"鹪鹩""偃鼠"135 · 有待无待 139
- 对话 140 · 反客为主 142 · 入世与出世 143
- 宋人惠施 145 · 逃世 147

《抱朴子内篇》 149

- 长生不老 149 ·《抱朴子内、外篇》152 · 道教资源 155
- 骗 157 · 葛洪之死 160

证实不存在之物 164

- 反归纳法（一）170 · 反归纳法（二）173
- 理论证据与实践证据 175 · 外丹与内丹 178
- 无格物真本领 181 · 命定论 183 · 诡辩 186
- 周旋道儒 187

《佛遗教经》 190

- 佛教、佛学与思想 190 · 传教与翻译 191
- 教主的命运 193 · 涅槃经 195

我欲灭度 198

- 苦 205 · 僧侣营生 206 · 第一 209 · 法数 212
- 六贼 215 · 譬喻 216 · 三学 219
- 视死如杀贼 221 · 律宗为苗裔 223

《佛说阿弥陀经》 227

- 大乘佛教 227　·净土宗 228　·宗教与民粹主义 230
- 无量寿经节会 231　·《观无量寿经》234

设计完美世界 237

- 四众 242　·大数 244　·七进制 246　·完美世界 249
- 众鸟 253　·接引往生 256　·佛经重复 258　·三 260
- 舍利弗一言不发 261

《坛经》 264

- 多心经 264　·达摩西来 266　·伪经 268　·棒喝 271

编不圆的故事 275

- 第一人称 281　·愈改愈劣 283　·禅僧常态 285
- 不识字 286　·贬抑神秀 289　·唐宋俗语 290
- 《楞伽经》与《金刚经》292　·下转语 295　·传法偈 298

《朱子语类》 301

- 宋儒与佛教、道教 301　·儒教 305　·语录 309
- 理学与社会 312

伦理化体系 318

- 唯心与唯物 323　·阴阳五行 324　·气 327　·宋太祖 330
- 善恶之源 333　·敬 336　·知与行 337　·明德新民 339
- 内在转向 341

《语录》《传习录》 343

- 六经注我 343　·王学特质 345　·兵家与儒家 347
- 狂悖 353　·晚明民粹主义 357

从心出发的困境　362

・朱、陆异同 368　・才力 371　・格竹子 374

・格物致知 375　・无善无恶心之体 377

・神秘经验与道德 379　・读书法 382　・阳明机锋 384

・心学之病 385

《明夷待访录》　388

・历史假设 388　・遗民"启蒙"的迷思 391

・幻灭、亢奋与非理性 394　・华夷之辨 396

・破坏—再生 398

历史沉思录　402

・《待访录》迷踪 407　・从"留"到"待访" 409

・《潜书》411　・等级君主制 413　・伯夷、叔齐 418

・三代 421　・秦与元 423　・明代君相 424　・君臣父子 426

《阅微草堂笔记》　431

・所见、所闻、所传闻 431　・18世纪灵异调查 433

・顾德懋判冥 436　・《夜谭随录》438　・汉宋之辨 442

另类演绎的丧祭观　447

・鬼证 454　・生死之际 455　・着装 458　・棺殓 461

・出殡与回煞 462　・入土为安 465　・堪舆 468

・祭与享 471　・墓祭与庙祭 473　・宗族社会 476

参考文献　480

自　序

作为一个"70后",我是在"批林批孔"、鼓吹"儒法斗争"的尾声和余响里接触儒家及孔子的,"小人书"《孔老二罪恶的一生》给我留下了深刻印象。先父对"孔、孟之道"始终持批判态度,我推想并不全是"文化大革命"所致,这影响了青少年时代的我。但就我知道的《论语》的只言片语来说,仍有些内容是我认可的。高中二年级,翻阅过蔡志忠先生关于传统哲学的系列漫画,中、日合拍的木偶片《不射之射》,亦堪称惊鸿一瞥。就读外语学院期间,买了第一本佛经《圆觉经》。毕业到银行工作,尝试系统浏览先秦子书,最得趣的非《庄子》莫属。

等有条件把学习当作职业和生活的一部分时,除了现代学科体系下的明、清史研究,我其实走上的是传统"文史之学"的道路,在这方面,钱锺书先生《管锥编》的诱掖之功至巨。《管锥编》是古人学术笔记的今版,学术笔记则是宋代古典学术成熟的产物。孟子说:"以友天下之善士为未足,又尚论古之人。颂其诗,读其书,不知其人,可乎?是以论其世也,是尚友也。"[1]这是"文史之学"的最高蕲向。

---

[1] 杨伯峻译注《孟子译注·万章下》,北京:中华书局,2003年,第251页。

孟子又说："万物皆备于我矣。反身而诚，乐莫大焉。"[1]这是"文史之学"的最高境界。

2012—2017年，我把上海交大历史第二专业课程的"中国文化史"讲成了"古代思想史"，按照先秦儒家、道家、道教、佛教、理学、明清之际思想及清代三教混融的次第，选钞《论语》《孟子》《庄子》《抱朴子内篇》《佛遗教经》《佛说阿弥陀经》《坛经》《朱子语类》《语录》《传习录》《明夷待访录》《阅微草堂笔记》的部分内容，供讲解之用。课程易人后，我开始考虑，结合课外的学习心得，以一本书记录下它的主旨。

于是，我保留了讲解素材（文选有调整），对应课堂讲解，采取学术笔记的形式，分设若干条目，进行二度创作。其中，文选之前的条目，系就作者、著述、思想流变等进行讨论，文选之后的条目，系围绕文选的字、句、观念等展开考辨、分析和引申（征引文选标为黑体字）。本书致力于发挥传统札记——包括注释在内——舒缩自由的优长，既在不同面向、层次间灵活切换，又回环掩映，精神贯通，在"总体史"的关照下，打通"文""史"，不囿于"大、小传统"的界划，探索古代思想的内在紧张及外在局限，细微到文字训诂，广阔到文明异化，提出与先贤、时彦不尽相同的认识。

诚然，如果说，可以不断补苴、增订，是札记体写作

---

[1]《孟子译注·尽心上》，第302页。

的优点，那么，需要不断补苴、增订，也是其缺点所在，本书自不例外。比起论文式写作，它更呈现出阶段性研究成果的面貌。而本书不讳言中、西学术差异，这背后则是我对中、西古代历史大分流的判断，相关思考在书中仅露端倪，尚未能畅所欲言，也是不得不承认的。

葛兆光先生《中国思想史·导论》一上来就质疑了传统"思想史"或"哲学史"著作，称它们呈现的"是睿智的哲人系列和经典系列，从孔子到康有为，从《诗经》到《大同书》"，而他更关注"在精英和经典的思想与普通的社会和生活之间"的"一般知识、思想与信仰"。[1] 他的质疑有道理，关注也成立，由此出发，走向新的构建。我却还想在他离开的地方逗留：一方面，经典思想体现了古人终极性的焦虑、困惑和反省、追问，值得不断回归，需要准确领会；另一方面，沟通精英、经典与社会、生活，也尽有开放、活泼的手法，而开放、活泼本身就意味着沟通吧？

本书有意区别于坊间的许多"高头讲章"——绝无贬义，但它们的确是当今的"高头讲章"，毕竟，假如没人错峰出行，大家都会堵在道上。

二〇二一年六月于上海交通大学枕籍室

---

[1]《中国思想史·导论（上）》，上海：复旦大学出版社，2005年，第9、13页。

绪论一

作为认真学历史的人，我关注的"思想史"从来都是"总体史"的一部分。这意味着，首先，思想并不具备某种先天的优越性或超越性，而是受到历史的深刻限制，它可以是高扬的风筝，却总归不是断了线的风筝；其次，即使最大程度地强调思想对历史发展的影响，鉴于历史进程如此曲折、错乱，思想的力量若不是无序的，也必然是不稳定的。

鲁迅在一篇杂文里写道："历史结帐，不能像数学一般精密，写下许多小数，却只能学粗人算帐的四舍五入法门，记一笔整数。[1]中国历史的整数里面，实在没有什么思想、主义在内。这整数只是两种物质，——是刀与火，'来了'便是他的总名。火从北来便逃向南，刀从前来便退向后，一大堆流水帐簿，只有这一个模型。"秦始皇歆动刘邦、项羽之处，"便只是纯粹兽性方面的欲望的满足——威福、子女、玉帛——罢了。然而在一切大小丈夫，却要算最高理想（？）了"。"大丈夫'如此'之后，欲望没有衰，身体却疲敝了；而且觉得暗中有一个黑影——死——到了身边了。于是无法，

---

[1] 本书引文的标点，有错误或特别不符今天规范用法者，径改，特此声明。

只好求神仙。这在中国,也要算最高理想了。""求了一通神仙,终于没有见,忽然有些疑惑了。于是要造坟,来保存死尸,想用自己的尸体,永远占据着一块地面。这在中国,也要算一种没奈何的最高理想了。""现在的外来思想,无论如何,总不免有些自由平等的气息,互助共存的气息,在我们这单有'我',单想'取彼',单要由我喝尽了一切空间、时间的酒的思想界上,实没有插足的余地。"[1]引文长了些,但贵在没什么废话。经过了"四舍五入"的中国古代史或思想史,我觉得差不多就是这样。该文发表于1919年,本是兼论"大小丈夫"的,不过,还是偏"大丈夫"多些,而发表于1925年的另一篇文章对此做了重要补充,即从"百姓"的角度将中国历史分成"想做奴隶而不得的时代"和"暂时做稳了奴隶的时代"。[2]子贡说:"识其大者。"[3]孟子说:"先立乎其大者。"[4]这就好比我们总得先区分开羊和狼、猴子和鳄鱼或农夫和蛇,然后再讲它们的故事。

---

[1]《随感录·五十九·"圣武"》,《鲁迅全集》第二卷《热风》,上海:上海科学技术文献出版社,据1938年版影印,2016年,第74—76页。"来了",源自《随感录·五十六·"来了"》中的指代,比如末尾举例说:"民国成立的时候,我住在一个小县城里,早已挂过白旗。有一日,忽然见许多男女,纷纷乱逃:城里的逃到乡下,乡下的逃进城里。问他们什么事,他们答道:'他们说要来了。'"在这篇杂文里,鲁迅已得出结论:"无论什么主义,全扰乱不了中国;从古到今的扰乱,也不听说因为什么主义。"第68页。另参《且介亭杂文附集·"立此存照"(六)》,《鲁迅全集》第六卷,第636—637页。
[2]《鲁迅全集》第一卷《坟》,第197页。
[3]杨伯峻译注《论语译注·子张》,北京:中华书局,1998年,第203页。
[4]《孟子译注·告子上》,第270页。

清晰的历史感不只是浪漫和幽默的杀手，强化历史维度必然导致批判——否定完美，解消信仰，没什么是不能拷问的。这就是"煞风景"与"凑热闹"的区别，前者像孩子说出"皇帝什么也没穿"，而后者像孩子希望节日的焰火永不熄灭。

中国传统学术本是文、史、哲（经、子之学）不分家的，亦无西方意义上的思想史一说，后人对前人思想的研究通常采取注释方式（学术笔记是其变种）。直至19世纪末西学东渐，按西方学术体系全盘改造中学已无法抗拒，但过渡期的学者大多阳奉阴违，从章太炎、梁启超到钱穆、钱锺书等，都是如此。待学术体系西化完成，思想史独立出来，则为一般的历史学者所勿道。在我看来，这很不合理，尤其无助于解决另一问题：把思想史家和思想家混为一谈。

对精神性、理念性的对象，历来存在这样的研究模式：以自我为中心，向历史与文献取证，雄辩滔滔，强人就己，走入"演绎"研究的歧途，研究者甚至俨为思想之化身，直到蜕掉外皮，自命新教主。——思想史家每变为思想家，这对思想发展来说或许是好事，但思想史却做了垫脚石和敲门砖。而扭曲乃至篡改了思想史的思想会变得更高明吗？

思想史研究当安于"归纳"，立足文献解读和历史发掘，努力复原思想人物的历史情境与本来面目，听其言，观其效。思想史家免不了有思想，就像思想家会从思想史中受益一样，但前者关心"已然"和"实然"，后者关心"未然"和"应然"，这种区分总是有意义的。

迄今为止，中国文明经历了两次西化。

第一次当然是佛教化。其效应开始显现，不晚于东汉后期，至唐中期盛极而衰。但这仅仅是表象，论底里，却是佛教找到了中国化的门道。其标志，即经过禅宗的转圜，儒学终与佛学"联姻"，产下了"混血儿"——理学，仍冠"父姓"为儒。易言之，宋、明理学家以受佛教熏染的意识阐释早期儒学，熊十力、马一浮、梁漱溟等为嗣响，欧阳竟无索性说："呜呼，孔学亡矣！若能精内典、娴般若，兴晋以秦者，文、武之道犹不尽坠于地欤！"[1]

第二次当然是晚清以来的西学东渐。张之洞慨言："沧海横流，外侮洊至，不讲新学则势不行，兼讲旧学则力不给。"[2] 结论岂非唯有将"新"替"旧"？有人想把西学看成中学走失复归之子，但实际发生的更像中学被继给西学为子。或许还是讲中、西"联姻"比较妥当，却不知这回该冠谁的姓？[3] 换句话说，近代以来，每个中国学者都是西方文化的"代理人"。这次西化更全面、更彻底，从根本上改造了中国文明，思想家以受"西方哲学—基督教"熏染的意识重构传统思想，不过是其一端而已。

---

[1]《孔学杂著·论语十一篇读叙》，济南：山东人民出版社，1997年，第20页。
[2]《劝学篇·守约第八》，上海：上海书店出版社，2002年，第24页。
[3] 梁启超《论中国学术思想变迁之大势》所说"二十世纪，则两文明结婚之时代也，吾欲我同胞张灯置酒，迓轮俟门，三揖三让，以行亲迎之大典，彼西方美人必能为我家育宁馨儿以亢我宗也"，实属肉麻的一厢情愿。见《饮冰室合集》第一册，北京：中华书局，2003年，第4页。

姑且以19世纪为界，之前的西化我们只能作为遗产继承，之后的西化仍在进行中。"我们是否该任由第二次西化覆盖第一次？"对此，思想家与思想史家的回答理应不同。牟宗三先生说："凡是大的宗教都有其高度的真理性，亦皆可互相启发与补助。以前的理学家，由于受佛学的刺激，而对先秦的儒学作出深化的理解，如今的中国文化工作者，当亦可接受耶教的刺激，而对传统的三教作更深的理解。道德宗教方面如此，哲学方面当亦如此。"[1]而章太炎说：

> 中、西学术本无通途，适有会合，亦庄周所谓"射者非前期而中"也。今徒远引泰西以征经说，有异宋人以禅学说经邪？夫验实则西长而中短，冥极理要，释迦是，孔父非矣。九流诸子自名其家，无妨随义抑扬，以意取舍。乃者以笤篛笺注六艺，局在规蒦，而强相皮傅，以为调人，则只形其穿凿耳。稽古之道略如写真，修短黑白，期于肖形而止。使妍者嫫，则失矣，使嫫者妍，亦未得也。[2]

---

[1]《中国哲学的特质》第十一讲《中国哲学的未来》，上海：上海古籍出版社，1998年，第90—91页。参周作人《圣书与中国文学》："提及《新、旧约》的内容正和中国的经书相似：《新约》是四书，《旧约》是五经，——《创世记》等纪事书类与《书经》、《春秋》，《利未记》与《易经》及《礼记》的一部分，《申命记》与《书经》的一部分，《诗篇》、《哀歌》、《雅歌》与《诗经》，都很有类似的地方。"黄志清编《周作人论文集》，香港：汇文阁书店，1972年，第69—70页。

[2]《太炎文录初编·文录》卷二《与友人论〈朴学报〉书》，上海：上海书店，1992年，第7页a-b。案《庄子·杂篇·徐无鬼》：（转下页）

"笤篙"此处指粗浅的义解,"局在规蒦"指规模局促。章氏长牟氏四十年,身丁中、西文化碰撞最激烈的阶段,目光如炬不受谩,前、后学人尽当辟易。

今天的历史学者必须勇于"自我分裂",以现代人活在当下,静志素心潜返古代。这种"分裂"尚不至使人迷失,因为古、今固然千差万别,到底有路相通。其中,回归典籍是强化历史感的根本,毕竟古代中国史主要靠典籍来还原。同时,强化历史感能使典籍解读因准确定位而减少失误。两者可望形成良性的循环互证。就思想典籍来说,我们似乎抵达了一个临界点:总的文本释读已趋完成,以此为基础的普及——选注、注译、白话讲解——也近乎无死角,学术突破只能诉诸新材料发现了。然而,隐患就在其中。

比如,先秦典籍经过两千多年的传承,形成了某些陈陈相因的诠释套路,像《庄子·徐无鬼》的"故足之于地也践,虽践,恃其所不蹍而后善博也;人之于知也少,虽少,恃其所不知而后知天之所谓也",[1]早期道家文献在摘抄、征引时,就因割裂语境产生偏差,辗转与《外物》的"天〔夫〕地非不广且大也,人之所用容足耳,然则厕足而垫之致黄泉,人

(接上页)"射者非前期而中,谓之善射,天下皆羿也,可乎?""前期"指"事先预期",郭象注:"不期而中,谓误中者也,非善射也,若谓谬中为善射,是则天下皆可谓之羿,可乎?言不可也。"成玄英疏称"期,谓准的也",反滋纠绕。见郭庆藩《庄子集释》卷八,北京:中国书店,据扫叶山房本影印,1988年,第18页b。

[1]《庄子集释》卷八《杂篇》,第27页b。

尚有用乎"[1]相串合,至唐成玄英做了最贴切文本的解释:"践、蹑俱履、蹈也。夫足之能行,必履于地,仍赖不践之土而后得行,若无余地,则无由安善而致博远也。"[2]遂贻误至今。只有不回避矛盾,先回到问题的起点,才能走向真正的终点。[3]

又如,由于对明代军事制度不熟悉,黄宗羲《明夷待访录·兵制一》"十有二总领卫一百四十旗军十二万六千八百人"一句,到目前为止的重排本常点作"十有二总领卫一百四十旗,军十二万六千八百人",《明夷待访录校释》且注称:"'十有二总领卫',即:金吾前卫、金吾后卫、羽林左卫、羽林右卫、府军卫、府军左卫、府军右卫、府军前卫、府军后卫、虎贲左卫、锦衣卫、旗手卫。"[4]雪上加霜。原句实应点作"十有二总,领卫一百四十,旗军十二万六千八百人","卫"后应补一"所"字。[5]充分运用史学技能,精准

---

[1] 《庄子集释》卷九《杂篇》,第5页a。
[2] 《庄子集释》卷八《杂篇》,第27页b。
[3] 参拙作《〈庄子·徐无鬼〉"践—知"论索解》,《经学文献研究集刊》第十四辑,上海:上海书店出版社,2015年,第60—67页。
[4] 孙卫华校释《明夷待访录校释》,长沙:岳麓书社,2011年,第76页注6。
[5] 参陈建《皇明从信录》卷二十八,嘉靖元年(1522)三月户部尚书孙交、兵部尚书彭泽会疏:"领运十有二总,共领卫所一百四十、旗军十二万六千八百人。"《续修四库全书·史部》第355册,上海:上海古籍出版社,2002年,第462页上栏。段志强译注本《明夷待访录》(以下引此书均出此版)引之,作"领运十有二总领卫一百四十旗,军十二万六千八百人",脱"共"字,北京:中华书局,2017年,第126页注6。邓元锡《皇明书》卷十作:"领运则十有二总兵,(转下页)

地追溯,细致地分梳,尤为政治思想研究的基本保障。

在古籍整理造极而衰、古籍研读每况愈下的今天,厘定趋于定型的舛讹,揭示被屏蔽、掩盖的真相,已成文化传承和学术突破的当务之急。

本书题目的"知其所止"四字,是从《大学》"子曰:'于止,知其所止,可以人而不如鸟乎?'"[1]截取来的。实则开篇一节:"知止而后有定,定而后能静,静而后能安,安而后能虑,虑而后能得。物有本末,事有终始,知所先后,则近道矣。"[2]何妨看作是在推究"求知"的要领与次第?真正的思想阐释应"知其所止":一,原原本本,不过度演绎,即回归原典,精读原典,并将其规限在具体历史情境中;二,不迷信、不将顺,即不神化古人及经典,不讳言其缺失,不替他(它)自圆其说;三,警惕中、西文化比较,特别是将西方文化预设为普适文化,对中国传统思想进行疏通、改造和构建;四,面对人类社会的复杂性,承认思

(接上页)领卫所一百有四十,为军旗十有二万六千八百人。"误"共"为"兵"、"旗军"为"军旗",《四库全书存目丛书·史部》第二十九册,济南:齐鲁书社,1996年,第129页上栏。案申时行等《明会典》卷二十七《户部十四·会计三·漕运》载有督运把总十二员,领卫所一百二十四,当是后来有所调整,北京:中华书局,2007年,第196—197页。张廷玉等《明史》卷七十九《食货三·漕运》概称:"漕司领十二总、十二万军。"北京:中华书局,1991年,第1922页。

[1] 朱熹《四书章句集注·大学章句》,北京:中华书局,2006年,第5页。案《大学》《中庸》与《礼记》其他篇章里的"孔子曰""子曰""仲尼曰"云云,都未必出自孔子之口,本书征引,一般用为早期儒家思想资料。

[2]《四书章句集注·大学章句》,第3页。

想的局限，即古人思想实际解决不了古代社会问题，[1]遑论现代社会问题，今人思想已无法对古代社会施加影响，为效如何，固无从验证，但就现代社会而言，总体上亦穷于应付。——最后，必须承认，"止"亦不能免于后现代主义困境：后人可能永远也不可能回到文本的初衷和本旨了。

---

[1] 这一点，古人像吕坤那样坦诚的并不多："儒者惟有建业立功是难事。自古儒者成名多是讲学、著述，人未尝尽试所言，恐试后，纵不邪气，其实成个事功、不狼狈以败者定不多人。"《呻吟语》卷四之四《品藻》，长沙：岳麓书社，2016年，第224页。

绪 论 二

一 巫

"生民之初,必方士为政。"[1]将中国古代文明溯源至巫术,已是常识。放眼望去,诸如北方通古斯人的萨满教,中原商人的迷信,南方楚人的巫风,既形成了空间上的全覆盖,亦在时间上无罅隙,直至时空交错,混融变异。学界的分歧仅仅在于如何认定这种文明的祛魅进程。

李零先生反思说:"过去,学界对中国古代文化的认识往往注意的只是从百家争鸣到儒家定于一尊这一过程,而很少考虑在先秦诸子'之前'和'之下'还有以数术方技之学为核心的各种实用文化。特别是他们还从这种发展的结果看问题,即汉以后的儒学一直是扮演着官方意识形态的角色,影响着官僚士大夫的一举一动;而儒学又是以人文教育为内容,'不语怪神,罕言性命'(《后汉书·方术列传》)。因此,人们往往把中国文化理解为一种纯人文主义的文化。但近年来随着考古发现的增多,我们已日益感觉其片面。在我们看

---

[1] 章太炎《訄书(初刻本)·干蛊第十七》,《章太炎全集(三)》,上海:上海人民出版社,1984年,第33页。

来,中国文化还存在着另外一条线索,即以数术方技为代表,上承原始思维,下启阴阳家和道家,以及道教文化的线索。"[1]早期中国文明研究者振衣千仞、俯视文明之开展,会不自觉地秉持"历史目的论",要借助考古才走得出五里迷雾。我则以为,只要丢掉"近代化"的有色眼镜,完整认识明、清史,由此"倒逼",就能更直接、更鲜活地重现中国文化的原貌。而我的判断是:"随着原始巫术生发出文明的各个面向,巫术思维贯穿整个古代史,弥散于社会的方隅,沦浃于社会的肌髓,它是编织社会生活的经纬,总能因物赋形,即体即用。在这个意义上,一部中国史就是一场规模浩大而延绵不绝的巫术活动。"[2]

出于表达之便,我自《周易·系辞上》"形而上者谓之道,形而下者谓之器"[3]这一家喻户晓的定义,提出一对兼具名词性和动词性的概念:"形上化"和"形下化"。一般地讲,从具体的事物中升华出抽象的理念,为形上化;反之,将抽象的理念坐实为具体的事物,为形下化。显然,与形上化近于抽象化、精神化、本体化、内化等一样,形

---

[1]《中国方术考》(修订本)之《绪论:数术方技与古代思想的再认识》,北京:东方出版社,2001年,第14—15页。"文化"后有注释:"参看首届国际中国文化学术讨论会(上海,1986)论文集《中国传统文化的再估计》,上海人民出版社,1987年,4页。"
[2] 潘星辉《返魅之旅:中国古代美术异史》,杭州:浙江大学出版社,2017年,第38页。
[3]《周易·系辞上》,《断句十三经经文》,台北:开明书店,1978年,第24页。另参同页:"见乃谓之象,形乃谓之器。"

下化也略同于具体（象）化、物（器）化、形式化及外化等。此外，形上化和祛魅，形下化和附魅，也形成了紧密的对应关系。

偏于形上化还是形下化，意味着文明发展的不同走向。西方哲学代表了一种高度形上化的意识形态，而古代中国的思想演进则显得中途半端，并时时呈现出逆转为形下化的趋势。中国巫术内核思想层面的"脉动"，以"张"（即形下化）为主，"缩"（即形上化）是有限的和微弱的，全程可概括如下：

商（张）——周（缩）——秦汉（张）——魏晋玄学（缩）——南北朝、隋唐佛教与道教（张）——宋明理学（缩）——清（张）

在这里只须强调巫术具有明显的形下化特征，探讨中国文明的形上或形下化，实际上既是出发点，也是归宿处。

如果说将道德悬为鹄的是中国早期文明的一次伟大的形上化运动，那么，这当中已蕴涵了形下化的"衰变"。道德意识的过早成熟使它还远不具备足够的支撑，以致差不多从一开始，它便转向了形下化。礼仪就是一种极其独特的形下化模式。由此生发的儒家思想注定要在形上化与形下化之间摇摆前行。周代确立了"巫术·道德·礼仪"的三位一体关系。相对于先秦的原始儒学，两汉儒学与阴阳、谶纬合流，[1]是严重的形下化转变，而中唐以降的新儒家则做出了新的形上化努力。时至清代，趋向再次反复，对宋学的猛烈冲击也因此变得更耐人寻味。

所谓"轴心突破"，不妨同形上化联系起来，但一度"百家争鸣"的先秦文化很快便烟消云散，除政治环境的变迁外，缺乏可靠支撑同样是致命的因素。硕果仅存的法家与儒家形成了寄生关系，道家一度跟儒家合成玄学的"变奏"，但其主流则重新归附它的母体——巫术，不得不在道教那里完成了形下化。

我怀疑原始佛教和儒学一样，即使本身是形上化的产物，也极易逆转而形下化。事实上，它在东土的传播不啻为中国文明注入了新的形下化血液，尤其是它与道教的结合，进一步动摇了儒家本不坚牢的形上化立场。其中，禅宗近乎是佛教的一次形上化反弹，并影响了新儒家的取向，但终究未免于漂没在世俗信仰的汪洋大海中。

在古代中国，思想可以断裂，技术可以失传，意识形态的形下化却可以不断继承和累积。这是我们特别能从纪昀的《阅微草堂笔记》里体会到的。

二 历史之恶

巫术中已包含像欺诈这样的"恶"。在巫术的后世流衍

---

[1] 参朱铸禹汇校集注《全祖望集汇校集注·经史问答》卷五《三礼问目答全藻》："予尝谓汉人谶纬巫鬼之说，实皆始于春秋之世。"上海：上海古籍出版社，2000年，第1934页。

中，骗术毋宁说成了最核心的技术。巫师通常最早意识到本行当之无效，并不得不借助欺诈维护自身利益。这是人类心智发展的一次"坎陷"：理性以非道德的方式在非理性内部孕育出来。

当然，论到"恶是历史发展的动力的表现形式"[1]，恩格斯曾义愤填膺地指斥："最卑下的利益——无耻的贪欲、狂暴的享受、卑劣的名利欲、对公共财产的自私自利的掠夺——揭开了新的、文明的阶级社会；最卑鄙的手段——偷盗、强制、欺诈、背信——毁坏了古老的没有阶级的氏族社会，把它引向崩溃。"[2] 暂且搁置社会形态的区划，在中国，这段话大致可涵括整部上古史，对春秋—战国的思想世界，尤可作燃犀之照。不仅三代的"黄金时代"，就连西周的"制礼作乐"，都很少不了东周、秦、汉人的想象与加工。两千多年前的实际情况，必定是"历史之恶"一次次打破简单、平静的生活，然后才激发出人类对秩序、道义和理想的追求。《老子》说："失道而后德，失德而后仁，失仁而后义，失义而后礼。"[3] 良知总在卑劣的冲动后浮现，难道不是

---

[1]《路德维希·费尔巴哈和德国古典哲学的终结》，《马克思恩格斯选集》第四卷，北京：人民出版社，2001年，第237页。
[2] 恩格斯《家庭、私有制和国家的起源》，《马克思恩格斯选集》第四卷，第97页。他接着写道："而这一新社会自身，在其整整两千五百余年的存在期间，只不过是一幅区区少数人靠牺牲被剥削和被压迫的大多数人而求得发展的图画罢了。"
[3]《老子道德经·三十八章》，台北：文史哲出版社，1997年，第81页。

人类史的铁律吗？[1]

"大道既隐，天下为家"，"谋用是作，而兵由此起"。[2]"自黄帝已下，干戈峥嵘。"[3]我们不妨把凶险的政治归并于残酷的战争，从而简化思想史的脉络。孟子说："春秋无义战。"[4]司马迁谓六国"务在强兵并敌，谋诈用而从衡、短长之说起。矫称蜂出，誓盟不信，虽置质剖符，犹不能约束也"。[5]"战争无非是政治通过另一种手段的继续"，这是出自克劳塞维茨（Klausewitz）《战争论》的名言。然而，在人类历史的早期，很可能政治是战争"通过另一种手段的继续"。[6]李泽厚先生也说："战争在中国上古文化和思

---

[1] 罗伯特·赖特（Robert Wright）《非零和：人类命运的逻辑》第十六章《自由的程度》提出：在历史上，"仇恨能够促使社会中的善意进一步扩大。贪婪以及对地位、对控制他人的渴望，会推动技术向前进化，而技术的进化则允许人们获得更多的自由。"北京：新华出版社，2019年，第305页；亦参第十九章《为什么生命会如此复杂》"在生物以及文化进化当中，都是零和在刺激非零和的出现"，第356页；第二十二章《你把这称为神？》"非零和确实既由零和创造，又因零和而存在"，第413页。这是将"非零和"确立为新的"历史目的"，与以往的"历史目的论"并无本质不同。

[2] 《礼记·礼运》托为孔子之言，《断句十三经经文》，第43页。

[3] 杨伦《杜诗镜铨》后附张潽《读书堂杜工部文集注解》卷二《前殿中侍御史柳公紫微仙阁画太一天尊图文》，上海：上海古籍出版社，1998年，第1103页。

[4] 《孟子译注·尽心下》，第324页。

[5] 《史记》卷十五《六国表序》，上海：上海书店，1992年，第421页。

[6] 钱锺书《管锥编》第三册《全上古三代秦汉三国六朝文》六《全上古三代文卷八·"以战续之"》论称："苏秦《上书说秦惠王》：'夫徒处而致利，安坐而广地，虽古五帝、三王、五伯、明主贤君常欲坐而致之，其势不能，故以战续之。'按'续'如'貂不足，狗尾续'之'续'，完成之、补足之也。《战国策·秦策一》此节高诱注：'"续"（转下页）

想的形成中起了非常重要的作用，它是中国上古思想走向理性化的一个基础或原因。这不只在'由巫到礼'的过程中，而且还在后世道家、法家的产生形成中。"[1] 在此意义上，我也倾向于视兵家为先秦诸子的先驱。何炳棣先生乃力主《孙子兵法》是"中国现存最古的私家著述"，他"通过《吴问》与《左传》的对核"，认为《孙子》十三篇和《吴问》都可确定是撰成于吴王阖庐三年（公元前512年），孔子时年四十。《孙子》及《吴问》的撰成应早于《论语》的编就至少两个世代"。他更进一步说，这样的结论"可能引起最基本的大课题应是如何重新考订、分析、权衡、界定'轴心时代'中国哲学的轴心"。[2] 毫无疑问，它针对的正是余英时

（接上页）犹备其势也。'孙诒让《札迻》卷三云：'《说文·系部》：续，古文作'赓'，与古'庚'通，《月令》郑注云'庚之言更也'，言以战更之也。高注未允。'似属多事。'备'非'预备'之'备'，乃'完备'之'备'，谓全局可结，非谓先事以筹。近世德国兵家言：'战争乃政治之继续而别出手法者。'正是'以战续之'之旨。更端以说，翩其反而，苟谓政治为战争之续，同归而殊途，似无不可。直所从言之异路耳。"北京：中华书局，1996年，第863—864页。此"德国兵家"即克劳塞维茨。钱氏归诸"从言之异路"，我则相信历史正是以这样的方式展开的。

[1]《新版中国古代思想史论·补篇·说巫史传统》，天津：天津社会科学院出版社，2008年，第337页。此页注1称："何炳棣教授有墨子源于孙子说，认为墨子秉承孙子，懂兵书，曾为秦（时国势尚弱）守城拒魏，其后，墨家融入法家。我赞同此说。"

[2]《何炳棣思想制度史论》第七章《中国现存最古的私家著述：〈孙子兵法〉》，台北：联经出版事业有限公司，2013年，第215—216页。次章即《中国思想史上一项基本性的翻案：〈老子〉辩证思维源于〈孙子兵法〉的论证》。李零《兵以诈立：我读〈孙子〉·自序》表认同，北京：中华书局，2012年，第3—4页。在我看来，兵家与道家固然都追求成功之道，但兵家随机应变，道家则主于"以柔克刚""以弱胜强"，方向单一，（转下页）

先生概括的观点:"在过去几十年间,针对雅斯贝斯的'突破'概念已经进行了大量讨论,大家一致认为,孔子时代中国精神的巨大转型若被视作轴心时期众多主要突破之一,可能会得到更好的理解。"[1]

赋予孔子核心地位,进而围绕孔子强调"礼崩乐坏"的决定意义,看来是汉儒一早完成了的构建,比如刘歆《移让太常博士书》即称:"周室既微,而礼乐不正,道之难全也如此。是故孔子忧道之不行,历国应聘,自卫反鲁,然后乐正,《雅》《颂》乃得其所。修《易》序《书》,制作《春秋》,以纪帝王之道。及夫子没而微言绝,七十子终而大义乖。重遭战国,弃笾豆之礼,理军旅之陈,孔氏之道抑,而孙、吴之术兴。陵夷至于暴秦,燔经书,杀儒士,设挟书之法,行是古之罪,道术由是遂灭。"[2] 不过,其父刘向叙《战国策》,却能扣紧一"战"字,向我们展示道德、法术消长的恢弘画卷:"五伯之后,时君虽无德,人臣辅其君者""犹以义相支持"。"及春秋之后,……礼义衰矣。孔子虽论

(接上页)可有不同的思想渊源。班固《汉书》卷三十《艺文志》不就说:"道家者流,盖出于史官,历记成败、存亡、祸福、古今之道,然后知秉要执本,清虚以自守,卑弱以自持,此君人南面之术也。"北京:中华书局,2010年,第1732页。章太炎《訄书(初刻本)·儒道第三》亦谓:"老聃为柱下史,多识掌故,约《金版》《六弢》之旨,箸五千言,以为后世阴谋者法。"《章太炎全集(三)》,第9页。在这样的视野里,单纯的军事斗争又下降为局部问题了。

[1] 余英时《轴心突破和礼乐传统》,收入《现代儒学的回顾与展望》,北京:生活·读书·新知三联书店,2004年,第399页。
[2] 《汉书》卷三十六《刘歆传》,第1968页。

《诗》《书》，定礼、乐，王道粲然分明，以匹夫无势，化之者七十二人而已，皆天下之俊也，时君莫尚之。是以王道遂用不兴。""仲尼既没之后，田氏取齐，六卿分晋，道德大废，上下失序。至秦孝公，捐礼让而贵战争，弃仁义而用诈谲，苟以取强而已矣。夫篡盗之人，列为侯王；诈谲之国，兴立为强。是以传（一作转）相放效，后生师之，遂相吞灭，并大兼小，暴师经岁，流血满野，父子不相亲，兄弟不相安，夫妇离散，莫保其命，湣然道德绝矣。晚世益甚，万乘之国七，千乘之国五，敌侔争权，盖为战国。贪饕无耻，竞进无厌。国异政教，各自制断。上无天子，下无方伯。力功争强，胜者为右。兵革不休，诈伪并起。当此之时，虽有道德，不得施谋。"[1]就指斥的力度而言，实与恩格斯不相上下。吕坤概括之为："春秋人计可否，畏礼义，惜体面。战国人只计利害，机械变诈，苟谋成计得，顾甚体面？说甚羞耻？""战国是个惨酷的气运、巧伪的世道，君非富强之术不讲，臣非功利之策不行。"[2]

先秦思想史始于兵家，终于法家，竟具圆满的内在逻辑。

三 从感应到类比

弗雷泽（Frazer）《金枝》的读者不难联想到中国古代的"交感巫术"。照他的说法，基于交感律的交感巫术包括基

---

[1]《战国策·叙》，上海：上海书店，1993年，第1—2页。
[2]《呻吟语》卷四之四《品藻》，第210页；卷四之三《圣贤》，第186页。

于相似律的顺势巫术和基于接触律或触染律的接触巫术，[1]前者如拴娃娃，后者如剪发辫，巫蛊之术往往两者相结合。"感应"一语的出现盖不晚于《周易·咸》："柔上而刚下，二气感应以相与。"[2]程颐说："天地之间，只有一个感与应而已，更有甚事？"[3]朱熹阐释道："盖阴阳之变化，万物之生成，情伪之相通，事为之终始，一为感，则一为应，循环相代，所以不已也。"[4]足以代表古人亘数千年不变的认识。

早期文献载及"感应"，已在一定程度的祛魅后，如《周易·乾》："同声相应，同气相求。水流湿，火就燥。云从龙，风从虎。圣人作而万物睹。本乎天者亲上，本乎地者亲下，则各从其类也。"[5]《荀子·劝学》："物类之起，必有所始。荣辱之来，必象其德。""施薪若一，火就燥也；平地若一，水就湿也。草木畴生，禽兽群焉，物各从其类也。"[6]

---

[1]《金枝——巫术与宗教之研究》，汪培基等译，北京：商务印书馆，2019年，第26—28页。
[2]《断句十三经经文》，第11页。
[3] 程颢、程颐《二程集·河南程氏遗书》卷十五《伊川先生语一》，北京：中华书局，2004年，第152页。《河南程氏粹言》卷二《天地篇》作："天地之间，感应而已，尚复何事？"第1226页。张栻《序》所谓"变语录而文之者也"，第1167页。
[4] 黎靖德编《朱子语类》卷九十五《程子之书一》，北京：中华书局，2020年，第2616页。
[5]《断句十三经经文》，第1页。
[6]《荀子》卷一《劝学》，上海：上海古籍出版社，1993年，第6页下栏、第7页上栏。亦见王聘珍《大戴礼记解诂》卷七《劝学》，北京：中华书局，1992年，第132页，文字小异。参《荀子》卷十九《大略》："均薪施火，火就燥；平地注水，水流湿。夫类之相从也如此之著也。以友观人，焉所疑？"第162页上栏。

绪论二

《鬼谷子·摩篇第八》:"故物归类:抱薪趋火,燥者先燃;平地注水,湿者先濡。此物类相应。"[1]《吕氏春秋·应同》:"平地注水,水流湿;均薪施火,火就燥。"又:"类固相召,气同则合,声比则应,鼓宫而宫动,鼓角而角动,……以龙致雨,以形逐影,师之所处,必生棘楚。祸福之所自来,众人以为命,安知其所?"[2]《礼记·乐记》:"凡奸声感人而逆气应之,逆气成象而淫乐兴焉。正声感人而顺气应之,顺气成象而和乐兴焉。倡和有应,回邪曲直各归其分,而万物之理各以类相动也。"[3]后世征引不具。唯纪昀《阅微草堂笔记》推进到提出:"六道轮回,不烦遣送,皆各随平生之善恶,如水之流湿,火之就燥,气类相感,自得本途。语殊有理,从来论鬼神者未道也。"[4]

不难发现,"类"是上文中的高频字,"感应"与"类"实互为因果。类比即是在感应基础上的思辨升级。《礼记·学记》"知类",郑注:"知事义之比也。""比物丑类",郑注:"以事相况而为之,丑犹比也。"孔疏:"以同类之事相比方。"[5]可参《墨子·小取》:"辟也者,举物以明之

---

[1] 许富宏校注《鬼谷子集校集注》,北京:中华书局,2018年,第97页。
[2] 《吕氏春秋》卷十三,上海:上海书店,1992年,第127页。后者又见卷二十《召类》,第262页,文字小异,无"师之所处,必生棘楚"。
[3] 《断句十三经经文》,第74页。
[4] 《阅微草堂笔记》卷九《如是我闻(三)》,天津:天津古籍出版社,1995年,第182页。
[5] 《十三经注疏·礼记正义》卷三十六,北京:北京大学出版社,2000年,第1227、1147页。

也。"[1]"辟"即"譬"。王充《论衡·物势》:"比不应事,未可谓喻。"[2]类比约可分三种:一,纯粹文艺性的比拟,本体、喻体必须止于局部的相似,"雪山比象,安责尾牙?满月况面,岂有眉目"?[3]二,在文艺性之外,增添"类型化"因素,即本体在一定程度上可由喻体指代,通过分析喻体,达成对本体的部分认识,如"人生一世,草木一秋",但不能过求——草木多可越冬,人则一世而终。三,可以通过喻体对本体进行"类型化"研究,文艺性退居次要,甚至被忽略,如人类社会的"丛林法则"。

钱锺书先生指出:"理赜义玄,说理陈义者取譬于近,假象于实,以为研几探微之津逮,释氏所谓权宜方便也。古今说理,比比皆然。甚或张皇幽渺,云义理之博大创辟者每生于新喻妙譬,至以譬喻为致知之具、穷理之阶。"[4]类比大爆发正是先秦思想跃进的表征之一,诸子普遍达到了"类比"的思辨层次,甚至出现名家化——逻辑化——的倾向。被刘向编入《说苑》的故事多半不能当真,用来反映流行观念,却常常箭不虚发,像下面这个:

---

[1]《墨子》卷十一,上海:上海古籍出版社,1991年,第91页上栏,"举"后有"也"字,毕沅校谓"疑衍"。
[2]《论衡》卷三,上海:上海古籍出版社,1990年,第33页下栏。
[3] 法云《翻译名义集》卷十四《增数譬喻篇》,《乾隆大藏经》第八十五册,北京:中国书店,2010年,第72页上栏。
[4]《管锥编》第一册《周易正义》二《乾》,第11—12页,外文从省。案相关内容在《目录》中失题,"体用之名"后当补一"象"字。

客谓梁王曰:"惠子之言事也善譬,王使无譬,则不能言矣。"王曰:"诺。"明日见,谓惠子曰:"愿先生言事则直言耳,无譬也。"惠子曰:"今有人于此而不知弹者,曰:'弹之状何若?'应曰:'弹之状如弹。'谕乎?"王曰:"未谕也。""于是更应曰:'弹之状如弓而以竹为弦。'则知乎?"王曰:"可知矣。"惠子曰:"夫说者,固以其所知谕其所不知而使人知之。今王曰无譬,则不可矣。"王曰:"善。"[1]

以譬喻譬,梁王坠其术中而不知,在惠子真可谓"不辞而应,不虑而对"[2]了。李泽厚总结说:"中国实用理性的一个特征是不重逻辑推论,而重类比联想。由类比而得启发,范围宽广,直觉性强,便于由感受而引发创造。这可以是一种不同于逻辑推理的思维方法,可以'类比思维'名之。"[3]

不过,类比主观性强,存在随意性和模糊性,这使它不能成为一种科学范式。古人已意识到这一点,像袾宏就说:"心无可为喻,凡喻心者,不得已而权为仿佛。"以镜喻心,"取略似而已,究极而论,镜实无心,心果若是之无知乎?则冥然不灵,何以云妙明真体?或喻宝珠,或喻虚

---

[1] 刘向《说苑》卷十一《善说》,程荣纂辑《汉魏丛书》,长春:吉林大学出版社,1992年,第428页下栏。
[2] 《庄子集释》卷十《杂篇·天下》,第26页a。
[3] 李泽厚《论语今读》,北京:生活·读书·新知三联书店,2004年,第45页。

空，种种之喻，亦复如是。"[1]陈鼓应先生把"常使用类比法（Analogy）去支持他的论点"视为"老子哲学上的缺点"之一："例如，他从柔弱的水可以冲激任何坚强的东西，因而推论出柔弱胜刚强的结论来。这种类比法的使用，虽然有相当的说服力和提示性，但是并没有充分的证据力。因为你可以用同样的形式例举不同的前提而推出相反的结论来。你可以说，坚硬的铁锤可以击碎任何柔脆的东西，因而推论出刚强胜过柔弱的结论来。"[2]不能消除反证，表明类比缺乏逻辑自足性。在适当条件下，类比思维可以是归纳思维和演绎思维的催化剂，但停滞在类比思维状态中——像古代中国人那样——意义就不同了。

傅斯年直斥旧学"比喻多而推理少"，"操此术以为推理之具，终古与逻辑相违，学术思想更从何道以求发展"。[3]张隆溪先生抗辩说："无论在中国还是在西方，都发生了由类比思维和隐喻语言到现代逻辑推理和概念表述的变化，所以把类比思维视为独特的'中国思维方式'，就好像把中国冻结凝固在遥远的古代，而认为只有西方才经历了近代历史中所有充满活力的激烈转化，而那显然是错误的看

---

[1]《竹窗随笔·心喻》，台北：法尔出版社，1988年，第5页。
[2]《老子注译及评介·老子哲学系统的形成和开展》，北京：中华书局，2015年，第43页。
[3]《傅斯年文集》第一卷《中国学术思想界之基本误谬》（原载1918年4月15日《新青年》第四卷第四号），北京：中华书局，2017年，第29页。

法。"[1]"那"究竟有多"错误"呢?

四 体系化

卡尔·雅斯贝斯(Karl Jaspers)说:"现代科学在原则上是**不完美的**。……探求极限,突破知识的一切固定形式,以及不断地从根本上修正一切知识,这种强烈的愿望驱使现代科学向前发展。""科学有能力不断打破已完成的结论和总体的知识形式,这使它有可能以新的假设进行实验。"[2]科学如此,哲学亦然。假如说类比是模式化的起点,体系化就是模式化的终点。而体系化、体系的崩坏、新体系化,是思想与知识展开、升级的辩证过程。但在古代中国,感应及类比的体系化产物——阴阳五行说,却有着强大的自我修复能力,避免体系崩坏,从而导致思想与知识的停滞。

尽管性质不同,科学、宗教皆产生体系化思维,古希腊文明、基督教即是明证。与之相对照,先秦文明尚需科学、宗教两个方向的突破,但前者始终原地踏步,后者因佛教的输入而改观,"力矩"变化使古代中国文明产生有别西方的趋向和态势。归根结底,中国文明未能走出"巫术森林",仅维持着粗疏的体系化表象。科学不发达,思辨能力低下,形成了负循环。

---

[1] 《中国古代的类比思想》,《文景》,2006年第12期,上海:上海世纪出版有限公司,第58页。
[2] 卡尔·雅斯贝斯《历史的起源与目标》第二篇《现在与未来》,魏楚雄等译,北京:华夏出版社,1989年,第98、101页,黑体字为原文所有。

严复在19世纪末慨言:"名、数、质、力四者皆科学也,其公例通理经纬万端,而西政之善者本斯而起。故赫胥黎氏有言:'西国之政尚未能悉准科学而出之也,使其能之,其致治且不止此。'中国之政所以日形其绌、不足争存者,亦坐不本科学而与公例通理违行故耳。""无论天文、地质之奥殚,略举偏端,则医药通乎治功,农草所以相养,下洎舟车兵冶,一一皆富强之实资。迩者中国亦尝义袭而取之矣,而其所以无效者,正坐为之政者于其艺学一无所通。"[1]名学即逻辑学,质学即化学,力学即物理学,"公例通理经纬万端"即全面的体系化。这番话打上了早期科学主义的印记,有人可能忍不住跳起来反驳。但质疑科学主义是科学进步以后而非以前的事,就中国的近代化过程而言,严复的呼吁恰当其时,恰如其分。

五 古代思想分野

先秦的思想争鸣几可媲美古希腊,但古希腊思想虽一度濒于湮灭,终借"文艺复兴"而发扬光大,先秦思想则如阳焰空花,仅儒、道、法、阴阳等数家流衍后世,亦无所提振,两千年来的变异不得不皆归诸佛教东来了。

钱锺书概括说:"西方古人言性恶则为政主专制保守,言性善则为政主自由进步,言性恶则乞灵于神明,言性善则

---

[1]《严复全集》卷八《与〈外交报〉主人》,第201页。篇末又称:"其人既不通科学,则其政论必多不根,而于天演消息之微不能喻也。此未必不为吾国前途之害。"第206页。

自立于人定。"[1]中国古人似是而非。先秦思想世界，兵家、《老子》《荀子》、法家等偏于外在观照，从"缺陷"出发，因势利导，有功利主义色彩；《孟子》《庄子》《大学》《中庸》等偏于内在观照，从"缺陷"出发，逆求完美，有理想主义成分。前者近于性恶论，后者近于性善论，唯《老》《庄》颇不尽然。[2]《论语》既重仁，又重礼，《墨子》既兼爱，又尚同，皆内、外双照，而在人性论上，前者持三等论，后者并无明显的自觉。由于古代思想不曾剪断巫术的脐带，"神道设教"从未真正缺席。此后，如佛教、玄学、道教、理学，都偏于内在观照，就中佛教起了决定性的推拉作用。

我们还可以换个角度看：人类的终极关怀无非是"生一死""群一己""善一恶"三种二元关系，它们始于事实上的递进而终于观念上的循环。不过，古代中国人对"群一己"注意不够，习惯径以"生一死"与"善一恶"相接，必成"报应"论，而神仙、轮回之说最易附丽。

围绕着"群一己"关系，先秦诸子的探索达到古代中国的最高峰，经过法家"作法自毙"，转向"儒表法里"，外加重新包装的巫术如阴阳家。佛教入华，以其纯粹的"生一死"关怀，产生"黑洞效应"，改造了传统巫术，形成道教，也严重削弱了儒家的"群一己"关怀，使新儒家转向性理

---

[1]《管锥编》第三册《全上古三代秦汉三国六朝文》一三一《全晋文卷八六·仲长敖主张性恶最为尽至》，第1166页。
[2]《庄子集释》卷四《外篇·胠箧》称："天下之善人少而不善人多。"第13页b，偶然一见，未必即《庄子》本旨。

之学,"政治—社会"观念再无创新。唯明、清之际,由于"亡天下"的刺激,一时绽发出政治思想的异彩,但"遗民"属性决定了它们必然昙花一现。清代汉学本质上是托古言志,而真正反映18世纪思想世界的毋宁说是纪昀《阅微草堂笔记》——糅杂了纲常、报应和轮回的三教融合论。

六 人性的恒与变

记得中学时代读鲁迅的《文学与出汗》,因其归结到"阶级性"问题,反而忽略了这几句话:"人性是永久不变的么?类人猿,类猿人,原人,古人,今人,未来的人,……如果生物真会进化,人性就不能永久不变。不说类猿人,就是原人的脾气,我们大约就很难猜得着的,则我们的脾气,恐怕未来的人也未必会明白。"[1]在三十年后的今天,我想说,人性有恒亦有变,尤为习史者所当深切体认。

人性之恒,主要在于生物性的基础及与之关联最直接的方面,但其"延伸的表现型"[2]却是可以不断"延伸"而变化的。比如孙中山就径本"进化论",说:"人类初出之时,亦与禽兽无异。再经几许万年之进化,而始长成人性,而人类之进化,于是乎起源。此期之进化原则,则与

---

[1]《而已集》,《鲁迅全集》第三卷,第538页。
[2] 语本理查德·道金斯(Richard Dawkins)的著作《延伸的表现型》(*The Extended Phenotype*, 1982),此书似尚无中译本,但"该书几个主题的简要概括"可参《自私的基因》1989年再版时增加的第十三章《基因的延伸》,卢允中等据2006年第三版译,北京:中信出版社,2012年,引文见第261页。

物种之进化原则不同,物种以竞争为原则,人类则以互助为原则。……此原则行之于人类当已数十万年矣,然而人类今日犹未能尽守此原则者,则以人类本从物种而来。"此期"进化为时尚浅,而一切物种遗传之性,尚未能悉行化除也"。[1] 又如章太炎指出:"最初祖祢孰不兄弟聚麀者?而自政俗日跻,今遂以此为大垢,此进步之说也。""一人之行,固以习化,而千世之性,亦以习殊。泰古豨韦之民犷嚚贪暴,以水火毒药相亏害,夫人而有此性也。自先觉者教化之,至于文明之世,则相亏相害者固不能绝,而具此性者稍少。故学可以近变一人之行,而又可以远变千世之质。《荀子》于首篇《劝学》即曰:'青,取之于蓝而青于蓝;冰,水为之而寒于水。'夫固谓一人鍥而不舍,则行美于本性矣;千世鍥而不舍,则性亦美于桃埠矣。仲尼之言'性相近,习相远',亦兼二义。"[2] 人性可以通过教化改变——在此之前,我从未意识到,《荀子》以《劝学》为首篇,竟有这般深意。[3]

---

[1] 姜义华主编《中国近代思想家文库·孙中山卷·建国方略》第四章《以七事为证》,北京:中国人民大学出版社,2015年,第96页。
[2] 《太炎文录补编·菌说》,《章太炎全集(十)》,上海:上海人民出版社,2017年,第183、189页。"桃埠"语本《礼记·祭法》:"天下有王,分地建国,置都立邑,设庙桃、坛埠而祭之。"《断句十三经经文》,第90页,此处盖谓先世。
[3] 参《荀子》卷四《儒效》:"我欲贱而贵、愚而智、贫而富,可乎?曰:其唯学乎!"第37页下栏;卷十七《性恶》:"今使涂之人伏术为学,专心一志,思索孰察,加日县久,积善而不息,则通于神明、参于天地矣。"第142页上栏。

懵然于人性之变，最易犯下"意过于通"的错误。纵向如此，横向亦然。就好像对 Tom 和王强两人，我们非要证明他们是亲兄弟。诚然，他们的基因 99.9% 都相同，几十万年前也许真是一家，可他们现在居住地不同、人种不同、文化不同，彼此根本不认识，这些差异难道不更重要吗？子夏说："四海之内，皆兄弟也。"[1] 走散了几十万年的家人，得付出什么样的努力，才会又成为兄弟呢？

历史的转折导致了人性的改变。"今人"却总以为"古人"向自己笔直走来，只消将自身之路向过去延伸，便得到"古人"之路。为纠正这种严重错乱的认识，在"古—今"之外，有必要再引入一个二元对立——"旧—新"。在中国，以"近代"（在不同方面，时间跨度不同）为界，之前的人为"旧人"，之后的人为"新人"。即是说，现代中国人的人性较之古代中国人已大不同。认识不到这一点，不但使当代历史小说、古装影视剧基本无真实性可言，也是学术研究一厢情愿、自欺欺人的致命原因。

补充一句：民族性作为人性的"延伸的表现型"，同样是有恒有变的。钱锺书的书评《英国人民》就此做了简明、通达的讨论，直至很自然地提出："然则所谓民族性也有时间性。说到英国的某种品性，我们该问：什么时代的英国人？"[2] 篡改历史的民族，从积极的方面说，就是试图通过

---

[1] 《论语译注·颜渊》，第 125 页。
[2] 《人生边上的边上》，北京：生活·读书·新知三联书店，2019 年，第 304 页。

修正自己的历史记忆来修正自己的民族性。事实表明,当一个民族处于鼎盛期时,会以不断完善的民族性示人,而当它由盛转衰时,固有的民族性就会暴露出来。

《论语》

平圣人

清人孙星衍辑《孔子集语》,友人严可均撰《序》,有云:"孔子修百王之道,以诏来者。六经而外,传记百家所载微言大义,足以羽仪经业、导扬儒风者,往往而有。其纂辑成书者,梁武帝《孔子正言》二十卷,王勃《次论语》十卷,皆不存。见存杨简《先圣大训》十卷、薛据《孔子集语》二卷、潘士达《论语外篇》二十卷,而薛书最显,不免罣漏。近人曹廷栋又为《孔子逸语》十卷,援稽失实,不足论。"此书"增多薛书六七倍,而仍名之为《孔子集语》者,识所缘起也。其纂辑大例:《易十翼》《礼小戴记》《春秋左氏传》《孝经》《论语》《孟子》,举世诵习,不载;《家语》《孔丛子》,有成书专行,不载;《史记·孔子世家、弟子传》,易检,亦不载。其余群经传注、秘纬、诸史、诸子,以及唐、宋人类书，巨篇只句毕登，无所去取"。[1]今有郭沂《孔子集语校补》，补苴了孙氏所"不载"，后经增订、注释，改题《孔子集语校注》，收入中华书局"新编诸子集成续编"，[2]两书相继收录了一些简帛文献。对了解孔子的言论、事迹，这种资料汇编等于划了最大范围的一个圈儿。

俞樾以孙书收"遗谶、寓言，未免榛楛勿翦"，[3]意谓有失杂滥。实则载孔子言行，《论语》流传而有阙略，《史记》集成而有增饰，大纲大目在是，其他材料更不可信。《韩诗外传》称："孔子抱圣人之心，彷徨乎道德之域，逍遥乎无形之乡。倚天理，观人情，明终始，知得失，故兴仁义，厌势利，以持养之。于时周室微，王道绝，诸侯力政，强劫弱，众暴寡，百姓靡安，莫之纪纲，礼仪废坏，人伦不理，于是孔子自东、自西、自南、自北，匍匐救之。"[4]《说苑》称：

---

[1]《孙氏孔子集语序》，孙星衍辑《孔子集语》，上海：上海古籍出版社，1993年，第1页上栏。
[2] 郭沂校注《孔子集语校注（附补录）》，北京：中华书局，2017年。案正文前引严可均《孙氏孔子集语序》，校注者将中数语点作"……王勃《次论语》十卷，皆不存见；存杨简《先圣大训》十卷……"，似不知"见"通"现"，殊不可解，第1页。
[3]《九九销夏录》卷四《编辑圣贤遗书》，北京：中华书局，1995年，第31页。
[4] 许维遹校释《韩诗外传集释》卷五第二章，北京：中华书局，2005年，第165页。"彷徨乎道德之域，逍遥乎无形之乡"，竟套用《庄子·逍遥游》"树之于无何有之乡，广莫之野，彷徨乎无为其侧，逍遥乎寝卧其下"，《庄子集释》卷一《内篇》，第14页a-b，让人觉得不对味儿。

> 孔子生于乱世，莫之能容也。故言行于君，泽加于民，然后仕；言不行于君，泽不加于民，则处。孔子怀天覆之心，挟仁圣之德，悯时俗之污泥，伤纲纪之废坏，服重历远，周流应聘，乃俟幸施道，以子百姓，而当世诸侯莫能任用。是以德积而不肆，大道屈而不伸，海内不蒙其化，群生不彼〔被〕其恩。故喟然叹曰："而有用我者，则吾其为东周乎！"故孔子说行，非欲私身运德于一城，将欲舒之于天下而建之于群生者耳。[1]

孔子意义被不断放大的过程，即假孔子之名的言行不断层积的过程。这种"儒教"化倾向招致了严复的绝妙讽喻："至于孔子，则生知将圣，尤当无所不窥。于是武断支离，牵合虚造，诬古人而厚自欺，大为学问之蓓障。且忧海水之涸，而以泪益之，于孔子亦何所益耶！往尝谓历家以太阳行度盈缩不均，于是于真日之外，更设平日，以定平晷，畴人便之。儒者亦然。故今人意中之孔子，乃假设之平圣人，而非当时之真孔子。世有好学深思之士，于吾言当相视而笑也。"[2]

《论语》与性别

"子曰：'唯女子与小人为难养也，近之则不孙，远之

---

[1]《说苑》卷十四《至公》，第440页上栏至中栏。
[2]《严复全集》卷七《救亡决论》，福州：福建教育出版社，2014年，第54页。

则怨。'"[1]参《孔子家语·好生》:"曾子曰:'狎甚则相简,庄甚则不亲。是故君子之狎足以交欢,其庄足以成礼。'"[2]顾炎武引申为:"颦笑有时,恩泽有节,器使有分,而国之大防不可以逾,何有外戚、宦官之祸乎!"[3]

整部《论语》纯就男性修行立言,即有漠视或不承认女性主体性之意在。书中提及女性二十余处,各种等级并具,就是看不出平等观念。鲁迅冷嘲道:"女子与小人归在一类里,但不知道是否也包括了他的母亲。后来的道学先生们,对于母亲,表面上总算是敬重的了,然而虽然如此,中国的为母的女性,还受着自己儿子以外的一切男性的轻蔑。"[4]如果我们"穿越"回古代,当面指责一个男子歧视女性,他的反应会是根本听不懂我们在说什么,因为在他看来,正是他赋予了女性恰如其分的地位,哪儿来的什么"歧视"呢?事实上,这种情况在20世纪前期中国农村的妇女解放运动中就一再发生。

古之"人性"大体指男性言,但此"男性"其实吸收了"女性",即女性的付出乃至牺牲完全隐藏在男性背后,"男性"("人性")的芳华少不了女性的血泪浇灌。孔子人格的伟大难道不是基于"女子"与"小人"的奉献吗?这或可

---

[1] 《论语译注·阳货》,第191页。
[2] 《孔子家语》卷二,上海:上海古籍出版社,1990年,第26页下栏。
[3] 顾炎武著、黄汝成集释《日知录集释》卷一《以杞包瓜》,长沙:岳麓书社,1994年,第15页。
[4] 《南腔北调集·关于妇女解放》,《鲁迅全集》第五卷,第194页。

适度地解释，为什么在提倡男女平等——女性从男性背后站出来——的今天，男性平均来说显得猥琐了许多。

不少学者纠结于怎样为孔子的话"消毒"，但这是传统与现代衔接和转换的问题，而非思想史本身的问题。若将现代意识混入历史研究，就会出现荒唐的错乱。康有为《礼运注》于《礼运》"男有分，女有归"注称："'归'，旧本作'肙'。""肙者，巍也。女子虽弱，而巍然自立，不得陵抑。"[1] 与把"小人"解作"小孩"半斤八两。杜维明先生《中庸：论儒学的宗教性》写道："当孔子列举自己修身方面的缺失时，他并不是出于谦卑：'君子之道四，丘未能一焉：所求乎子以事父，未能也；所求乎臣以事君，未能也；所求乎弟以事兄，未能也；所求乎朋友先施之，未能也。'（《中庸》第13章）如果根据'五伦'的说法，我们还可以加上一句：'所求乎夫以事妻，未能也。'"[2] 竟于"五伦"之等级关系熟视无睹，发为怪论。孔子"事父母，能竭其力，事君，能致其身"，"出则事公卿，入则事父兄"，焉有所谓"事妻"？[3] 还是听听张之洞的总结吧："五伦之要，百行

---

[1]《礼运注》，北京：中华书局，1987年，第239、240页。
[2] 杜维明《中庸：论儒学的宗教性》第五章《论儒学的宗教性》，段智德译，北京：生活·读书·新知三联书店，2013年，第127页。
[3]《论语译注·学而》，第5页；《子罕》，第92页。参《孟子译注·离娄上》："仁之实，事亲是也；义之实，从兄是也。"第183页。《孝经·士章》"资于事父以事母""资于事父以事君"，《断句十三经经文》，第1页。又，《韩诗外传集释》卷八第二十二章载子贡告孔子，先有"弟子事夫子"语，然后提出"欲休于事君""休于事父母""休于事兄弟"，第293页。类似的内容在《荀子》卷十九《大略》里则径言（转下页）

《论语》

之原,相传数千年更无异义,圣人所以为圣人,中国所以为中国,实在于此。故知君臣之纲,则民权之说不可行也;知父子之纲,则父子同罪、免丧废祀之说不可行也;知夫妇之纲,则男女平权之说不可行也。"[1]

若敢于承认现代女性与古代女性存在"人性"意义上的差别,就像现代男性与古代男性那样,纠结便不复存在了。

孔子刺"今"

据杨伯峻先生统计,"今"字在《论语》中出现了二十六次。[2] 实则尚古如孔子,必难免于发出"人心不古"的感喟,因此刺"今"成为他论"今"的一个重要方面,比如《为政》:"子游问孝。子曰:'今之孝者,是谓能养。至于犬马,皆能有养。不敬,何以别乎?'"《雍也》:"子曰:'不有祝鮀之佞,而有宋朝之美,难乎免于今之世矣。'"《子路》:"(子贡)曰:'今之从政者何如?'子曰:'噫!斗筲之人,何足算也!'"《宪问》:"子路问成人。子曰:'若臧武仲之知,公绰之不欲,卞庄子之勇,冉求之艺,文之以礼乐,亦可以为成人矣。'曰:'今之成人者何必然?见利思

(接上页)"愿息事君""息事亲""息于妻子""息于朋友",第161页上栏,下字自有分寸。徐渭杂剧《歌代啸》第四出插科打诨,改《学而》语为"出则事公卿,入则事妇凶",正是反言以见其为悖理,《徐渭集》,北京:中华书局,1999年,第1267页。

[1]《劝学篇·明纲第三》,第12页。
[2]《论语译注·论语词典》,第221页,分二义、举三例。

义,见危授命,久要不忘平生之言,亦可以为成人矣。'"他更忍不住将"古""今"直接对立起来,比如《宪问》:"子曰:'古之学者为己,今之学者为人。'"《阳货》:"子曰:'古者民有三疾,今也或是之亡也。古之狂也肆,今之狂也荡;古之矜也廉,今之矜也忿戾;古之愚也直,今之愚也诈而已矣。'"[1]下语特重,已有厌世之志。《四书评》再下一转语:"若到今日,并'荡'与'忿戾'亦都'诈'矣。"[2]此"今日"指晚明,而今日正然。盖孔子所刺者都可以在现代中国社会找到。

古、今之异反映的,可以是短时段社会巨变造成的反差,也可以是长时段人性演化的趋势。

人生哲学

梁启超"儒家舍人生哲学外无学问,舍人格主义外无

---

[1]《论语译注》,第14、60、140、149页。用朱熹的话说,就是:"后世只是无个人样!"黎靖德编《朱子语类》卷一百八十《朱子五》,第2885页。案《汉书》卷二十三《刑法志》载:"孔子曰:'古之知法者能省刑,本也;今之知法者不失有罪,末矣。'又曰:'今之听狱者求所以杀之,古之听狱者求所以生之。'"第1109页。其可信度盖与卷三十《艺文志》"仲尼有言:'礼失而求之野。'"相当,第1746页。此外,"古""今"对立偶见诸《孟子》,如《告子下》:"今之所谓良臣,古之所谓民贼也。"第293页;《尽心下》:"古之为关也,将以御暴;今之为关也,将以为暴。"第327页。《荀子》卷三《非十二子》比较"古之所谓仕士者""今之所谓仕士者""古之所谓处士者""今之所谓处士者",辞气亦厉,第30页下栏至第31页上栏。

[2]《四书评》,上海:上海人民出版社,1975年,第150页。参《日知录集释》卷十三《三反》:"今日人情有三反,曰:弥谦弥伪,弥亲弥泛,弥奢弥吝。"第500页。

人生哲学"[1]的概括未免夸张，但《论语》有颇多人生哲学的内容是不假的。这可以从《论语》体现的生命流程以及不同年龄的《论语》读者感触不同两方面得到印证。

孔子云："君子有三戒：少之时，血气未定，戒之在色；及其壮也，血气方刚，戒之在斗；及其老也，血气既衰，戒之在得。"[2]一句比一句深刻。"子生三年，然后免于父母之怀。"与此对应的是："父母之年，不可不知也，一则以喜，一则以惧。""三年无改于父之道，可谓孝矣。"[3]又如："吾十有五而志于学，三十而立，四十而不惑，五十而知天命，六十而耳顺，七十而从心所欲，不逾矩。"[4]我曾问本科学生：这段话对大家有意义吗？到现在为止，你们只经历过"十有五"——按今天计算年龄的方法，才十四岁，你们真在那时"志于学"了吗？学生尴尬地微笑。谁都不否认"三十而立"是人生重要节点，但孔子认为人生的"验收"当在十年后。孟子自称"我四十不动心"，[5]是"四十不惑"的另一种表达。孔子又说："年四十而见恶焉，其终也已。""四十、五十而无闻焉，斯亦

---

[1] 梁启超《先秦政治思想史·儒家思想》，《饮冰室合集》第九册，第92页。
[2] 《论语译注·季氏》，第176页。
[3] 《论语译注·阳货》，第188页；《里仁》，第40页；《学而》，第7页（又见《里仁》，第40页）。参《孟子译注·告子下》引孔子语"舜其至孝矣，五十而慕"，第278页。
[4] 《论语译注·为政》，第12页。
[5] 《孟子译注·公孙丑上》，第61页。

不足畏也已。"[1]而"五十知天命"与"加我数年,五十以学《易》,可以无大过矣"[2]形成了耐人寻味的关联。当然,在今天,《易》不需要拘泥字面含义。

《论语》是可以终生阅读的,我想这该是许多人的同感。人生哲学正是用来印证的,因此并不具备指导意义。人生是一个亲历亲为的进程,生命真实的体验只能真实地体验。人生哲学不过是前人在路上留下的记号,我们不走到记号留下的地方,记号就根本不存在。《论语》最为古代士人及现代知识分子喜读,正是由于身份、立场、人生经验与孔子的重合度较高,譬如没当过老师,而且教龄不够长,就体会不到"温故而知新,可以为师矣"的贴切。[3]李零之热衷《论语》,正是年事渐高、阅历益富的结果,他论《卫灵公》"子曰:'辞达而已矣。'"说:"我年轻时,特别迷信雅,花团锦簇,为文造情,文学性第一,后来从事学术,又想把文章写得老气横秋,甲乙丙丁,开中药铺,好像特有学问。后

---

[1]《论语译注·阳货》,第191页;《子罕》,第94页。钱锺书《谈教训》论及"四十岁":"有许多文人,到四十左右,忽然挑上救世的担子,对于眼前的一切人事无不加以咒骂纠正。""若南(Jules Janin)说巴尔扎克是发现四十岁女人的哥仑布。四十左右的男人似乎尚待发现。圣如孔子,对于中年人的特征也不甚了解;所以《论语·季氏》章记人生三戒,只说少年好色,壮年好打架,老年好利,忘了说中年好教训。"《写在人生边上》,北京:生活·读书·新知三联书店,2019年,第38—39页。"好教训"近于《孟子译注·离娄上》的"人之患在好为人师",第181页。刻薄一点说,只怕孔、孟也未能免俗。

[2]《论语译注·述而》,第71页。

[3]《论语译注·为政》,第17页。

来,我才知道,写字应该跟说话一样,自然、流畅,把话说得简简单单、明明白白,让人一看就懂,才最重要,也最不容易。现在,我很赞同孔子,'达'确实很重要。"[1]我想补充一句:可能因为我还没到李先生的年纪,所以仍觉得"花团锦簇""老气横秋"都是值得追求的境界,且两者尚不能涵盖文艺性和学术性的写作。

孔子的普世性

若把整部《论语》化约为人生哲学,必将推导出孔子的权威等同于古代社会成熟男性话语的垄断性。这样看《论语》的确有失片面。朱熹赞叹:"孔子天地间甚事不理会过!"[2]黄震的话也很有代表性:"圣人言语简易而义理涵蓄无穷。凡人自通文义以上读之,无不犁然有当于心者,读之愈久,则其味愈深。"[3]但理学家不可能真正懂得孔子的意义。

把《论语》先从"四书"体系内解放出来,再还原其因人因事而发的活泼感,不过求哲学化和体系化,反而有"横看成岭侧成峰"的妙味。孔子的魅力就在于,他是一个不完美的社会里的一个不得志的人,有性情,有涵养,痛苦

---

[1]《丧家狗——我读〈论语〉》,太原:山西人民出版社,2007年,第283页。
[2]《朱子语类》卷九十三《孔孟周程张子》,第2521—2522页。
[3]《黄氏日抄》卷二《读论语》,《全宋笔记》第十编,郑州:大象出版社,2018年,第12页。

而能从容。更重要的是,他善于秉持"君子而时中"[1]的中庸之道,以"叩其两端而竭焉"[2]的方法分析事物,他认识到了人类社会的复杂,并不回避、掩饰矛盾,他关照到的某些面向和层次为后人所远不逮。

真正具普世性的不是真、善、美,而是社会的不完美,以及在永远不完美的社会里不磨灭精神的光焰。

---

[1]《四书章句集注·中庸章句》,第19页。参《列子·仲尼》:"子夏问孔子曰:'颜回之为人奚若?'子曰:'回之仁贤于丘也。'曰:'子贡之为人奚若?'子曰:'赐之辩贤于丘也。'曰:'子路之为人奚若?'子曰:'由之勇贤于丘也。'曰:'子张之为人奚若?'子曰:'师之庄贤于丘也。'子夏避席而问曰:'然则四子者何为事夫子?'曰:'居,吾语汝。夫回能仁而不能反,赐能辩而不能讷,由能勇而不能怯,师能庄而不能同。兼四子之有以易吾,吾弗许也。此其所以事吾而不贰也。'"杨伯峻《列子集释》卷四,北京:中华书局,1991年,第122—123页,杨氏引俞樾语,以"反"当作"刃",即"忍",第122页。

[2]《论语译注·子罕》,第89页。《中庸》亦称舜"执其两端",《四书章句集注》,第20页。

个体·群体·共同体

子曰:"朝闻道,夕死可矣。"(《里仁》)

曾子曰:"士不可以不弘毅,任重而道远。仁以为己任,不亦重乎?死而后已,不亦远乎?"(《泰伯》)

子曰:"君子食无求饱,居无求安,敏于事而慎于言,就有道而正焉,可谓好学也已。"(《学而》)

子夏曰:"贤贤易色,事父母能竭其力,事君能致其身,与朋友交,言而有信。虽曰未学,吾必谓之学矣。"(《学而》)

子曰:"弟子入则孝,出则悌,谨而信,泛爱众而亲仁。行有余力,则以学文。"(《学而》)

子曰:"小子何莫学夫诗?诗可以兴,可以观,可以群,可以怨。迩之事父,远之事君,多识于鸟兽草木之名。"(《阳货》)

子曰:"知者乐水,仁者乐山。知者动,仁者静,知者乐,仁者寿。"(《雍也》)

子曰:"富而可求也,虽执鞭之士,吾亦为之。如不可求,从吾所好。"(《述而》)

子曰:"回也其庶乎!屡空。赐不受命而货殖焉,亿则屡中。"(《先进》)

子曰:"饭疏食饮水,曲肱而枕之,乐亦在其中矣。不义而富且贵,于我如浮云。"(《述而》)

子曰:"巧言令色,鲜矣仁!"(《学而》《阳货》)

子曰:"是故恶夫佞者。"(《先进》)

子曰:"事君尽礼,人以为谄也。"(《八佾》)

子曰:"觚不觚,觚哉!觚哉!"(《雍也》)

子曰:"礼云礼云,玉帛云乎哉?乐云乐云,钟鼓云乎哉?"(《阳货》)

君召使摈,色勃如也,足躩如也。揖所与立,左右手,衣前后,襜如也。趋进,翼如也。宾退,必复命曰:"宾不顾矣。"(《乡党》)

子曰:"性相近也,习相远也。"(《阳货》)

子曰:"唯上知与下愚不移。"(《阳货》)

子曰:"中人以上,可以语上也;中人以下,不可以语上也。"(《雍也》)

或曰:"以德报怨,何如?"子曰:"何以报德?以直报怨,以德报德。"(《宪问》)

子曰:"民可使由之,不可使知之。"(《泰伯》)

子贡问政,子曰:"足食,足兵,民信之矣。"子贡曰:"必不得已而去,于斯三者何先?"曰:"去兵。"子贡曰:"必不得已而去,于斯二者何先?"曰:"去食。自古皆有死,民无信不立。"(《颜渊》)

子贡曰:"管仲非仁者欤?桓公杀公子纠,不能死,又相之。"子曰:"管仲相桓公,霸诸侯,一匡天下,民到于今受其赐。微管仲,吾其被发左衽矣。岂若匹夫匹妇之为谅也,自经于沟渎而莫之知也?"(《宪问》)

——据杨伯峻《论语译注》本

直面死亡

孔子论"**死**",如此其速;曾子论"**死**",如此其远。两"**道**"字,不同而同,可参《中庸》:"道不远人。""忠恕,违道不远。""君子之道,辟如行远,必自迩。"[1]顾炎武论曰:"'吾见其进也,未见其止也。'有一日未死之身,则有一日未闻之道。"[2]语出《论语·子罕》:"子谓颜渊,曰:'惜乎!吾见其进也,未见其止也。'"[3]正是论其"**死**"。孔子的另一句话"君子疾没世而名不称焉",[4]亦可捉置一处。袾宏背面落墨,会心不远:"闻人讣音必大惊讶,此虽世间常情,然生必有死,亦世间常事,自古及今,无一人得免者,何足惊讶?特其虚生浪死而不闻道,是重可惊讶,而恬不惊讶,悲夫!"[5]道固不同,"**闻道**"的努力不异。

与曾子语相应的尚有《礼记·表记》这几句话:"子曰:'《诗》之好仁如此。乡(向)道而行,中道而废,忘身之老也,不知年数之不足也,俛焉日有孳孳,毙而后已。'""中道而废",孙希旦《礼记集解》称:"若所谓'既

---

[1]《四书章句集注·中庸章句》,第23、24页。参《论语译注·雍也》:"谁能出不由户?何莫由斯道也?"第61页;《孟子译注·告子下》:"夫道若大路然。"第277页。
[2]《日知录集释》卷七《朝闻道夕死可矣》,第237页。
[3]《论语译注·子罕》,第93页。
[4]《论语译注·卫灵公》,第166页。
[5]《竹窗随笔·闻讣》,第42页。

竭吾才'，言其力之废竭而无余也。"[1]不如陈澔《礼记集说》"力竭而止，若非力竭，则不止也"[2]简明。陆九渊解《论语·雍也》"力不足者，中道而废"，即牵合曾子语："士不可不弘毅，譬如一个担子，尽力担去，前面不奈何，却住无怪。"[3]《中庸》"君子遵道而行，半途而废，吾弗能已矣"的"半途而废"亦当作如此解，朱熹《章句》失之纠绕。[4]

人生最大、最根本的困惑在于面对死亡——他人的，尤其是自己的。在活着的时候想到死，这是人的自觉，亦即人性的重要标志。所有宗教都奠基在这一点上：减少人面对死亡的恐惧。孔子于死亡数语了之，便是儒家无宗教追求的"基因"，而儒家有关鬼神最具体、最复杂也最含混不清的认识体现在礼制——丧祭制度——方面，是儒家始终与巫术血脉相连所致。详后论《阅微草堂笔记》。

相比之下，正如戴名世所说："庄周、列御寇之书滉漾飘忽，若无涯际不可测。……人情莫不喜生而恶死，而庄、列则以死不足畏，而且以为可乐，吾以知其畏死之甚，乃矫而为爱死之言，则是庄、列于生死之际，可谓色厉而内荏矣。"[5]谢肇淛更左右开弓："老氏之说，终是贪生；释氏之

---

[1] 孙希旦《礼记集解》，北京：中华书局，1995年，第1304页。
[2] 陈澔《礼记集说》，上海：上海古籍出版社，1994年，第292页。
[3] 《陆九渊集》卷三十五《语录下》，北京：中华书局，2008年，第432页。
[4] 《四书章句集注·中庸章句》，第22页。
[5] 《戴名世遗文集·忧庵集》五，北京：中华书局，2002年，第86—87页。

说,终是畏死。人须得到死生不乱,方有着脚地位。"[1]要属钱锺书阐之最谛:

> 释、老之言虽达,胸中仍有生死之见存,故有需于自誉自慰。庄生所谓"悬解",佛法所谓"解脱",皆尚多此一举。参观胡致堂《斐然集》卷十九《崇正辩》论圣人以生死为分内事,佛氏皇皇以死为一大事。王阳明《传习录》卷下论佛氏著相,吾儒不著相,又论仙家说虚,从养生上来,佛氏说无,从出离生死上来,都于本体上加却这些子意思在。非胸中横梗生死之见,何必作达?非意中系念生死之苦,何必解脱?破生死之执矣,然未并破而亦破也;忘生死之别矣,然未即忘而亦忘也。宋儒所谓放心而未心放者是也。《论语·里仁》孔子曰:"朝闻道,夕死可矣。"明知死即是死,不文饰自欺,不矜诞自壮,亦不狡黠自避,此真置死于度外者。《先进》孔子答季路问死曰:"未知生,焉知死?"尤能斩绝葛藤。宋儒如张子《西铭》曰:"存,吾顺事;没,吾宁也。"已是《庄子·养生主》口气,失孔门之心法矣。[2]

"《庄子·养生主》口气"指:"适来,夫子时也;适去,夫

---

[1] 谢肇淛《五杂组》卷八《人部四》,沈阳:辽宁教育出版社,2001年,第166页。另参卷十三《事部一》"死生亦大矣"条,第265页。
[2] 钱锺书《谈艺录》六九附说十八《释、老生死之见》,香港:中华书局,1986年,第235—236页。

子顺也。安时而处顺，哀乐不能入也。"[1]

不过，向往"长生不老"的葛洪对儒、道两家反戈一击，既称："达人所以不愁死者，非不欲求，亦固不知所以免死之术，而空自焦愁，无益于事，故云乐天知命，故不忧耳，非不欲久生也。姬公请代武王，仲尼曳杖悲怀，是知圣人亦不乐速死矣。"又谓："庄周贵于摇尾涂中，不为被网之龟、被绣之牛，饿而求粟于河侯，以此知其不能齐生死也。"[2]所征未必惬当，却也足为人之矫情痛下针砭。参后论《佛遗教经》。

行　学

孔子论"学"，实有两义。一即"行"，指追求更好的"行"。**"君子食无求饱，居无求安，敏于事而慎于言，就有道而正焉"**，**"贤贤易色，事父母能竭其力，事君能致其身，与朋友交，言而有信"**，**"弟子入则孝，出则悌，谨而信，泛爱众而亲仁"**，数语之间形成了互证、互补关系，"就有道而正焉"近"贤贤"，亦近"亲仁"，所谓"事其大夫之贤者，友其士之仁者"。[3]二是"行"后之"学"，即**"行有余力，则以学文"**，此"学"既与"文"相关联，又形成"文""行"对应的提法，如"子曰：'文，莫吾犹人也。

---

[1]《庄子集释》卷二《内篇》，第4页b。
[2] 王明校释《抱朴子内篇校释》卷十四《勤求》，北京：中华书局，1988年，第253—254页。
[3]《论语译注·卫灵公》，第163页。

躬行君子，则吾未之有得。'"〔1〕"子以四教：文、行、忠、信"〔2〕。而所"学"之"文"自指文化典籍，子路曰："何必读书，然后为学？"〔3〕可资隅反。王应麟特别提出："格物之学，莫近于《诗》"，"引而伸之，触类而长之，有多识之益也"。唯举例多偏"伦理"一边。〔4〕

顾炎武准确把握了孔子的宗旨，但为批判晚明士风而偏转了方向：

> 愚所谓圣人之道者如之何？曰"博学于文"，曰"行己有耻"。自一身以至于天下国家，皆学之事也；自子臣弟友以至出入、往来、辞受、取与之间，皆有耻之事也。耻之于人大矣！不耻恶衣恶食，而耻匹夫匹妇之不被其泽，故曰："万物皆备于我矣，反身而诚。"呜呼！士而不先言耻，则为无本之人；非好古而多闻，则为空虚之学。以无本之人，而讲空虚之学，

---

〔1〕《论语译注·述而》，第76页。参朱熹注《八佾》"文献不足"："文，典籍也。献，贤也。"《四书章句集注·论语集注》卷二，第63页。

〔2〕《论语译注·述而》，第73页。案"忠""信"本在"行"内，此处单列，只能理解为是一种强调，参《学而》："曾子曰：'吾日三省吾身，为人谋而不忠乎？与朋友交而不信乎？传不习乎？'""习""传"盖即"学文"，第3页。孔门别有"德行""言语""政事""文学"为四科之说，见《先进》，第110页。

〔3〕《论语译注·先进》，第118页。

〔4〕王应麟《困学纪闻》卷三《诗》，沈阳：辽宁教育出版社，1998年，第72—73页。

吾见其日从事于圣人而去之弥远也。[1]

"无本之人"谓奸人,"空虚之学"谓理学。"博学于文"见《论语·颜渊》,"行己有耻"见《子路》,"万物皆备于我矣,反身而诚"见《孟子·尽心上》。暗引者还有《论语·里仁》:"士志于道,而耻恶衣恶食者,未足与议也。"《孟子·万章上》:"思天下之民,匹夫匹妇有不被尧、舜之泽者,若己推而内之沟中。"[2] 以"耻"串合《孟子》语,总有些牵强。

仁 知

《中庸》有云:"好学近乎知,力行近乎仁,知耻近乎勇。"[3] 这样,"行学"转换成了"仁知"(关于"勇"的讨论从略,下同)。

"子曰:'知者不惑,仁者不忧,勇者不惧。'"此系孔子自考。师弟间的一番推挹坐实了这一点:"子曰:'君子之道者三,我无能焉:仁者不忧,知者不惑,勇者不惧。'子

---

[1] 顾炎武《顾亭林诗文集·亭林文集》卷三《与友人论学书》,北京:中华书局,1983年,第41页。
[2] 《论语译注》,第37页;《孟子译注》,第225页。
[3] 《四书章句集注·论语集注》卷五,第29页,句前有"子曰"二字,朱熹以为衍文。俞樾《达斋丛说·中庸说》以为非衍,收入《九九销夏录》,第330页,但它确与"知者不惑,仁者不忧,勇者不惧"重心大异。而《论语译注·子路》:"樊迟问仁。子曰:'居处恭,执事敬,与人忠。'"孔子所答正是"行",第140页。

贡曰：'夫子自道也。'"[1]然而，或"知"在"仁"先，或"仁"在"知"先，究竟有意无意？对前者，朱熹谓："明足以烛理，故不惑；理足以胜私，故不忧……此学之序也。"[2]对后者，他又引尹氏（焞）之说斡旋："成德以仁为先，进学以知为先。故夫子之言，其序有不同者如此。"[3]显然，他想得出"仁"比"知"等级更高的结论。不过，徐幹《中论》卷上《智行》、葛洪《抱朴子外篇》卷三十七《仁明》都力主"知"比"仁"更重要。俞樾《读抱朴子》辩称：

> 抱朴之意，以仁可以力为，而明必由天授，故谓明居仁上。篇末又杂引孔子曰"聪明神武"，不云聪仁，"昔者明王之治天下"，不云仁王，《春秋传》"明德惟馨"，不云仁德，《书》云"元首明哉"，不曰仁哉，以证明其意。要皆曲说也。抱朴固非经生，于经义所得殊浅。其实明不得先仁，在《论语》固有明证，何也？孔子论令尹子文、陈文子，皆曰："未知，焉得仁？"（并见《论语·公冶长》）则知浅而仁深，知卑而仁高，大可见矣。《释文》："知，郑（玄）音智。"《汉书·人表（序）》引此语，师古注曰："智者虽能利

---

[1]《论语译注·子罕》，第95页；《宪问》，第155页。参《孟子译注·公孙丑上》："子贡曰：'学不厌，智也；教不倦，仁也。仁且智，夫子既圣矣。'"第63页。
[2]《四书章句集注·论语集注》卷五，第116页。
[3]《四书章句集注·论语集注》卷七，第156页。

物,犹不及仁者所济远也。"师古此义必是康成旧说。抱朴不知此旨,故以明居仁上,殊非正论。[1]

经生借助经学考据终与朱熹取得了一致,但朱氏于"未知,焉得仁"却标明"知,如字"[2],即是"知道"的"知",而非"智慧"的"智"。

从根本上说,"仁""知"的关系无非有四:一是有"知"无"仁";二是有"仁"无"知";三是以"知"摄"仁",将发展出道德工具论;四是以"仁"摄"知",蕲向于有经有权的道德实践。

《论语·里仁》称:"择不处仁,焉得知?""仁者安仁,知者利仁。"《卫灵公》记载了孔子对"知及之""仁守之"的讨论,[3]《礼记·檀弓上》引孔子之语:"之死而致死之,不仁而不可为也;之死而致生之,不知而不可为也。"[4]孔子以"仁"为本,以"仁"为大,却时时不忘提撕"知",以"仁"摄"知",当无疑义。但非常重要的"**唯上知与下愚不移**"一句,恰似不然,这或许是孔子无法用一个字(词)表达以"仁"摄"知"的完整宗旨所致。班固《古今人表》以"圣人""仁人""智人"当"上上""上中""上

---

[1] 引自杨明照《抱朴子外篇校笺·附录·杂纂第五》,下册,北京:中华书局,1997年,第786—787页。
[2] 《四书章句集注·论语集注》卷三,第80页。
[3] 《论语译注》,第35、169页。
[4] 《断句十三经经文》,第13页。

下",以"愚人"当"下下"(是则以"中上"到"下中"当"中人"),和"下愚"对应的既有"智人",更有"智人"之上的"仁人"。他在序言里说:"孔子曰:'……唯上知与下愚不移。'《传》曰:'譬如尧、舜,禹、稷、卨与之为善,则行;鲧、讙兜欲与为恶,则诛。可与为善,不可与为恶,是谓上智。桀、纣,龙逢、比干欲与之为善,则诛;于莘、崇侯与之为恶,则行。可与为恶,不可与为善,是谓下愚。'"[1]以"善""恶"论"智""愚",无疑是以"善"摄"智"、以"恶"摄"愚"了。参葛洪语:"勋、华不能化下愚,故教不行于子、弟;辛、癸不能改上智,故恶不染于三仁。"[2]荀子论"知""仁",已跑偏,[3]别有"上愚"之说而拟于"奸"。[4]

进一步说,在一种积极的态势下,以"知"摄"仁"可

---

[1]《汉书》卷二十《古今人表》,第861页。
[2]《抱朴子外篇校笺》卷三十八《博喻》,下册,详注1,第298页。
[3]《荀子》卷八《君道》论"取相"有云:"知而不仁,不可;仁而不知,不可;既知且仁,是人主之宝也而王霸之佐也。"第73页下栏;卷十九《大略》:"人主仁心设焉,知其役也,礼其尽也。故王者先仁而后礼,天施然也。"第154页上栏,皆以"人主"为言,与孔子貌合神离。《大略》论管仲"力功不力义,力知不力仁,野人也,不可以为天子大夫",亦然,第158页上栏。至于卷二十《子道》篇中,一则以"言""行"论"知""仁",再则以"自知""自爱"为"知""仁"的最高境界,当属别解了,第168页下栏至第169页上栏。
[4]《荀子》卷四《儒效》称:"行事失中谓之奸事,知说失中谓之奸道。奸事、奸道,治世之所弃而乱世之所从服也。""夫是之谓上愚,曾不如相鸡狗之可以为名也。"第37页上栏至下栏。此"奸"字的含义还可参卷三《非相》:"凡言不合先王、不顺礼义,谓之奸言。"第26页下栏。

望趋同于以"仁"摄"知",徐幹和葛洪都归结到此;反之,在一种消极的态势下,以"仁"摄"知"会异化为以"知"摄"仁",后世儒家与道家、法家合流,孔子也徒呼奈何吧?

道德与财富

道德实践与经济活动均属非零和博弈,但它们是不同的两种非零和博弈。

一方面,经济理性追求多样化和不平衡,不排斥偶然性(低概率事件)——若达到某种垄断状态,那毋宁说是政治化了;道德理性追求一致性和稳定性,注重必然性(高概率事件)。"**富而可求**",《史记·伯夷列传》作"富贵如可求"。[1]孟子解此"求"字甚谛:"求则得之,舍则失之,是求有益于得也,求在我者也。求之有道,得之有命,是求无益于得也,求在外者也。"[2]"**赐不受命而货殖焉,亿则屡中**","不受命"正是"有命",而"亿"正是不"在我"。

另一方面,道德实践与经济活动形成零和关系。假如说《论语》"**不义而富且贵**"的因果性尚不强,那么,《孟子》"为富不仁矣,为仁不富矣"[3]便是不折不扣的零和关系了。《荀子》引"民语"云:"欲富乎?忍耻矣,倾绝矣,绝

---

[1]《史记·伯夷列传》卷六十一,第1378页。
[2]《孟子译注·尽心上》,第302页。
[3]《孟子译注·滕文公上》引阳虎语,第118页。《公孙丑下》所引曾子语可作参证:"晋、楚之富,不可及也,彼以其富,我以吾仁,彼以其爵,我以吾义,吾何慊乎哉?""爵"即指"贵",第89页。

故旧矣,与义分背矣。"[1]南宋陈亮(同父)讲过一个故事:某贫士向富翁讨教,"富翁告之曰:'致富不易也。……大凡致富之道,当先去其五贼。……即世之所谓仁、义、礼、智、信是也。'"[2]"无商不奸"当然是极端的说法,[3]"盗亦有道",[4]何况"商"?但经济理性与道德理性相冲突,无可否认。歙人汪肇龙家贫,"长习贾,则喟然曰:'是非甚巧伪,不得称善贾。'"遂弃而为学。[5]兴化李详"家故不丰,父用儒术行贾,雅不喜诡智取赢,家日益落,至无以资修脯"。[6]都是清代的例子。照《孟子》的说法,"儒商"根本不成立。今人为论证中国与西方同步的近代化进程,大唱商人赞歌,纯属矫枉过正。

在孔子眼皮底下,弟子天然地分成贫、富两极,他既重等级秩序(礼),故提倡安分,又重个人修养(仁),故有与弟子的这番对话:"子贡曰:'贫而无谄,富而无骄,何

---

[1]《荀子》卷十九《大略》,第159页上栏。
[2] 岳珂《桯史》卷二《富翁五贼》,北京:中华书局,1997年,第17页。
[3] 参罗大经《鹤林玉露》甲编卷二《奸富》:"本富为上,末富次之,奸富为下。今之富者大抵皆奸富也。"北京:中华书局,1997年,第23页。近时网上往往有易"奸"为"尖"者,疑似"洗白",称古原作"尖",后讹为"奸"。案两字古韵不同部,必不相讹。《鹤林玉露》乙编卷三有"奸钱"一条,谓"奸钱"称"悭钱","俗音讹以'奸'为'悭'尔",第171页,"奸""悭"韵部则同。
[4]《庄子集释》卷四《外篇·胠箧》,第12页a。
[5] 钱仪吉《碑传集》卷一百三十三《经学下之上·郑虎文〈汪明经肇龙家传〉》,北京:中华书局,1993年,第4002页。
[6] 李详《李审言文集》附录二陈训正《兴化李先生墓表》,南京:江苏古籍出版社,1989年,第1451页。

如?'子曰:'可也,未若贫而乐、富而好礼者也。'"[1]当然,在安分之中,容易偏向"安贫乐道",盖"贫"更能见"道"。[2]

董仲舒说:"孔子明得失,差贵贱。"[3]康有为发挥之说:"孔子之义在立差等,全从差等出,佛平等即无也。"[4]《中庸》别标一"素"字:"君子素其位而行,不愿乎其外。素富贵,行乎富贵,素贫贱,行乎贫贱,素夷狄,行乎夷狄,素患难,行乎患难。君子无入而不自得焉。"[5]结合孔子之言就完整了:"富与贵,是人之所欲也,不以其道得之,不处也;贫与贱,是人之所恶也,不以其道得之,不去也。君子去仁,恶乎成名?君子无终食之间违仁,造次必于是,颠沛必于是。""士志于道而耻恶衣恶食者,未足与议也。"[6]"不以其道"即"不义","得之"指达成所愿——"欲

---

[1]《论语译注·学而》,第9页。
[2] 李零《丧家狗——我读〈论语〉》指出"孔子提倡安贫乐道",没问题,接着说"和很多古代宗教一样,他也强调苦修苦行",有偏差,第106页。
[3]《春秋繁露》卷四《王道》,载《汉魏丛书》,第113页中栏。
[4]《南海康先生口说》下册《春秋繁露》,广州:中山大学出版社,1985年,第58页。
[5]《四书章句集注·中庸章句》,第24页。
[6]《论语译注·里仁》,第36、37页。参《泰伯》:"邦无道,富且贵焉,耻也。"第82页。尤侗《艮斋杂说》卷四十一则有见缝插针之妙:"子曰:'衣敝缊袍与衣狐貉者立而不耻者,其由也与?'可见安贫之难。孔门弟子,仅子路一人。然子路又云:'愿车马,衣轻裘,与朋友共,敝之而无憾。'若子路果如所愿,必先自具车马、轻裘而后可;若以此愿望之朋友,则车马、轻裘,子路若固有之矣。然则缊袍之人岂忘情于车马、轻裘者哉!此可发一笑也。"北京:中华书局,1992年,第82页。

富贵"和"恶贫贱"。[1]

孔子未尝不接济弟子,但均有前提,参《雍也》"子华使于齐""原思为之宰"两章。[2]朱舜水献疑云:"颜子为孔门具体而微,曾子为传道之器,而颜子箪瓢陋巷,葬而无椁,曾子缊袍无表,三旬而九食。原思以籜为冠,辟桑皮而纫之,鹑衣则百结也。岂孔子之力不足耶?鲁、卫赋粟皆有常数,即季孙之馈,岁入亦且千钟矣。孔子衣裘皆配色配物,'食不厌精,脍不厌细',而三高足乃一寒至此,其故何欤?"[3]弟子之间的贫富反差也引起后人注意。葛洪所说为一义:"子贡与原宪同门,而不能模其精苦。"[4]梅尧臣所咏为又一义:"子贡不顾颜渊空。"[5]袁枚《书王荆公文集后》

---

[1]《四书章句集注·论语集注》卷二认为:"不以其道得之,谓不当得而得之。然于富贵则不处,于贫贱则不去,君子之审富贵而安贫贱也如此。"第70页。"不当得"贫贱而"得之",乃守之"不去",岂孔子本意?《论语译注》认为:"'富与贵'可以说'得之','贫与贱'却不是人人想'得之'的。这里也讲'不以其道得之','得之'应该改为'去之'。……为什么也讲'得之',可能是古人的不经意处,我们不必再在这上面做文章了。"第36页。论富贵,既"得"与"处"相应,则论贫贱,不当"去"与"去"相应。其实,《述而》的"不义而富且贵"就是"不义而不贫且贱",《里仁》这一节不过是表里兼之罢了。

[2]《论语译注·雍也》,第55、56页。案两节相继,《论语集注》合一,第85页。

[3]《朱舜水集》卷十《策问·其一》,北京:中华书局,1984年,第342—343页。

[4] 杨明照《抱朴子外篇校笺》卷二《逸民》,上册,北京:中华书局,1996年,第77页,详注4,第78页。

[5] 朱东润编年校注《梅尧臣集编年校注》卷二十六《永叔赠绢二十匹》,上海:上海古籍出版社,2006年,第884页。案《庄子集释》卷九《杂篇·让王》颜回自称"有郭外之田五十亩,足以给饘粥;(转下页)

称:"'夫物之不齐,物之情也。'民之有贫富,犹寿之有长短,造物亦无如何。先王因物付物,使之强不陵弱、众不暴寡而已。春秋时,阡陌未开,豪强未并,孔子弟子业已富者自富、贫者自贫。而圣人身为之师,亦不闻哀多益寡,损子贡以助颜渊,劝子华使养原宪者,何也?"[1]有为而发,亦无悖于孔子"安分"之旨。

不过,仍在"子华使于齐"章里,孔子针对冉有送粟给公西华,不满地说:"吾闻之也:君子周急不继富。"[2]于弟子贫富悬殊,未必惬置。梁辰鱼《浣纱记》第二十四出《结吴》设计了一段"丑(公伯寮)""末(季桓子)"对白:

> (丑)老大夫,不要说起,那子贡我认得他,唤做端木赐,是一个彻底小人。他平日极会营运,家累万金,但知自家受用,一毫也不肯济人。假如原宪是个善士,桑户蓬枢;颜渊是一个好人,箪瓢陋巷。那子

(接上页)郭内之田十亩,足以为丝麻",第16页a;《列子集释》卷七《杨朱》提到"卫端木叔者,子贡之世也,藉其先资,家累万金"。"世"谓后代,第227页。同样是寓言,《列子》比《庄子》编得更像。俞樾《湖楼笔谈七》谓"端木叔必实有其人",似不以《列子》为伪书所致,见《九九销夏录》,第258页。

[1]《小仓山房诗文集·小仓山房文集》卷二十三,上海:上海古籍出版社,2009年,第1632页。引文出《孟子译注·滕文公上》,第126页。
[2]《论语译注·雍也》,第55页。据《先进》所载,冉有(求)"继富"看来是一贯的:"季氏富于周公,而求也为之聚敛而附益之。子曰:'非吾徒也。小子鸣鼓而攻之可也。'"孔子也终于忍不了了,第115页。

《论语》

贡与他同在孔门，日逐相处，再不见有一些看顾、资济相与，要那朋友何用？我好笑那孔夫子常曰："赐不受命而货殖焉。"只恐此贪吝之人去到姑苏，只图利己，有误大事。怎么到〔倒〕要这样人去？（末）你知其一，未知其二。子贡在圣门，居十哲之列，在言语之科，不但颖悟过人，兼闻性与天道。仲尼常称其为瑚琏之器。假如原宪、颜子之贫，或者他常时周济，更不可知；或者二子却之，亦未可晓。[1]

"以今度之，想当然耳。"较早于梁氏的贺钧为应天教授，"贽仪悉却，有强之受者，则曰：'吾闻诸生中某贫、某病、某不能婚葬，若能助给之，即惠我也。'他日诸生受助者来谢，则大喜，以为古道友谊今乃复见"。[2]

佞

阮元有《释佞》一篇，尝试归纳先秦文献中的"佞"字义解，指出："周之初尚有用'仁'字以寄'佞'义者，不似周末甚多分别也。"小字注："《论语》'雍也仁而不佞'，可见'仁''佞'尚欲相兼，'不知其仁'，始言'佞'异于

---

[1] 梁辰鱼《浣纱记校注》，张忱石等校注，北京：中华书局，1994年，第135—136页。
[2] 朱国祯《涌幢小品》卷十一《赠文》，北京：文化艺术出版社，1998年，第240页。

'仁';'鲜矣仁',非绝无'仁'。"[1]赵纪彬《崇仁恶佞解》"择其义之可取而与本文有关部分,作为研究的起点",认同"'仁''佞'戾异,始见《论语》;崇'仁'、恶'佞',发自孔丘",迭经考辨、引申,得出的结论是:《论语》'佞'字,本质上是富于逻辑意趣的名辩方法。这种名辩方法,是在'礼坏乐崩'的过程中,从祝史之业派生而出,乃春秋末叶新兴文化之一支;而所谓'佞者'或'佞人',也就是擅长名辩的新兴文化人。这种文化人,即是属于小人派别的'士'。""充分表明了孔丘以逻辑学为奴隶主贵族伦理学的附庸。"[2]整个论证不乏牵强附会,但紧扣身份与等级的思路很有启发性,这一下子让我意识到:"佞"的涌现原来是社会发生巨变的表象。

不过,孔子说"**巧言令色,鲜矣仁**"时,他意中的"**佞**"应该还有一种相对宽泛的含义。参《里仁》:"君子欲讷于言而敏于行。"《颜渊》:"仁者,其言也讱。"《子路》:"刚毅、木讷近仁。"《卫灵公》:"巧言乱德。"[3]洪迈称:"刚毅者必不能令色,木讷者必不为巧言。此近仁、鲜仁之辨也。"[4]吕坤描画道:"滑稽诙谐,言毕而左右顾,惟恐

---

[1] 阮元《揅经室续一集》卷一,北京:中华书局,2006年,第1011—1012页。篇终重申:"是故解文字者,当以虞、夏、商、周初、周末分别观之。"第1013页。
[2] 《论语新探》中部,北京:人民出版社,1976年,第276、277、289、290页。
[3] 《论语译注》,第41、124、143、167页。
[4] 洪迈《容斋随笔》卷二《刚毅近仁》,长沙:岳麓书社,1994年,第15页。

人无笑容,此所谓'巧言令色'者也。小人侧媚者皆此态也。"[1] 现代社会民粹化、产业化的"佞",孔子无论如何也预见不到了。

尽 礼

孔子论礼,根本在一"**尽**"字,而所以为尽者,首先在形、神并具。吕坤以"文""真"对言,意无不同:"废文不可为礼,文至掩真,礼之贼也,君子不尚焉。""没这点真情,可惜了繁文侈费;有这点真情,何嫌于二簋一掬?"[2] 一方面,孔子因"**觚不觚**",慨叹形易则神亡。因此,"子贡欲去告朔之饩羊,子曰:'赐也,尔爱其羊,我爱其礼。'"[3] 孟子也举例道:"孔子为鲁司寇,不用,从而祭,燔肉不至,不税冕而行。不知者以为为肉也,其知者以为为无礼也。"[4] 另一方面,孔子以"**玉帛云乎哉**""**钟鼓云乎哉**"强调神大于形。"礼,与其奢也,宁俭。""麻冕,礼也,今也纯,俭,我从众。"[5] 荀子也论证道:"《聘礼》志曰:'币厚则伤德,

---

[1]《呻吟语》卷二之一《修身》,第92页。
[2]《呻吟语》卷一之四《谈道》,第35页;卷三之一《应务》,第162页。
[3]《论语译注·八佾》,第29页。李泽厚《论语今读》指出"物态化"是对的,其他则跑题了,第105页。孟子迎合齐宣王以羊易牛,当为孔子所不取。《呻吟语》卷一之三《伦理》:"居室宁陋,而四礼之所断乎不可陋。近见名公有以旋马容膝、绳枢瓮牖为清节高品者,余甚慕之,而爱礼一念甚于爱名。故力可勉为,不嫌弘裕,敢为大夫以上者告焉。"第33页,亦有味乎其言,"四礼"当系"五礼"去"军礼"。
[4]《孟子译注·告子下》,第284页。
[5]《论语译注·八佾》,第24页;《子罕》,第87页。

财侈则殄礼。'礼云礼云,玉帛云乎哉?'《诗》曰:'物其指矣,唯其偕矣。'不时宜,不敬交,不欢欣,虽指,非礼也。"[1]

其次,孔子特别重视行礼——礼的行为化乃至表演化,"动容周旋中礼者,盛德之至也",[2]《乡党》为我们部分示范了《仪礼》宁繁勿简的礼仪。孔子明确表态:"拜下,礼也,今拜乎上,泰也,虽违众,吾从下。"[3]吕坤论《仪礼》,按捺不住反感:"《仪礼》不知是何人制作,有近于迂阔者,有近于迫隘者,有近于矫拂者,大率是个严苛繁细之圣人所为,胸中又带个惩创矫拂心而一切之。后世以为周公也,遂相沿而守之,毕竟不便于人情者,成了个万世虚车。"[4]今人读到这番话,肯定觉得明人已出离繁文缛节的古老传统,岂知不然。据朱国祯追述:"宋时士大夫家守礼法,客造门,肃威仪,俯首,拱而趋以迓。至门左右立三揖。至阶,揖如初。乃升,及位,又揖者三。每揖皆致词相称慰庆赞,周旋俯仰,辞气甚恭。元人入主中国,此法遂废。……然有志之士,犹私自确守不变,而金华、广信、建宁尤多。既守

---

[1]《荀子》卷十九《大略》,第154页上栏。
[2]《孟子译注·尽心下》,第338页。孟子论礼多肤泛,唯此句最中肯綮。
[3]《论语译注·子罕》,第87页。李零《丧家狗——我读〈论语〉》释"泰"为"奢",恐非,第176—177页。
[4]《呻吟语》卷三之一《应务》,第164页。同页下又称:"余读《礼》,盖心不安而口不敢道者不啻百余事也。而宋儒不察《礼》之情,又于节文上增一重锁钥,予小子何敢言!"参卷五《治道》:"礼繁则难行,卒成废阁之书。"第263页。

《论语》

礼法，便不屑仕，一意读书敦古，而儒术反盛。太祖龙飞，诸君子悉搜出，佐大运。"[1]在吕坤的时代，利玛窦（Matteo Ricci）以其"他者"的眼睛观察到：

> 当一家人在家接待时，负责招待的人就双手端起一把椅子为客人放在上首地位。然后用手撢一撢土，虽然那上面一点土的影子也没有。如果客人有好几个，他就按位置的尊卑在客厅里把椅子摆好，再用手逐个地摸一摸，好象检查一下排列得是否合适。然后被访人的一家都要重复这个动作。礼节的下一步就是主客要端起主人的椅子，把它放在自己的对面，并且也要重复用手做出撢土的姿态。然后其他的客人也都重复这个摆椅子的动作；如果客人多，就按长幼或尊卑的顺序。这样做了之后，在这个场合受到特别尊敬的那个人就稍稍站开一些，把手拢起来缩在袖子里，慢慢地稍微抬起来又放下，同时答谢和谦虚地推辞人们的敬意。毫无疑问，在涉及上座的荣誉以及应遵守什么确切的规则等礼节方面，他们浪费了大量的时间。[2]

这只是令耶稣会士费解的礼俗之一。"把手拢起来缩在袖子里，慢慢地稍微抬起来又放下"，就是"揖"或"作揖"。利

---

[1]《涌幢小品》卷十八《士夫守礼》，第410页。
[2]《利玛窦中国札记》第一卷第七章《关于中国的某些习俗》，何高济等译，北京：中华书局，1997年，第67页。

氏毫不掩饰为明人"感到遗憾，他们为什么不摒弃这种外在的表现，在这方面他们远远超过所有的欧洲人"。[1]很显然，经过一百多年的西化，今天的中国人更近于16世纪的欧洲人而非中国人了。

性分三等

"经传言性各各不同，惟孔子无病。"[2]孔子论性，显以三等为分。董仲舒的发挥未尝不得之："圣人言中，本无性善名，而有'善人吾不得见之矣'。使万民之性皆已能善，善人者何为不见也？观孔子言此之意，以为善难当甚。而孟子以为万民性皆能当之，过矣。""圣人之性，不可以名性；斗筲之性，又不可以名性。名性者，中民之性。""性待渐于教训而后能为善。"[3]章太炎晚年比较说：

> 孟子论性有四端：恻隐为仁之端，羞恶为义之端，辞让为礼之端，是非为智之端。然四端中独辞让之心为孩提之童所不具，野蛮人亦无之。荀子隆礼，有见于辞让之心性所不具，故云性恶，以此攻击孟子，孟子当无以自解。然荀子谓礼义辞让，圣人所为，圣人亦人耳，圣人之性亦本恶，试问何以能化性起伪？此

---

[1]《利玛窦中国札记》第一卷第七章《关于中国的某些习俗》，第63页。
[2] 吕坤《呻吟语》卷一之一《性命》，第4页。
[3]《春秋繁露》卷十《实性》，第130页上栏。引语出《论语译注·述而》，第73页。

《论语》

荀子不能自圆其说者也。反观孟子既云性善，亦何必重视教育？即政治亦何所用之？是故二家之说俱偏，惟孔子"性相近，习相远"之语为中道也。[1]

又称："性善、性恶之辩，以二人为学入门不同，故立论各异。荀子隆礼乐而杀《诗》《书》，孟子则长于《诗》《书》。孟子于《诗》入，荀子由礼入。《诗》以道性情，故云人性本善；礼以立节制，故云人性本恶。又，孟子邹人，邹、鲁之间，儒者所居，人习礼让，所见无非善人，故云性善；荀子赵人，燕、赵之俗，杯酒失意，白刃相仇，人习凶暴，所见无非恶人，故云性恶。且孟母知胎教，教子三迁，孟子习于善，遂推之人性以为皆善；荀子幼时教育殆不如孟子，自见性恶，故推之人性以为尽恶。"[2]照这么讲，则独是孔子所见、所习最全面，故而所论无偏颇了？

我和学生谈诗，曾提出"有从头论的，有从尾论的。所谓'从头论'，就是注重诗的发生，'从尾论'，就是注重诗的完成"。[3]论性岂不然？孟子重"始善"，荀子重"终恶"，所概皆不能全，孔子则"叩其两端而竭焉"。[4]但孔子也只维持在这种简浅的程度，程度再深，便很容易非孟即荀了。

---

[1]《国学讲演录·诸子略说》，上海：华东师范大学出版社，1995年，第178—179页。参王国维《论性》对各家的折中，收入《王国维文学美学论著集》，太原：北岳文艺出版社，1987年，第115—126页。
[2]《国学讲演录·诸子略说》，第178页。
[3] 潘星辉《存傅诗话》卷六，香港：中华书局，2013年，第393页。
[4]《论语译注·子罕》，第89页。

此外,"子曰:'中人以上,可以语上也;中人以下,不可以语上也。'"[1]王守仁乃谓:"人之气质清、浊、粹、驳,有中人以上、中人以下,其于道有生知安行、学知利行,其下者必须人一己百、人十己千,及其成功则一。"[2]倘能做到"人一己百、人十己千",必非孔子心目中"不可以语上"的"中人以下"了,如朱熹自道:"某年十五六时读《中庸》'人一己百,人十己千'一章,……未尝不竦然警厉奋发!"[3]王氏又谓:"不是圣人终不与语,圣人的心忧不得人人都做圣人,只是人的资质不同,施教不可躐等。中人以下的人,便与他说性说命,他也不省得,也须慢慢琢磨他起来。"[4]孔子何尝"忧不得人人都做圣人"来?

博弈论

上世纪80年代初,美国学者罗伯特·阿克塞尔罗德(Robert Axelrod)举办了多次"重复囚徒困境博弈计算机程序奥林匹克竞赛",取得优胜的却是阿纳托尔·拉波波

---

[1]《论语译注·雍也》,第61页。
[2]《王阳明全集》卷一《传习录上》,上海:上海古籍出版社,1995年,第28页。参卷三《传习录下》:"如欲孝亲,生知安行的,只是依此良知,实落尽孝而已;学知利行者,只是时时省觉,务要依此良知尽孝而已;至于困知勉行者,蔽锢已深,虽要依此良知去孝,又为私欲所阻,是以不能,必须加人一己百、人十己千之功,方能依此良知以尽其孝。"第111页。是以生知安行、学知利行、困知勉行对应于中人以上、中人、中人以下。
[3]《朱子语类》卷四《性理一》,第72页。
[4]《王阳明全集》卷三《传习录下》,第102—103页。

特（Anatol Rapoport）教授提交的"一报还一报"（tit for tat，简称TFT）策略：第一回合与对手合作，然后每一回合重复对手上一回合的策略。这个结果让他的朋友理查德·道金斯（Richard Dawkins）在他那本过犹不及的演化论名著《自私的基因》里如释重负地增添了第十二章《好人终有好报》。

以孔子为代表的儒家深入思考过人类的共处与合作之道。在《论语》中，孔子否定了"**以德报怨**"，坚持"**以直抱怨，以德报德**"，是TFT策略的准确表达。"不逆诈，不亿不信，抑亦先觉者，是贤乎！"[1]也是很有力的补充。罗大经引佛教故事——歌利王截落佛左右手，佛发愿成佛后先度之——相比较，谓"释迦佛好一个阔大肚肠，好一个慈愍心性，人能将此段公案降伏其心，则省得冤冤相报，沙界众生悉成佛矣，何至干戈、斧钺如林而起哉！然以儒教论之，是乃以德报怨，非以直报怨也。夫以德报怨，可论〔谓〕慈悲广大，孤高卓绝，过人万万矣。然夫子不取者，谓其不可通行于世也。吾儒之道，必欲其可通行，故曰中庸，又曰近人情"。[2]

此外，《礼记》载孔子语曰："以德报德，则民有所劝。以怨报怨，则民有所惩。""以德报怨，则宽身之仁（通人）也。以怨报德，则刑戮之民也。"[3]貌似更全面，实则由平视

---

[1]《论语译注·宪问》，第155页。
[2]《鹤林玉露》丙编卷四《以德报怨》，第300—301页。
[3]《礼记·表记》，《断句十三经经文》，第112页。

转成俯视，尚不如《韩诗外传》的编派为接近："子路曰：'人善我，我亦善之；人不善我，我不善之。'子贡曰：'人善我，我亦善之；人不善我，我则引之进退而已耳。'颜回曰：'人善我，我亦善之；人不善我，我亦善之。'三子所持各异，问于夫子。夫子曰：'由之所持，蛮貊之言也；赐之所持，朋友之言也；回之所持，亲属之言也。'"〔1〕"蛮貊"指"野蛮人"，参《论语·卫灵公》："子张问行，子曰：'言忠信，行笃敬，虽蛮貊之邦，行矣；言不忠信，行不笃敬，虽州里，行乎哉？'"〔2〕但与"亲属""朋友"构成递进关系，指"陌生人"就差不多够了。这番讨论不尽合孔子本意，当是后世儒家伦理思想的反映。

严复批判晚清"政教既敝，则人心亦敝"，指出："人心之敝也，浸至合群之理不复可言，不肖之心流为种智，即他人之善政，而我以不肖之心行之，既有邪因，必成恶果，守旧之见因之益坚。当斯时也，游于其野，见号为士者习帖括、工折卷，以应试为生命，当其应试，偶不如志，哗然称罢考，已而有贱丈夫焉，默计他人皆不应试，而我一人独应之，则利归我矣，乃不期然而俱应试如故。行于其市，实业之学不明，商情日棘，亦尝奋然曰齐行，乃又有贱丈夫焉，默计他人如彼，而我阴如此，则利归我矣，乃不期然而行之不齐如故。及观乎其朝，夫今日之卿大夫，

---

〔1〕《韩诗外传集释》卷九第七章，第312页。
〔2〕《论语译注》，第162页。又见《四书章句集注·中庸章句》："是以声名洋溢乎中国，施及蛮貊。"第39页。

即士子帖括之所换、市贾金钱之所买者也。"[1]举凡在野、在市、在朝皆"言不忠信，行不笃敬"之人，竟可将"囚徒困境"改为"贱丈夫困境"。当代中国社会的"内卷"，部分原因即在于这种"双输博弈"。

政　治

博弈一旦在等级之间展开，就属于政治范畴了。在《论语》之外的先秦文献里，特别有孔子喻民于"水"之说。如《荀子·哀公》："丘闻之：'君者，舟也；庶人者，水也。水则载舟，水则覆舟。'"[2]及《君道》："君者，槃也，民者，水也，槃圆则水圆。"[3]后者又见《尸子》："孔子曰：'君者，盂也；民者，水也。盂方则水方，盂圆则水圆。上何好而民不从？'"[4]《韩非子·外储说左上》有类似的话，无末句。[5]《尸子》另载："孔子谓子夏曰：'商，汝知君之为君乎？'子夏曰：'鱼失水则死，水失鱼，犹为水也。'孔子曰：'商，

---

[1]《严复全集》卷七《附录一：〈国闻报〉中可能为严复所作的文章·论中国之阻力与离心力》，第364—365页。
[2]《荀子》卷二十，第172页下栏。又见卷五《王制》："传曰：'君者，舟也；庶人者，水也。水则载舟，水则覆舟。'"第45页上栏。其喻义即吕坤《呻吟语》卷五《治道》的"匹夫者，天子之所恃以成势者也。自倾其势，反为势所倾"，第235页。
[3]《荀子》卷八，第72页上栏，原文作"君者，槃也，槃圆则水圆；君者，盂也，盂方则水方"，此据案语引《帝范》注增删。
[4]魏代富疏证《尸子疏证》卷上《处道》，南京：凤凰出版社，2018年，第71页。
[5]梁启雄《韩子浅解》第三十二篇，北京：中华书局，2009年，第288页。

汝知之矣。'"[1]涉及统治者与被统治者多方面的关系，唯不能断定出自孔子。

《左传》在昭公二十年（前522）郑子产临终论政之下引述孔子语曰："善哉！政宽则民慢，慢则纠之以猛；猛则民残，残则施之以宽。宽以济猛，猛以济宽，政是以和。"[2]完全是在上者摆布下民的口气。相形之下，"**民可使由之，不可使知之**"，要老到得多。就算我们难以从文字上确认其含义，却不妨从另一个方向思考：孔子会不会有"愚民"思想？一个具强烈等级意识的人必有"愚民"思想，今人可能讳莫如深，古人正恐不然。杨伯峻注谓："这两句与'民可以乐成，不可与虑始'（《史记·滑稽列传补》所载西门豹之言，《商君列传》作'民不可与虑始，而可与乐成'）意思大致相同，不必深求。后来有些人觉得这种说法不很妥当，于是别生解释，意在为孔子这位'圣人'回护，虽煞费苦心，反失孔子本意。"[3]显然，进入战国，相应的表达已不那么含蓄，除杨氏所举例，还有像《孟子·尽心上》："行之而不著焉，习矣而不察焉，终身由之而不知其道者，众也。"[4]《荀子·正名》："夫民易一以道而不可与共故，故明君临之以势，道之以道，申之以命，章

---

[1]《尸子疏证》卷下，第126页。
[2]《春秋左传·昭公二十年》，《断句十三经经文》，第212页。
[3]《论语译注》，第81页。
[4]《孟子译注》，第302页。

之以论，禁之以刑。"[1]《韩非子·显学》："民智之不可用，犹婴儿之心也。……故举士而求贤智，为政而期适民，皆乱之端，未可与为治也。"[2]谢肇淛一言以概，足以定谳："道非明民，将以愚之，故仓颉作书而鬼夜哭。圣人曰：'民可使由之，不可使知之。'夫使民得操知之权，则安用圣人为矣？"[3]

财政（食）、军事（兵）是政治的两大支柱，功利攸关，必要时可不择手段，与儒家的道德主义立场易发生冲突。孔子本"**食**""**兵**""**信**"一体言之，子贡偏分出次第，遂至逻辑欠通，而孔子不得不退守道德主义底线。李贽试图帮他打圆场："夫为人上而使民食足、兵足，则其信而戴之也何惑焉？至于不得已犹宁死而不离者，则以上之兵、食素足也。其曰'去食''去兵'，非欲去也，不得已也。势既出于不得已，则为下者自不忍以其不得已之故而遂不信于其上。而儒者反谓信重于兵、食，则亦不达圣人立言之旨矣。"[4]表明他也不认同离"食""兵"而空言"信"。《子路》篇最后记录了孔子的两句话："善人教民七年，亦可以即戎

---

[1]《荀子》卷十六，第133页下栏。
[2]《韩子浅解》第五十篇，第503、504页。
[3]《五杂组》卷十三《事部一》，第271页。
[4]《焚书》卷三《兵食论》，长沙：岳麓书社，1994年，第94页。案同是针对这段话，传为李贽所作的《四书评》乃泛然称道说："非子贡不能问，非孔子不能答。○'自古皆有死，民无信不立。'圣人看道理直如此透彻。"上海：上海人民出版社，1975年，第103页。两者口径明显有异。

矣。""以不教民战,是谓弃之。"[1] "七年"为期,给人以胸有成算的感觉。

华夷之辨

在《论语》中,孔子一边说:"夷狄之有君,不如诸夏之亡也。"一边又表示"欲居九夷。或曰:'陋,如之何?'子曰:'君子居之,何陋之有?'"[2] 好像有点儿闹脾气。在鲁、齐夹谷之会上,他则明言"裔不谋夏,夷不乱华",[3] 而下语最重的莫过于《宪问》一节,特别是毫无通融余地地将管仲之仁与"匹夫匹妇之谅"对立起来。

《说苑·善说》是较早的假孔子口作系统辩护者:

> 子路问于孔子曰:"管仲何如人也?"子曰:"大人也。"子路曰:"昔者管子说襄公,襄公不说,是不辩也;欲立公子纠而不能,是无能也;家残于齐而无忧色,是不慈也;桎梏而居槛车中无惭色,是无愧也;事所射之君,是不贞也;召忽死之,管仲不死,是无仁也。夫子何以大之?"子曰:"管仲说襄公,襄公不说,管仲非不辩也,襄公不知说也;欲立公子纠

---

[1]《论语译注·子路》,第144页。参《孟子译注·告子下》:"不教民而用之,谓之殃民。"第290页。后世省作"不教民战",转为"备战"之意。
[2]《论语译注·八佾》,第24页;《子罕》,第91页。
[3]《春秋左传·定公十年》,《断句十三经经文》,第243页。

而不能,非无能也,不遇时也;家残于齐而无忧色,非不慈也,知命也;桎梏居槛车而无惭色,非无愧也,自裁也;事所射之君,非不贞也,知权也;召忽死之,管仲不死,非无仁也。召忽者,人臣之材也,不死则三军之虏也,死之则名闻天下,夫何为不死哉?管仲者,天子之佐、诸侯之相也,死之则不免为沟中之瘠,不死则功复用于天下,夫何为死之哉?由,汝不知也。"[1]

以"大"括"仁",且功利色彩刺眼,宜乎后人不愿取则。《论语集注》称:"程子曰:'桓公,兄也。子纠,弟也。仲私于所事,辅之以争国,非义也。桓公杀之虽过,而纠之死实当。仲始与之同谋,遂与之同死,可也;知辅之争为不义,将自免以图后功,亦可也。故圣人不责其死而称其功。若使桓弟而纠兄,管仲所辅者正,桓夺其国而杀之,则管仲之与桓,不可同世之仇也。若计其后功而与其事桓,圣人之言无乃害义之甚,启万世反复不忠之乱乎?……'愚谓管仲有功而无罪,故圣人独称其功。"[2]有关讨论略见王弘撰《山志》二集卷四《召忽管仲》,实则子纠为兄,桓公为弟。[3]

---

[1]《说苑》卷十一,第431页上栏。
[2]《四书章句集注·论语集注》卷七,第153—154页。
[3]《山志》二集卷四,北京:中华书局,1999年,第248—250页。参杭世骏《订讹类编》卷四《人讹·子纠是兄小白是弟》,北京:中华书局,1997年,第124页;杨伯峻编著《春秋左传注》(修订本)"庄公八年",北京:中华书局,2005年,第176—177页。

子贡尚规规于就齐国论管仲的政治操守,孔子则转而盛称他维系包括齐国在内的华夏文明共同体的丰功伟绩,甚至认为,比起这样的"公德",普通意义上的"私德"不值一提,换句话说,即便管氏道德有亏,也应得到后人的景仰与纪念。显然,在孔子看来,道德是相对的和分层次的,更重要的是,他不但是这样想的,而且是这样讲出来的。反观宋儒,斤斤计较孰兄孰弟,对"**岂若匹夫匹妇之为谅也,自经于沟渎而莫之知也**",不敢置喙。[1]乃清季俞樾大放厥词:"天之生管仲,使之匡天下也。天何私于齐而为齐生管仲哉?管仲亦何私于齐而以齐霸哉?使齐不用而鲁用之,则以鲁霸可也。鲁不用而之秦、之晋、之楚、之宋,则以秦霸、以晋霸、以楚霸、以宋霸可也。夫且无择于齐,而又何择乎小白与纠哉?伊尹五就汤、五就桀,孔子历说七十二君,皆是道也。至后世则不然,君之视其国,如农夫之有田,臣之于君,若佣焉而受其直。于是齐王蠋之言'忠臣不事二君,烈女不事二夫',人人奉之为天经地义,一犯此义,则匹夫匹妇皆得而笑之。""古人官天下,后人家天下也。""孔子之言,官天下者也。""程子之言,家天下者也。"[2]至此管仲之

---

[1]《日知录集释》卷四《子卒》引申说:"叔仲惠伯从君而死,义矣,而国史不书,夫子平日未尝阐幽及之者,盖所谓匹夫匹妇之谅,自经于沟渎而莫之知者也。"全氏(祖望)曰:"今求圣人所以不书之故而不得,乃诋之,则非也。……若惠伯则真忠也,然则圣人不书,何也?曰:其文则史,是固旧所不书也,圣人无从而增之。"钱氏(大昕)曰:"惠伯之死不见于经,阙文也,不当贬。"第136页。
[2]《湖楼笔谈二》"桓公杀公子纠"条,《九九销夏录》,第185页。

案彻底掀翻，殆非孔子本意，必西方反专制思想潜移默化所致。同样是引申，我宁取俞老夫子的弟子章太炎所说："自三代以来，唯汉不为异族所困。虽白登暂扼，马邑失利，终能臣呼韩，斩郅支，驱匈奴于秦海。原其规始，实自齐桓。自北伐山戎以讫三国之末，九百年间为中国全盛之世，唐以下则时盛时衰。故曰：'微管仲，吾其被发左衽矣。'"[1]

北宋儒者大谈理学，北宋亡于金；南宋儒者大谈理学，南宋亡于元；明儒大谈理学，明亡于清。孔子的理念只在明遗民的反思中一度被激发出来，却无济于事，详后论《明夷待访录》。元代文庙里的孔子像就有绘塑成左衽的，直至明初才由政府下令改正。[2] 1990年代我在香港英文电视台一个介绍世界古代思想家的卡通节目里，看到了扎辫子的孔子。[3]子孙不肖，致其身后辫发左衽[4]。

---

[1]《菿汉昌言·区言一》，《章太炎全集（七）》，上海：上海人民出版社，2015年，第130页。

[2]《明太宗实录》卷一百零八"永乐八年（1410）九月丁亥"条载："抚安山东给事中王铎言：'济南府长山等县文庙圣贤塑像衣服左衽，此盖前代夷狄之俗因循未革，宜令天下学官，凡文庙圣贤衣服冠绘塑不合古制者悉改正。'从之。"台北："中研院"历史语言研究所，1962年，第1399—1400页。据"贤"字，显然从祀的孔门弟子及后儒都未幸免。

[3] 胡适回忆在清末上海的中学堂里，"西洋历史课本是美国十九世纪前期一个托名'Peter Parley'的《世界通史》，开卷就说上帝七日创造世界，接着就说'洪水'，卷末有两页说中国，插了半页的图，刻着孔夫子载着红缨大帽，拖着一条辫子"！《胡适文集》第五册《胡适文存四集》卷四《悲观声浪里的乐观》（原载1934年10月14日天津《大公报》），北京：北京大学出版社，2013年，第366页。

[4]《汉书》卷六十四下《终军传》有"解编发，削左衽"语，颜师古注："编读曰辫。"第2817页。

《孟子》

还原孟子

孔子坦承"吾少也贱,故多能鄙事",[1]孟子则于自己为"士"前的经历讳莫如深,以致其他文献记载亦付阙如。给还原孟子出身、为学及谋生、立业经历提供帮助的,可能还是最脍炙人口的那段话:

> 舜发于畎亩之中,傅说举于版筑之间,胶鬲举于鱼盐之中,管夷吾举于士,孙叔敖举于海,百里奚举于市。故天将降大任于是人也,必先苦其心志,劳其筋骨,饿其体肤,空乏其身,行拂乱其所为,所以动心忍性,曾益其所不能。人恒过,然后能改;困于心,

---

[1]《论语译注·子罕》,第88页。孟子也绘声绘色地说过:"孔子尝为委吏矣,曰:'会计当而已矣。'尝为乘田矣,曰:'牛羊茁壮长而已矣。'"《孟子译注·万章下》,第243页。

衡于虑,而后作;征于色,发于声,而后喻。……然后知生于忧患而死于安乐也。[1]

这里提到六种非常规的出身,其中"士"为士师或士官,即狱官之长。与此相应的一章则鲜被征及:"人之有德慧术知者,恒存乎疢疾。独孤臣孽子,其操心也危,其虑患也深,故达。"[2]朱熹就注称:"疢疾,犹灾患也。言人必有疢疾,则能动心忍性,增益其所不能也。"[3]孟子殆同样出身低微,遭际困苦,不排除自学成才,故有强烈的反等级意识,不恤鼓吹推翻暴君,但既为战国之士("君子"),自不能不逞舌辩以干诸侯,虚矫之气时或不免,有明显的防御心态,几乎"老虎屁股摸不得"。他以"个人奋斗"结合儒家学说,而对儒家精神的最大走漏即不重礼,所谓"诸侯之礼,吾未之学也",[4]

---

[1]《孟子译注·告子下》,第298页。
[2]《孟子译注·尽心上》,第308页。
[3]《孟子集注》卷十三,第354页。
[4]《孟子译注·滕文公上》,第113—114页。参《南海康先生口说》上册《荀子(兼论孟子)》:"孟多言仁,荀多言礼。……孟子礼学甚浅。"第52页;下册《变化气质 检摄威仪》:"《乡党》一篇,全说容貌不刚不柔,可想见当日威仪。《孟子》'动容周旋中礼者'二句,颇言礼,余绝少。"第78页。乍一看,《孟子译注·万章下》论"召"与"见",孟子很在意等级秩序,其实恰恰是借口等级维护贤者的尊严,第247—248页。参《告子下》:"孔子为鲁司寇,不用,从而祭,燔肉不至,不税冕而行。不知者以为为肉也,其知者以为为无礼也。"第284页;《尽心上》:"古之贤王好善而忘势,古之贤士何独不然?乐其道而忘人之势,故王公不致敬尽礼,则不得亟见之。见且由不得亟,而况得而臣之乎?"第303页。

已寓反等级之旨。这亦和"礼崩乐坏"的实际情况相应,孟子甚至得益于此,也说不定。

关于孟子亲属——父亲,好像不存在一样;母亲,早已"民间故事"化;妻子,《荀子》冷不丁冒出一句"孟子恶败而出妻,可谓能自强矣"[1];儿子,经生竟自孟子师弟间的问答刺探出了一点"隐情":

> 公孙丑曰:"君子之不教子,何也?"孟子曰:"势不行也。教者必以正,以正不行,继之以怒。继之以怒,则反夷矣。'夫子教我以正,夫子未出于正也。'则是父子相夷也。父子相夷,则恶矣。古者易子而教之,父子之间不责善,责善则离,离则不祥莫大焉。"[2]

章学诚《乙卯札记》斥"南昌龚进士玠"经学之陋,随称:"其言偶有可酌取者,如孟子不亲教子一条,以谓古人教子,见经、传者不可胜纪,孔子之于伯鱼,未闻更有他师,疑此说专指子弟之不可教者而言。孟子之后无闻,或恐公孙丑问即指孟子,如《论语》云'君子之远其子','君子'亦指孔

---

[1]《荀子》卷十五《解蔽》,第127页下栏。而汉代传说恐不可信,参《韩诗外传集释》卷九第十七章,第322页;刘向《古列女传》卷一《母仪传·邹孟轲母》,《四库全书》第448册,上海:上海古籍出版社,1987年,第15页下栏至第16页上栏。
[2]《孟子译注·离娄上》,第178页。参《离娄下》:"父子责善,贼恩之大者。"第200页。

《孟子》

子之例。此说虽空，却似有理，可备讲经之一说。"引文见《论语·季氏》。[1] 林纾针对时人辟孝、讨父之说，以孔、孟为"正面教员"："观孔子之教子也极宽，《诗》、礼之外，一不苛绳。孟子之子木然无闻，公孙丑问君子之不教子，此君子即指孟子之身。孟子以'不责善'了之。"[2] 比起无大建树的孔鲤闪现在《论语》中，孟子一句"父子之间不责善"，似乎更有难言之隐。

孟子与孔子

孟子在"予未得为孔子徒也，予私淑诸人也"前加了句"君子之泽五世而斩，小人之泽五世而斩"，[3] 暗示孔门流风久已衰歇。《史记·礼书》明言"仲尼没后，受业之徒沉湮而不举"。[4] 俞樾认为：《春秋》之义，微者书'人'。《论语》所书，有门弟子，有门人，门人亦微者也。子路使门人为臣，而夫子曰：'与其死于臣之手也，无宁死于二三子之手。''二三子'谓诸弟子也，'臣'与'二三子'别而言之，则门人之与门弟子固有异矣。盖虽同列门墙，而行辈较晚，未敢抗行，故从微者之例称'人'。如云'门人不敬子路'，又云'子出，门人问曰'，非微者而何？孟子学于子思

---

[1]《乙卯札记 丙辰札记 知非日札》，北京：中华书局，1986年，第16—17页。
[2]《畏庐三集·答侄鸁鸿书》，《林纾集》第一册，福州：福建人民出版社，2020年，第220页。观林氏家书，可知他对自己的儿子也很不满意。
[3]《孟子译注·离娄下》，第193页。
[4]《史记》卷二十三，第817页。

之门人，至今迄不知孟子所师为何人。师不必贤于弟子，信夫！"[1]以孟子"受业子思之门人"，也出自《史记》。[2]充俞氏之说，"私淑诸人"的"人"岂非连门人都不是？

顾炎武指出："《孟子》书引孔子之言凡二十有九，其载于《论语》者八，原注：学不厌而教不倦；里仁为美；君薨，听于冢宰；大哉尧之为君；小子鸣鼓而攻之；吾党之士狂简；乡原，德之贼；恶似而非者。又多大同而小异。"[3]应该说，《孟子》之于《论语》，有承续，也有断裂。孔子从"仁""礼"两面着眼，并不明确持性善论，孟子与荀子则如正负电荷，各走一经。孔子重"行（仁义礼智信）"，孟子则既向前、向内溯至于"心"，又向后、向外推至于"王道"，形成完整的体系。

卢镐提问："陈仲子之生平，孟子极口诋之，……厚斋王氏（应麟）则又称之。其说谁是？"全祖望在回答时扯上了孔子："厚斋先生之言是也。仲子若生春秋之世，便是长沮、桀溺、荷蒉、荷蓧、楚狂、晨门一流，然诸人遇孔子，则孔子欲化之。仲子遇孟子，则孟子力诋之，便是圣贤分际不同。须知仲子辞三公而灌园，岂是易事？孟子是用世者，乃伊尹'之任'一路上人，故七篇之中，不甚及隐逸民，较之孔子之惓惓沮、溺一辈，稍逊之矣。……厚斋谓其

---

[1]《湖楼笔谈一》，第179页。《全祖望集汇校集注·经史问答》卷六《论语问目答范鹏》有关于"门人""弟子"的问答，持"门人即弟子"之说，第1951—1952页。俞氏所论实绕了开去。
[2]《史记》卷七十四《孟子荀卿列传》，第1500页。
[3]《日知录集释》卷七《孟子引论语》，第263页。

清风远韵，视末世狗利苟得之徒如腐鼠，乃公允之论。……愚非敢学先儒之疑孟，亦因都讲之问，欲持其论之平耳。"[1] 决定于各自的时代环境，王、全皆无取于"用世"，遵行孔子"天下有道则见，无道则隐"[2]的教诲，必然与孟子拉开距离。

李涂有云：《论语》气平，《孟子》气激。"[3]换吕坤的话说则是："圣人妙处在转移人不觉，贤者以下便露圭角、费声色，做出来只见张皇。"[4]孔子见识通透，直面矛盾，不屑调和，反有浑然一体之象；孟子揣摩烂熟，能攻善守，中气十足，反"迂远而阔于事情"。此外，《孟子》缺乏《论语》那种贴切生命与生活的东西，偶尔一见，如"君子有三乐，而王天下不与存焉：父母俱存，兄弟无故，一乐也；仰不愧于天，俯不怍于人，二乐也；得天下英才而教育之，三乐也"，[5]倒也生意盎然。

性善论

孟子的性善论发端于人皆有"不忍之心"，即《告子上》的"恻隐之心"，然后扩展为"羞恶之心，人皆有之；恭敬之心，人皆有之；是非之心，人皆有之"，依次对应

---

[1]《全祖望集汇校集注·经史问答》卷七，第1977页。
[2]《论语译注·泰伯》，第82页。
[3] 李性学《文章精义·七三》，北京：人民文学出版社，2016年，第110页。
[4]《呻吟语》卷四之三《圣贤》，第188页。
[5]《孟子译注·尽心上》，第309页。

"仁""义""礼""智"。[1]进一步的逻辑论证是:"凡同类者,举相似也,何独至于人而疑之?圣人,与我同类者。""口之于味也,有同耆焉;耳之于声也,有同听焉;目之于色也,有同美焉。至于心,独无所同然乎?心之所同然者何也?谓理也、义也。圣人先得我心之所同然耳。"[2]"服尧之服,诵尧之言,行尧之行,是尧而已矣。"[3]每个人都可以和圣人一样。那么,所谓"恶",一方面,只是个体对"善"的放失——疏于维护和有意破坏;另一方面,孟子也留意到了社会环境的影响,如"富岁,子弟多赖,凶岁,子弟多暴,非天之降才尔殊也,其所以陷溺其心者然也"。[4]经过孟子的反复譬解,整个论证看起来还是比较周密的,在《孟子》一书中也有立于不败之地的自我感觉。

问题是,在很多古人看来——当他们勇于承认时,世间善人少、恶人多,亘古如斯——如果不是每况愈下的话,以此为事实基础,则孟子之论完全站不住脚。倒逼推定,则就个体言,"不忍之心"必然不是人性唯一之本,"恶"也绝不仅仅是"善"的一种不良状态,各种"恶"与各种"善"当为人性所共有,它们的关系是平行或并列的。孟子说:"指不若人,则知恶之,心不若人,则不知恶,此之谓不

---

[1]《孟子译注·告子上》,第259页。
[2]《孟子译注·告子上》,第261页。
[3]《孟子译注·告子下》,第276—277页。
[4]《孟子译注·告子上》,第260页。

知类也。"[1]或问:"上智下愚如何不可移?"王守仁答:"不是不可移,只是不肯移。"[2]我们难道不该追问人为什么会"不知类""不肯移"吗?孟子也好,继承孟子的宋明儒者也好,靠"检点此心"去"恶"向"善",实有"循环论证"之嫌。[3]就社会环境言,显然,改造社会环境是当务之急,而扩充个体性的"善"却并非达成社会性的"善"的充分条件,这项"急""务"同样不能归结为"检点此心"。事实上,道德从一开始就属于社会范畴,必须在社会的发展中谋求自身的进步。这一点,公正地说,孟子仍未忽视:"易其田畴,薄其税敛,民可使富也。食之以时,用之以礼,财不可胜用也。民非水火不生活,昏暮叩人之门户求水火,无弗与者,至足矣。圣人治天下,使有菽粟如水火。菽粟如水火,而民焉有不仁者乎?"[4]惜其空谈无补。

《告子上》有云:"人性之善也,犹水之就下也。人无有不善,水无有不下。今夫水,搏而跃之,可使过颡,激而行之,可使在山。是岂水之性哉?其势则然也。人之可

---

[1] 《孟子译注·告子上》,第269页。
[2] 《王阳明全集》卷一《传习录上》,第31页。
[3] 参陆九渊《语录下》记李伯敏如何立志:"先生云:'立是你立,却问我如何立?若立得住,何须把捉?'"第443页。《王阳明全集》卷三《传习录下》亦记诸生侍坐,"先生顾而言曰:'汝辈学问不得长进,只是未立志。'(李)侯璧起而对曰:'琪亦愿立志。'先生曰:'难说不立,未是必为圣人之志耳。'对曰:'愿立必为圣人之志。'先生曰:'你真有圣人之志,良知上更无不尽。良知上留得些子别念挂带,便非必为圣人之志矣。'"第104页。竟有似俗谚"药医不死病,佛化有缘人"或"病好遇良医",《徐渭集·歌代啸》第二出,第1249、1251页。
[4] 《孟子译注·尽心上》,第311页。

使为不善，其性亦犹是也。"[1]孟子真不觉得这样的类比很牵强吗？俗语说："人往高处走，水往低处流。"将人之向上与水之向下分开来讲，也要高明些。若照《管子》"民之从利也，如水之走下，于四方无择也"[2]及《荀子》"人之生固小人，无师、无法，则唯利之见耳"[3]的意思，正该改写作："人性之恶也，犹水之就下也。人无有不恶，水无有不下。今夫水，搏而跃之，可使过颡，激而行之，可使在山。是岂水之性哉？其势则然也。人之可使为善，其性亦犹是也。"

赤子之心

"人之所不学而能者，其良能也；所不虑而知者，其良知也。孩提之童无不知爱其亲者，及其长也，无不知敬其兄也。亲亲，仁也；敬长，义也。无他，达之天下也。""大人者，不失其赤子之心者也。"[4]这是孟子性善论的另一论证，问题仍在于过分理想化。弟子问李颙："孩提爱亲，谓之'良知'，以其不虑而知也。尝思之，孩提爱亲，似只为乳，如早委之乳母，则只爱乳母，而反不知有生母矣。若从乳起爱，不过口味之性耳，欲从生身处起爱，似非学、虑后不能

---

[1]《孟子译注·告子上》，第254页。案《梁惠王上》"民归之，由水之就下"、《离娄上》"民之归仁也，犹水之就下"与此貌合神离，第13、171页。
[2] 黎翔凤《管子校注》卷二十《形势解第六十四》，北京：中华书局，2004年，第1298页。
[3]《荀子》卷二《荣辱》，第21页上栏。
[4]《孟子译注·尽心上》，第307页；《离娄下》，第189页。

也。"李颙回答:"知爱乳母而不知有生母,乳为之也,非天性之本然也。及其一知生母,而尚肯爱乳母若生母乎?吾恐虽百乳母,终不肯易天性一日之爱矣。若谓由学、由虑而后然,则夫甫能言而便知呼'娘',亦孰使之然乎?"[1]殊不足以服弟子之心,盖"天性"根于生物性,"能言"即"由学、由虑而后然","知生母"之"知"难道不是这样?章太炎的话更刺耳:"举孩提之爱亲者,未知初生之时,坏孹其母而不少顾也;举稍长之敬兄者,未知乳哺之顷,少有不慊而瞋目作色也。"[2]先父晚年每说:"人之初,性本兽。"此所以父母于子女须既养且教。而比照孟子的达仁义于天下,韩非子强调:"民智之不可用,犹婴儿之心也。夫婴儿不剔首则腹痛,不揃痤则浸益。剔首、揃痤,必一人抱之,慈母治之,然犹啼呼不止,婴儿子不知犯其所小苦致其所大利也。"[3]在性恶论的基础上,论证了法家思想的合理性。

好 辩

《左传·襄公二十五年》载孔子语曰:"《志》有之:'言以足志,文以足言。'不言,谁知其志?言之无文,行而不远。"[4]言文行远,先秦诸子唯庄、孟当之无愧。《庄子》

---

[1]《李颙集·二曲集》卷十五《富平答问》,西安:西北大学出版社,2015年,第131页。
[2]《太炎文录补编·菌说》,《章太炎全集(十)》,第188页。
[3]《韩子浅解》第五十篇《显学》,第503页。
[4]《断句十三经经文》,第148页。

瑰玮谲诡,《孟子》充实而有光辉,与之相比,不免《墨子》质而《荀子》芜。[1]

《孟子》之"文"主要体现在善辩上。孟子自称:"昔者禹抑洪水而天下平,周公兼夷狄、驱猛兽而百姓宁,孔子成《春秋》而乱臣贼子惧。《诗》云:'戎狄是膺,荆舒是惩,则莫我敢承。'无父无君,是周公所膺也。我亦欲正人心,息邪说,距诐行,放淫辞,以承三圣者;岂好辩哉?予不得已也。"[2]孟子的辩术,一是自身论点的体系化,事先做足功课,既似猎者张网;二是辩论时,能迅速将对手引诱入局,又似钓者投饵。显然,要在"当面锣,对面鼓"的交锋中战而胜之,讲究技巧比追求真理更易见效。反过来,"辩者之徒饰人之心,易人之意,能胜人之口,不能服人之心,辩者之囿也"。[3]问题并未到此为止。"好辩"的孟子该如何编撰《孟子》呢?

朱熹说:"《孟子》之文,恐一篇是一人作。又疑孟子亲作,不然,何其妙也!岂有如是人出孟子之门而没世不闻耶?"[4]读者都会同意,《孟子》不少章节直是辩论胜利记

---

[1] 参吕思勉《经子解题·论读子之法》(上海:华东师范大学出版社,1995年):《墨子》文最冗蔓,以其上说下教,多为愚俗人说法,故其文亦随之而浅近也(大约《墨子》之文最近当时口语)。"论《荀子》文"近法家","法家文最严肃",第108页;后《荀子》一节则称其"书多精论,然颇凌杂无条理",第129页。
[2] 《孟子译注·滕文公下》,第155页。
[3] 《庄子集释》卷十《杂篇·天下》,第26页a。
[4] 《朱子语类》卷十九《论语一》,第469—470页。

录。而章太炎揭发说:"余观常人立言,每好申已〔己〕绌人,孟、荀大儒,有所不免,与人辩难,恒自夸饰,见绌于人,则略而弗书。""恒自夸饰"意味着文字并非真实记录,而是言过其实,故章氏又说"孟子平生夸大"。[1]钱锺书曾献疑:"吾国史籍工于记言者,莫先乎《左传》,公言私语,盖无不有。……上古既无录音之具,又乏速记之方,驷不及舌,而何其口角亲切,如聆謦欬欤?"[2]若论先秦诸子著述的对话,《论语》差近后世语录,《庄子》强半杜撰,毫不在意,《孟子》则有实有虚,匠心默运,与《庄子》一样,产生了文学上的自觉。

---

[1]《国学讲演录·史学略说》,第157—158页;《诸子略说》,第175页。
[2]《管锥编》第一册《左传正义》一《杜预序·〈左传〉之记言》,第164—165页。

保民而王

庄暴见孟子,曰:"暴见于王,王语暴以好乐,暴未有以对也。"曰:"好乐何如?"孟子曰:"王之好乐甚,则齐国其庶几乎!"

他日,见于王,曰:"王尝语庄子以好乐,有诸?"王变乎色,曰:"寡人非能好先王之乐也,直好世俗之乐耳。"曰:"王之好乐甚,则齐其庶几乎!今之乐由古之乐也。"曰:"可得闻与?"曰:"独乐乐,与人乐乐,孰乐?"曰:"不若与人。"曰:"与少乐乐,与众乐乐,孰乐?"曰:"不若与众。""臣请为王言乐。今王鼓乐于此,百姓闻王钟鼓之声、管籥之音,举疾首蹙頞而相告曰:'吾王之好鼓乐,夫何使我至于此极也?父子不相见,兄弟妻子离散。'今王田猎于此,百姓闻王车马之音,见羽旄之美,举疾首蹙頞而相告曰:'吾王之好田猎,夫何使我至于此极也?父子不相见,兄弟妻子离散。'此无他,不与民同乐也。今王鼓乐于此,百姓闻王钟鼓之声、管籥之音,举欣欣然有喜色而相告曰:'吾王庶几无疾病与,何以能鼓乐也?'今王田猎于此,百姓闻王车马之音,见羽旄之美,举欣欣然有喜色而相告曰:'吾王庶几无疾病与,何以能田猎也?'此无他,与民同乐

也。今王与百姓同乐,则王矣。"(《梁惠王下》)

齐宣王问曰:"齐桓、晋文之事可得闻乎?"孟子对曰:"仲尼之徒无道桓、文之事者,是以后世无传焉,臣未之闻也。无以,则王乎?"曰:"德何如则可以王矣?"曰:"保民而王,莫之能御也。"曰:"若寡人者,可以保民乎哉?"曰:"可。"曰:"何由知吾可也?"曰:"臣闻之胡龁曰:王坐于堂上,有牵牛而过堂下者,王见之,曰:'牛何之?'对曰:'将以衅钟。'王曰:'舍之!吾不忍其觳觫,若无罪而就死地。'对曰:'然则废衅钟与?'曰:'何可废也?以羊易之!'不识有诸?"曰:"有之。"曰:"是心足以王矣。百姓皆以王为爱也,臣固知王之不忍也。"王曰:"然,诚有百姓者。齐国虽褊小,吾何爱一牛?即不忍其觳觫,若无罪而就死地,故以羊易之也。"曰:"王无异于百姓之以王为爱也。以小易大,彼恶知之?王若隐其无罪而就死地,则牛羊何择焉?"王笑曰:"是诚何心哉?我非爱其财而易之以羊也。宜乎百姓之谓我爱也。"曰:"无伤也,是乃仁术也,见牛、未见羊也。君子之于禽兽也,见其生,不忍见其死，闻其声，不忍食其肉。是以君子远庖厨也。"王说曰："《诗》云：'他人有心，予忖度之。'夫子之谓也。夫我乃行之，反而求之，不得吾心。夫子言之，于我心有戚戚焉。此心之所以合于王者，何也？"

曰："有复于王者曰：'吾力足以举百钧而不足以举一羽，明足以察秋毫之末而不见舆薪。'则王许之乎？"曰："否。""今恩足以及禽兽而功不至于百姓者，独何与？然则一羽之不举，为不用力焉；舆薪之不见，为不用明焉；百姓之不见保，为不用恩焉。故王之不王，不为也，非不能也。"曰："不为者与不能者之形何以异？"曰："挟太山以超北海，语人曰：'我不能。'是诚不能也。为长者折枝，语人曰：'我不能。'是不为也，非不能也。故王之不王，非挟太山以超北海之类也；王之不王，是折枝之类也。老吾老，以及人之老，幼吾幼，以及人之幼，天下可运于掌。《诗》云：'刑于寡妻，至于兄弟，以御于家邦。'言举斯心加诸彼而已。故推恩足以保四海，不推恩无以保妻子。古之人所以大过人者，无他焉，善推其所为而已矣。今恩足以及禽兽而功不至于百姓者，独何与？权，然后知轻重；度，然后知长短。物皆然，心为甚。王请度之！抑王兴甲兵，危士臣，构怨于诸侯，然后快于心与？"王曰："否。吾何快于是？将以求吾所大欲也。"曰："王之所大欲可得闻与？"王笑而不言。曰："为肥甘不足于口与？轻暖不足于体与？抑为采色不足视于目与？声音不足听于耳与？便嬖不足使令于前与？王之诸臣皆足以供之，而王岂为是哉？"曰："否。吾不为是也。"曰："然则王之所大欲可知已：欲辟土地，朝秦、楚，莅中国而抚四夷也。以若所为求若所欲，犹缘木而求鱼也。"王曰："若是其甚与？"曰："殆有甚焉。缘木求鱼，虽不得鱼，无后灾。以若所为，求若所欲，尽心力而为之，后必有灾。"曰："可得闻与？"曰："邹人与楚人战，则王以为孰胜？"曰："楚人胜。"曰："然则小固不可以敌大，寡固不可以敌众，弱固不可以敌强。海内之地方千里者九，齐集有其一。以一服八，何以异于邹敌楚哉？盖亦反其本矣。今王发政施仁，使天下仕者皆欲立于王之朝，耕者皆欲耕于王之野，商贾皆欲藏于王之市，行旅皆欲出于王之途，天下之欲疾其君者皆欲赴愬于王。其若是，孰能御之？"王曰："吾惛，不能进于是矣。愿夫子辅吾志，明以教我。我虽不敏,请尝试之。"曰:"无恒产而有恒心者,惟士为能。若民,则无恒产,因无恒心。苟无恒心,放辟邪侈,无不为已。及陷于罪,然后从而刑之,是罔民也。焉有仁人在位罔民而可为也?是故明君制民之产,必使仰足以事父母,俯足以畜妻子,乐岁终身饱,凶年免于死亡。然后驱而之善,故民之从之也轻。今也制民之产,仰不足以事父母,俯不足以畜妻子,乐岁终身苦,凶年不免于死亡。此惟救死而恐不赡,奚暇治礼义哉?王欲行之,则盍反其本矣。五亩之宅,树之以桑,五十者可以衣帛矣。鸡豚狗彘之畜,无失其时,七十者可以食肉矣。百亩之田,勿夺其时,八口之家可以无饥矣。谨庠序之教,申之以孝悌之义,颁白者不负戴于道路矣。老者衣帛食肉,黎民不饥不寒,然而不王者,未之有也。"(《梁惠王上》)

——据杨伯峻《孟子译注》本

辞　章

"庄暴见孟子"一章,吴闿生评曰:"正意只'与民同乐'一句。""铺陈鼓乐、田猎情事,却从百姓闻见中摹绘其忧喜之状、怨慕之声,声态迸出。""意翔云表,声溢纸背,凡正面文字须得此诀,乃不流于滞腐。至其句调、色泽之美,使人如读马、扬诸赋,忘其为经籍之文,则在本书犹为余技。""'兄弟妻子离散'下截得斩绝,再著一语不得,多则滞著而其气不能翔翥矣。""至两'无他'句始跌出'同乐''不同乐'之故,气韵纡徐,风情闲美。""收绝峭净。"[1]唐文治以此章为"两扇开阖法":"以'独乐乐'两段作两小队,'今王鼓乐于此'两段作两大队,文气排奡震荡,为韩文所祖。惟其能凌空,故能盘旋震动,若沾实则滞矣。故此文又兼'鹰隼盘空法'。"[2]就《孟子》文作辞章学的扬榷,料不晚于唐人,随着八家文的风行,日臻精熟。上举民国两家为例,用见一斑。

《孟子》一书,章法最奇的是《梁惠王上》"孟子见梁

---

[1] 高步瀛《孟子文法读本》卷一,香港:寰球文化服务社,1979年,第11页b,第12页a、b。
[2] 《唐文治国学演讲录》第四集上卷《经学·孟子分类学》七《孟子文辞学上》,上海:上海交通大学出版社,2017年,第326—327页。这其实就是朱光潜《从我怎样学国文说起》讽刺的:"有一位教员讲《孟子》,在每章里都发见一个文章义法,章章不同,这章是'开门见山',那章是'一针见血',另一章又是'剥茧抽丝'。一团乌烟瘴气,弄得人啼笑皆非。"《朱光潜全集》第六册《我与文学及其他》,北京:中华书局,2012年,第113—114页。

襄王"一章，全从孟子口中道出，[1]不谓之有意结撰不可。"齐宣王问齐桓、晋文之事"乃《梁惠王上》末章，而"庄暴见孟子"乃《梁惠王下》首章，原本应是衔接的。两者的共性是，孟子在与齐宣王交谈前，分别从胡龁、庄暴处掌握了一点"情报"，深入揣摩，备好了腹案。而在成文时，前章把胡龁放在对话里交代，后章则置庄暴于篇首，后章"**王之好乐甚，则齐国其庶几乎**"即前章"**是心足以王矣**"，颠倒综错以出之，实是孟子长技。不过，前章从容、婉转，极尽操纵之能事，是《孟子》最精彩的辩论记录，后章独似率尔发言，一击不中，强行转圜，胜之不武，同是一个"诱"字，两章利钝悬殊。

此外，《梁惠王下》中，窃谓"齐宣王见孟子于雪宫"章可与前"齐宣王问文王之囿"章合读，彼以《诗》《书》对言，此以景公、晏子语应之，本地风光。不仅如此，"雪宫"章宜与上章"齐宣王问交邻国"易位，然则首三章皆显论"与民同乐"，四、五章"寡人"之"好勇""好货""好色"，适堪连类，即后世所谓"气""财""色"，"大哉言矣""善哉言乎"亦自相应。朱熹于五章末论："愚谓此篇自首章至此，大意皆同。盖钟鼓、苑囿、游观之乐，与夫好勇、好货、好色之心，皆天理之所有而人情之所不能无者。"[2]可以为证。

---

[1]《孟子译注》，第12—13页。
[2]《四书章句集注·孟子集注》，第219页。

乐（yuè）与乐（lè）

一节之内"乐（yuè）""乐（lè）"相纠绕，《论语·季氏》更甚："子曰：'益者三乐，损者三乐。乐节礼乐，乐道人之善，乐多贤友，益矣；乐骄乐，乐佚游，乐宴乐，损矣。'"朱注："乐，五教反。礼乐之乐，音岳。骄乐、宴乐之乐，音洛。"[1]按今天的普通话来念，可依次注音为 yào、yuè、lè。《孟子·离娄上》的"乐之实，乐斯二者，乐则生矣"一句，朱注："乐斯、乐则之乐，音洛。"[2]王夫之论晚明八股文，斥"昧心之作，至（许）子逊（獬）而极。其《乐则生矣》一段文字，开讲处有数'乐'字，鸟语班阑，不知音岳、音雒，犹可谓肉团心有一针孔乎？"[3]知明人已不胜其烦扰。

---

[1]《四书章句集注·论语集注》卷八，第172页。案"音乐"之"乐"与"喜乐"之"乐"字形全同，繁体作"樂"，象形乐器，则其根义在此，如《墨子》卷十二《公孟》："问于儒者曰：'何故为乐？'曰：'乐以为乐也。'"第101页上栏（郭沫若《十批判书·孔墨的批判》论及此语，谓"这是因为中国字有毛病，古时音乐的'乐'与快乐的'乐'，连发音都相同"，北京：东方出版社，1996年，第121页）；《荀子》卷十四《乐论》："夫乐者，乐也。"第120页下栏。参卷十六《正名》："大钟不加乐。"第133页上栏；卷三《非相》："听人之言，乐于钟鼓琴瑟。"第26页下栏；卷十三《礼论》："钟、鼓、管、磬、琴、瑟、竽、笙，韶、夏、护、武、汋、桓、箾、简、象，是君子之所以为悼诡其所喜乐之文也。"第119页下栏。

[2]《四书章句集注·孟子集注》，第287页。

[3]《姜斋诗话》卷二《夕堂永日绪论·外编·一六》，北京：人民文学出版社，1998年，第171页。"雒"即"洛"，系避明光宗讳（常洛）而改。

"庄暴见孟子"一章,"乐(yuè)"字实无足轻重,只是要从"**好**""**甚**"拶逼出"乐(lè)"字,[1]再就"乐(lè)"字推己及人而已。"**王变乎色**",直是空吃一吓,孟子亦吃一吓,盖不虞王之"变乎色",不得不以"**今之乐犹古之乐**"急救。不难判断,孔、孟的差别,不仅是孔子更重视"乐(yuè)",且孔子绝不会"设局"诓诱国君,还弄出险情来。

宋儒当然致力于调和孔、孟。朱熹引范祖禹的话说:"战国之时,民穷财尽,人君独以南面之乐自奉其身。孟子切于救民,故因齐王之好乐,开导其善心,深劝其与民同乐,而谓今乐犹古乐。其实今乐、古乐何可同也?但与民同乐之意,则无古今之异耳。若必欲以礼乐治天下,当如孔子之言,必用《韶》舞,必放郑声。盖孔子之言,为邦之正道;孟子之言,救时之急务,所以不同。"[2] 黄震更挑明了:"齐宣王好世俗之乐,非也,而孟子不之非。广四十里之囿,非也,而孟子不之非。不毁明堂,非也,而孟子不之非。好货、好色,皆非也,而孟子不之非。惟一切因其机而顺导之,使无不与民同之,以归于行王之道焉。盖齐,大国也,可以有为于天下,故诱进之如此。此孔门之所谓权者也。滕,小国,惴惴自保而其君又贤,则惟以正对而不为诱

---

[1] 与此类似的还有《梁惠王下》"齐宣王问曰:'交邻国有道乎?'"一章,第31页。齐王言"勇",孟子对以文王之"怒",已稍游移,至于武王,则"怒"字亦拶逼而出,可谓生擒活捉。
[2]《四书章句集注·孟子集注》卷二,第214页。

进之辞。"[1]这个"权",大抵皆因"礼崩乐坏"的既成事实,不做无谓之举。孟子难道不是贤之"时"者?谁说孟子不知"势"呢?

民本主义与民粹主义

狭义的"民粹主义"(Populism)产生于19世纪俄国,是近代西方民主意识的新形态。而广义的"民粹主义"本质上源于宗教,落实到发(煽)动、组织民(群)众,开展社会运动,其领袖可埒教主。

在古代中国,从"民惟邦本,本固邦宁"[2]、"食者,民之本也;民者,国之本也;国者,君之本也"[3]之类的提法中概括出"民本主义",并非牵强。但这种呼吁仅仅是自上而下的,倡导者最多是底层社会的代言人,却从无意号召民众为自身的利益起来斗争。民众作为沉积在社会底层的大多数,总不能免于更大程度的惰性或被动性,民本主义并不谋求改变这一点,而民粹主义则尝试调动它、利用它,民粹化的民众通常会以活性表现惰性、以主动性表现被动性。

据赵纪彬统计,《论语》内"人"213见,"民"字50见,他还指出,"归纳全书,发现一件颇为有趣而意义亦相

---

[1]《黄氏日抄》卷三《读孟子·梁惠王下》,第35—36页。
[2]《尚书·夏书·五子之歌》,《断句十三经经文》,第7—8页,此系古文《尚书》所有,疑后出。
[3] 高诱《淮南子注》卷九《主术训》,上海:上海书店,1992年,第147页。参吕坤《呻吟语》卷五《治道》:"足民,王政之大本。百姓足,万政举;百姓不足,万政废。"第241页。

当重大的事实,即孔门所说的'人''民',是指春秋时期相互对立的两个阶级","在政治领域中有统治与被统治的区别,因而其物质生活及精神生活的内容与形式,亦复互不相同"。[1]相应地,据杨伯峻统计,《孟子》中"人"字多达469见,含义稍泛化,"民"字则199见,含义近"庶民",仅次于"王"字224见。[2]

"卑而不可不因者,民也。"语出《庄子·在宥》,[3]耐人寻味,但是否是与孟子同时的庄子所言,不得而知。孟子的民本言论我们都很熟悉:"民为贵,社稷次之,君为轻。是故得乎丘民而为天子,得乎天子为诸侯,得乎诸侯为大夫。诸侯危社稷,则变置。""丘",一释"众",一释"小"。"桀、纣之失天下也,失其民也;失其民者,失其心也。得天下有道:得其民,斯得天下矣。得其民有道:得其心,斯得民矣。得其心有道:所欲与之聚之,所恶勿施,尔也。民之归仁也,犹水之就下、兽之走圹也。故为渊驱鱼者,獭

---

[1]《论语新探》上部《释人民》,第1页。赵氏堪称深文周纳,"以阶级斗争为纲"的立场也大令今人不取,但他在先秦思想研究中的"陌生化"追求,体现了正确的方向,亦使之真能见人所未见、详人所未详。宋永培《〈论语〉"民""人"的实际所指与词义特点》得出了相近的结论,却完全不提赵著:"'民'往往与'君''上'对照说,'民'的词义的实际所指是在'知'和'地位'上处于'下等'的众庶。""'人'的词义主要指称'有仁德与才能者''在位者'。"收入《〈说文〉与训诂研究论集》,北京:商务印书馆,2013年,第391—430页,引文见第392、399页。
[2]《孟子译注·孟子词典》,第347—348、368、362页。
[3]《庄子集释》卷四《外篇》,第26页b。

也;为丛驱爵者,鹯也;为汤、武驱民者,桀与纣也。今天下之君有好仁者,则诸侯皆为之驱矣。虽欲无王,不可得已。""齐宣王问曰:'汤放桀,武王伐纣,有诸?'孟子对曰:'于传有之。'曰:'臣弑其君,可乎?'曰:'贼仁者谓之"贼",贼义者谓之"残","残贼"之人谓之"一夫"。闻诛"一夫纣"矣,未闻弑君也。'"[1]孔子盖自贵族而没落,倾向于维护既有秩序,《论语》无正面斥"桀""纣"者,于后者且有恕辞——"纣之不善,不如是之甚也。是以君子恶居下流,天下之恶皆归焉"。[2]孟子恐自民而士、而臣,故不恤推翻既有秩序。可即便这样,民也不过是"以脚投票",为汤、武革命之资罢了。

关于统治集团内部的协调,孟子态度十分明确:

> 国君进贤,如不得已,将使卑逾尊,疏逾戚,可不慎与?左右皆曰贤,未可也;诸大夫皆曰贤,未可也;国人皆曰贤,然后察之;见贤焉,然后用之。左右皆曰不可,勿听;诸大夫皆曰不可,勿听;国人皆曰不可,然后察之;见不可焉,然后去之。左右皆曰可杀,勿听;诸大夫皆曰可杀,勿听;国人皆曰可杀,

---

[1]《孟子译注·尽心下》,第328页;《离娄上》,第171页;《梁惠王下》,第42页。
[2]《论语译注·子张》,第203页,为子贡语。《论衡》卷七《语增》径归孔子,可能有误,第77页下栏。子路所说"君臣之义,如之何其废之",亦是孔门共识,《论语译注·微子》,第196页。

然后察之；见可杀焉，然后杀之。故曰，国人杀之也。如此，然后可以为民父母。[1]

"使卑逾尊，疏逾戚"，意味着"国君进贤"会改变等级秩序。朱熹引申说："非独以此进退人才，至于用刑，亦以此道。盖所谓天命天讨，皆非人君之所得私也。"[2]西周之"国人"乃相对"野人"而言，战国之"国人"当亦非"庶民"。吕思勉先生认为这是早期"民主政治"的"遗迹"："《周官》有大询于众庶之法，乡大夫'各帅其乡之众寡而致于朝'"，"古代是确有这种制度，而后来才破坏掉的"，"野蛮部落，内部和同，无甚矛盾，舆论自极忠实。有大事及疑难之事，会议时竟有须全体通过，然后能行，并无所谓多数决的"。[3]又称："大询于众庶之法，限于乡大夫之属。乡是王城以外之地，乡人即所谓国人。""若野人，则有行仁政之君，即歌功颂德，襁负而归之；有行暴政之君，则'逝将去汝，适彼乐土'，在可能范围之内逃亡而已。"[4]

此际庶民阶层尚不发育，孟子于其惰性仅偶及之，如："**若民，则无恒产，因无恒心，苟无恒心，放辟邪侈，无不为已。**""人之所以异于禽兽者几希，庶民去之，君子存

---

[1]《孟子译注·梁惠王下》，第41页。盖即《韩子浅解》第三十篇《内储说上七术》鲁哀公所引"鄙谚"："莫众而迷。"第231页。
[2]《四书章句集注·孟子集注》卷二，第221页。
[3]《吕著中国通史》第三章《政体》，上海：华东师范大学出版社，1996年，第45、46页。
[4]《吕著中国通史》第四章《阶级》，第56、57页。

之。"[1] 参《荀子·儒效》:"以从俗为善,以货财为宝,以养生为己至道,是民德也。"[2]

不　忍

孟子在另一处说道:"所以谓人皆有不忍人之心者,今人乍见孺子将入于井,皆有怵惕恻隐之心。"[3] 这两个"不忍"存在差异:一是不忍于人,他因自身的疏忽而可能致死,且他既未意识到危险,并不感到痛苦;一是不忍于非人(动物),它将被宰杀,用于祭祀,状若"**就死地**"而"**觳觫**"。可见我们对人比非人(动物)的同情更积极、主动。但把两者联系起来,问题则复杂得多了。

首先,两者可能形成由低级到高级的因果关系:"恩足以及禽兽,而功至于百姓",这是孟子强调的正向关系;反向关系,乃如王弘撰所论:"近杀机者不祥,……若微细之虫不可以食,又非蛇蝎之属足以为人害者,杀之尤无谓。无谓而杀,是凶也,故谓之不祥。""夫忍于细微之虫者,即忍于人之渐也,可不畏哉!"[4] 冯梦龙序《古今谭概·鸷忍部》谓:"人有恒言曰贪酷,贪犹有为为之也,酷何利焉?其性乎!其性乎!非独忍人,亦自忍也。尝闻嘉靖间,一勋戚子

---

[1]《孟子译注·离娄下》,第191页。
[2]《荀子》卷四,第38页下栏。
[3]《孟子译注·公孙丑上》,第79页。参《滕文公上》:"赤子匍匐将入井,非赤子之罪也。"第135页。
[4]《山志》二集卷六《杀生》,北京:中华书局,1999年,第290页。

好杀猪，日市数百猪，使屠临池宰割，因而观之，以为笑乐。又吾里中一童子，见狗屠缚狗，方举棍，急探袖中钱赠之曰：'以此为酒资，须让此一棍与我打。'自非性与人殊，奚其然？"[1] 以害命为乐，在杀人不受制裁的情况下何难恣情屠戮？周兴法外用刑，李逵排头砍去，更不用说战争中的穷凶极恶了。

其次，两者可能形成悖反关系：**"恩足以及禽兽，而功不至于百姓"**，这是孟子批判的，但绝非齐宣王一人如此。朱舜水所以慨叹："今天下有不忍于鳝鳝蚌蛤之戕其生，而忍于杀人，是亦不知务矣！"[2] 至于恩不及禽兽的圣贤，好像罕被提到，其实只是假装不知道，参下节。

当孟子说"饱食、暖衣、逸居而无教，则近于禽兽"[3]时，不啻明言动物性是人的基本属性，那么，"不忍之心"究竟何来呢？宋儒以"气"为解，去"命定论"不远。孟子过分评价"不忍之心"，不肯承认人性的复杂性，不肯反思"人何以不为善"，成为其理论展开的"死穴"。

人道主义就是从"不忍"来的，但即使在今天，仍是一种理想主义观念。别忘了雨果在《九三年》里着意构建的伦理困境，当人道主义被视为第一性时，其他价值体系

---

[1] 王利器辑录《历代笑话集》，上海：上海古籍出版社，1981年，第357—358页。
[2] 《朱舜水集》卷十七《仁》，第491页。此即《管锥编》所谓"有好生之德者正即嗜杀成性者也"，第四册《全上古三代秦汉三国六朝文》二一九《全梁文卷五五·"断肉"与"断食生"》，第1444页。
[3] 《孟子译注·滕文公上》，第125页。

却相继崩塌了。

君子远庖厨

钱锺书将《孟子·梁惠王》、贾谊《新书·礼篇》《大戴礼记·保傅》和应劭《风俗通义》"汝南陈伯敬"条捉置一处,谓:"皆言于禽兽见其生不食其死,闻其声不尝其肉。谈者迂之。"[1]从食人到于食禽兽有所不忍,是为人性发展所致,但犹未发展到不食禽兽,"儒者遵圣贤之教,固万万无断肉理"[2]——老实讲,也未杜绝食人。

"**仁术**"就是在这中途半端提出的,本质是权宜之术。一方面,它跟孟子的劳心、劳力说相通,强调等级制下的社会分工。[3]而屠人并未遭到特别的歧视,在"庖丁解牛"的故事里还俨然成了得道者。另一方面,儒家祭祀杀生,源自古老的巫风。当子贡"欲去告朔之饩羊"时,孔子曰:"赐也,尔爱其羊,我爱其礼。"[4]实则借口祀神,大开杀戒,以饱口福,俗语所谓"上供人吃",是人类信仰行为的又一悖反。孔、孟必不免焉。孔子说"脍不厌细","鱼馁而肉败,

---

[1]《管锥编》第三册《全上古三代秦汉三国六朝文》四七《全后汉文卷三六·目有所见,不食其肉》,第999页。
[2]《阅微草堂笔记》卷四《滦阳消夏录(四)》,第76页。
[3]《孟子译注·滕文公上》,第124页。孔子"吾不如老农""吾不如老圃"的话已含此义,《论语译注·子路》,第135页。
[4]《论语译注·八佾》,第29页。孔子大概没想到,后世以太牢祭孔,也欲罢不能。参袾宏《竹窗随笔·二笔·太牢祀孔子》,第90—91页。

不食",[1]孟子说:"鱼,我所欲也;熊掌,亦我所欲也。二者不可得兼,舍鱼而取熊掌者也。"[2]五代人谭峭从"禽兽之于人也何异"问起,归结到"膻臭之欲不止,杀害之机不已","直疑自古无君子!"[3]袾宏笔下的明代杭州风俗是:"岁暮祀神,大则刲羊蒸豚,次则用猪首、鸡、鱼之属","祈祷观音大士,必请至海会寺,而满城宰杀。"[4]总之,鲁迅的挖苦是儒者难以自解的:"有些事情,换一句话说就不大合式,所以君子憎恶俗人的'道破'。其实,'君子远庖厨也'就是自欺欺人的办法:君子非吃牛肉不可,然而他慈悲,不忍见牛的临死的觳觫,于是走开,等到烧成牛排,然后慢慢的来咀嚼。牛排是决不会'觳觫'的了,也就和慈悲不再有冲突,于是他心安理得,天趣盎然,剔剔牙齿,摸摸肚子,'万物皆备于我'了。"[5]

至于佛教戒杀,的确比儒家来得笃实、果决。小乘佛

---

[1]《论语译注·乡党》,第102页。《述而》"子钓而不纲,弋不射宿",第73页,是孔子亲自钓鱼、射鸟。且他笑子游"割鸡焉用牛刀",对杀鸡宰牛不会不熟悉,《阳货》,第181页。
[2]《孟子译注·告子上》,第265页。据"理义之悦我心,犹刍豢之悦我口",则牛、羊、猪、狗都是孟子爱吃的,《告子上》,第263页。另参《尽心下》:"公孙丑问曰:'脍炙与羊枣孰美?'孟子曰:'脍炙哉!'"第340页。
[3]谭峭《化书》卷四《仁化·畋渔》,北京:中华书局,1996年,第41、42页。
[4]《竹窗随笔·祀神不用牲》,第11页;《三笔·禁屠》,第176页。
[5]《且介亭杂文·病后杂谈·四》,《鲁迅全集》第六卷,第175页。"万物皆备于我"见《孟子译注·尽心上》,第302页。鲁迅别有一种引申,即中医以人体入药,参《鲁迅全集》第一卷《坟·论照相之类》,第169页。

《孟子》

教尚允许食"三净肉",即不见杀、不闻杀和不为我而杀,大乘佛教禁一切肉食。《竹窗随笔》论及不下20处,语有极痛、极危者,如:"据含灵皆有佛性,则蚁与人一也,何厚薄之足云?如其贵欺贱、强凌弱,则人可杀而食也,亦何厚薄之足云?"[1]袁黄《了凡四训》亦以杀生为戒,其扩儒为佛之意跃然纸上:"凡人之所以为人者,惟此恻隐之心而已。求仁者求此,积德者积此。《周礼》:'孟春之月,牺牲毋用牝。'孟子谓君子远庖厨,所以全吾恻隐之心也。故前辈有四不食之戒,谓闻杀不食,见杀不食,自养者不食,专为我杀者不食。学者未能断肉,且当从此戒之。渐渐增进,慈心愈长。""血气之属皆含灵知,既有灵知,皆我一体,纵不能躬修至德,使之尊我、亲我,岂可日戕物命,使之仇我、憾我于无穷也?"[2]

古印度与中国屠人对应的是旃陀罗,系居印度第四种

---

[1]《竹窗随笔·二笔·杀罪》,第84页。但当袾宏为牛抱冤说:"悲矣哉,牛乎!何其业之深且长也,一至是乎!"反似牛命该如此,可谓过犹不及,《三笔·祀天牛》,第142—143页。《三笔·人不宜食众生肉》还有一说,为人所罕道:"经言靴裘等物皆不应着,以其日与诸畜相亲近也。夫此特着之身外,况食肉则入于身内乎!今人以犬、豕、牛、羊、鹅、鸭、鱼、鳖为食,终世不觉其非,何也?夫饮食入胃,游溢精气以归于脾,其渣滓败液出大、小肠,而华腴乃滋培脏腑,增长肌肉,积而久之,举身皆犬、豕、牛、羊、鹅、鸭、鱼、鳖之身也,父母所生之身,见(现)生即异类矣,来生云乎哉?夫五谷为养,五菜为充,五果为助,《内经》语也,人之所食也亦既足矣,而奚以肉食为?既名曰人,不宜食肉。"第195页。
[2]《了凡四训》第三篇《积善之方》,第203—204页;第二篇《改过之法》,第95页,北京:中华书局,2016年。

姓首陀罗最下位的贱民，从事渔猎、屠杀、狱卒等业，《法华经》有"不亲近旃陀罗及畜猪羊鸡狗、畋猎渔捕诸恶律仪"之语。[1]《大般涅槃经》多次提到旃陀罗，"如转轮王，不与一切旃陀罗等同坐一床"，并以"五旃陀罗"喻"五蕴（阴）"，参后论《佛遗教经》，但即便如此，仍不为佛、菩萨所厌弃，"拘尸那城有旃陀罗，名曰欢喜，佛记是人由一发心，当于此界千佛数中，速成无上正真之道"。[2] 一阐提皆有佛性，固是大乘宗旨，但对中国的实际影响却是屠人受恶报的故事就此层出不穷。

类 比

《论语》用类比，多属文艺性的，如孔子拟子贡于瑚琏，骂宰予为朽木、粪土之墙（以上《公冶长》），笑子游"割鸡焉用牛刀"（《阳货》），自比待贾美玉（《子罕》），而非系而不食的匏瓜（《阳货》），还有"不义而富且贵，于我如

---

[1]《法华经》卷五《安乐行品》，《佛教十三经》，北京：国际文化出版公司，1993年，第956页。

[2]《大般涅槃经》卷二十三《光明遍照高贵德王菩萨品第十之三》，第385页下栏；卷十《如来性品第四之七》，第166页下栏。此外，卷十九《梵行品第八之六》特别提到："波罗奈国有屠儿名曰广额，于日日中杀无量羊。见舍利弗，即受八戒，经一日夜。以是因缘，命终得为北方天王毗沙门子。"第331页上栏至下栏，《乾隆大藏经》第十七册。东山觉禅师举称："昔广额屠儿，一日至佛所，飏下屠刀，曰：'我是千佛一数。'世尊曰：'如是，如是。'""飏下屠刀，立地成佛。"普济《五灯会元》卷十九，北京：中华书局，1994年，第1296—1297页。后演化为"放下屠刀，立地成佛"。

《孟子》

浮云"(《述而》),"譬如为山,未成一篑,止,吾止也;譬如平地,虽覆一篑,进,吾往也",以及"逝者如斯夫!不舍昼夜""苗而不秀者有矣夫!秀而不实者有矣夫""岁寒,然后知松柏之后凋也"(以上《子罕》),[1]"大车无輗,小车无軏,其何以行之哉"(《为政》),"君子之德风,小人之德草,草上之风必偃"(《颜渊》),"譬诸小人,其犹穿窬之盗也与"(《阳货》)。子贡则以数仞之墙比"夫子",以及肩之墙自比;以日月比"仲尼",以丘陵比"他人之贤者"(以上《子张》)。只有两例可能不同:一是"子曰:'吾未见好德如好色者也。'"(《子罕》)二是"子贡曰:'文犹质也,质犹文也。虎豹之鞟犹犬羊之鞟。'"(《颜渊》)这也反证像《大戴礼记·劝学》"夫水者,君子比德焉"[2]那样大型排比式比喻不会真的出自孔子之口。

《孟子》用类比,已非如《论语》现成、自在,而是紧扣论点,精心设计,有了寓言化倾向,可以曲折到由"**好乐甚**"推出"**与民同乐**",也可以简单到用"**挟太山以超北海**""**折枝**"为譬。以此作辩论武器,容易打对方一个措手不及,取得即时的主动。但靠信息不对等占上风,并不会令

---

[1]《论语》中似此以"成语"为喻体的还有,《卫灵公》:"子曰:'工欲善其事,必先利其器。'"《论语译注》,第163页;《泰伯》:"曾子言曰:'鸟之将死,其鸣也哀。'"第79页。但语境比较清楚,本体也有所呈露。

[2]《大戴礼记解诂》卷七,第135页。案依次论水"似德""似仁""似义""似勇""似智""似察""似贞""似善化""似正""似厉""似意",《荀子·宥坐》《说苑·杂言》均有类似的内容。

人心悦诚服。至《告子上》论"性",因内容偏于抽象,几乎全用类比来进行了。

举斯心加诸彼

《大学》有曰:"自天子以至于庶人,壹是皆以修身为本。"[1]"庶人"非"庶民"。孟子的修身论正是为"天子以至于庶人"而发的,包括他自己在内,反过来说,即"天子不仁,不保四海;诸侯不仁,不保社稷;卿大夫不仁,不保宗庙;士庶人不仁,不保四体"。[2]举"仁"以概其余,展开来说,即"恻隐之心,仁之端也;羞恶之心,义之端也;辞让之心,礼之端也;是非之心,智之端也。人之有是四端也,犹其有四体也。有是四端而自谓不能者,自贼者也;谓其君不能者,贼其君者也。凡有四端于我者,知皆扩而充之矣,若火之始然,泉之始达。苟能充之,足以保四海;苟不充之,不足以事父母"。[3]结合"**老吾老,以及人之老,幼吾幼,以及人之幼,天下可运于掌。《诗》云:'刑于寡妻,至于兄弟,以御于家邦。'言举斯心加诸彼而已。故推恩足以保四海,不推恩无以保妻子**",一"充"一"推",就是孟子提供的改造动力——从个人的改造递进到家、国、天下的改造,即"君子之守,修其身而天下平""人人亲其亲、长

---

[1]《四书章句集注·大学章句》,第4页。
[2]《孟子译注·离娄上》,第166页。
[3]《孟子译注·公孙丑上》,第80页。"谓其君不能者,贼其君者也"即《离娄上》的"吾君不能谓之贼",第163页。

其长而天下平"。[1]当孟子为诸侯说法时,其修身的主体便成了诸侯。故《大学》又曰:"一家仁,一国兴仁;一家让,一国兴让;一人贪戾,一国作乱。其机如此。此谓一言偾事,一人定国。"朱注:"一人,谓君也。"[2]与孟子"君仁,莫不仁;君义,莫不义;君正,莫不正。一正君而国定矣"[3]之语若合符节。

仁 政

孟子曰:"尧、舜之道,不以仁政,不能平治天下。今有仁心仁闻而民不被其泽、不可法于后世者,不行先王之道也。……是以惟仁者宜在高位。"[4]仁政是孟子思想体系的"终端",劝诱诸侯发仁心、行仁政,是他奔走列国的根本诉求。而"**五亩之宅**""**百亩之田**"云云是仁政的实践纲领,他对梁惠王说过一遍,又对齐宣王说过一遍。[5]其要旨,非孟的《荀子》也曾准确袭取:"不富无以养民情,不教无以理民性。故家五亩宅、百亩田,务其业而勿夺其时,所以富之也;立大学,设庠序,修六礼,明十教,所以导之也。"[6]

梁惠王、齐宣王虽气象不同,都把孟子的话当耳旁风,

---

[1]《孟子译注·尽心下》,第338页;《离娄上》,第173页。
[2]《四书章句集注·大学章句》,第9页。
[3]《孟子译注·离娄上》,第180页。"君仁,莫不仁;君义,莫不义"又见《离娄下》,第187页。
[4]《孟子译注·离娄上》,第162页。
[5]《孟子译注·梁惠王上》,第9、17页,还见于《尽心上》,第310页。
[6]《荀子》卷十九《大略》,第157页下栏。

小小的滕国却好像能成为他的"试验田"。他不是动称"汤以七十里，文王以百里"[1]吗？"今滕，绝长补短，将五十里也，犹可以为善国。"[2]正是在回答滕文公"为国"之问时，孟子对仁政内容有一番宣讲，提到了"助者，藉也"，"惟助为有公田"，[3]从而引出了"井田制"：

> 夫仁政必自经界始。经界不正，井地不钧，谷禄不平。是故暴君污吏必慢其经界。经界既正，分田制禄，可坐而定也。……请野九一而助，国中什一使自赋。卿以下必有圭田，圭田五十亩，余夫二十五亩。死徙无出乡，乡田同井，出入相友，守望相助，疾病相扶持，则百姓亲睦。方里而井，井九百亩，其中为公田。八家皆私百亩，同养公田。公事毕，然后敢治私事，所以别野人也。[4]

可见孟子"百亩之田"的设计源于理想化的井田制。

孟子认为当时"经界不正，井地不钧，谷禄不平"，亟需恢复原有的井田制。有两点应注意：第一，"仁政必自经

---

[1]《孟子译注·公孙丑上》，第74页。参《梁惠王下》："七十里为政于天下者，汤是也。"第45页；《公孙丑上》："文王犹方百里起。"第57页。又，《梁惠王上》："地方百里而可以王。"第10页。
[2]《孟子译注·滕文公上》，第112页。
[3]《孟子译注·滕文公上》，第118页。
[4]《孟子译注·滕文公上》，第118—119页。

界始",被李觏引为"平土之法,圣人先之",[1]它适合社会的彻底重建阶段,而面对逐渐积累起来的失序及不平等,缺乏操作性;第二,井田制本身是农村公社土地所有制,它赖以维系的社会条件已不复存在,故后世即便效法,也只能取其神而遗其形。顾炎武援引史事说:"《魏志》:司马朗有复井田之议,谓往者以民各有累世之业,难中夺之,今承大乱之后,民人分散,土业无主,皆为公田,宜及此时复之。当世未之行也。及拓跋氏之有中原,令户绝者墟宅桑榆尽为公田以给授,而口分、世业之制自此而起,迄于隋、唐守之。"[2]章太炎就提出修正:"后魏至唐,虽有井田,然无公、私之别,又世业在口分外。此终与井田异旨也。"[3]黄宗羲却坚称:"吾于屯田之行,而知井田之必可复也。""或者谓夺富民之田则生乱,欲复井田者,乘大乱之后,土旷人稀而后可,故汉高祖之灭秦,光武之乘汉,可为而不为为足惜。夫先王之制井田,所以遂民之生,使其繁庶也。今幸民之杀戮,为其可以便吾事,将使田既井而后,人民繁庶,或不能于吾制无龃龉,岂反谓之不幸与?"[4]所言甚辩,唯平世"复井田"从未成功见诸施行,因各方利益盘根错节,一般的行政力度无法破而后立。

---

[1]《直讲李先生文集》卷十九《平土书序》,《四部丛刊正编》第41册,台北:商务印书馆,2011年,第714页下栏。
[2]《日知录集释》卷十九《立言不为一时》,第679页。
[3]《訄书(重订本)·原人第十六》,《章太炎全集(三)》,第168页。
[4]《明夷待访录·田制二》,第105、103—104页。

朱熹慨叹："齐、梁之国甚强，可以有为，而孟子与其君言，恬然不恤。滕文公却有善意，又以国小，主张不起。"孟子"见滕文公，说许多井田，也是一场疏脱"。[1]战国时期另一个尝试"王政"——仁政——的是宋国。"万章问曰：'宋，小国也，今将行王政，齐、楚恶而伐之，则如之何？'"孟子张皇了一通"仁者无敌"的故实，归结为："不行王政云尔，苟行王政，四海之内皆举首而望之，欲以为君，齐、楚虽大，何畏焉？"杨伯峻注称："根据《战国策·宋策》《史记·宋世家》，宋王偃的行为同于桀、纣，终于为齐、魏、楚三国所灭。而《孟子》说他行王政，有人说这是王偃早年之事，而'晚节不终'（周广业《孟子出处时地考》），而全祖望、焦循则怀疑《国策》《史记》的记载，认为是当时齐、楚诸国诬陷之言。"[2]顺便提一句，滕国即被宋国所灭。

定于一

在各国都不行"仁政"或"王政"的情况下，谁能胜出？这个问题，即使孟子不愿正视，并不等于没想过。《孟子》书中，齐、楚伐宋，齐、鲁冲突，魏与韩、齐、秦、楚交战，及齐、燕互伐，[3]构成了真实的历史背景。他问

---

[1]《朱子语类》卷五十一《孟子一》，第1316、1317页。
[2] 引文见《孟子译注·滕文公下》，第147页，注文见第149—150页。
[3]《孟子译注·滕文公下》，第147页；《告子下》，第290—291页；《梁惠王上》，第10页；《梁惠王下》，第44—46页；《公孙丑下》，第99—101页。

《孟子》

齐宣王："邹人与楚人战，则王以为孰胜？"宣王答："楚人胜。"他表示同意："**小固不可以敌大，寡固不可以敌众，弱固不可以敌强。**"即国家大、人口众、国力与军力强者胜出，说明他还是实事求是的。但他马上引申为"**海内之地方千里者九，齐集有其一。以一服八，何以异于邹敌楚哉？**"这就犯了引喻失义的毛病，别的不论，秦最终毕六国、一四海是怎么做到的呢？显然，韩非子的方案更行之有效：

> 明主之国无书简之文，以法为教；无先王之语，以吏为师；无私剑之捍，以斩首为勇。是境内之民，其言谈者必轨于法，动作者归之于功，为勇者尽之于军。是故无事则国富，有事则兵强，此之谓王资。既畜王资而承敌国之衅，超五帝、侔三王者，必此法也。[1]

刘向事后总结说："战国之时，君德浅薄，为之谋策者不得不因势而为资，据时而为□。故其谋扶急持倾，为一切之权，虽不可以临国教化，兵革救急之势也。""非威不立，非势不行。""秦国势便形利，权谋之士咸先驰之。"[2]事实上，齐、燕之间"以万乘之国伐万乘之国"，[3]形势发生戏剧性

---

[1]《韩子浅解》第四十九篇《五蠹》，第482—483页。
[2]《战国策·叙》，第3、2页。
[3]《孟子译注·梁惠王下》，第44页。

的变化，孟子在做研判时，固不离"仁者无敌"的老调，总算就事论事，不像对四面受敌的梁惠王所说"王如施仁政于民，省刑罚，薄税敛，深耕易耨，壮者以暇日修其孝悌忠信，入以事其父兄，出以事其长上，可使制梃以挞秦、楚之坚甲利兵矣"[1]那么虚夸了。

孟子坚称："不仁而得国者，有之矣；不仁而得天下者，未之有也。"[2]梁惠王卒然问："天下恶乎定？"孟子对："定于一。"问："孰能一之？"对："不嗜杀人者能一之。"[3]历史的走向截然相反。连朱熹都承认："当时六国如此强盛，各自抬举得个身己如此大了，势均力敌。""若不是秦始皇出来从头打叠一番，做甚合杀？"[4]孟子无取于"辟土地，充府库""约与国，战必克"，认为"由今之道，无变今之俗，虽与之天下，不能一朝居也"。[5]似乎能以预见到了暴秦速亡为解嘲。然而，秦固无道，汉亦寡恩，宣帝训斥太子刘奭："汉家自有制度，本以霸、王道杂之，奈何纯任德教、用周政乎！"[6]

---

[1]《孟子译注·梁惠王上》，第10页。晚清对外主战派犹以此为言，可谓贻害不浅了。
[2]《孟子译注·尽心下》，第328页。
[3]《孟子译注·梁惠王上》，第12页。
[4]《朱子语类》卷四十七《论语二十九》，第1263页。"合杀"意谓"结果、收场"。
[5]《孟子译注·告子下》，第293页。
[6]《汉书》卷九《元帝纪》，第277页。

《庄子》

《老子》与《庄子》

王弼《老子指略》曰:"老子之书其几乎!可一言而蔽之,噫!崇本息末而已矣。"[1]大旨不差,但什么是"本""末",《老子》的思辨并非无懈可击。假如钩玄提要,我看三句话差不多够了:"有物浑成,先天地生。寂兮寥兮,独立不改,周行而不殆,可以为天下母。""道常无为而无不为。""反者道之动,弱者道之用。"[2]最后一句可解释为:事物总向反面发展是道的运动规律,弱者转化为强者则是道的效用所在。而《庄子》亦可找四句话为纲领:

若一志,无听之以耳而听之以心,无听之以心而

---

[1] 楼宇烈校释《王弼集校释》,北京:中华书局,2012年,第198页。
[2] 《老子道德经·二十五章》,第52—53页;《三十七章》,第78页;《四十章》,第90—91页。

听之以气。听止于耳,心止于符。气也者,虚而待物者也。唯道集虚。虚者,心斋也。[1]——体道

得者,时也;失者,顺也。安时而处顺,哀乐不能入也。[2]——顺化

为天下者,亦奚以异乎牧马者哉?亦去其害马者而已矣![3]——无为而治

泽雉十步一啄,百步一饮,不蕲畜乎樊中。[4]——避祸遗世

《老子》《庄子》似是而非的关系,明眼人都看得清楚。朱熹说,老子"欲得退步占奸","故为其学者多流于术数,如申、韩之徒皆是也","老子犹要做事在,庄子都不要做了",庄子"事事识得,又却蹴踏了,以为不足为"。[5]郭沫若也说:"庄周比关尹、老聃退了一步,是并不想知雌守雄、先予后取,运用权谋诈术以企图损人利己而已。这是分歧的地方。庄周书,无论《内篇》《外篇》,都把术数的那一套是扬弃了的。"[6]章太炎语更爽利:"老、庄之为一家,亦犹

---

[1]《庄子集释》卷二《内篇·人间世》,第9页b。
[2]《庄子集释》卷三《内篇·大宗师》,第11页b—第12页a。
[3]《庄子集释》卷八《杂篇·徐无鬼》,第17页b。
[4]《庄子集释》卷二《内篇·养生主》,第4页a,此即诸葛亮《前出师表》的"苟全性命于乱世"。
[5]《朱子语类》卷一百二十五《老氏》,第3233、3225页。
[6]《十批判书·庄子的批判》,第209页。

输、墨皆为艺士,其攻守则正相反,二子亦不可并论也。"[1]质言之,《道德经》积极,近于冷酷、险诈;《庄子》消极,故作洒脱、浪漫,好似一个人小心翼翼溜过"社会丛林"的边缘,在确定没有摄像头之处,时而夸张地啸歌、舞蹈——后人拟之为得道,已有几分矫情,今人串合西哲,大谈"自由""超越""艺术精神",本末倒置。

不过,《老子》《庄子》均不关心"人性论",这尤其与儒家拉开了距离。

庄子与儒家

庄子与儒家的关系相当难解,这当然跟《庄子》"寓言十九,重言十七"[2]有关。早期文献中的枢纽人物为田子方。田子方受业于子夏,见《史记·儒林列传》,而《庄子》外篇有《田子方》,韩愈《送王埙秀才序》遂生子夏传田子方而至庄子之说。王世贞《读书后》卷一《读〈庄子〉三》称:"韩愈作《读墨》而谓子夏之后流而为庄,亦无所据,而王安石引之。吾以为不必自子夏氏,若庄子者,盖尝受业于孔子之门而有得者也。何以知其然也?凡庄子之所谈,如君臣、父子之大戒,天机、嗜欲之深浅,六经之用,圣人之论议,皆精切而尔雅,即田子方、荀卿之所不能及,特不若其治老子之深。盖游于吾圣教而中畔之者

---

[1]《訄书(重订本)·订孔第二》,《章太炎全集(三)》,第135—136页。
[2]《庄子集释》卷九《杂篇·寓言》,第7页b。

也。"[1]谭嗣同秉承了乃师康有为之"狂",大言:"孔学衍为两大支:一为曾子传子思而至孟子,孟故畅宣民主之理以竟孔之志;一由子夏传田子方而至庄子,庄故痛诋君主,自尧、舜以上,莫或免焉。不幸此两支皆绝不传,荀乃乘间冒孔之名以败孔之道。"[2]

郭沫若《十批判书》之《儒家八派的批判》和《庄子的批判》都把庄子和颜回联系起来,"怀疑他本是'颜氏之儒'",自注:"章太炎曾有此说,曾于坊间所传《章太炎先生白话文》一书中见之。"《庄子》"书中征引颜回与孔子的对话很多,而且差不多都是很关紧要的话,以前的人大抵把它们当成'寓言'便忽略过去了。那是根据后来所完成了的正统派的儒家观念所下的判断,事实上在孔门初一、二代,儒家并不是那么纯正的,而儒家八派之中,过半数以上是已经完全消灭了"。[3]章氏曾提及廖平"以庄周为儒术",斥其说为"不根",[4]而晚年讲学,则结合佛学,把孔、颜、老、庄打成一片,参见其《国学讲演录·诸子略说》。

---

[1]《读书后》,《四库明人文集丛刊》,上海:上海古籍出版社,1993年,第6页上栏。案王世贞所言指王安石《答陈柅书》"韩氏作《读墨》,而又谓子夏之后流而为庄周",见《王安石全集·临川先生文集》卷七十七,上海:复旦大学出版社,2016年,第1381页,但韩愈《读墨子》实无其说。
[2]《仁学一·二十九》,郑州:中州古籍出版社,1998年,第168页。
[3]《十批判书》,第194页。《章太炎先生白话文》应指《章太炎的白话文》。
[4]《訄书(重订本)·清儒第十二》,《章太炎全集(三)》,第158页。

庄子与孟子

在先秦诸子中，事迹之少与影响之大最为悬殊的，可能非庄子与孟子莫属。《庄子》满嘴"跑火车"，好像成心"隐身"。《孟子》则刻意记录了自己的"高光时刻"，却不免有违历史实况。更耐寻味的是，两人生卒年及活动范围均相近，却好像生活在"平行世界"中，《庄子》不提孟子，《孟子》不提庄子。从庄子以惠施为"质"[1]而孟子以陈仲子为"巨擘"[2]看，两人在思想上都不是那么"画地为牢"的。《庄子·天下》称："其在于诗、书、礼、乐者，邹鲁之士、缙绅先生多能明之。"倘亦包括孟子在内？

关于庄、孟关系，一向心思细密的宋儒不会不加揣测。王应麟引吕吉甫（惠卿）之语曰："'圣人之所以骇天下，神人未尝过而问焉。'盖孔氏与老氏同生于衰周，庄子与孟子俱游于梁惠，其书之言未尝相及，以此而已。"[3]"圣人"云云，出自《庄子·外物》，"原汤化原食"。朱熹数论及之，则上下其手，大意谓两人声闻不相接，而楚多异端，庄子且为杨朱之学，故孟子斥杨朱等人，即斥庄子。[4]这种鲜明的卫道立场，后人多不取。郎瑛说："庄生与孟氏同时，庄之轻禄言玄，是深明老子者也，惜孟子不得与之言，

---

[1]《庄子集释》卷八《杂篇·徐无鬼》，第20页a。
[2]《孟子译注·滕文公下》，第158页。
[3]《困学纪闻》卷十《诸子》，第219页。
[4]《朱子语类》卷一百二十五《老氏》，第3225页。

而庄仅成其己学之偏。"[1]谢肇淛进一步说:"孟氏极口诋杨、墨,不遗余力。""当时老、庄之言已满天下,而孟子不之及,盖以老子为仲尼所严事,非异端也。"[2]王世贞则一副"看热闹不嫌事大"的劲头:"太史公又谓:庄子,梁惠王、齐宣王时人,审尔,奈何不使与孟子见而一相究诘也?庄子非告子夷之比也,其斗必若涿鹿、彭城之战,天地为之荡而不宁,日月为之晦而不辨。夫庄子败则逃之无何有之乡而已,然而不怒也;孟子不败也,败则怒。"[3]尤侗自陈于《庄子》前后认识有别:"予尝谓庄子与孟子同时,使其相遇,抵掌辨论,必有可观。由今思之,孟子而在,必恶其诐辞邪说。"[4]最终俞樾出来"和稀泥":"千载而后,二子名满天壤,在当日,则亦'东家邱'耳,安必其相知哉?虽然,使二子而相遇,则见于孟子书者,必庄生理屈,见于庄子书者,必孟叟词穷,从此是非蜂起矣。吾故以孟、庄之无言而笑朱、陆之多事也。"[5]"东家邱"指不为时人所知。俞氏在《茶香室丛钞·唐人选唐诗》里说过差不多的话:"余谓李、杜诸人,在今日则光芒万丈矣,在当日亦'东家丘'耳。"[6]

---

[1]《七修续稿》卷三《义理类·遇不遇》,第561页。
[2]《五杂组》卷八《人部四》,第171页。
[3]《读书后》卷一《读〈庄子〉三》,第6页上栏至下栏。
[4]《艮斋杂说》卷二"《庄子》寓言十九"条,第32页。
[5]《湖楼笔谈七》,《九九销夏录》,第259页。
[6]《茶香室丛钞》卷八,北京:中华书局,2012年,第189页。

无用之用

洪迈《容斋续笔》曰:"《庄子》云:'人皆知有用之用,而莫知无用之用。'又云:知无用而始可与言用矣。夫地非不广且大也,人之所用容足耳,然则厕足而垫之致黄泉,所谓无用之为用也亦明矣。此义本起于《老子》'三十辐共一毂,当其无,有车之用'一章。《学记》:'鼓无当于五声,五声弗得不备;水无当于五色,五色弗得不章。其理一也。'今夫飞者以翼为用,縶其足则不能飞;走者以足为用,缚其手则不能走。"[1]很准确地识别出"无用之用"的四种类型,却以"三十辐共一毂,当其无,有车之用"为本,一言以为不知。这实际上误导了《管锥编》的讨论,钱锺书一方面指出《庄子》两语不同,"人皆知有用之用,而莫知无用之用也"上文为"山木自寇也,膏火自煎也,桂可食,故伐之,漆可用,故割之","乃偷活苟全之大幸","非通方咸宜之大道",甚谛;另一方面,又认同"知无用而始可与言用矣"云云本诸《老子》,有误。[2]后者可概括为"余地说",《老子》全然未及,是道家智慧的一个全新的增长点。

《庄子·外物》有这样独立的一节:

---

[1]《容斋随笔·续笔》卷十二《无用之用》,第239—240页。
[2]《管锥编》第二册《老子王弼注》六《一一章·"无之以为用"》,第425—426页。所引《庄子》文出自内篇《人间世》,《庄子集释》卷二,第20页b。

> 惠子谓庄子曰:"子言无用。"庄子曰:"知无用而始可与言用矣。天地非不广且大也,人之所用容足耳,然则厕足而垫之致黄泉,人尚有用乎?"惠子曰:"无用。"庄子曰:"然则无用之为用也亦明矣。"[1]

成玄英疏:"垫,掘也。夫六合之内,广大无最于地。人之所用不过容足,若使侧足之外掘至黄泉,人则战栗不得行动。是知有用之物假无用成功。"[2]然而,使非后人反复阐发,乍睹《外物》此语,不感费解者几希。这至少出于两个原因:第一,以"留有余地"来作"无用之用"的例子,是思路的极其独特的变换,这本身就令读者必需一个适应过程;第二,该例在"不留余地"的表达上不能不说是有些笨拙的。其实,像《田子方》中伯昏无人"登高山,履危石,临百仞之渊,背逡巡,足二分垂在外",[3]即是恰切的拟象。到了《列子·汤问》,重置情境,就一目了然了:

---

[1] 《庄子集释》卷九《杂篇》,第5页a。
[2] 《庄子集释》卷九《杂篇》,第5页a。案正文"天"当作"夫",盖此节但就"地"言,实与"天"无涉。《容斋随笔·续笔》所引不误。参王叔岷《庄子校诠》,北京:中华书局,2007年,第1070页注四。
[3] 《庄子集释》卷七《外篇》,第24页b—第25页a。这也即是《庄子》一再渲染的"登高不栗"(《大宗师》卷三,第2页a)、"行乎万物之上而不栗"(《达生》卷七,第1页b)。案《尸子疏证》卷下称:"莒国有名焦原者,广数寻,长五十步,临百仞之溪,莒国莫敢近也。有以勇见莒子者,独却行齐踵焉。莒国莫之敢近,已独齐踵焉,所以服莒国也。"第149页。《庄子》大似本之而加饰。至葛洪《抱朴子内篇》卷八《释滞》竟夸张为"伯昏蹑亿仞而企踵",《抱朴子内篇校释》,第155页。

"泰豆乃立木为途,仅可容足,计步而置,履之而行,趣走往还,无跌失也。"张湛注:"夫行之所践,容足而已,足外无余而人不敢践者,此心不夷、体不闲故也。心夷体闲,即进止有常数,迟疾有常度。"卢重玄解:"立木如足,布之如步。《庄子》云,侧足之外皆去其土,则不能履之者,心不定也。"[1]

"余地"说体物入微,是《庄子》对《老子》"无之以为用"的重要开拓。进一步分析会发现,"留有余地"之便于人的行动或行事,在于两端:一是主体获得一定的随机性,以行走为例,在确保方向的前提下,双脚自无须机械地前踏;一是主体的心理状态放松,可从容不迫地施为。相反,余地一旦收窄,一方面,随机性将导致误差的产生,另一方面,心理紧张将造成施为失当。也就是说,"不留余地"要求主体具备绝对的精确性。

在《庄子》中,毋宁说更侧重以"不留余地"来渲染得道者的玄妙境界,如上引《田子方》继述伯昏无人教列子,曰:"夫至人者,上窥青天,下潜黄泉,挥斥八极,神气不变。今汝怵然有恂目之志,尔于中也殆矣夫!"[2]而因难见巧的极致当推《徐无鬼》:"郢人垩慢其鼻端若蝇翼,使

---

[1]《列子集释》卷五,第184—185、186、185页。杨伯峻加案语谓:"卢解所引《庄子》,今本无其文。"第185页,不确。盖卢解意引《外物》,复隐本张注为说。另参谭峭《化书》卷二《术化·虚实》:"方咫之木置于地之上,使人蹈之而有余;方尺之木置于竿之端,使人蹈之而不足。非物有大小,盖心有虚实。"第21页。
[2]《庄子集释》卷七《外篇》,第25页a。

匠石斫之。匠石运斤成风，听而斫之，尽垩而鼻不伤，郢人立不失容。"[1]这实际上要求两个主体——郢人和匠石——都具备高度的精确性，用心之深，设想之奇，令人赞叹。《韩非子·说林下》所言亦见妙思："羿执鞅持扞，操弓关机，越人争为持的。弱子扜弓，慈母入室闭户。故曰：可必，则越人不疑羿；不可必，则慈母逃弱子。"[2]窃谓《列子》作者对此颇有会心，既载伯昏无人事于《黄帝》篇，载泰豆事于《汤问》篇（参前），继载泰豆教造父御马，"二十四蹄所投无差，回旋进退，莫不中节，然后舆轮之外可使无余辙，马蹄之外可使无余地"，[3]更以《汤问》篇载纪昌学射于飞卫，后二人"相遇于野"，彼此"交射，中路矢锋相触而坠于地，而尘不扬。飞卫之矢先穷，纪昌遗一矢，既发，飞卫以棘刺之端扞之而无差焉。于是二子泣而投弓，相拜于地，请为父子"。[4]严格说来，匠石、羿须在技术和心理上保证精确性，郢人、越人仅须心理上的保证；而纪昌与飞卫则铢两悉称，且持续"交射"，始终无爽，正见踵事增华之处。"尘不扬"盖指正、反二力相抵，重力亦若因之解消。至于以"飞卫之矢先穷"添一波折，狡狯可喜，又是《列子》的惯技了。

---

[1]《庄子集释》卷八《杂篇》，第20页a。
[2]《韩子浅解》第二十三篇，第199页。与此相映成趣的是《淮南子注》卷十六《说山训》："楚王有白蝯，王自射之，则搏矢而熙，使养由基射之，始调弓矫矢，未发而蝯拥柱号矣。"蝯即猿，第281页。
[3]《列子集释》卷五，第185—186页。
[4]《列子集释》卷五，第182—184页。

恓惶的逍遥

北冥有鱼,其名为鲲。鲲之大,不知其几千里也。化而为鸟,其名为鹏。鹏之背,不知其几千里也,怒而飞,其翼若垂天之云。是鸟也,海运则将徙于南冥,南冥者,天池也。齐谐者,志怪者也。谐之言曰:"鹏之徙于南冥也,水击三千里,抟扶摇而上者九万里,去以六月息者也。"野马也,尘埃也,生物之以息相吹也。天之苍苍,其正色邪?其远而无所至极邪?其视下也,亦若是则已矣。且夫水之积也不厚,则其负大舟也无力。覆杯水于坳堂之上,则芥为之舟,置杯焉则胶,水浅而舟大也。风之积也不厚,则其负大翼也无力。故九万里,则风斯在下矣,而后乃今培风,背负青天而莫之夭阏者,而后乃今将图南。

蜩与学鸠笑之曰:"我决起而飞,枪榆枋而止,时则不至,而控于地而已矣。奚以之九万里而南为?"适莽苍者,三餐而反,腹犹果然;适百里者,宿舂粮;适千里者,三月聚粮。之二虫又何知!小知不及大知,小年不及大年。奚以知其然也?朝菌不知晦朔,蟪蛄不知春秋,此小年也。楚之南有冥灵者,以五百岁为春,五百岁为秋,上古有大椿者,以八千岁为春,八千岁为秋,此大年也。而彭祖乃今以久特闻,众人匹之,不亦悲乎!

汤之问棘也是已。穷发之北,有冥海者,天池也。有鱼焉,其广数千里,未有知其修者,其名为鲲。有鸟焉,其名为鹏,背若太山,翼若垂天之云,抟扶摇羊角而上者九万里,绝云气,负青天,然后图南,且适南冥也。斥鴳笑之曰:"彼且奚适也?我腾跃而上,不过数仞而下,翱翔蓬蒿之间,此亦飞之至也!而彼且奚适也?"此小大之辩也。故夫知效一官、行比一乡、德合一君而征一国者,其自视也,亦若此矣。而宋荣子犹然笑之。且举世而誉之而不加劝,举世而非之而不加沮,定乎内外之分,辩乎荣辱之境,斯已矣。彼其于世,未数数然也。虽然,犹有未树也。夫列子御风而行,泠然善也,旬有五日而后反。彼于致福者,未数数然也。此虽免乎行,犹有所待者也。若夫乘天地之正而御六气之辩以游无穷者,彼且恶乎待哉?故曰:至人无己,神人无功,圣人无名。

尧让天下于许由,曰:"日月出矣,而爝火不息,其于光也,不亦难乎?时雨降矣,而犹浸灌,其于泽也,不亦劳乎?夫子立而天下治,而我犹尸之,吾自视缺然,请致天下。"许由曰:"子治天下,天下既已治也,而我犹代子,吾将为名乎?名者,实之宾也。吾将为宾乎?鹪鹩巢于深林,

《庄子》

不过一枝；偃鼠饮河，不过满腹。归休乎君！予无所用天下为。庖人虽不治庖，尸祝不越樽俎而代之矣。"

肩吾问于连叔曰："吾闻言于接舆，大而无当，往而不返。吾惊怖其言，犹河汉而无极也，大有径庭，不近人情焉。"连叔曰："其言谓何哉？""曰：'藐姑射之山，有神人居焉。肌肤若冰雪，淖约若处子。不食五谷，吸风饮露。乘云气，御飞龙，而游乎四海之外。其神凝，使物不疵疠而年谷熟。'吾以是狂而不信也。"连叔曰："然，瞽者无以与乎文章之观，聋者无以与乎钟鼓之声。岂唯形骸有聋盲哉？夫知亦有之。是其言也，犹时女也。之人也，之德也，将旁礴万物以为一，世蕲乎乱，孰弊弊焉以天下为事！之人也，物莫之伤，大浸稽天而不溺，大旱金石流、土山焦而不热。是其尘垢、秕糠将犹陶铸尧、舜者也，孰肯以物为事！"

宋人资章甫而适诸越，越人断发文身，无所用之。尧治天下之民，平海内之政，往见四子藐姑射之山、汾水之阳，窅然丧其天下焉。

惠子谓庄子曰："魏王贻我大瓠之种，我树之成而实五石。以盛水浆，其坚不能自举也；剖之以为瓢，则瓠落无所容。非不呺然大也，吾为其无用而掊之。"庄子曰："夫子固拙于用大矣！宋人有善为不龟手之药者，世世以洴澼絖为事。客闻之，请买其方百金。聚族而谋曰：'我世世为洴澼絖，不过数金，今一朝而鬻技百金，请与之。'客得之，以说吴王。越有难，吴王使之将。冬，与越人水战，大败越人，裂地而封之。能不龟手，一也；或以封，或不免于洴澼絖，则所用之异也。今子有五石之瓠，何不虑以为大樽而浮乎江湖？而忧其瓠落无所容，则夫子犹有蓬之心也夫！"

惠子谓庄子曰："吾有大树，人谓之樗。其大本拥肿而不中绳墨，其小枝卷曲而不中规矩。立之途，匠者不顾。今子之言，大而无用，众所同去也。"庄子曰："子独不见狸狌乎？卑身而伏，以候敖者，东西跳梁，不辟高下，中于机辟，死于罔罟。今夫斄牛，其大若垂天之云，此能为大矣，而不能执鼠。今子有大树，患其无用，何不树之于无何有之乡、广莫之野，彷徨乎无为其侧，逍遥乎寝卧其下，不夭斤斧，物无害者，无所可用，安所困苦哉！"（《内篇·逍遥游》）

——据郭庆藩《庄子集释》本

绝迹易,无行地难

《庄子》被疑成于众手的原因之一,是从内容(思想)到形式(章法),全书时有不相一致的地方。但一般认为,"内篇"七篇问题不大,特别是卷首《逍遥游》开宗明义,一气呵成,不独为《庄子》所罕,即使其他先秦典籍也绝少媲美者。《人间世》的"绝迹易,无行地难"一语,通常被释为不行容易,行而不留痕迹难。[1]《逍遥游》是一篇几"无行地"的奇文,历代传诵,被视为《庄子》精神的重要宣示。然而,对任何终落言诠的表达来讲,严谨的内在逻辑必不可少,唯有遵循这种逻辑,读者才能抵达作者预期的目的地。

钱穆先生著《庄子纂笺》,以考据、义理、辞章总结传统《庄》学,颇为的当。今人研讨《庄子》,固以文字训诂为基础,但偏重由义理一路自由发挥,失坠了古人扬榷写作技法的本领。论中国古代的逻辑思维发展,窃谓唐宋之后,必以文章"批评"为大端,对理解像《逍遥游》这样的作品,"批评"手段不啻强化了古典意义上的逻辑维度。把下文所制各表当成写作技法的某种图解,并无不可。

与钱穆谊兼师友的吕思勉论《逍遥游》,却说:"此篇极诙诡,然须知诸子皆非有意为文。其所以看似诙诡者,以当时言语程度尚低,抽象之词已少,专供哲学用之语,更几于绝无,欲说高深之理,必须取譬于实事实物,而眼前事

---

[1] 参《老子道德经》第二十七章:"善行无辙迹。"第58页。

物,欲以说明高深之理极难,故不得不如是也。此等处宜探其意而弗泥其辞,苟能心知其意,自觉其言虽诙诡,而其所说之理实与普通哲学家所说者无殊矣。至于世俗评文之家,竟谓诸子有意于文字求奇,其说更不足论。此凡读古书皆然,然《庄子》书为后人穿凿附会最甚,故于此发其凡。"[1] 吕氏既肯定"诸子之文""实为中国文学立极于前",[2] 又不认同"诸子有意于文字求奇"。

晚明古文运动复兴,文士以受八股文训练的头脑反思经典,得失参半。王夫之就讥诮说:"陋人以钩锁呼应法论文,因而以钩锁呼应法解书。岂古先圣贤亦从茅鹿门(坤)受八家衣钵邪?"[3] 唯辞章和义理一样,是不能仅从时间先后论的,前人引而未发,发而未尽,尽可由后人极深研几,彰示于天下。将明、清以来"世俗评文之家"一笔抹倒,正恐未免"世俗"之见。

小大之辩

郭象注以"齐物论"调停儒、道,歪曲了《逍遥游》

---

[1]《经子解题·庄子》,第116—117页。自注(括号内文字)举例论证道:"此篇引《齐谐》之言,所谓《齐谐》者,盖诚古志怪之书,而作此篇者引之。不然,初不必既撰寓言,又伪造一书名,而以其寓言托之也。然则此篇中诙诡之语尚未必撰此篇者所自造,有意于文字求奇之说,不攻自破矣。""齐谐"者,或谓人名,或谓书名,很有可能就是"作此篇者"杜撰的,"既撰寓言",又造寓言,在《庄子》有何足怪?
[2]《经子解题·论读子之法》,第107页。
[3]《姜斋诗话》卷二《夕堂永日绪论·外编·二九》,第177页。

的宗旨，这一点早为人洞悉。唯此篇虽以"**小大之辩**"贯穿始终，但意象纷披络绎，究竟孰大孰小，犹未免分歧，遂致淆乱了研究者的判断。此处祈借表一的整理做一直观而确凿的澄清。

表一

	最大级		中间级		最小级	
（大）鲲、鹏	北冥 （几）千里 垂天之云 海 南冥、天池					
鹏	南冥 三千里、九万里 扶摇、六月息 苍天					
大舟					杯、芥	杯水
大翼	九万里 风 青天					
					蜩、学鸠	榆枋
适千里者	千里 三月聚粮		适百里者	百里 宿舂粮	适莽苍者	莽苍 三餐、果腹
大知 大年					小知 小年	
冥灵 大椿	五百岁为春， 五百岁为秋 八千岁为春， 八千岁为秋				蟪蛄、朝菌	春秋、晦朔
			彭祖		众人	

续表

最大级		中间级		最小级	
(修)鲲、鹏	穷发之北有冥海、天池 数千里 太山 垂天之云 扶摇羊角、云气 九万里 青天 南冥			斥鷃	数仞 蓬蒿
至人、神人、圣人	天地之正 六气之辩 无穷	列子	风 旬有五日	一国、一君、一乡、一官 宋荣子	
许由				尧	天下
日月 时雨				爝火 浸灌	
深林 河				鹪鹩 偃鼠	一枝 满腹
尸祝				庖人	
神人	藐姑射之山 云气、飞龙 四海之外 万物			瞽者、聋者 尧、舜	天下 尘垢、秕糠物
		越人	断发文身	宋人	章甫
四子	藐姑射之山 汾水之阳			尧	海内、天下
大瓠 大樽	五石 江湖				
		客、吴王	大败越人，裂地而封	宋人	洴澼絖 数金、百金

《庄子》

续表

	最大级	中间级	最小级
大瓠	无何有之乡、广莫之野		
斄牛	垂天之云		狸狌 鼠

如上所示，表一尝试依次归纳了《逍遥游》中的各组比较，以"最大级"、"中间级"和"最小级"相区分。很显然，级别的认定本身就包含了论证。

在"最大级"部分，至关重要的是"**鲲**""**鹏**"归位是否妥当。似乎迄今为止的各种理解，都视"**鲲**""**鹏**"为"有待"，即未臻最高境界。事实上，从表内的相关信息可见，首先，"**鲲**""**鹏**"与"**适千里者**""**冥灵**""**大椿**"在数量级上明显一致；其次，"**海**""**天**"之于"**天地之正**"，"**扶摇（羊角）**""**六月息**""**（绝）云气**"之于"**六气之辩**""**（乘）云气**"，乃至"**太山**"之于"**藐姑射之山**""**汾水之阳**"，都在错综变化中体现出对应性；再次，"**四海之外**"、"**无何有之乡**"及"**广莫之野**"，其"外""无""莫"字均以（对有限的）否定示"远""大"，[1] 即佛经所谓"以遮为表"，与"**穷发之北**"正尔相通，[2] 如果增添"**冥灵**""**大椿**"在

---

[1] 犹之卷四《外篇·在宥》广成子所谓"彼其物无穷""彼其物无测"，"入无穷之门，以游无极之野"，而他自称"修身千二百岁"，正属"最大级"，第23页a–b。
[2] 《列子集释》卷五《汤问》改"穷发之北"为"终北之北"，第156页。

时间维度上的无限,便是"至人""神人""圣人"的"无穷"了。[1]在《庄子》一书中,"大""天""无"实为最高级的定语。

在"中间级"部分,内容无多,归位取其大概而已。不过,如"**彭祖**"隐含"八百岁",在数量级上是吻合的。

谁是"鹪鹩""偃鼠"

在"最小级"部分,要点在"**鹪鹩**""**偃鼠**"的解读。倘按许由以之自拟的传统讲法,势必小、大易位,在表中也无从安顿了。实则从下文"**其尘垢、秕糠将犹陶铸尧、舜者也**",就能推定许由的意思若谓:尧之"**天下**"不过等于"**鹪鹩**""**偃鼠**"的"**一枝**""**满腹**",安知林深河广?[2]《应帝王》有云:"鸟高飞以避矰弋之害,鼷鼠深穴乎神丘之下以避熏凿之患,而曾二虫之无知!"正同本篇"**蜩与学**

---

[1] 熊十力《存斋随笔》批判佛教,忽旁及《庄子·逍遥游》,云:"按人情以其生长之地为故乡,游子离乡日久,终当还归于其乡。《庄子》乃有所谓'无何有之乡'而思归于此。是乃无归之游魂耳。庄生之学本与佛氏不同,而不无一点相似处。佛氏以不生不灭、清净寂灭法为大我,以与庄生之'无何有'相比较,殆有互(所?)相似欤?"上海:上海远东出版社,1996年,第86页。盖一时兴到,断章取义,《庄子》此处何尝有一"归"字?熊氏后文固称:"庄之乘化逍遥与佛出世法,确无相似处。"第123页。案此版《存斋随笔》其标点有不如无,须读者重行句读。

[2] 今人似唯沈善增《还吾庄子》作此解,上海:学林出版社,2002年,第145—147页。像《浦江清文录·〈逍遥游〉之话》所称"文有歧义,若谓许由因一己至小,恶用天下,则以鹪鹩巢林、偃鼠饮河自况,若谓许由小天下而不为,则鹪鹩、偃鼠所以比尧",实属模棱之论。北京:人民文学出版社,1989年,第214页。

鸠""之二虫又何知"。另参《达生》:"吾告之以至人之德,譬之若载鼷以车马,乐鴳以钟鼓也。"足见昆虫类的"蜩"、鸟类的"学鸠""斥鴳""鹓鶵"与兽类的"偃鼠""鼷鼠"在概念上是完全等值的。[1]《秋水》:"惠子相梁,庄子往见之,或谓惠子曰:'庄子来,欲代子相。'于是惠子恐,搜于国中,三日三夜。庄子往见之,曰:'南方有鸟,其名鹓鶵,子知之乎?夫鹓鶵发于南海而飞于北海,非梧桐不止,非练食不食,非醴泉不饮。于是鸱得腐鼠,鹓鶵过之,仰而视之曰:"吓!"今子欲以子之梁国吓我邪?'""发于南海而飞于北海"的"鹓鶵"不就是"鲲鹏"吗?"鸱得腐鼠"不就是凑齐了"鹓鶵""偃鼠"吗?此处的惠子和庄子不就相当于尧和许由吗?[2]

在先秦士人心目中,圣、贤并不悬殊,君、臣尤未隔

---

[1] 参《抱朴子外篇校笺》卷二《逸民》:"锐志于雏鼠者,不识驺虞之用心;盛务于庭粒者,安知鸳鸾之远指?犹焦螟之笑云鹏,朝菌之怪大椿,坎蛙之疑海鳖,井蛇之嗤应龙也。"上册,第66页。

[2] 俞樾《湖楼笔谈二》:"《孟子》曰:'柳下惠不以三公易其介。'赵《注》曰:'介,大也。'此说得之。人惟己小而物大,于是物之临我者,不必其果大也,而视之皆庞然矣,颠倒眩惑,失其所守,复何怪焉?若柳下惠者,己大而物小,彼视千驷万钟犹箪食豆羹也,视万乘之卿相犹褐之夫也,三公虽尊,曾不足当其剑首之一映,我自有大于三公者存,而岂以三公易我之大也?"亦是此义,第191页。至于王应麟《困学纪闻》卷七《论语》:"沮溺荷蓧之行,虽未能合乎中,陈仲子之操,虽未能充其类,然唯孔、孟可以议之。斯人清风远韵,如鸾鹄之高翔,玉雪之不污,视世俗殉利亡耻、饕荣苟得者,犹腐鼠粪壤也。小人无忌惮,自以为中庸,而逸民清士,乃在讥评之列,学者其审诸!"第164—165页。盖身是遗民,有为而发。

绝，两者尚可混同乃至颠倒，两汉以来，古风渐泯，专制君主制确立，故蔡邕引《庄》，自称"小丑"，[1]郭象注《庄》，了无犯上躐等之思。[2]至唐成玄英为疏，更是尊卑判然。成《疏》称："鸟巢一枝之外，不假茂林，兽饮满腹之余，无劳浩汗。况许由安兹蓬荜，不顾金闾，乐彼疏食，讵劳玉食也？""许由寡欲清廉，不受尧让，故谓尧云：'君宜速还黄屋，归反紫微，禅让之辞，宜其休息。四海之尊，于我无用，九五之贵，予何用为？'"[3]曰"金闾""玉食"，曰"黄屋""紫微"，俗不可耐，盖皆中古以来帝王"尊""贵"的炫示，岂是上古部族首领所有？还不如明人的儇薄语来得更贴切实况。嘉靖间刊行的《解愠编》有《许由辞位》一则："尧治天下，久而倦勤，召许由禅位。由入，见所居土阶三尺，茅茨不剪，采椽不斫，虽逆旅之居，无以过其陋。赐之食，则饭土铏，啜土器，食粗粝，羹藜藿，虽厮监之养，无以过其约。食毕，顾而言曰：'吾都天下之富，享天下之贵，久而厌矣。因汝玄德有闻，今将举以授之，汝其享吾之奉也。'由笑而辞曰：'似此富贵，由未甚爱也。'"[4]万历末张

---

[1]《蔡中郎文集》卷八《让高阳侯印绶符策》，《四部丛刊正编》第三十册，台北：商务印书馆，2011年，第51页上栏。
[2] 参张华作《鹪鹩赋》，自居"鹪鹩"，陶弘景上《解官表》，首句"臣闻尧风冲天，颍阳振饮河之谈"，自居"偃鼠"。严可均校辑《全上古三代秦汉三国六朝文·全晋文》卷五十八，第1790页上栏；《全梁文》卷四十六，第3214页上栏，北京：中华书局，1999年。
[3]《庄子集释》卷一，第9页a–b。
[4] 乐天大笑生《解愠编》卷十三《杂记·许由辞位》，《历代笑话集续编》，沈阳：春风文艺出版社，1985年，第73页。

燧《千百年眼》卷一《许由让天下非难》引陈继儒（眉公）之论曰：

> 当尧之时，尽大地是洪水，尽大地是兽蹄鸟迹。禹荒度八年，水乘舟，陆乘车，泥乘辎，山乘樏，方得水土渐平，教民稼穑。此时百姓甚苦，换鲜食、艰食、粒食三番境界，略有生理。盖洪荒天地，只好尽力生出几个圣人，不及铺张妆点，粗具得一片乾坤草稿而已，何曾有受用处？茅茨不剪，朴角不斫，素题不枅，大路不画，越席不缘，太羹不和，铏篸之食聊以充饥，鹿裘之衣聊以御寒，不惟无享天下之乐，而且有丛天下之忧，尧黮舜黑，固其宜耳。许由亦何所艳羡而受之也哉？嗟乎！今之天下浓，浓则诲盗；古之天下淡，淡则拱手以与人而人不纳。老氏有云："不见可欲，使心不乱。"其许由之谓乎？[1]

---

[1]《〈千百年眼〉校释》，朱志先校释，武汉：武汉大学出版社，2018年，第4—5页，按语谓本之陈氏《狂夫之言》卷二。它与《解愠编》都参考了司马谈"论六家之要指"："墨者亦尚尧、舜道，言其德行，曰：'堂高三尺，土阶三等，茅茨不剪，采椽不刮；食土簋，啜土刑，粝粱之食，藜藿之羹；夏日葛衣，冬日鹿裘。'"《史记》卷一百三十《太史公自序》，第2056页。案先秦文献唯一的异辞来自《荀子》，为了否定"老者不堪其劳而休"、故行"擅（禅）让"，卷十二《正论》从衣、食、住、行各方面侈谈"天子者，势至重而形至佚，心至愉而志无所诎，而形不为劳，尊无上矣"，第104页下栏至第105页上栏，这是本之战国后期君主的派势，再予夸大，完全是时代错位。

这似乎成了晚明人的共识与常谈。

有待无待

对化解"**若夫乘天地之正而御六气之辩以游无穷者，彼且恶乎待哉**"表面的矛盾——曰"乘"、曰"御"，即是"有待"，又何谓"恶乎待"——论者亦多进退失据。这未尝不是误会"**鲲**""**鹏**"的意指所致。《庄子》所说的"无待"并非"绝待"，而恰恰是"大待"，也就是说，只有像"**鲲**""**鹏**"和"**至人**""**神人**""**圣人**"那样，凭借天地以遨游，始为最高境界。[1]明了了"小待有待""大待无待"的道理，问题便迎刃而解了。

附带说一句，"**至人无己，神人无功，圣人无名**"究竟有无轩轾，历来也聚讼不已。就本篇而言，自应视为一种"互文"关系，"至""神""圣"与"无己""无功""无名"皆既可置换，又可综合，[2]故下文单举"**神人**"，继代以"**四子**"。《齐物论》的"至人神矣，大泽焚而不能热，河

---

[1] 这实为《庄子》常谈，俯拾即是，如《庄子集释》卷二《内篇·德充符》"官天地，府万物"，第23页a；卷三《内篇·大宗师》"彼方且与造物者为人而游乎天地之一气"，第14页a；卷五《外篇·天道》"乘天地，驰万物"，第18页a；卷七《外篇·田子方》"夫天下也者，万物之所一也，得其所一而同焉"，第22页a。不妨与《逍遥游》"旁礴万物以为一"合观。

[2] 成玄英《疏》所谓"'至'言其体，'神'言其用，'圣'言其名"，大致相近，《庄子集释》卷一《内篇》，第8页a。参其论《天下》之"天人""神人""至人""圣人"："已上四人，只是一耳，随其功用，故有四名也。"卷十《杂篇》，第14页a。

《庄子》

汉冱而不能寒,疾雷破山、风振海而不能惊。若然者,乘云气,骑日月,而游乎四海之外,死生无变于己,而况利害之端乎"[1]与本篇"**若夫乘天地之正而御六气之辩以游无穷者**""**之人也,物莫之伤,大浸稽天而不溺,大旱金石流、土山焦而不热**"的界定正尔相当。

对 话

《逍遥游》通篇回环掩映的特色,由表一已能窥见。或谓即《庄子》"重言"(《寓言》《天下》)的具体化。[2]将其视为有反复、有增减、有先后、有颠倒、有断续的奇妙章法,亦无不可。不过,在本篇当中,这并不止于各个级别的意象参差错落、迤逦而下,还有像表二所揭示的那种同构关系。

表二

第一组	第二组	第三组	第四组
谐之言曰			
	蜩与学鸠笑之曰		
		汤之问棘	
	斥鷃笑之曰		
	(宋荣子犹然笑之)		
			尧曰　许由曰

---

[1]《庄子集释》卷一《内篇》,第30页b。
[2]"重"字有两音、两解,论者所主不一。

续表

第一组	第二组	第三组	第四组
吾闻言于接舆 吾惊怖其言 其言谓何哉 是其言也		肩吾问于连叔曰 肩吾曰	连叔曰 连叔曰
	宋人聚族而谋曰		惠子谓庄子曰　庄子曰
今子之言			惠子谓庄子曰 庄子曰

第一组以"**言**"为核心字，到眼可辨，但有直陈和转引的小异，后者已处在对话的语境中，至于"**齐谐**"系人名或书名，并不要紧。第二组也具直陈特点，内容却突出了主观色彩，"**聚族而谋曰**"同样暗示了对话状态。而"**宋荣子犹然笑之**"一句，"笑之"后面缩住，前面添了修饰辞，用意则掉转过来，是十分巧妙的周旋。[1] 第三组的基型是"甲问乙"，不啻问答交流的启动。第四组即对话形式，不过仍做了微调处理，化堆垛为云烟。

对话是《庄子》一书最多运用的表达形式，本篇则既展现了由单向陈述到双向对话的转进过程，又不时在新的

---

[1] 参刘武《庄子集解内篇补正·逍遥游第一》："斥鷃之笑，以小笑大；荣子之笑，以大笑小。前后映射，在有意无意之间。"北京：中华书局，1999年，第10页。

表达形式之间或之内穿插、点染旧的表达形式，从而造成了首尾呼应、浑然一体的效果。然而，以变化烘托不变，毕竟不难把握，以不变掩盖变化，才是《逍遥游》不易觉察的隐衷。

反客为主

整篇《逍遥游》分三段："**至人无己，神人无功，圣人无名**"以上为第一段，"**窅然丧其天下焉**"以上为第二段，"**惠子谓庄子曰**"以下为第三段。其重心潜移的奥妙见诸表三，为便于讨论，选项做了简化处理，亦未严格遵照"最大级""最小级"的划分，详细情况自可参阅表一。

表三

第一段			第二段				第三段		
客体（大）	客体（小）		客体（大）		客体（小）		客体		
客观陈述	主观陈述	客观陈述	主观陈述	客观陈述	主观陈述	客观陈述	主体（大）		主体（小）
鲲鹏　　　冥灵大椿　　　至人神人圣人	蜩学鸠　　斥鷃	朝菌蟪蛄　列子	许由：予无所用天下为　连叔：孰弊弊焉以天下为事/孰肯以物为事	尧　肩吾	越人无所用之	宋人	庄子　　客（所用之异）　　庄子：无所可用，安所困苦	大瓠　　不龟手之药大樽	惠子：为其无用而掊之（拙于用大）　越人（所用之异）　惠子：大而无用（患其无用）

第一段正面比较大小，大者、小者皆就客体本身论，其间插入蜩、学鸠及斥鷃的单方面表白。第二段大者、小者仍就本身论，但设计了双方交流，且大者除了正面的自我鼓吹外，更强调了不屑"用（事）"小。第三段延续了交流，对比却悄悄转换，变成了作为主体的人能否善"用"客体。

由上分析可知，第二段显然是转圜的枢纽，不过，就主旨而言，它与第一段近似。

入世与出世

《逍遥游》第三段不应简单视为对前文的补论，而是试图将"**小大之辩**"和"入世"、"出世"纠合在一起，正因如此，即便以《庄子》的辩才无碍，到底也有踌驳难圆之处。

本段共两节，具有相当直观的同构性，从根本上说，是个大型的隐喻，本体为庄子之言，喻体为大瓠与大樗。第一节未露本体，乃成借喻，本体至第二节方揭晓，深得行文错综之妙。然而，耐人寻味的是，庄子的自我辩解却紧扣喻体，"**往而不返**"，再没有明确地回归本体，无形之中，将整个第三段的焦点转移到了大瓠与大樗。

聚焦于大瓠、大樗，又形成了新的隐喻关系，两相对应的情况可参表四。

表四

大瓠		大樗	
本体	喻体	本体	喻体
非不呺然大也,吾为其无用而掊之		不中绳墨、规矩,匠者不顾	
	不龟手之药		狸狌——斄牛
为大樽而浮乎江湖		树之于无何有之乡,广莫之野	

先看喻体部分:"**不龟手之药**"实系中途半端的比喻,因为它强调的是物无"大""小",取决于"大用"或"小用",并不贴切本身即"大"的大瓠。"**狸狌**""**卑身而伏,以候敖者,东西跳梁,不辟高下,中于机辟,死于罔罟**",喻入世的"小"人自作聪明,妄冀牟利,徒致损丧。机辟、罔罟即心机、世网。对"**斄牛**",特提"**大若垂天之云**",示其与鲲、鹏为同等级之"大"。"**此能为大矣,而不能执鼠**",喻入世的"大"人不得施展,且不及"小"人。[1]此外,"狸狌""斄牛"并就客体论小大,又与"不龟手之药"截然不同。

---

[1] 参《庄子集释》卷六《外篇·秋水》:"骐骥骅骝一日而驰千里,捕鼠不如狸狌。"第13页b。"千里"与"垂天之云"为等值,详正文表一。实则其次句"鸱鸺夜撮蚤,察毫末,昼出瞋目而不见丘山",亦是"小""大"对言。又,《尸子疏证》卷下有"使牛捕鼠,不如猫狌之捷",出《太平御览》卷九百一十二,第177—178页,唯误《秋水》为《刻意》。入世不得施展,《庄子》别有一喻,见卷七《外篇·山木》:腾猿"得柘棘枳枸之间也,危行侧视,振动悼栗,此筋骨非有加急而不柔也,处势不便,未足以逞其能也",第15页b。

就本体部分而言，大瓠和大樗虽由第一段的大椿埋下伏笔，但在第三段中，它们的"大"已不是自足的，须赖人的善"用"而后彰显，主体、客体之间于是产生了复杂的交涉与辉映。"**为大樽而浮乎江湖**"，人、物若即若离；"**彷徨乎无为其侧，逍遥乎寝卧其下，不夭斤斧，物无害者，无所可用，安所困苦哉**"，"彷徨""逍遥"两句，人、物尚分，"不夭斤斧"以下，究竟指人？指物？是二？是一？迷离惝恍，直成镜花水月。

宋人惠施

王利器先生在《历代笑话集续编·前言》里提出："由于宋国先后出了两个蠢猪式的人物宋襄公和宋君偃，于是当时人依照处理桀、纣的'天下之恶皆归焉'的夸张手法，就把天下的愚人都说成是宋人了。"[1]并自《孟子》《庄子》以下举了 21 例——其中《庄子》两则即见《逍遥游》，书末特设《附录二：宋愚人事录》。[2]

孔子祖上为宋贵族，墨子曾为宋大夫，这且不论。庄周、惠施皆宋人，而《庄子》中的惠施更像"宋人"。综合各种史料，他直似一人分饰两角。先秦辩者，除惠施外，无能得君主政者，因名家本色是"光说不练"。章太炎论之曰："惠施、公孙龙二人之术，自来以为一派，其实亦不

---

[1]《历代笑话集续编》，第 2 页。
[2] 该录较《前言》所举少"生木为室"（出《吕氏春秋·别类》）一则，不知何故。

同。""盖公孙龙辈未服官政,故得以诡辩欺人,而惠施身为卿相(惠施为梁惠王相,并见《庄子》《吕览》),且庄子称其多方,多方者,方法多也,知其不但为名家而已。""叶水心尝称惠施之才高于孟子。今案:梁惠王东败于齐,长子死焉;西丧地于秦七百里;南辱于楚。意欲报齐,以问孟子。孟子不愿魏之攻齐,故但言可使制梃以挞秦、楚之坚甲利兵。于是惠王问之惠施,惠施对以王若欲报齐,不如因变服折节而朝齐,楚王必怒,王游人而合其斗,则楚必伐齐,以休楚而伐疲齐,则必为楚禽,是王以楚毁齐也。惠王从之,楚果伐齐,大败之于徐州。于此知惠施之有权谋,信如水心之言矣。""《吕览·不屈》篇云,魏惠王谓惠子曰:'寡人不若先生,愿得传国。'惠子辞。以子之受燕于子哙度之,《吕览》之言可信。以此可知惠施之为名家,非后世清谈废事者比。"[1]如此"清谈"不"废事",真"前不见古人,后不见来者"。

惠、庄两人的关系,见诸《庄子》者,固不乏紧张,而最严重的要属前引《秋水》篇庄子往见惠子一节,"或谓惠子曰:'庄子来,欲代子相。'于是惠子恐,搜于国中三日三夜",庄子自拟鹓鶵,以鸱得腐鼠拟惠子相梁。[2]章氏认为"此事可疑。案《史记·魏世家》称惠王卑礼厚币以招贤者,其时惠施为相,令自己出,宜无拒绝庄子之事。意者鹓

---

[1]《国学讲演录·诸子略说》,第229—230、233页。
[2]《庄子集释》卷六《外篇》,第20页a–b。

雏、腐鼠之喻，但为寓言，以自明其高尚而已"。[1]方以智诡为《惠子与庄子书》，也特以此为说："谓仆相梁，恐君代其位而三日搜，闻鹓得腐鼠之吓，而后以鱼解之。仆不白冤，此乃足下自遗丑耳。曾有畏好友夺位之人而能为君质，又来唁君妻丧者乎？挥斥天地之士，一当富贵而色室怒市，尚曰达士之友，乡人齿冷矣。"[2]依我看，庄子寓言时时播弄是非，颇类今人"砸挂"。王应麟辑得《庄子》佚文一条："惠子始与庄子相见，而问乎庄子曰：'今日自以为见凤凰，而徒遭燕雀耳。'坐者俱笑。"[3]据此，转似惠子先嘲庄子而庄子反唇相讥。

逃　世

惠子两以"**大而无用**"抨击庄子所"**言**"，后者极力腾挪，已露竭蹶之态。进一步推究，会发现，论"**大瓠**"，隐有不材害生之意，论"**大樗**"，显有不材全生之意；"**大瓠**"之"**无用**"在其"**大**"，"**大樗**"之"**无用**"在其"**不中**"，暗中改换。当然，"**树**""**大樗**""**于无何有之乡、广莫之野**"，则"**不中**"为可略，而"**樗**"之"**大**"又等重于"**瓠**"之"**大**"了。问题是，"**大瓠**"以不材害生，可藉远浮"**江**

---

[1]《国学讲演录·诸子略说》，第232—233页。
[2] 方以智《浮山文集后编》卷一，北京：华夏出版社，2017年，第345—346页。结合了《庄子》所载两人交往的故实，"而后以鱼解之"，指《秋水》篇鹓鶵、腐鼠之喻后紧接濠上辩鱼。
[3]《困学纪闻》卷十《诸子·〈庄子〉逸篇》，第221页。

湖","大樗"既以不材全生,何必移树"**乡**""**野**"呢?"江湖"、"乡""野",皆喻世外。想必被"大"人逃世之念所劫,遂不能兼顾各种意象的内在参差了。

在《山木》篇中,"庄子笑曰:'周将处乎材与不材之间。'"[1]"笑"得勉强,这个分寸岂易把握?不得已,只能以逃世为万全策。总的来说,《逍遥游》第一、二段沉湎理想,侈陈越世之"大",第三段则面对现实,退求逃世之"逍遥",前者积极主动,故铺张扬厉,后者消极无奈,故闪烁其词。一虚、一实,一超脱、一恓惶,一部《庄子》两极已兆。

---

[1]《庄子集释》卷七《外篇》,第10页b。

《抱朴子内篇》

长生不老

章太炎《菌说》有谓:"夫肢体一蹶,前万世而不昭,则孰肯致死?"[1]《西游记》第一回中,已寿至"三五百载"的美猴王忽为不得长生而闹情绪,实是自兽性向人性转关的象征:"一日,与群猴喜宴之间,忽然忧恼,堕下泪来。"众猴忙问,"猴王道:'……有一点儿远虑,故此烦恼。'……'今日虽不归人王法律,不惧禽兽威服,将来年老血衰,暗中有阎王老子管着,一旦身亡,可不枉生世界之中,不得久注天人之内?'"通背猿猴高叫:"惟有三等名色,不伏阎王老子管","乃是佛与仙、与神圣三者,躲过轮回,不生不灭,与天地山川齐寿"。[2] 这指出的是"跳出三界外,不在

---

[1]《太炎文录补编》,《章太炎全集(十)》,第189页。
[2]《西游记》,武汉:长江文艺出版社,1985年,第6页。"佛""仙""神圣"的排序并非漫不经心。

五行中"的最上一路。一般而言，佛教讲灵魂转世，道教要肉体长生，在争取信众方面，两者形成了对抗、竞争的关系。极佛教之教，既不得"涅槃"而"常乐我净"，必求"早死早托生"；极道教之教，每致"好死不如赖活着"，看齐于"千年王八万年龟"。[1]理学家陆世仪"少尝从事于养生之说而喜之，有所得矣，继而翻然曰：'是其于思虑、言动皆有禁，甚者涕唾言笑皆有禁，凡皆以秘惜此精神也。如此则一废人耳，纵长年何用？'乃亟弃之，"[2]并不质疑"养生之说"本身。而"废人"可能"废"到的极致，不出意外地可在纪昀《阅微草堂笔记》里找到证据："劳山深处，有人兀坐木石间，身已与木石同色矣，然呼吸不绝，目炯炯尚能视。此婴儿炼成而闭不能出者也。不死不生，亦何贵于修道？反不如鬼之逍遥矣。"[3]但这究竟不是正面的证据。

追求长生属于那种极质朴、极单纯的顽念，它很容易开展为可操作的技术（是否有效，另当别论），而非升华为高深的思想，但在它的努力方向上潜藏着破坏人类理性的因素，却一直没引起足够的学术关注。对这样的关注，葛

---

[1] 参《管锥编》第四册《全上古（三代）秦汉三国六朝文》一五八《全晋文一四三·释氏讥道家之不死飞升》："（王该）《日烛》：'逮乎列仙之流，炼形之匹，……贵乎能飞，则蛾蝶高翚；奇乎难老，则龟蛇修考。'按此节讥道家不死飞升之术。"《抱朴子·对俗》侈称'千岁之龟''千岁之鹤''蛇有无穷之寿'，以示范而诱人学道，……故王氏反唇相稽，径等神仙于鳞介虫豸，不齿人类。"第1259页。
[2]《全祖望集汇校集注·鲒埼亭集》卷二十八《陆桴亭（世仪）先生传》，第516页。
[3]《阅微草堂笔记》卷十三《槐西杂志（三）》，第292页。

洪《抱朴子内篇》为我们提供了最早的成熟的资料。他反复念叨："生，可惜也，死，可畏也。"[1]"圆首含气，孰不乐生而畏死哉？"[2]而促使他做出选择的到底是对死亡的极度恐惧："逝者无反期，既朽无生理，达道之士良所悲矣！"[3]"深入九泉之下，长夜罔极，始为蝼蚁之粮，终与尘壤合体，令人怛然心热，不觉咄嗟。若心有求生之志，何可不弃置不急之事，以修玄妙之业哉？"[4]

这种顽念到清人李百川的《绿野仙踪》里，就表达得更琐屑、更庸俗：冷于冰因业师王献述中风而死，联想到"自己一个解元轻轻的被人更换"，以及"宰相夏言""兵部员外郎杨继盛"被杀，"想到死后不论富贵贫贱，再得个人身，也还罢了，等而最下，做一个驴马，犹不失为有觉之物，设或魂消魄散，随天地气运化为乌有，岂不辜负此生、辜负此身？又想到王献述才四十六七岁人，陡然得病，八日而亡，妻子不得见面罢了，还连句话不教他说出，身后事片语未及，中会做官一场，回首如此，人生有何趣味？便位至王公将相，富贵百年，也不过是一瞬间耳。想来想去，想的万念皆虚"。[5]又遇少年进士潘士钥猝死，"因动念'死'之一字"，"触起""弃家访道之心"，批语谓"于冰怕死，实古

---

[1]《抱朴子内篇校释》卷十八《地真》，第326页。
[2]《抱朴子内篇校释》卷五《至理》，第110页。
[3]《抱朴子内篇校释》卷五《至理》，第110页。
[4]《抱朴子内篇校释》卷十四《勤求》，第254页。
[5]《绿野仙踪》第五回，北京：华艺出版社，1993年，第71—72页。

今同情","惟此字足令人惊心动魄,盖人至于死而万念灰矣",下引司马迁"死有重于泰山,有轻于鸿毛",乃别作解会,大发其功名利禄之论,归结为"富贵者抱歉泉台,贫贱者衔悲冥府,名、利两未畅意,是有生反不如无生为愉快耳。甚至死于非命,更是难堪。此丹经道术之书所由传、服神御气之士所由作也"。[1]

在西方,对超自然现象和自然现象的探索可以在一定程度上分离,而在中国,两者往往纠缠不清,以至于解决不了有关鬼神的问题,就解决不了其他问题。换句话说,只要大量存在不能证伪的事物,事物的证实必定大打折扣。

《抱朴子内、外篇》

《抱朴子内、外篇》宗旨大异,骤睹之下,几疑其作者"精神分裂",后人殆由此生出《内篇》真伪之疑。[2]但略一转念,就不难意识到,葛洪陷溺在自己为之着迷的世界里,却得不到别人认同,内心异常孤独。他一则说:"予忝大臣之子孙,虽才不足以经国理物,然畴类之好,进趋之业,而所知不能远余者,多挥翮云汉、耀景辰霄者矣。余所以绝庆吊于乡党,弃当世之荣华者,必欲远登名山,成所著

---

[1] 《绿野仙踪》第五回,第77—78页。参第十回冷于冰向火龙真人哭陈:"弟子尝念,赋质人形,浮沉世界,茬苒光阴,即入长夜之室,轮回一堕,来生不知作何物类,恐求一人身而不可得。""长夜之室"指坟墓,第169页。
[2] 参《抱朴子外篇校笺·附录·序跋第四》,下册,第765页。

子书，次则合神药，规长生故也。俗人莫不怪予之委桑梓，背清涂，而躬耕林薮，手足胼胝，谓予有狂惑之疾也。然道与世事不并兴，若不废人间之务，何得修如此之志乎？见之诚了、执之必定者，亦何惮于毁誉，岂移于劝沮哉？聊书其心，示将来之同志尚者云。"再则说："儒业多难，道家约易，吾以患其难矣，将舍而从其易焉。世之讥吾者，则比肩皆是也。可与得意者，则未见其人也。若同志之人，必存乎将来，则吾亦未谓之为希矣。"〔1〕《内篇》所写，与其说写给"将来"的别人，毋宁说是写给当下的自己。观其于《外篇·自叙》末汲汲于"立名"，倘亦自知"长生"难期吧？杜预"好为后世名，常言'高岸为谷，深谷为陵'，刻石为二碑，纪其勋绩，一沉万山之下，一立岘山之上，曰：'焉知此后不为陵谷乎！'"〔2〕《抱朴子内、外篇》直是葛洪"二碑"。

从葛洪把自我论定的《自叙》放在《外篇》最后，可知他的排序是先"内"后"外"："凡著《内篇》二十卷，《外篇》五十卷"，"其《内篇》言神仙、方药、鬼怪、变化、养生、延年、禳邪、却祸之事，属道家；其《外篇》言人间得失，世事臧否，属儒家。"〔3〕《内篇》明言："道者，

---

〔1〕《抱朴子内篇校释》卷四《金丹》，第86页；卷七《塞难》，第140页。
〔2〕 房玄龄等《晋书》卷三十四《杜预传》，北京：中华书局，1993年，第1031页。
〔3〕《抱朴子外篇校笺》卷五十，下册，第698页。

儒之本也；儒者，道之末也。"[1]在这一总的格局之下，《内篇》论"本"，儒家不得躐等，《外篇》详"末"，道家无妨漠视，[2]以致会出现如下表述：

> 世人薄申、韩之实事，嘉老、庄之诞谈。然而为政莫能错刑，杀人者原其死，伤人者赦其罪，所谓土桴瓦甗无救朝饥者也。道家之言，高则高矣，用之则弊，辽落迂阔，譬犹干将不可以缝线，巨象不可使捕鼠，金舟不能凌阳侯之波，玉马不任骋千里之迹也。若行其言，则当燔桎梏，堕囹圄，罢有司，灭刑书，铸干戈，平城池，散府库，毁符节，撤关梁，掊衡量，胶离朱之目，塞子野之耳，泛然不系，反乎天牧，不训不营，相忘江湖，朝廷阒尔若无人，民则至死不往来。可得而论，难得而行也。[3]

这竟是将道家作为法家的对立面加以否定了。再补上一句："仁之为政，非为不美也，然黎庶巧伪，趋利忘义。若不齐

---

[1]《抱朴子内篇校释》卷十《明本》，第184页。
[2] 永瑢等《四库全书总目》卷一百四十六《子部·道家类·抱朴子内外篇》称《外篇》"论时政得失，人事臧否，词旨辨博，饶有名理，而究其大旨，亦以黄、老为宗。故今并入之道家，不复区分焉"，洵不被眼谩，北京：中华书局，1995年，第1250页中栏。
[3]《抱朴子外篇校笺》卷十四《用刑》，上册，第361—362页。参卷十五《审举》："务宽含垢之政，可以莅敦御朴，而不可以拯衰弊之变也。"上册，第410页。

之以威，纠之以刑，远羡羲、农之风，则乱不可振，其祸深大。以杀止杀，岂乐之哉！"[1]就完整了。其实，《外篇》的理路是，道变而为儒，儒变而为法，"末世"只能行"末法"，儒之"仁""政"且无益，更何必"高"谈"道家之言"？

道教资源

简单地讲，后世"道术"可分内炼、外炼两部分，内炼术包括外丹、内丹、房中、辟谷等，外炼术包括符箓、禁咒、占卜、祈禳等，基本对应于章太炎所言："道士须分两派：一为神仙家，以求长生、觊登仙为务；一为劾禁家，则巫之余裔也。……近代天师打醮、画符、降妖而不求仙，即是劾禁一派。"[2]不过，论源流，当是后者在前、前者在后，外炼为人，内炼为己，神仙家更自私、更自恋、更自作多情罢了。

戴名世替老子鸣冤叫屈，一箭穿心："夫巫觋，自老子未出而其兴已久矣，巫见佛之盛也，顾己无所宗，乃假托老子自重，以拟于佛而敢与孔子抗，此岂老子之罪乎？神仙之事不见于经传，其说惝恍荒忽，而尝见于诸子百家之书，大抵为其术者，屏繁嚣，守清净，其说近老子，故亦时时称诵

---

[1] 《抱朴子外篇校笺》卷十四《用刑》，上册，第331页。
[2] 《国学讲演录·诸子略说》，第205页。他又称："劾禁一派，……求之载籍，盖与《墨子》为近。自汉末至唐，相传墨子有《枕中五行记》（其语与墨子有无关系，不可知）。"且谓《后汉书·刘根传》所载刘氏"术与《墨子·明鬼》相近"，第206页。

老子之道，而世又以老子真怪迂矣。"[1]正面指斥的话，那就是："假称老子，依仿释氏，又有神仙长生、方士修炼之术，以文奸伪。"[2]

佛教入侵的刺激早在汉末便发生了，神仙家仿佛独能免于冲击，甚至还有得一拼。葛洪既追求长生，必然无取于寂灭之旨，但耳目所接，固不能与佛教绝缘。[3]而章氏着眼政治，敏锐地指出："魏、晋间言神仙者，皆出于厌世观念，故多藉老、庄抒其愤激。独葛洪笃信丹药，而深疾老、庄，恶放弃礼法者如仇雠。观《抱朴子》外篇《疾谬》《诘鲍》，其大旨在是矣。盖吴士未遭禅让，无所忿恚，故论多守文。及其惑于仙道，根诸天性，亦视愤世长往者为甚也。"[4]弟子鲁迅名篇《魏晋风度及文章与药及酒之关系》（收入《而已集》）盖昉此。

比起"外来的和尚"，道教和儒家相当于"一奶同胞"，除了侧重伦理意义的援儒入道，别忘了它们还有共同的巫术"基因"。这里就用全祖望的发现为例吧："自唐以前，援《易》以入于占验之门者居多；自唐以后，则《易》半为《道藏》所有，是亦一大变局也。"[5]

---

[1]《戴名世集》卷十四《老子论上》，北京：中华书局，1986年，第400—401页。
[2] 姜洪《陈言疏》，《明经世文编》卷一百二十二，北京：中华书局，1962年，第1175页。
[3] 葛洪著述染指佛教之例，可参何剑平《葛洪〈神仙传〉创作理论考源——以〈左慈传〉为考察中心》，《四川大学学报（哲社版）》2007年第1期，第79—86页。
[4]《訄书（重订本）·学变第八》，《章太炎全集（三）》，第145页。
[5]《全祖望集汇校集注·附录》一《集外文·读易别录上》，第2683页。

骗

证实不存在之物——或美其名曰超越性，系宗教性的根基所在，盖不神乎其事，则不足以耸动人心，而神乎其事，又不易于自圆其说，高明者诉诸神秘经验，卑劣者不得不诉诸欺骗。玄妙莫测，一跌遂成险恶无耻。

明末有个笑话："北方男子跳神，叫做端公。有一端公教着个徒弟，一日，端公出外，有人来请跳神，这徒弟刚会打鼓唱歌，未传真诀，就去跳神。到了中间，不见神来附体，没奈何信口扯了个神灵，乱说一篇，得了钱米回家。见他师傅，说道：'好苦！'把他跳神之事说与师傅，师傅大惊道：'徒弟，你怎么知道？我原来就是如此！'"[1]扯谎乱道正是"真诀"。

就整部《抱朴子内篇》看，葛洪"仙"迷心窍是肯定的，但尚未走向公然行骗。相反，他在卷九《道意》及卷二十《祛惑》等处多有揭露骗子之例，如："兴古太守马氏在官，有亲故人投之求恤焉，马乃令此人出外住，诈云是神人道士，治病无不手下立愈。又令辨士游行，为之虚声，云能令盲者登视、躄者即行。于是四方云集，趋之如市，而钱帛固已山积矣。又救诸求治病者，虽不便愈，当告人言愈

---

[1] 赵南星《笑赞》，篇末"赞曰：此端公过于忠厚，徒弟问他，何不说：'跳神极是难事，妙诀不可轻传，恐泄天机，鬼神责谴，须是三年五载，方可传授，你今既行的去，且将就应付。'可惜轻易说了实话，所谓'若将容易得，便作等闲看'也"。《历代笑话集》，第280—281页。

也，如此则必愈；若告人未愈者，则后终不愈，道法正尔，不可不信。于是后人问前来者，前来辄告之云已愈，无敢言未愈者也。旬日之间，乃致巨富焉。……所谓神者，皆马氏诳人之类也。"[1]此种"马氏骗局"今仍习见。

在《中国古代巫术》中，胡新生先生专门讨论了"伪巫术"："创造巫术奇迹的另一种潜在力量是魔术。真正的巫师对巫术的态度严肃虔诚，他们的信仰发自内心，而利用魔术制造巫术奇迹的人却毫无信仰可言。巫术基于神秘意识，基于认识方法和思想方法上的偏差，而用魔术假扮巫术却大多基于人品的恶劣。披着巫术外衣的魔术表演实际上并非巫术，只能说它是'伪巫术'。"他就使用磁铁的骗人把戏，举了《史记》《鸡肋编》《物理小识》《阅微草堂笔记》等所载事例。[2]别人不说，纪昀笃信鬼神，坚执理外有理，原因之一即为骗术所惑，下面是他的一见、一闻：

> 里有丁一士者，矫捷多力，兼习技击、超距之术。两三丈之高，可翩然上，两三丈之阔，可翩然越也。余幼时犹及见之，尝求睹其技。使余立一过厅中，余面向前门，则立前门外面相对；余转面后门，则立后门外相对。如是者七八度，盖一跃即飞过屋脊耳。
>
> 卜者童西磵言：尝见有二人对弈，一客预点一弈

---

[1]《抱朴子内篇校释》卷九《道意》，第176页。
[2] 胡新生《中国古代巫术》第一章一〇《巫术效果与伪巫术》，北京：人民出版社，2010年，第77、78—80页。

图,如黑九三、白六五之类,封置筍中。弈毕发视,一路不差,竟不知其操何术。……临枰布子,虽当局之人,有不能预自主持者,而卜者乃能先知之。是任我自为之事,尚莫逃定数,巧取强求,营营然日以心斗者,是亦不可以已乎![1]

"两三丈之高,可翩然上,两三丈之阔,可翩然越也",倘有此辈,国际体育比赛,还不包揽金牌?丁一士显然找了个托儿当替身,两人装束相同,各立前、后门外,利用小纪脑后没长眼的先天不足,哄他团团转就是了。"二人对弈,一客预点一弈图",三人肯定是同伙,围棋高手能在相当长的时间里记住很多棋谱,"一路不差",只有外行才"不知其操何术"。以卜者传卜者之事,其间奥妙恐怕童西磵也心知肚明。纪氏乃大发"莫逃定数"的感慨,理性深受毒害。

中国思想史应确立一个有关骗子、骗术的分支。华人安于无知、勇于妄想、善于欺骗,远超过脚踏实地的求知求证。[2]刘献廷所谓"古、今人非自欺,则欺人与为人所欺

---

[1]《阅微草堂笔记》卷二十二《滦阳续录(四)》,第526页;卷十五《姑妄听之(一)》,第358页。

[2] 参马克斯·韦伯在《儒教与道教》里的总结:中国人"对于未知物或不是直接观察到的事物,表现出一种超乎寻常的特别的恐惧、无法根除的疑虑;对所有不能直接把握且一时难以了解的东西或不能当下见效的事物,或加以拒绝,或缺乏认识的需求。与这些特点形成对照的,是对一切的巫术骗局都带有一种无限善意的轻信,而不管这种欺骗是多么的空幻。"洪天富译,南京:江苏人民出版社,2003年,第184页。

《抱朴子内篇》

耳",[1]可以断章取义。俗话说:"贼是小人,智过君子。"[2]欺骗往往是高智商的表现,理性不难借助欺骗而提升,但终须摆落欺骗,才能获得真正的突破。而在古代中国,实现的并非"正—反—正"的理性化,而是"反—正—反"的愚昧化,理性始终处于"夹生"状态。

葛洪之死

《晋书》载葛洪"坐至日中,兀然若睡而卒。……视其颜色如生,体亦柔软,举尸入棺,甚轻,如空衣,世以为尸解得仙云。"[3]这一死大有干系。

异于佛教许诺死后超生,道教追求长生不老,风险更高,麻烦更大。"不老"先就做不到,即使"童颜",也难免"鹤发",而"长生"常常要靠神话传说来取证。古人一举解决这两个难题的最有创意之法是虚增年龄。葛洪披露,有李宽者,人称"李八百",意即八百岁,显仿彭祖,"余亲识多有及见宽者,皆云宽衰老羸悴,起止咳噫,目瞑耳聋,齿堕发白,渐又昏耗,或忘其子孙,与凡人无异也。然民复谓宽故作无异以欺人,岂其然乎?吴曾有大疫,死者过半。宽所奉道室,名之为庐,宽亦得温病,托言入庐斋戒,遂死于庐中。……夫神仙之法,所以与俗人不同者,正以不老不死为贵耳。今宽老则老矣,死则死矣,此其不得道,居然可知

---

[1]《广阳杂记》卷三,北京:中华书局,1997年,第126页。
[2]《江盈科集·谐史·五二》,长沙:岳麓书社,1997年,第877页。
[3]《晋书》卷七十二《葛洪传》,第1913页。

矣,又何疑乎"?〔1〕复有古强者,自称四千岁,曾见尧、舜、禹、汤、孔子等,"后病于寿春黄整家而死。整疑其化去,一年许,试凿其棺视之,其尸宛在矣"。〔2〕李、古末路,死而后已,比起子弟设局、诈为升天的,〔3〕还算老实。

自称不死却死了,原本只能谥一"妄"字。《韩非子》讲过一个故事:"客有教燕王为不死之道者,王使人学之,所使学者未及学而客死。王大怒,诛之。王不知客之欺己,而诛学者之晚也。"〔4〕点明"欺己",已成定案。然而,到了道教大发展的魏晋时期,故事竟发生了反转。《抱朴子内篇》引仲长统《昌言》佚文:"昔有明师知不死之道者,燕君使人学之,不捷而师死。燕君怒其使者,将加诛焉。谏者曰:'夫所忧者莫过乎死,所重者莫急乎生,彼自丧其生,亦安能令吾君不死也?'君乃不诛。其谏辞则此为良

---

〔1〕《抱朴子内篇校释》卷九《道意》,第174页。本篇重在揭批假道术,而命名费解,卷二十《祛惑》亦斥诞妄之辈,如谓:"余昔数见杂散道士辈,走贵人之门,专令从者作为空名,云其已四五百岁矣。人适问之年纪,佯不闻也,含笑俯仰,云八九十,须臾自言,我曾在华阴山断谷五十年,复于嵩山少室四十年,复在泰山六十年,复与某人在箕山五十年,为同人遍说所历,正尔欲令人计合之,已数百岁人也。"第346页。卷十三《极言》辩黄帝虽有"桥山之冢",不足以"证其必死",第241—242页。

〔2〕《抱朴子内篇校释》卷二十《祛惑》,第348页。案韩非子曾言:"郑人有相与争年者,一人曰:'吾与尧同年。'一人曰:'我与黄帝之兄同年。'讼此而不决,以后息者为胜耳。"《韩子浅解》第三十二篇《外储说左上》,第277页。是在先秦早成笑柄,后世反又沉渣泛起。

〔3〕参《管锥编》第四册《全上古(三代)秦汉三国六朝文》一九○《全齐文卷二六·伪作登仙》,第1368—1369页。

〔4〕《韩子浅解》第三十二篇《外储说左上》,第277页。

说矣。使彼有不死之方，若吾所闻行炁之法，则彼说师之死者，未必不知道也，直不能弃世事而为之，故虽知之而无益耳，非无不死之法者也。"[1]王明《校释》引"孙（星衍）校"，疑"其谏辞则此为良说矣"有脱误，并疑后"说师"二字衍，[2]则大意可了，不诛使者，先降低了学道的风险，再辩"非无不死之法"，强调"弃世事而为之"，尤与葛氏合拍。《列子》殆后来居上，连下转语："昔人言有知不死之道者，燕君使人受之，不捷，而言者死。燕君甚怒其使者，将加诛焉。幸臣谏曰：'人所忧者莫急乎死，己所重者莫过乎生。彼自丧其生，安能令君不死也？'乃不诛。有齐子亦欲学其道，闻言者之死，乃抚膺而恨。富子闻而笑之曰：'夫所欲学不死，其人已死而犹恨之，是不知所以为学。'胡子曰：'富子之言非也。凡人有术不能行者有矣，能行而无其术者亦有矣。卫人有善数者，临死，以诀喻其子。其子志其言而不能行也。他人问之，以其父所言告之。问者用其言而行其术，与其父无差焉。若然，死者奚为不能言生术哉？'"[3]由齐子、富子做一跌荡，胡子之论则沛然莫御，遂为天下万世"有术不能行者"开一遁逃之门，盖"术"既与"行"分离，更无从检验了。

---

[1]《抱朴子内篇校释》卷五《至理》，第115页。
[2]《抱朴子内篇校释》卷五《至理》，第121页。
[3]《列子集释》卷八《说符》，第268页。案俞正燮《癸巳存稿》卷十《火浣布说》谓："《列子》，晋人王浮、葛洪以后书也。"沈阳：辽宁教育出版社，2003年，第293页。

葛洪身为江南士族、晋室官员，有些玄虚是弄不了的。好在他自己就介绍过："仙经云，上士举形升虚，谓之天仙；中士游于名山，谓之地仙；下士先死后蜕，谓之尸解仙。"[1]后人见其不能不死，只得替他死里求生、侪之"下士"了。[2]唯他曾苛评李宽之死："事宽者犹复谓之化形尸解之仙，非为真死也。……若谓于仙法应尸解者，何不且止人间一二百岁，住年不老，然后去乎？天下非无仙道也，宽但非其人耳。"[3]几于自断后路。还得说是他的老师郑隐，太安元年（302），"知季世之乱，江南将鼎沸，乃负笈持仙药之扑，将入室弟子，东投霍山，莫知所在"，[4]采取"神龙见首不见尾"的"一走了之"法，既是下策，也是上策。

---

[1]《抱朴子内篇校释》卷二《论仙》，第20页。
[2]参《管锥编》第四册《全上古（三代）秦汉三国六朝文》二七三《全隋文卷一九·老子"蝉蜕"》，第1549—1550页。
[3]《抱朴子内篇校释》卷九《道意》，第174页。
[4]《抱朴子内篇校释》卷十九《遐览》，第338页。王明谓"扑"当作"朴"，"犹质也"，第344页。

《抱朴子内篇》

证实不存在之物

或问曰:"神仙不死,信可得乎?"抱朴子答曰:"虽有至明,而有形者不可毕见焉。虽禀极聪,而有声者不可尽闻焉。虽有大章、竖亥之足,而所常履者未若所不履之多。虽有禹、益、齐谐之智,而所尝识者未若所不识之众也。万物云云,何所不有?况列仙之人盈乎竹素矣。不死之道,曷为无之?""昔王莽引《典》《坟》以饰其邪,不可谓儒者皆为篡盗也。相如因鼓琴以窃文君,不可谓雅乐主于淫佚也。噎死者不可讥神农之播谷,烧死者不可怨燧人之钻火,覆溺者不可怨帝轩之造舟,酗䤄者不可非杜仪之为酒。岂可以栾太之邪伪,谓仙道之果无乎?"(卷二《论仙》)

或人难曰:"人中之有老彭,犹木中之有松柏,禀之自然,何可学得乎?"抱朴子曰:"夫陶冶造化,莫灵于人。故达其浅者,则能役用万物,得其深者,则能长生久视。知上药之延年,故服其药以求仙,知龟鹤之遐寿,故效其道引以增年。且夫松柏枝叶与众木则别,龟鹤体貌与众虫则殊。至于彭老,犹是人耳,非异类而寿独长者,由于得道,非自然也。众木不能法松柏,诸虫不能学龟鹤,是以短折耳。人有明哲,能修彭老之道,则可与之同功矣。若谓世无仙人乎？然前哲所记，近将千人，皆有姓字，及有施为本末，非虚言也。若谓彼皆特禀异气，然其相传皆有师奉服食，非生知也。若道术不可学得，则变易形貌，吞刀吐火，坐在立亡，兴云起雾，召致虫蛇，……幻化之事，九百有余，按而行之，无不皆效，何为独不肯信仙之可得乎！仙道迟成，多所禁忌。自无超世之志、强力之才，不能守之。其或颇好心疑，中道而废，便谓仙道长生，果不可得耳。《仙经》曰：'服丹守一，与天相毕，还精胎息，延寿无极。'此皆至道要言也。民间君子，犹内不负心，外不愧影，上不欺天，下不食言，岂况古之真人，宁当虚造空文，以必不可得之事，诳误将来，何所索乎！苟无其命，终不肯信，亦安可强令信哉！"（卷三《对俗》）

或难曰："龟鹤长寿，盖世间之空言耳，谁与二物终始相随而得知之也？"抱朴子曰："苟得其要，则八极之外，如在指掌，百代之远，有若同时，不必在乎庭宇之左右，俟乎瞻视之所及，然后知之也。……如此比例，不可具载。但博识者触物能名，洽闻者理无所惑耳，何必常与龟鹤周旋，乃可知乎？苟不识物，则园中草木，田池禽兽，犹多不知，况乎巨异者哉？《史记·龟策传》云：江、淮间居人为儿时，以龟枝床，至后老死，家人移床，而龟故生。此亦不减五六十岁也，不饮不食，如此之久而不死，其与凡物不同亦远矣，亦复何疑于千岁哉？……天下之虫鸟多矣，而古人独举斯二物者，明其独有异于众故也，睹一隅则可以悟之矣。"（卷三《对俗》）

或曰："我等不知（所以）今〔令〕人长生之理，古人何独知之？""此盖愚暗之局谈，非达者之用怀也。……其事可学，故古人记而垂之，以传识者耳。若心解意得，则可信而修之，其猜疑在胸，皆自其命，不当诘古人何以独晓此而我何以独不知之意耶？"（卷三《对俗》）

或曰："皇穹至神，赋命宜均，何为使乔、松凡人受不死之寿，而周、孔大圣无久视之祚哉？"抱朴子曰："命之修短，实由所值，受气结胎，各有星宿。天道无为，任物自然，无亲无疏，无彼无此也。命属生星，则其人必好仙道。好仙道者，求之亦必得也。命属死星，则其人亦不信仙道。不信仙道，则亦不自修其事也。所乐善否，判于所秉。"（卷七《塞难》）

或曰:"生死有命,修短素定,非彼药物所能损益。夫指既斩而连之,不可续也;血既洒而吞之,无所益也。岂况服彼异类之松柏,以延短促之年命,甚不然也。"抱朴子曰:"若夫此论,必须同类乃能为益,然则既斩之指、已洒之血,本自一体,非为殊族,何以既斩之而不可续、已洒之而不中服乎?……夫水土不与百卉同体,而百卉仰之以植焉。五谷非生人之类,而生人须之以为命焉。脂非火种,水非鱼属,然脂竭则火灭,水竭则鱼死,……触类而长之,斯可悟矣。……况于以宜身益命之物,纳之于己,何怪其令人长生乎?"(卷三《对俗》)

或曰:"审其神仙可以学政〔致〕,翻然凌霄,背俗弃世,烝尝之礼,莫之修奉,先鬼有知,其不饿乎?"抱朴子曰:"盖闻身体不伤,谓之终孝,况得仙道,长生久视,天地相毕,过于受全归完不亦远乎?……今之学仙者,自可皆有子弟,以承祭祀,祭祀之事何缘便绝?"(卷三《对俗》)

或问曰:"人道多端,求仙至难,非有废也,则事不兼济。艺文之业,忧乐之务,君臣之道,胡可替乎?"抱朴子答曰:"要道不烦,所为鲜耳。但患志之不立、信之不笃,何忧于人理之废乎?长才者兼而修之,何难之有?……古人多得道而匡世,修之于朝隐,盖有余力故也。何必修于山林,尽废生民之事,然后乃成乎?"(卷八《释滞》)

或问曰:"为道者当先立功德,审然否?"抱朴子答曰:"有之。按《玉钤经·中篇》云,立功为上,除过次之。为道者以救人危使免祸,护人疾病,令不枉死,为上功也。欲求仙者,要当以忠孝和顺仁信为本。若德行不修,而但务方术,皆不得长生也。……又云,积善事未满,虽服仙药,亦无益也。若不服仙药,并行好事,虽未便得仙,亦可无卒死之祸矣。"(卷三《对俗》)

或曰:"仲尼称自古皆有死,老子曰神仙之可学。夫圣人之言,信而有征,道家所说,诞而难用。"抱朴子曰:"仲尼,儒者之圣也;老子,得道之圣也。儒教近而易见,故宗之者众焉。道意远而难识,故达之者寡焉。道者,万殊之源也。儒者,大淳之流也。三皇以往,道治也。帝王以来,儒教也。谈者咸知高世之敦朴,而薄季俗之浇散,何独重仲尼

而轻老氏乎？"（卷七《塞难》）

或问曰："道之为源本，儒之为末流，既闻命矣，今之小异，悉何事乎？"抱朴子曰："夫升降俯仰之教，盘旋三千之仪，攻守进趣之术，轻身重义之节，欢忧礼乐之事，经世济俗之略，儒者之所务也。外物弃智，涤荡机变，忘富逸贵，杜遏劝沮，不恤乎穷，不荣乎达，不戚乎毁，不悦乎誉，道家之业也。儒者祭祀以祈福，而道者履正以禳邪。儒者所爱者势利也，道家所宝者无欲也。儒者汲汲于名利，而道家抱一以独善。儒者所讲者，相研〔斫？〕之簿领也。道家所习者，遣情之教戒也。夫道者，其为也，善自修以成务；其居也，善取人所不争；其治也，善绝祸于未起；其施也，善济物而不德；其动也，善观民以用心；其静也，善居慎而无闷。此所以为百家之君长、仁义之祖宗也。小异之理，其较如此，首尾污隆，未之变也。"（卷十《明本》）

——据王明《抱朴子内篇校释》本

反归纳法（一）

"三、五、丘、旦之圣，弃、疾、良、平之智，端、婴、随、郦之辩，贲、育、五丁之勇，而咸死者，人理之常然，必至之大端也。"[1]严谨地说，世上并无鬼神或什么超自然禀赋，仍是归纳得出的结论。所以，反归纳法就成了反向论证的必由之路。但它并非一种充分方法，葛洪的滥用使其局限性暴露无遗。

质疑归纳法首先会质疑归纳的不完全性，所谓"两个驼子厮撞着，世上应无直底人"。[2]具体到"神仙不死"，归结为一句话：你不能因为你知道的人都死了，就不相信有人不死。葛洪逮住这个理，反复开陈，如：

> 谓夏必长，而荠麦枯焉。谓冬必凋，而竹柏茂焉。谓始必终，而天地无穷焉。谓生必死，而龟鹤长存焉。盛阳宜暑，而夏天未必无凉日也。极阴宜寒，而严冬未必无暂温也。百川东注，而有北流之活活。坤道至静，而或震动而崩弛。水性纯冷，而有温谷之汤泉；火体宜炽，而有萧丘之寒焰；重类应沈，而南海有浮

---

[1]《抱朴子内篇校释》卷二《论仙》，依次指的是三皇、五帝、孔丘、姬旦、后稷、樗里子、张良、陈平、端木赐、晏婴、随何、郦食其、孟贲、夏育、五丁，共二十五人，"大端"或作"大归"，第12页。

[2] 聂先《续指月录》卷四《杭州护国臭庵宗禅师》，成都：巴蜀书社，2018年，第107页。

石之山；轻物当浮，而牂柯有沈羽之流。万殊之类，不可以一概断之，正如此也久矣。〔1〕

继而渲染人的认知能力极其有限："目察百步，不能了了，而欲以所见为有，所不见为无，则天下之所无者，亦必多矣。所谓以指测海，指极而云水尽者也。蜉蝣校巨鳌，日及料大椿，岂所能及哉？"〔2〕"夫寸鲭泛迹滥水之中，则谓天下无四海之广也。芒蝎宛转果核之内，则谓八极之界尽于兹也。虽告之以无涯之浩汗，语之以宇宙之恢阔，以为空言，必不肯信也。"〔3〕即此引申出一个颇具迷惑性的判断："夫以管窥之狭见，而孤塞其聪明之所不及，是何异以一寻之绠，汲百仞之深，不觉所用之短，而云井之无水也。"〔4〕问题在于，指出"归纳法"的不足本身并不足以证"无"为"有"，就好比一根短的井绳的确不能探底，但井底有没有水却须通过别的方法来检验。遗憾的是，古人的心智在这里被迷惑了，《抱朴子内篇》一番絮烦的表态大可为证："古之仙人者，皆由学以得之。""彼莫不负笈随师，积其功勤，蒙霜冒险，栉风沐雨，而躬亲洒扫，契阔劳艺，始见之以信行，终被试以危困，性笃行贞，心无怨贰，乃得升堂以入于室。或

---

〔1〕《抱朴子内篇校释》卷二《论仙》，第13—14页。
〔2〕《抱朴子内篇校释》卷二《论仙》，第15页。
〔3〕《抱朴子内篇校释》卷六《微旨》，第123页。
〔4〕《抱朴子内篇校释》卷七《塞难》，第140页。典出《庄子集释》卷六《外篇·至乐》："绠短者不可以汲深。"第24页a；《荀子》卷二《荣辱》："短绠不可以汲深井之泉。"第22页下栏。

有怠厌而中止,或有怨恚而造退,或有诱于荣利,而还修流俗之事,或有败于邪说,而失其淡泊之志,或朝为而夕欲其成,或坐修而立望其效。若夫睹财色而心不战,闻俗言而志不沮者,万夫之中,有一人为多矣。故为者如牛毛,获者如麟角也。夫彀劲弩者,效力于发箭;涉大川者,保全于既济;井不达泉,则犹不掘也;一步未至,则犹不往也。修涂之累,非移晷所臻;凌霄之高,非一篑之积。然升峻者患于垂上而力不足,为道者病于方成而志不遂。千仓万箱,非一耕所得;干天之木,非旬日所长;不测之渊,起于汀滢;陶朱之资,必积百千。若乃人退己进,阴子所以穷至道也;敬卒若始,羡门所以致云龙也。我志诚坚,彼何人哉?"[1]"井不达泉,则犹不掘也",[2]是以有"泉"为前提的;"一步未至,则犹不往也",是以能"至"为前提的。假如前提不成立,锲而不舍,又何止于浪抛心力?

明末"苏城一老僧"欲炼丹成金,以兴造佛殿,"日诵《法华》七卷、佛号万声,祈丹事早成者,屡被诓骗,而不退悔,曰:'退悔则真仙不可致。'坐是宿志不回,初诚愈确,而卒无一成"。[3]和尚真心信奉葛洪,道士假意信奉葛洪,结果道士成功骗了和尚。

---

[1]《抱朴子内篇校释》卷十三《极言》,第239页。
[2] 参杨明照《学不已斋杂著·抱朴子内篇校释补正》:"按:《孟子·尽心上》:'孟子曰:"有为者辟若掘井,掘井九仞而不及泉,犹为弃井也。"'"北京:中华书局,2019年,第389页。
[3]《竹窗随笔·三笔·烧炼》,第181页,原脱"无"字,据《莲池大师文集》补,北京:九州出版社,2013年,第448页。

反归纳法(二)

葛洪质疑归纳法的另一个句型是:你不能因为-A的存在,就否定+A的存在。下面一段可作补充:

> 凡世人所以不信仙之可学、不许命之可延者,正以秦皇、汉武求之不获,以少君、栾太为之无验故也。然不可以黔娄、原宪之贫,而谓古者无陶朱、猗顿之富,不可以无盐、宿瘤之丑,而谓在昔无南威、西施之美。进趋犹有不达者焉,稼穑犹有不收者焉,商贩或有不利者焉,用兵或有无功者焉。况乎求仙,事之难者,为之者何必皆成哉?[1]

"-A"实际包括三种情况:一是利用好事干了坏事,二是不小心把好事弄成了坏事,三是凡事总有可能不成功。同样是对不完全性的质疑,但作为一种逻辑推演,杂质增多,效力必然减弱,而它本身仍证明不了"+A"的存在,显而易见。

不宁唯是。大量运用骈句,这是《抱朴子》的读者很容易发现的文体特点。骈句的对仗关系有相成与相反两类,相成较多,来达到铺陈、排比的修辞效果,相反则对比强

---

[1]《抱朴子内篇校释》卷二《论仙》,第17页。

烈，为数较少。[1] 以《滕王阁序》为例："杨意不逢，抚凌云而自惜；钟期既遇，奏流水以何惭？"系相反对仗；像"嗟乎"以下"时运不齐，命途多舛。冯唐易老，李广难封。屈贾谊于长沙，非无圣主；窜梁鸿于海曲，岂乏明时？所赖君子见机，达人知命。老当益壮，宁移白首之心？穷且益坚，不坠青云之志"等，都是相成对仗。《抱朴子》的骈句亦以相成对仗为主。然而，葛洪似乎不明白，当他用密集的相成对仗句质疑归纳法时，他就在用归纳法。——用归纳法否定归纳法，这是低级的逻辑混乱。

从另一个角度，葛洪的推理方法也可看成是通过归纳法得出"一切皆有可能"，进而推导出"神仙存在"的演绎法。他在《对俗》篇里反复说的："**苟得其要，则八极之外，如在指掌，百代之远，有若同时，不必在乎庭宇之左右，俟乎瞻视之所及，然后知之也。**""**博识者触物能名，洽闻者理无所惑**""**触类而长之，斯可悟矣**"，都是对演绎法的申明。

近年人工智能技术飞速发展，即是从归纳法取得突破的，前提是处理"大数据"的能力空前提升，古来归纳法与演绎法之争，至此略分高下。反观中国古代，以亿万人民数

---

[1] 钱锺书论骈文，注意到刘勰《文心雕龙·丽辞》篇提出的"反对为优""理殊趣合"，认为"世间事理，每具双边二柄，正反仇合"，"反对""非以两当一，而是兼顾两面、不偏一向"，《管锥编》第四册《全上古（三代）秦汉三国六朝文》二三〇《全陈文卷七·骈偶之文》，第1474—1475页。

千年的经验积累,在西方科技之路上几无寸进,原因之一,当在"归纳"不得其"法"。

理论证据与实践证据

要推翻归纳得出的结论,最直接、有效的办法是提出反例,这葛洪还是明白的,所以他强调"以记籍、见事为据"。[1]"**列仙之人盈乎竹素**","竹素"即简帛,此乃理论证据;"**幻化之事,九百有余,按而行之,无不皆效**",此乃实践证据。

为寻找理论证据,葛氏想必穷尽了能读到的所有文献。对神仙毕竟不怎么见得到的老问题,他解释说:"仙人殊趣异路,以富贵为不幸,以荣华为秽污,以厚玩为尘壤,以声誉为朝露,蹈炎飙而不灼,躐玄波而轻步,鼓翮清尘,风驷云轩,仰凌紫极,俯栖昆仑,行尸之人安得见之?假令游戏,或经人间,匿真隐异,外同凡庸,比肩接武,孰有能觉乎?""若令家户有仙人,属目比肩,吾子虽蔽,亦将不疑。但彼人之道成,则蹈青霄而游紫极,自非通灵,莫之见闻,吾子必为无耳。"[2]"为"通"谓"。"仙人"若要世人信,正当现身以示范,似此两头不着,岂非捎空之说?于是他再区分古、今得道者显、隐不同:"曩古纯朴,巧伪未萌,其信道者,则勤而学之,其不信者,则嘿然而已。谤毁之言,不

---

[1]《抱朴子内篇校释》卷十二《辨问》,第229页。
[2]《抱朴子内篇校释》卷二《论仙》,第15页;卷六《微旨》,第123页。

吐乎口，中伤之心，不存乎胸也。是以真人徐徐于民间，不促促于登遐耳。末俗偷薄，雕伪弥深，玄淡之化废，而邪俗之党繁，既不信道，好为讪毁，谓真正为妖讹，以神仙为诞妄，或曰惑众，或曰乱群，是以上士耻居其中也。"重以修道须清净为辞。[1] 唯世人既不得见，则"竹素"所载何来？又不得不以刘向为例，苦心腾挪：

> 刘向博学则究微极妙，经深涉远，思理则清澄真伪，研核有无，其所撰《列仙传》，仙人七十有余，诚无其事，妄造何为乎？邃古之事，何可亲见？皆赖记籍传闻于往耳。《列仙传》炳然其必有矣。然书不出周公之门，事不经仲尼之手，世人终于不信。然则古史所记，一切皆无，何但一事哉？……多谓刘向非圣人，其所撰录，不可孤据，尤所以使人叹息者也。夫鲁史不能与天地合德，而仲尼因之以著经；子长不能与日月并明，而扬雄称之为实录。刘向为汉世之名儒贤人，其所记述，庸可弃哉？[2]

以既有者为不足，葛氏更亲手炮制《神仙传》，自欺欺人到了何种程度。他还自我肯定道："昔者之著道书多矣，莫不务广浮巧之言，以崇玄虚之旨，未有究论长生之阶径，箴砭

---

[1]《抱朴子内篇校释》卷十《明本》，第186—187页。
[2]《抱朴子内篇校释》卷二《论仙》，第16页。

为道之病痛，如吾之勤勤者也。实欲令迷者知反，失之东隅，收之桑榆，坠井引绠，愈于遂没。……又欲使将来之好生道者，审于所托，故竭其忠告之良谋，而不饰淫丽之言，言发则指切，笔下则辞痛，惜在于长生而折抑邪耳，何所索哉？""时有好事者，欲有所修为，仓卒不知所从，而意之所疑，又无可谘问。今为此书，粗举长生之理，其至妙者，不得宣之于翰墨。盖粗言较略，以示一隅。冀悱愤之徒省之，可以思过半矣。""虽不足以藏名山石室，且欲缄之金匮，以示识者。……贵使来世好长生者，有以释其惑。"[1]一部《抱朴子内篇》可谓自编教材、答疑册和辅导资料。

说到实践证据："或难曰：'神仙方书，似是而非，将必好事者妄所造作，未必出黄、老之手，经松、乔之目也。'抱朴子曰：'若如雅论，宜不验也，今试其小者，莫不效焉。余数见人以方诸求水于夕月，阳燧引火于朝日，隐形以沦于无象，易貌以成于异物，结巾投地而兔走，针缀丹带而蛇行，瓜果结实于须臾，龙鱼瀺灂于盘盂，皆如说焉。按《汉书》栾太初见武帝，试令斗棋，棋自相触，而《后汉书》又载魏尚能坐在立亡，张楷能兴云起雾，皆良史所记，信而有征，而此术事皆在神仙之部，其非妄作可知矣。小既有验，

---

[1]《抱朴子内篇校释》卷十四《勤求》，第260页；《抱朴子内篇序》，第367—368页。据卷三《对俗》："神仙之道，旨意深远，……其事可学，故古人记而垂之，以传识者耳。"第50页；卷六《微旨》："黄、老玄圣，深识独见，开秘文于名山，受仙经于神人，……念有志于将来，愍信者之无文，垂以方法，炳然著明。"第122页，则葛洪自负不浅。

则长生之道，何独不然乎！'""以显而求诸乎隐，以易而得之乎难，校其小验，则知其大效，睹其已然，则明其未试耳。"[1]这里可指出几点：第一，真能目验的往往是"小者"，今天可归诸杂技、魔术类——它们当然是真的，所以才得流传至今；第二，通常讲不了几句，又只好转回理论证据；第三，最要紧的是，以小见大的递进逻辑并不成立，因其成立的前提是的确存在"大效"，而这却是葛洪需要证明的结果。

外丹与内丹

"《仙经》曰：'服丹守一，与天相毕，还精胎息，延寿无极。'"此四句系韵文。"服丹"指外丹，"胎息"指内丹。

葛洪是外丹家，力倡："九丹金液，最是仙主。"[2]外丹何以有效？他的解释是："金玉在九窍，则死人为之不朽，盐卤沾于肌髓，则脯腊为之不烂，况于以宜身益命之物纳之于己，何怪其令人长生乎？""五谷犹能活人，人得之则生，绝之则死，又况于上品之神药，其益人岂不万倍于五谷耶？夫金丹之为物，烧之愈久，变化愈妙。黄金入火，百炼不消，埋之，毕天不朽。服此二物，炼人身体，故能令人不老

---

[1]《抱朴子内篇校释》卷三《对俗》，第51页；卷七《塞难》，第140页。案此即汉代以来的"百戏"内容，如张衡《西京赋》"奇幻倏忽，易貌分形，吞刀吐火，云雾杳冥"之类，萧统编《文选》卷二《赋甲·京都上》，上海：上海古籍出版社，1992年，第77页。参颜之推《颜氏家训》卷下《归心篇》："世有祝师及诸幻术，犹能履火蹈刃，种瓜移井，倏忽之间，十变五化。"载《汉魏丛书》，第597页下栏至第598页上栏。

[2]《抱朴子内篇校释》卷六《微旨》，第124页。

不死。此盖假求于外物以自坚固,有如脂之养火而不可灭,铜青涂脚,入水不腐,此是借铜之劲以扞其肉也。金丹入身中,沾洽荣卫,非但铜青之外傅矣。"[1] 又称:

> 夫仙道有升天蹑云者,有游行五岳者,有食谷不死者,有尸解而仙者。要在于服药,服药有上下,故仙有数品也。不知房中之事,行气导引,而不得神药,亦不能仙也。药之上者,唯有九转还丹及太乙金液,服之,皆立便登天,不积日月矣。其次云母、雄黄之属,能使人乘云驾龙,亦可使役鬼神、变化长生者。草木之药,唯能治病补虚,驻年返白,断谷益气,不能使人不死也。高可数百年,下才全其所禀而已,不足久赖矣。[2]

他构建的"鄙视链"是:烧炼矿物＞天然矿物＞植物,从而化解了纪昀的挑战——"方士所饵,不过草木、金石。草木不能不朽腐,金石不能不消化。彼且不能自存,而谓借其余气反长存乎?"[3] 至于"行气导引",即内丹,他认为可作为

---

[1]《抱朴子内篇校释》卷三《对俗》,第51页;卷四《金丹》,第71—72页。
[2] 葛洪《神仙传》卷八《刘根》,上海:上海古籍出版社,1995年,第48页下栏。参《抱朴子内篇校释》卷四《金丹》引《黄帝九鼎神丹经》:"虽呼吸道(导)引,及服草木之药,可得延年,不免于死也;服神丹令人寿无穷已,与天地相毕,乘云驾龙,上下太清。"第74页。
[3]《阅微草堂笔记》卷八《如是我闻(二)》,第157页。

外丹的辅佐："服药虽为长生之本，若能兼行气者，其益甚速，若不能得药，但行气而尽其理者，亦得数百岁。……善行气者，内以养身，外以却恶。"[1]

对此，内丹家当然嗤之以鼻。姑举《绿野仙踪》第十回为例，火龙真人告冷于冰："金丹一道，仙家实有之。无如世俗烧炼之士，不务本原，每假黄白术坑人害己，天下安有内丹未成而能成外丹飞升者？故修炼内丹，必须采二八两之药，结三百日之胎，全是心上工夫，坐中炼气，吞津咽液，皆末务也。只要照吾前所言行为，于无中养就婴儿，阴分添出阳气，使金公生擒活虎，姹女独驾赤龙，乾夫坤妇而媒嫁黄婆，离女坎男而结成赤子。一炉火焰炼虚空，化作半丝微尘；万顷冰壶照世界，形如一粒黍米。神归四大，乃龟蛇交合之乡；气入四肢，正乌兔郁罗之处。玉葫芦进出黄金液，红菡萏开成白露花。至此际超凡入圣，而金丹大道成矣。"[2] 假"外丹"喻"内丹"，据"内丹"驳"外丹"。

发展到今天，"内丹"就是所谓的"气功"，"外丹"则是所谓的"保健品"。

---

[1]《抱朴子内篇校释》卷五《至理》，第114页。
[2]《绿野仙踪》，第171—172页。实本于《白玉蟾真人全集》上册《丹诀·谢仙师寄书词》稍加改写，海口：海南出版社，2015年，第212页。案内丹术语通常是将精、气、神、五脏等以拟人或拟动、植物而来，钱锺书《管锥编》第二册《焦氏易林》三《坤·龙虎斗》举例论"方士术语以水或汞为龙而火或铅为虎"，似忽略了外丹与内丹的区别，第546页。

无格物真本领

由先秦诸子的著述可知,古人格物之学起点不低,后人未能继武,为不争的事实。《抱朴子内篇》的问答当然经葛洪设计过,但素材无疑都来自他亲历的论战。我们会发现,问难者的攻击性在偏于抽象的讨论中较强,令葛洪不得不腾挪、拆解,反而越涉及具体知识,越形屡弱,像在不可能通过观察弄清事实这一点上,双方倒轻易达成了共识。据《抱朴子内篇·仙药》,则道士已有就动、植物做实验的想法,惜乎纯为妄念所干扰,荒诞无稽,称蝙蝠"集则倒悬,脑重故也",[1]甚至还得算是比较合理的推测。

"**以龟枝床**","**不减五六十岁**","**不饮不食**",能否"**如此之久而不死**",连这样的问题都解决不了,华人与欧西人相比,高下立见。严复论"欧人之学问",称"当其声、光、化、电、动、植之学之初发端时,不过一二人以其余闲相讨论耳,或蓄一罐一釜,凡得金石,举加热以察其变化。或揉猫皮,擦琥珀,放风筝,以玩其相吸。或以三角玻璃映日以观其采色。或见水化汽时,鼓动其器之盖,而数其每时之动。其尤可笑者,或蓄众微虫而玩之,或与禽兽同卧起以觇之。其始一童子之劳,锲而不舍,积渐扩充,遂以贯天人之奥,究造化之原焉。以若所为,若行之中国,必群目之曰

---

[1]《抱朴子内篇校释》卷十一《仙药》,第201页。

呆子"。[1]《阅微草堂笔记》所载适可为例：北京"虎坊桥西一宅"，"中有一井，子、午二时汲则甘，余时则否，其理莫明。或曰：'阴起午中，阳生子半，与地气应也。'然元气昆仑，充满大地，何他井不与地气应，此井独应乎？西士最讲格物学，《职方外纪》载其地有水，一日十二潮，与晷漏不差秒忽。有欲穷其理者，构庐水侧，昼夜测之，迄不能喻，至恚而自沉。此井抑亦是类耳"。[2] 是以唐才常慨言："西人之专，本于拙而巧不可阶；华人之不专，恃其智而愚不可药。"[3]

为"中国科学传统"辩护的李约瑟指出："希腊人实际上并不是实验家，这也许是那些希腊文化崇拜者挽救欧洲优越性所面临的最大困难。受控实验的确是文艺复兴时期科学革命在方法论上的最大发现。从未有人令人信服地表明更早的西方人完全了解受控实验。我并不是说应当把这项荣誉归

---

[1]《严复全集》卷七《附录一：〈国闻报〉中可能为严复所作的文章·论中国之阻力与离心力》，第364页。案李汝珍《镜花缘》第三十二回多九公论智佳人"最好天文、卜筮、勾股算法，诸样奇巧，百般技艺，无一不精"，"彼此争强赌胜，用尽心机，苦思恶想，愈出愈奇，必要出人头地"，"只顾终日构思，久而久之，心血耗尽"，"因此从无长寿之人"，也流露出不可取的意思，北京：作家出版社，2020年，第192页。

[2]《阅微草堂笔记》卷七《如是我闻（一）》，第123—124页。所引艾儒略《职方外纪》内容当出卷二（"欧逻巴"）《厄勒祭亚》："有二岛，一为厄欧白亚，海潮一日七次。昔名士亚利斯多遍穷物理，惟此潮不得其故，遂赴水死。"《四库全书》，第594册，上海：上海古籍出版社，1987年，第313页下栏，《提要》当即纪氏所撰，《四库全书总目》卷七十一，第632页下栏至第633页上栏。

[3]《唐才常集·尊专》，北京：中华书局，1982年，第34页。

功于中世纪的中国人，但他们在理论上已经非常接近受控实验的思想，在实践上则往往超过了欧洲人的成就。"下面的举例中提到"从葛洪到陈致虚的中国炼丹家们对动物做了一系列药物实验"。[1] 我们何难给"欧西人"加上"文艺复兴以来"的限定，但"中世纪的中国人"与"受控实验"的关系无疑被夸大了。

命定论

证实不存在之物，始于反归纳法，终于命定论，为一完整的论证周期。怎么也谈不拢，干脆抛出一句"你不是这块料"了事。

准确地说，命有两义：一是禀赋，二是运命。古人囿于生命科学水平，往往混为一谈。命定论当然指先天决定后天，后天无条件服从先天，但人人各安其命，一成而不变，事实还真不是这样，所以引入某种"能动性"势所难免。

"**人中之有老彭，犹木中之有松柏，禀之自然，何可学得乎？**"这就是由禀赋意义上的命定论发难的，足令葛洪穷于应付，他从"**陶冶造化，莫灵于人**"扯起，祭出"能动性"的法宝，以下"**达其浅者**"、"**得其深者**"、"**知**"字、"**效**"字，别无二致，直至"**人有明哲，能修彭老之道，则可与之同功矣**"。然而他再前进一步，想坚定学仙者的信

---

[1] 李约瑟《文明的滴定——东西方的科学与社会》1《中国科学传统的不足与成就》，张卜天译，北京：商务印书馆，2016年，第38页。

心:"仙道迟成,多所禁忌。自无超世之志、强力之才,不能守之。其或颇好心疑,中道而废,便谓仙道长生,果不可得耳。"即转到了运命意义上的命定论:"苟无其命,终不肯信,亦安可强令信哉!"他好像没搞懂,如此一来,"能动性"不又被否定了吗?

"皇穹至神,赋命宜均,何为使乔、松凡人受不死之寿,而周、孔大圣无久视之祚哉?"这个提问逗露了儒、道之争,暂且不论,被逼到墙角的葛洪只得大谈其"星座运势"。更详细的说明见下:

> 按仙经以为诸得仙者,皆其受命偶值神仙之气,自然所禀。故胞胎之中,已含信道之性,及其有识,则心好其事,必遭明师而得其法,不然,则不信不求,求亦不得也。《玉钤经》主命原曰:人之吉凶,制在结胎受气之日,皆上得列宿之精。其值圣宿则圣,值贤宿则贤,值文宿则文,值武宿则武,值贵宿则贵,值富宿则富,值贱宿则贱,值贫宿则贫,值寿宿则寿,值仙宿则仙。又有神仙圣人之宿,有治世圣人之宿,有兼二圣之宿,有贵而不富之宿,有富而不贵之宿,有兼富贵之宿,有先富后贫之宿,有先贵后贱之宿,有兼贫贱之宿,有富贵不终之宿,有忠孝之宿,有凶恶之宿。如此不可具载,其较略如此。……苟不受神仙之命,则必无好仙之心,未有心不好之而求其事者也,未有不求而得之者也。自古至今,有高才明达而不信

> 有仙者，有平平许人学而得仙者，甲虽多所鉴识而或蔽于仙，乙则多所不通而偏达其理，此岂非天命之所使然乎？[1]

他除了讥讽无命者"令信神仙，是使牛缘木、马逐鸟也"[2]之外，还设法杜绝对神仙的证伪："其受命不应仙者，虽日见仙人成群在世，犹必谓彼自异种人，天下别有此物，或呼为鬼魅之变化，或云偶值于自然，岂有肯谓修为之所得哉？苟心所不信，虽令赤松、王乔言提其耳，亦当同以为妖讹。"[3]

宋儒以"气质之性"对应"天命（地）之性"，无法出离命定论的窠臼，"理不能不乘气以行，气凝而成质，而后为人。理纯而气驳，气犹虚而质则实，天亦不能求其齐矣"。[4] 在吕坤看来，"孔子是五行造身、两仪成性。其余圣人，得金气多者则刚明果断，得木气多者则朴素质直，得火气多者则发扬奋迅，得水气多者则明澈圆融，得土气多者则镇静浑厚，得阳气多者则光明轩豁，得阴气多者则沉默精

---

[1]《抱朴子内篇校释》卷十二《辨问》，第226页。参《论衡》卷二《命义》，如称："天有百官，有众星，天施气而众星布精，天所施气，众星之气在其中矣。人禀气而生，含气而长，得贵则贵，得贱则贱。贵或秩有高下，富或资有多少，皆星位尊卑小大之所授也。"第15页上栏。
[2]《抱朴子内篇校释》卷五《至理》，第112页。
[3]《抱朴子内篇校释》卷十四《勤求》，第252页。
[4]《全祖望集汇校集注·鲒埼亭集外编》卷四十八《原命》，第1800页。

细。气质既有所限,虽造其极,终是一偏底圣人"。[1]这已接近今天的"血型性格说",与"星座性格说"是一丘之貉。不过,吕氏又说:"以恒常度气数,以知识定窈冥,皆造化之所笑者也。造化亦定不得,造化尚听命于自然,而况为造化所造化者乎?堪舆、星卜诸书,皆'屡中'者也。"[2]"屡中"指《论语·先进》"亿则屡中",这里意谓"瞎蒙"。

诡 辩

孟子肯定道出了葛洪的心声:"予岂好辩哉?予不得已也!"[3]孟子之辩以粗浅的类比为基本手段,葛氏显然不满足于此,但他既有无心的谬误,又有故意的欺哄,类比升级失败,流为诡辩。

比如,"**或人难曰:'人中之有老彭,犹木中之有松柏,禀之自然,何可学得乎?'**"就是简单的类比,问题不大。葛洪试图通过生物分类学,指出"或人"类比不当,但他搞的分类层次混淆,不堪思适,全未继承、发展荀子"物也者,大共名也""鸟兽也者,大别名也"[4]的分类法。"**众木不能法**

---

[1]《呻吟语》卷四之三《圣贤》,第184页。这当是对朱熹语的发挥:"有得木气重者,则恻隐之心常多,而羞恶、辞逊、是非之心为其所塞而不发;有得金气重者,则羞恶之心常多,而恻隐、辞逊、是非之心为其所塞而不发。水、火亦然。唯阴阳合德、五性全备,然后中正而为圣人也。"黎靖德编《朱子语类》卷四《性理一》,第81—82页。
[2]《呻吟语》卷六之二《物理》,第292页。
[3]《孟子译注·滕文公下》,第154页。
[4]《荀子》卷十六《正名》,第132页下栏。

松柏，诸虫不能学龟鹤，是以短折耳。人有明哲，能修彭老之道，则可与之同功矣"，又回到"或人"的类比关系。

比如，"或曰：'……**夫指既斩而连之，不可续也；血既洒而吞之，无所益也。岂况服彼异类之松柏，以延短促之年命，甚不然也。**'"这是持"同类不可→异类更不可"的递减逻辑。葛洪的回答却是："**若夫此论，必须同类乃能为益，然则既斩之指、已洒之血，本自一体，非为殊族，何以既斩之而不可续、已洒之而不中服乎？**"这是持"异类不可→同类应可"的递增逻辑，而对方既称"同类不可"，证明对方逻辑有误，当予否定。好比我讲课声音不大，近处的学生都听不清，远处的就更听不清；葛洪却说，远处的学生听不清，近处的就该听得清，所以我的话是错的。其逻辑可用明代笑话来解嘲："暑月有拥夹被卧者，或问其故，答曰：'绵被太热。'"[1]反过来就是："一贫士冬月穿夹衣，有谓之者曰：'如此严寒，如何穿夹衣？'贫士曰：'单衣更冷。'"[2]至于"**药物**"对人身的"**损益**"，"**同类**"或"**异类**"的界定，现代医学要从分子水平上论，这是《**抱朴子**》问答双方都梦想不到的。

周旋道儒

早在汉初，陆贾就抨击神仙家："苦身劳形，入深山，

---

[1] 浮白主人《笑林·夹被》，《历代笑话集》，第213页。
[2] 赵南星《笑赞·贫士》，《历代笑话集》，第286页。参冯梦龙编《笑府下·杂语》："贫渔夫妇于冬天以网为被，中夜以指透网外，私相谓曰：'如此寒夜，亏那无被的如何熬过！'"《历代笑话集》，第308—309页。

《抱朴子内篇》

求神仙，弃二亲，捐骨肉，绝五谷，废《诗》《书》，背天地之宝，求不死之道。"[1]葛洪不啻就此而答辩，谓求仙不悖人伦、不废人事，而他自阐追求长生之"心"时却承认："道与世事不并兴，若不废人间之务，何得修如此之志乎？见之诚了、执之必定者，亦何悭于毁誉，岂移于劝沮哉？"[2]在出世与入世的紧张中，道教还是向儒家让步了，以致"天上无不忠不孝之神仙"。[3]《荡寇志》写陈希真勤于王事后入嵩山修仙，自言："嵩山近帝都。""天子"特为他"建造一座忠清观"。[4]《绿野仙踪》编派得道成仙者冷于冰与世俗生活的关系，夫"冻龄"而妻老子长；温如玉决意随冷于冰出家为道士，着家人张华"逢时节与他祖、父坟前上个祭"，与"先人年年多拜扫几次"。[5]还有女仙做了凡人儿媳的，像六合戴某子与仙女成婚，忽还家报称："昨日（女）谓我曰：'郎父亲明日八十生辰矣，不但郎宜归祝，即妾亦宜同去也。'""其家人、邻佑闻此信，来观者如麻。忽闻异香扑鼻，空中闻箫鼓声，果有一绝色女子，珠冠玉佩，在云中作叩首状，每一跪起，则霞光四闪，百鸟皆鸣。家人正思攀留，而清风一起，其女与其子已冉冉携手而又去矣。其父思子，涕

---

[1]《新语》卷上《慎微》，《汉魏丛书》，第325页下栏。
[2]《抱朴子内篇校释》卷四《金丹》，第86页。
[3]《阅微草堂笔记》卷十七《姑妄听之（三）》，第412—413页，涉及的故事是狐女因孝顺翁姑而"解形证果"，"隶碧霞元君为女官"，第412页。
[4]俞万春《荡寇志》第一百四十回，北京：人民文学出版社，1985年，第1021页。
[5]《绿野仙踪》，第351、353页。

泣不止。"[1]这个场面还真是难得一见。

不过,一旦触及道、儒根本之辨,葛洪便不肯为依违之论了。"**道者,万殊之源也。儒者,大淳之流也。**""万殊"即"儒"——"**季俗之浇散**","大淳"即"道"——"**高世之敦朴**"。《明本》通篇皆辨道儒,一上来就拔道家于诸子:

> 道者,儒之本也;儒者,道之末也。先〔夫〕以为阴阳之术,众于〔相〕忌讳,使人拘畏;而儒者博而寡要,劳而少功;墨者俭而难遵,不可遍循;法者严而少恩,伤破仁义。唯道家之教,使人精神专一,动合无形,包儒、墨之善,总名、法之要,与时迁移,应物变化,指约而易明,事少而功多,务在全大宗之朴,守真正之源者也。……今苟知推崇儒术,而不知成之者由道。道也者,所以陶冶百氏、范铸二仪、胞胎万类、酝酿彝伦者也。[2]

为道教牵合道家作一示范,所论足为道家增重。

---

[1] 袁枚《续新齐谐》卷十《雁荡仙女》,北京:人民文学出版社,1996年,第758、759页。参长白浩歌子《萤窗异草》初编卷三《落花岛》:申翊魂至落花岛,遇仙女,成鬼仙,"数年,翊忽谓女曰:'赖子再生,宜谐永好。但亲老弟少,欲归省视,子其许我乎?'女正色答曰:'此君之孝也,妾敢不勉成君志!'"北京:人民文学出版社,1999年,第97页。
[2] 《抱朴子内篇校释》卷十《明本》,第184、185页。

《佛遗教经》

姚秦天竺沙门鸠摩罗什译

佛教、佛学与思想

陈嘉遹给丁福保《佛学丛书》作序,称:"文人学士囿于世见,即读《老》《庄》,不离欲界,心为界限,学为世拘,即或偶读金经,作文字观,存学问想,于诗词、书札之中引用经中章句,博雅自矜,于自身心毫无裨益,命尽寿终,蠹鱼是伍。古今若辈,深可哀也。"[1]我大概可算是这样的"文人学士",凡陈氏数落到的,我都干过,最终"下场"估计也差不多。倒是明僧袾宏的话还宽容些,说是有一类人,"虽读之,不过采其辞致,以资谈柄、助笔势,自少而壮、而老、而死不一究其理者,可谓入宝山而不取者也。又一类,虽讨论,虽讲演,亦不过训字销文、争新竞高,自少

---

[1]《佛学丛书总序一》,丁福保《佛经精华录笺注》附录,上海:华东师范大学出版社,2015年,第238页。

而壮、而老、而死不一真修而实践者，可谓取其宝把玩之、赏鉴之、怀之、袖之而复弃之者也。虽然，一染识田，终成道种"。[1]"识田"有"染"，这我承认，"成"否"道种"，且不管他。而我之关注佛教及佛教史，归根结底，在于认识它对中国古代文明的深远影响。

诚然，事涉宗教，有些麻烦随之而来。十几年前，我在香港一所大学任教，北大哲学系某教授来访，做比较《老子》之"道"与《圣经》"上帝"概念的学术报告，被现场听众递纸条，质问"你懂什么是'上帝'吗""你有什么资格谈论上帝"，顿时乱了方寸。我收到的学生期末作业也有从基督教立场攻击佛教的，作者且明确要求我给出批语，我的批语大致是：就宗教角度而言，我不予置评，就学术角度而言，我认为理据并不充分。即是说，我是从学术角度而非宗教角度探讨佛教的，在信仰与非信仰、佛学本位与中国传统思想本位之间，立场十分清楚。前辈学者如陈垣、汤用彤等治宗教史，成就斐然，尚未免于宗教性的同情与理解。这同样意味着，我重视的不是佛教及佛学内部的体系化，相反，是它如何不断调适、变异和分解以"糅入"中国本土思想的。

传教与翻译

在人类的精神活动中，确实找不到比宗教传播更强大

---

[1]《竹窗随笔·佛经不可不读》，第20页。

的驱动力了。政治、经济的全球化一直与宗教的全球化相重叠,这就是为什么全球化不可能由中国开启的原因之一。同样,作为人类文化交往的主要方式,大规模的文本翻译通常由传教启动。在古代条件下,传教尤其倚重具语言天赋者:外来的和尚如鸠摩罗什,本土的僧人如玄奘,还有晚明耶稣会传教士利玛窦等,都是这类天才。

古人通梵文者自然不如今人通西文者多,则古人了解、学习外来宗教终隔一层。王弘撰以翻译不切为说,[1]尚属皮相之论。至于汉译佛经的文本特点,梁启超言之甚谛:

> 吾辈读佛典,无论何人,初展卷必生一异感,觉其文体与他书迥然殊异,其最显著者:(一)普通文章中所用"之乎者也焉哉"等字,佛典殆一概不用(除支谦流之译本)。(二)既不用骈文家之绮词俪句,亦不采古文家之绳墨格调。(三)倒装句法极多。(四)提挈句法极多。(五)一句中或一段落中含解释语。(六)多覆牒前文语。(七)有联缀十余字乃至数十字而成之名词。——名词中,含形容格的名词无数。(八)同格的语句,铺排叙列,动至数十。(九)一篇之中,散文、诗歌交错。(十)其诗歌之译本为无韵的。凡此皆文章构造形式上,画然辟一新国土。质言之,则外来语调之色彩甚浓厚,若与吾辈本来之"文学眼"不相习,而寻

---

[1] 参《山志》初集卷四《二氏》,第94页;二集卷二《佛经》,第190页。

玩稍进,自感一种调和之美。此种文体之确立,则(鸠摩)罗什与其门下诸彦实尸其功。若专从文学方面校量,则后此译家,亦竟未有能过什门者也。[1]

熊十力也认为:"中译佛书甚忠实,不独于法、于义、于解不失梵文本之真,即文辞亦力追梵文本,务求信与达,并不失其浩博、大雅、雄浑、浊重之气象。"[2] 相比之下,袾宏称:"佛经者,所谓至辞无文者也,而与世人较文,是阳春与百卉争颜色也。"[3] 以退为进,大可不必。另外,梁氏可能觉得不足以列为一条而我觉得很重要的,是佛经四字为断的特点:这为佛经诵读确立了总的节奏,当然也为佛经断句提供了基础。在先秦典籍——特别是《诗经》——之外,硬是开创出一种全新的语感。

教主的命运

进入20世纪,"主义"取代了"宗教"。具有浓重的"宗教"意味、卒以"主义"示人,托尔斯泰主义(Tolstoism)为我们展示了未完成的宗教。托氏逝世百年之际,改编自杰伊·帕里尼(Jay Parini)同名小说的电影《最后一站》上映。作者在《后记》中说:"我在尼泊尔的一家二手书店里

---

[1]《佛学研究十八篇》第九篇《翻译文学与佛典》,北京:商务印书馆,2017年,第193页。
[2]《存斋随笔》,第117页。
[3]《竹窗随笔·庄子(二)》,第10页。

《佛遗教经》

偶然发现了瓦伦丁·布尔加科夫写的《与列夫·托尔斯泰生命最后一年在他身边》的日记。不久以后,我发现托尔斯泰的核心集团在1910年扩大了不少,而且里面的很多其他成员也著有类似的日记。……连续不断的阅读如同透过万花筒看一幅持续不变的画面。"[1]日记难免倾向性,小说是虚构的,电影是二次演绎的,但它们形成了合力,来捕捉错综复杂的历史真相。我们由此可以推想,古代宗教创始人,不论怎样地天赋异禀,其实都有血有肉,尘网牵缠,及徒从遵奉教诲,时移世易,无以为继,遂辗转而加工、改造,直至以神秘主义弥缝其间,彻底异化。

鲁迅讽刺道:"大人物""要得人们的恭维赞叹时,必须死掉,或者沉默,或者不在面前。总而言之,第一要难于质证。如果孔丘、释迦、耶稣基督还活着,那些教徒难免要恐慌。对于他们的行为,真不知道教主先生要怎样慨叹"。"待到伟大的人物成为化石,人们都称他伟人时,他已经变了傀儡了。有一流人之所谓伟大与渺小,是指他可给自己利用的效果的大小而言。"[2]反过来讲,任何人,只要被后世奉为"神明",他的真实面目将永远失去还原的可能,中国古代的老子、孔子、惠能等,概莫能外。他将变为宗教的对象,而不是理性的对象。

---

[1] 杰伊·帕里尼《最后一站》,张愉译,西安:陕西人民出版社,2010年,第265页。案日记译名欠通。
[2] 《华盖集续编·无花的蔷薇》,《鲁迅全集》第三卷,第240—241页。鲁迅本人固非这个级别的"大人物",但也"成为化石","变了傀儡"。

一个宗教发展到不得不将创始人的教导斥为浅薄,侪之下乘,岂非悲剧?然而,宗教化必赖是而后完成,构建即解构,解构即构建。

涅槃经

周叔迦先生介绍说:"《涅槃经》者,佛于灭度时最后之教诫,是中有大、小乘之分,各有三〔二〕部。小乘经者,一为《长阿含经·初分游行经》,凡有四译;一〔二〕为《遗教经》,惟有单译。大乘经者,一为《大般涅槃经》,凡有八译;二为《方等般泥洹经》,凡有二译。"[1]

能把《遗教经》(亦称《遗教经》)和《大般涅槃经》联系起来的只是"涅槃"一语——"nirvana"的音译,意为"寂灭"。它们同被纳入佛经"涅槃部",不啻为小乘、大乘佛教"骨断筋连"的象征。梁启超连用三个"不!"来否认佛教是"纯粹的厌世主义":"佛若厌世,何必创这个教?且天下也从没有以厌世为教而可以成为一个教团,得大多数人之信仰且努力传播者。佛教当然不是消极的诅咒人生,他是对于一般人的生活不满足,自己别有一个最高理想的生活,积极的闯上前去。最高理想生活是什么?曰涅槃。怎么才能得到涅槃?曰解脱。解脱,梵名木叉Moksa,译言离缚得自在。用现在话解释,则解放而得自

---

[1]《周叔迦佛学论著集·〈涅槃〉三经之研究法》,北京:中华书局,1991年,第867页。

由。""涅槃到底是什么样境界呢？佛每说到涅槃，总说是在现法中自证自知自实现。""依训诂家所解释，大概是绝对清凉无热恼，绝对安定无破坏，绝对平等无差别，绝对自由无系缚的一种境界。……安住涅槃，不必定要抛离尘俗。佛在菩提树下已经得着涅槃，然而还说四十九年的法，不厌不倦，这便是涅槃与世法不相妨的绝大凭据。"[1]如此为"入世佛教"——"人间佛教""人生佛教"——张目，将置《遗教经》于何地？

《大般涅槃经》固然也从佛预告涅槃说起，但拉开架势之大，排场之奢华，神迹之夸侈，展现在人眼前的竟是重重佛国化境。而此经主旨"是讲'佛性'问题。所谓'佛性'，原意指的是佛陀的本性，后来发展为成佛的可能性、因性、种子，即众生成佛的原因和根据。……本来印度的原始佛教和部派佛教，是不讲佛、菩萨以外的人成佛的，所以也不说一切众生悉有佛性。到大乘佛教阶段（严格地说是在中期大乘佛教阶段），就出现了一切众生悉有佛性的经论，……在中国受到广大僧众的欢迎"。[2]《遗教经》则不然，"盖瞿昙氏最后教诸弟子语。今观此经以端心正念为首，而深言持戒为禅定、智慧之本。学佛者不由持戒而欲至定、慧，亦犹吾儒舍离经辨志而急于大成、去洒扫应对而语性与天道之妙，

---

[1]《佛学研究十八篇》第四篇《佛陀时代及原始佛教教理纲要》，第81、83页。
[2] 高振农释译《大般涅槃经·解说》，《中国佛学经典宝藏》，北京：东方出版社，2018年，第317、318—319页。

其可得哉？……佛氏有此经，犹儒家之有《论语》"。[1]

我最早接触的佛经是《圆觉经》，其次是《六祖坛经》《遗教经》。《五灯会元》载鼎需禅师"幼举进士，有声，年二十五，因读《遗教经》，忽曰'几为儒冠误'"，遂出家。[2]我那时二十三岁，没出家，却通过此经感受到佛陀的伟大。然而，它译出才两百多年，唐太宗即在《佛遗教经施行敕》中称："《遗教经》者，是佛临涅槃所说，诫劝弟子，甚为详要。末俗缁素并不崇奉，大道将隐，微言且绝。"[3]一千年后的明僧哀叹不已，就毫不足怪了："《遗教经》，乃如来入灭最后之要语，喻人世所谓遗嘱也。子孙昧宗祖创始之来源，是忘本也；子孙背父母临没之遗嘱，是不孝也。为僧者胡弗思也？""世人临终，为言以示子孙，谓之遗嘱，而子孙执之以作凭据，世守而不变者也。况三界大师，四生慈父，说法四十九年，最后之遗嘱乎？为僧者所当朝诵暮习，师授徒传，终身奉之而不可一日废忘者，乃等之以童蒙之书，置之闲处，不复论究，岂非如来之逆子、佛法之顽民也哉？"[4]大乘佛典千枝万叶，一毛孔现须弥山，但视佛陀遗教之质朴、深沉，毋亦南辕北辙！

---

[1] 详丁福保《遗教三经笺注·佛遗教经笺注》首，上海：华东师范大学出版社，2015年，第116页，本之真德秀《杨文公真笔遗教经》，见《西山文集》卷三十五，《四库全书》第1174册，上海：上海古籍出版社，1987年，第557页上栏至下栏。
[2] 《五灯会元》卷二十《西禅鼎需禅师》，第1331页。
[3] 《佛教十三经》，第149页，谓"右出《文馆词林》第六百九十三卷"。
[4] 《竹窗随笔·二笔·四十二章经、遗教经》，第130页；《三笔·遗教经》，第167页。

我欲灭度

释迦牟尼佛初转法轮,度阿若憍陈如,最后说法,度须跋陀罗。所应度者,皆已度讫。于娑罗双树间,将入涅槃。是时中夜,寂然无声,为诸弟子略说法要:

"汝等比丘,于我灭后,当尊重珍敬波罗提木叉,如暗遇明,贫人得宝。当知此则是汝等大师,若我住世,无异此也。持净戒者,不得贩卖贸易,安置田宅,畜养人民、奴婢、畜生;一切种植,及诸财宝,皆当远离,如避火坑;不得斩伐草木,垦土掘地。合和汤药,占相吉凶,仰观星宿,推步盈虚,历数算计,皆所不应。节身时食,清净自活,不得参预世事,通致使命,咒术仙药,结好贵人,亲厚媟慢,皆不应作。当自端心正念求度,不得包藏瑕疵,显异惑众;于四供养,知量知足,趣得供事,不应畜积。此则略说持戒之相。戒是正顺解脱之本,故名波罗提木叉。因依此戒,得生诸禅定,及灭苦智慧。是故比丘,当持净戒,勿令毁缺。若人能持净戒,是则能有善法,若无净戒,诸善功德皆不得生。是以当知戒为第一安隐功德住处。

"汝等比丘,已能住戒,当制五根,勿令放逸,入于五欲。譬如牧牛之人,执杖视之,不令纵逸,犯人苗稼。若纵五根，非唯五欲，将无涯畔，不可制也。亦如恶马，不以辔制，将当牵人坠于坑坎。如被劫贼，苦止一世，五根贼祸，殃及累世。为害甚重，不可不慎！是故智者制而不随，持之如贼，不令纵逸，假令纵之，皆亦不久见其磨灭。此五根者，心为其主，是故汝等当好制心。心之可畏，甚于毒蛇、恶兽、怨贼，大火越逸，未足喻也。譬如有人，手执蜜器，动转轻躁，但观于蜜，不见深坑。譬如狂象无钩，猿猴得树，腾跃踔躑，难可禁制。当急挫之，无令放逸。纵此心者，丧人善事，制之一处，无事不办。是故比丘，当勤精进，折伏汝心。

"汝等比丘，受诸饮食，当如服药，于好于恶，勿生增减。趣得支身，以除饥渴。如蜂采华，但取其味，不损色香。比丘亦尔，受人供养，趣自除恼，无得多求，坏其善心。譬如智者，筹量牛力所堪多少，不令过分，以竭其力。

"汝等比丘，昼则勤心修习善法，无令失时。初夜、后夜，亦勿有废。中夜诵经，以自息消。无以睡眠因缘，令一生空过，无所得也。当念无常之火，烧诸世间，早求自度，勿睡眠也。诸烦恼贼常伺杀人，甚于怨家，安可睡眠，不自警寤？烦恼毒蛇睡在汝心，譬如黑蚖在汝室睡，当以持戒之钩早并除之。睡蛇既出，乃可安眠，不出而眠，是无惭人！惭耻之服，于诸庄严最为第一。惭如铁钩，能制人非法。是故常当惭耻，无得暂替。若离惭耻，则失诸功德。有愧之人，则有善法，若无愧者，与诸禽兽无相异也。

"汝等比丘，若有人来节节支解，当自摄心，无令瞋恨，亦当护口，勿出恶言。若纵恚心，即自妨道，失功德利。忍之为德，持戒苦行所不能及。能行忍者，乃可名为有力大人。若其不能欢喜忍受恶骂之毒如饮甘露者，不名入道智慧人也。所以者何？瞋恚之害，则破诸善法，坏好名闻，今世、后世，人不喜见。当知瞋心甚于猛火，常当防护，无令得入。劫功德贼，无过瞋恚。白衣受欲，非行道人，无法自制，瞋犹可恕，出家行道无欲之人，而怀瞋恚，甚不可也。譬如清冷云中，霹雳起火，非所应也。

"汝等比丘，当自摩头，已舍饰好，着坏色衣，执持应器，以乞自活。自见如是，若起憍慢，当疾灭之。增长憍慢，尚非世俗白衣所宜，何况出家入道之人，为解脱故，自降其身而行乞耶？

"汝等比丘，谄曲之心，与道相违，是故宜应质直其心。当知谄曲，但为欺诳，入道之人，则无是处。是故汝等宜当端心，以质直为本。

"汝等比丘，当知多欲之人，多求利故，苦恼亦多，少欲之人，无求无欲，则无此患。直尔少欲，尚宜修习，何况少欲能生诸功德。少欲之人，则无谄曲以求人意，亦复不为诸根所牵。行少欲者，心则坦然，无所忧畏，触事有余，常无不足。有少欲者，则有涅槃。是名少欲。

"汝等比丘，若欲脱诸苦恼，当观知足。知足之法，即是富乐安隐之处。知足之人，虽卧地上，犹为安乐，不知足者，虽处天堂，亦不称意。不知足者，虽富而贫；知足之人，虽贫而富。不知足者，常为五欲所牵，为知足者之所怜愍。是名知足。

"汝等比丘，欲求寂静无为安乐，当离愦闹，独处闲居。静处之人，帝释诸天所共敬重。是故当舍己众、他众，空闲独处，思灭苦本。若乐众者，则受众恼，譬如大树，众鸟集之，则有枯折之患。世间缚着，没于众苦，譬如老象溺泥，不能自出。是名远离。

《佛遗教经》

"汝等比丘,若勤精进,则事无难者,是故汝等当勤精进。譬如小水长流,则能穿石。若行者之心数数懈废,譬如钻火,未热而息,虽欲得火,火难可得。是名精进。

"汝等比丘,求善知识,求善护助,无如不忘念。若有不忘念者,诸烦恼贼则不能入。是故汝等常当摄念在心。若失念者,则失诸功德。若念力坚强,虽入五欲贼中,不为所害,譬如着铠入阵,则无所畏。是名不忘念。

"汝等比丘,若摄心者,心则在定。心在定故,能知世间生灭法相。是故汝等常当精勤修习诸定。若得定者,心则不散。譬如惜水之家,善治堤塘,行者亦尔,为智慧水故,善修禅定,令不漏失。是名为定。

"汝等比丘,若有智慧,则无贪着。常自省察,不令有失。是则于我法中,能得解脱。若不尔者,既非道人,又非白衣,无所名也。实智慧者,则是度老病死海坚牢船也,亦是无明黑暗大明灯也,一切病者之良药也,伐烦恼树之利斧也。是故汝等当以闻思修慧而自增益。若人有智慧之照,虽是肉眼,而是明见人也。是名智慧。

"汝等比丘,种种戏论,其心则乱,虽复出家,犹未得脱。是故比丘，当急舍离乱心戏论。若汝欲得寂灭乐者，唯当善灭戏论之患。是名不戏论。

"汝等比丘，于诸功德，常当一心，舍诸放逸，如离怨贼。大悲世尊所说利益，皆已究竟，汝等但当勤而行之。若于山间，若空泽中，若在树下，闲处静室，念所受法，勿令忘失，常当自勉，精进修之，无为空死，后致有悔。我如良医，知病说药，服与不服，非医咎也。又如善导，导人善道，闻之不行，非导过也。

"汝等若于苦等四谛有所疑者，可疾问之，毋得怀疑、不求决也。"

尔时世尊如是三唱，人无问者。所以者何？众无疑故。时阿㝹楼驮观察众心，而白佛言："世尊！月可令热，日可令冷，佛说四谛不可令异。佛说苦谛实苦，不可令乐；集真是因，更无异因；苦若灭者，即是因灭，因灭故果灭；灭苦之道，实是真道，更无余道。世尊！是诸比丘，于四谛中，决定无疑。于此众中，所作未办者，见佛灭度，当有悲感。若有初入法者，闻佛所说，即皆得度，譬如夜见电光，即得见道。若所作已办、已度苦海者，但作是念：世尊灭度，一何疾哉！"阿𣵀楼驮虽说此语，众中皆悉了达四圣谛义。世尊欲令此诸大众皆得坚固，以大悲心，复为众说：

"汝等比丘，勿怀悲恼。若我住世一劫，会亦当灭，会而不离，终不可得。自利利他，法皆具足，若我久住，更无所益。应可度者，若天上人间，皆悉已度，其未度者，皆亦已作得度因缘。自今以后，我诸弟子展转行之，则是如来法身常在而不灭也。是故当知，世皆无常，会必有离，勿怀忧恼，世相如是。当勤精进，早求解脱，以智慧明，灭诸痴暗。世实危脆，无坚牢者。我今得灭，如除恶病。此是应舍之身，罪恶之物，假名为身，没在老病生死大海，何有智者得除灭之、如杀怨贼而不欢喜！

"汝等比丘，常当一心，勤求出道。一切世间动不动法，皆是败坏不安之相。汝等且止，勿得复语。时将欲过，我欲灭度。是我最后之所教诲。"

——据《佛教十三经》本

苦

人的一生，谁能免于烦恼和痛苦？但完全地、彻底地以烦恼和痛苦为本，由此形成一种宗教，佛教可谓绝无仅有。尽管"四门游观"的象征意义更大，但我们仍可相信，佛陀出身富贵，面对民间疾苦，纯为谋得内心平衡而修行传教，诚为悲天悯人第一人，即使教义未尽圆融，不碍其人格光芒之照人。

佛教将"苦"做了一番逻辑还原，进而将人生做了一番逻辑解构，然后采取背弃人生的态度，谋求解脱。熊十力所论甚透辟："佛氏由迷信有神我、长劫、轮转生死海、大苦无出拔之期，于是有厌离的思想发生，以观空、断惑为其修道之实功。""人类有此一派思想，亦可为人间世贪痴、凶残之徒给以大棒大喝。""追维释迦出家学道，实以不住生死为其本愿"，"特创缘生之论"，"以此说明宇宙所由始、人生所由生，解悟俊利，甚可惊叹"，"必将宇宙、人生说成空幻，以明造化可抗拒，大生、广生之洪流可遏绝，生死海可枯渴〔竭〕，成其大雄无畏之壮论……当然是有最高智慧者烛照尘浮生活梏亡灵性、不堪大苦，于是浩然有度尽一切众生、粉碎太空无量诸天、寂灭为乐之高愿。大哉佛法！岂可与中外哲学史上下劣之厌世思想同年而语哉！吾国人之学佛者多迷信轮回，而欲为冥冥不可见之神我希求来生福果，自私自利之根尚欲留存于死后，不亦愚

《佛遗教经》

且可悯欤"![1]《广阳杂记》记"图老（麟）曰：念佛以了生死。今之念佛者只欲了死，未尝欲了生也。宜乎举世念佛，未尝有一人能出生死者也"，[2]语更简明。

大乘佛教言苦，像《药师琉璃光如来本愿功德经》开列者，不如《无量寿经》的"剧恶极苦"及"五恶"、"五痛"、"五烧"来得详实，对我而言，竟不如康有为自叙避兵乡间所感来得深切："乡人之酬酢，里妇之应接，儿童之抚弄，宗姓之亲昵，耳闻皆勃谿之声，目睹皆困苦之形。或寡妇思夫之夜哭，或孤子穷饿之长啼，或老夫无衣，扶杖于树底，或病妪无被，夕卧于灶眉，或废疾癃笃，持钵行乞，呼号而无归。其贵乎富乎，则兄弟子侄之阋墙，妇姑叔嫂之勃谿，与接为构，忧痛惨凄。号为承平，其实普天之家室皆怨气之冲盈、争心之触射，毒于黄雾而塞于寰瀛也。"[3]晚清中国真浮沉于苦海之中。

僧侣营生

佛陀所戒，后世僧人皆尝破犯，即"贩卖贸易，安置

---

[1]《存斋随笔》，第68、73、82、83页，书中于华人愚妄言之再三。张潮《幽梦影》所谓"避苦趣乃学佛"，"苦趣"指地狱、饿鬼、畜生三恶道，则三善道在所不避了，杭州：浙江人民美术出版社，2017年，第25页。
[2] 刘献廷《广阳杂记》卷三，第126页。
[3]《大同书》甲部《入世界观众苦》，北京：朝华出版社，2017年，第2页。后称："人道之苦无量数不可思议，因时因地，苦恼变矣，不可穷纪之，粗举其易见之大者焉。"第11页，包括了"人生之苦凡七""天灾之苦凡八""人道之苦凡五""人治之苦凡五""人情之苦凡八""人所尊羡之苦凡五"，显然参考了大乘佛经。

田宅，畜养人民、奴婢、畜生；一切种植，及诸财宝"、"斩伐草木，垦土掘地。合和汤药，占相吉凶，仰观星宿，推步盈虚，历数算计"、"参预世事，通致使命，咒术仙药，结好贵人，亲厚媟慢"、"包藏瑕疵，显异惑众"、畜积"四供养"。**"不得""不应"**的叮咛，全当耳旁风。

在龙树《大智度论》里，舍利弗还对梵志女言："有出家人合药、种谷、植树等不净活命者，是名下口食；有出家人观视星宿、日月、风雨、雷电、霹雳不净活命者，是名仰口食；有出家人曲媚豪势、通使四方、巧言多求不净活命者，是名方口食；有出家人学种种咒术、卜算吉凶如是等种种不净活命者，是名四维口食。姊，我不堕是四不净食中，我用清净乞食活命。"[1]到了无著《瑜伽师地论》，乃大谈："如是一切明处所摄，有五明处：一，内明处，二，因明处，三，声明处，四，医方明处，五，工业明处。菩萨于此五种明处，若正勤求，则名勤求一切明处。"[2]五

---

[1] 龙树《大智度论》卷三《释初品中共摩诃比丘僧》，鸠摩罗什译，北京：社会科学文献出版社，2014年，第37页。
[2] 《瑜伽师地论》卷三十八《本地分中菩萨地第十五初持瑜伽处力种性品第八》，玄奘译，北京：宗教文化出版社，2008年，第971页。其中"工业明处"与"六种活命"有重叠："一营农，二商贾，三牧牛，四事王，五习学书算计数及印，六习学所余工巧业处。"卷二《本地分中意地第二之二》，第42页。参卷十五《本地分中闻所成地第十之三》："云何工业明处？谓于十二处略说工业所有妙智，名工业明处。何等十二工业处耶？谓营农工业、商贾工业、事王工业、书算计数印工业、占相工业、咒术工业、营造工业、生成工业、防邪工业、和合工业、成熟工业、音乐工业。"第352—353页。参《楞严经》卷六观世音菩萨谓："若诸众生爱诸数术，摄卫自居，我于彼前现婆罗门身，而为说法，令其成就。"《佛教十三经》，第491页。

《佛遗教经》

明者,据译者玄奘说,"一曰声明,释诂训字,诠目流别;二曰工巧明,伎术机关,阴阳历数;三曰医方明,禁咒闲邪,药石针艾;四曰因明,考定正邪,研核真伪;五曰内明,究畅五乘因果妙理"。[1] 无著晚龙树三百年,已站在佛陀遗教的对立面了。

同是出家为僧,在大乘佛教比在小乘佛教,更像是一种行当,既然是行当,必得有营生。除了定期或不定期的法事外,可干的还很多。袾宏"曝光"明季僧人"有作地理师者,作卜筮师者,作风鉴师者,作医药师者,作女科医药师者,作符水炉火烧炼师者,末法之弊极矣!"[2] 就算是化缘,"有手持缘簿,如土地神前之判官者;有鱼击相应,高歌唱和而谈说因缘,如瞽师者;有扛抬菩萨像、神像而鼓乐喧填、赞劝舍施,如歌郎者;有持半片铜铙而鼓以竹箸,如小儿戏者;有拖铁索重数十百斤,如罪人者;有举石自击其身,如饮恨诉冤者;有整衣执香,沿途礼拜,挨家逐户,如里甲抄排门册者"。[3] 几混同于文丐、武丐。他还披露:

---

[1] 玄奘《大唐西域记》卷二《印度总述》,上海:上海人民出版社,1977年,第36页。
[2] 《竹窗随笔·三笔·僧务杂术(一)》,第152页。次条《僧务杂术(二)》专论医僧,第152—153页。案《管锥编》第四册《全上古(三代)秦汉三国六朝文》一七七《全宋文卷四八·僧医》论周朗《上书献谠言》"'假揉医术'一语尤有裨考古问俗。盖二氏争出头地,僧遂于医术中并欲夺道之席焉",举两方例甚备,第1320—1321页。又见第五册《管锥编增订·1321页》,第101—102页;《管锥编增订之二·1321页、〈增订〉101页》,第243页。
[3] 《竹窗随笔·三笔·道讥释(一)》,第190页。

"僧有畜僮仆供使令者。夫出家人有弟子可服役，奚以僮仆为？""出家为僧，乃宠爱其弟子，如富贵家儿，而另以钱买僮仆供爨、负薪、张伞、执刺，末法之弊一至是乎！"[1]

第 一

先秦时期理论上存在着以"九命"为代表的"以多为贵"的等级数列，但常见的是"三命—再命——一命"，如《左传·僖公三十三年》："襄公以三命命先且居将中军，以再命命先茅之县赏胥臣。……以一命命郤缺为卿。"[2]秦汉以来，考评意义上的"以少为贵"的"第若干"数列大量生成，如《史记》载萧何在秦朝"给泗水卒史，事第一"，后佐刘邦称帝，受封鄼侯，"及奏位次，（群臣）皆曰：'平阳侯曹参……功最多，宜第一。'"鄂千秋独倡"萧何第一，曹参次之"。[3]其完整表述是"某事为第若干"，唯"第二"以下多见省略。至汉献帝延康元年（220）陈群奏立九品官人法，正式确立第一品到第九品的等级数列。"礼有以多为贵者""有以少为贵者"，见《礼记·礼器》。[4]在此背景下，

---

[1]《竹窗随笔·三笔·僧畜僮仆》，第158页。僧人"宠爱其弟子"，通常有性含义在内。
[2]《断句十三经经文》，第58页。
[3]《史记》卷五十三《萧相国世家》，第1311、1312页。
[4] 另有"有以大为贵者""有以小为贵者""有以高为贵者""有以下为贵者""有以文为贵者""有以素为贵者"，共八说，但其中"大""高""文"均可归结为"多"，且事例远多于相反的情况。《断句十三经经文》，第47—48页。

《佛遗教经》

我们举例分析一下汉译佛经里的"第若干"短语。

支谶,即支楼迦谶,是较早来华的胡僧,"汉灵帝时,游于雒阳,以光和、中平(178—189)之间,传译梵文,出《般若道行》《般舟》《首楞严》等三经"。[1]从他的传世译作中可以找到:"逮得人身最第一。""在阿閦佛刹最尊第一。""于法中第一尊。"[2]与《遗教经》"**于诸庄严最为第一**"相埒,"**第一安隐功德住处**"亦可改作"于安隐功德住处第一"。罗什译《大智度论》卷二十七《释初品中大慈大悲》连续出现"第一""最第一""为第一""各各第一""最为第一""独第一"。[3]——以上可称"A型"。"菩萨作第一禅、第二禅、第三禅、第四禅三昧。""何等为第一法行?"[4]参安世高译《八大人觉经》"第一觉悟"到"第八觉知",[5]《长阿含十报法经》"是为第二行"到"是为第五行"。[6]安氏抵达中土及译经的时间均略早于支谶。——以上可称"B型"。

---

[1] 慧皎《高僧传》卷一《汉洛阳支楼迦谶》,北京:中华书局,1992年,第10页。
[2] 三卷本《般舟三昧经》卷中《羼罗耶佛品》,第854页下栏,《乾隆大藏经》第十三册。《道行般若经》卷九《不可尽品》,第892页下栏;卷一《道行品》,第770页上栏,《乾隆大藏经》第九册。
[3] 《大智度论》卷二十七《释初品中大慈大悲》,第357页。
[4] 《道行般若经》卷六《阿惟越致品》,第848页下栏;三卷本《般舟三昧经》卷上《问事品》,第826页下栏。
[5] 《佛教十三经》,第153—154页。
[6] 《长阿含十报法经》卷上,《乾隆大藏经》第三十册,第1133页上栏至下栏。此经序列相当复杂,既"从一增至十法",各法再分"第若干",个别还有第三级的"若干"序列。

"A型"是汉代"以少为贵"数列的常见型,却未见从"第一"到"第若干"的展开型。以大乘佛经铺陈、炫示的取向而言,必然"以多为贵"("以大为贵",更不在话下,否则怎么会自居"大乘",贬对手为"小乘"),但既未形成固定的等级,则难以数列化,反倒是"以少为贵"的"第一"级便于囫囵表达最高级。

"B型"已形成了成熟的展开型,不过并非"以少为贵"。这能从康僧会译《六度集经》获得很好的参证,如卷七《禅度无极章第五·七十四·得禅法》有"一禅"、"二禅"、"三禅"、"四禅"及"第二之禅"、"第二禅"、"第三之禅"的提法;《七十五·比丘得禅》:"以一禅至二禅,以二禅至三禅,以三禅至四禅。四禅胜三禅,三禅胜二禅,二胜一。"又称"第一之禅""第二之禅""第四之禅"。[1]可知无论四禅或十(法)行,同此以次递进之义。[2]值得留意的是:首先,"第若干"后加名词,形式上近于九品官人法的"第若干品";其次,已出现省去"第"的用法。反映修行次第的"B型"展开型对道教(以显性方式)和理学(以隐性方式)产生了深刻影响。

佛教术语中最接近"A型"展开型的也许是"第一义

---

[1] 《六度集经》,康僧会译,成都:巴蜀书社,2001年,第268—269、273页,参《七十六·菩萨得禅》,第277页。
[2] 题"曹魏康僧铠译"的《佛说无量寿经》情况略同,而像愿往生无量寿国的第一至第十三佛土众菩萨,则完全是并列关系,《佛教十三经》,第246—247页。

《佛遗教经》

谛""第二义谛",构词法无异"B型",前者可自《大般涅槃经》觅得出处,[1]后者好像只是衍生而来。第一义为真谛,则第二义为妄谛,第二义为世谛,则第一义为出世谛,如此等等。分别二谛在佛门本是"出语尽双""即离两边"之法,[2]但在世俗表达中逐渐向"第一义"优于"第二义"偏转和固定,应是因"以少为贵"的习惯用法而生成的最短数列。禅宗语录本此发展出"第一机、第二机""第一句、第二句""第一月、第二月"等系列短语。[3]

法 数

胡应麟笔下"巨细久近,穷极眇茫,而其名义亦多与

---

[1] 如卷四十《憍陈如品第十三之三》:"一切诸法皆是虚假,随其灭处,是名为实,是名实相,是名法界,名毕竟智,名第一义谛,名第一义空。"第691页下栏至第692页上栏。

[2] 《六祖坛经笺注·付嘱品》,台北:新文丰出版公司,1993年,第272、274页。案郭朋《坛经校释·序言》指斥丁氏"所笺注者,本是宗宝本《坛经》,而丁氏却署款为'唐释门人法海录'。冒宗宝本为法海本,实在是一种很不严肃的做法",第16页,故本书以《六祖坛经笺注》为宗宝本做注。

[3] 参《圆悟佛果禅师语录》卷三:"若也从苗辨地,因语识人,犹落第二机在。若论第一机上,实无如是事。"《大正新修大藏经》第四十七卷,台北:佛陀教育基金会,1990年,第723页下栏。《景德传灯录》卷一九《太原孚上坐》:"(雪峰问师)曰:'作么生是第一句?'师举目视之。雪峰曰:'此犹是第二句,如何是第一句?'师叉手而退。"郑州:中州古籍出版社,2019年,第537页。《抚州曹山元证禅师语录》:"僧云:'如何是第二月?'师曰:'也要老兄定当。'僧云:'作么生是第一月?'师曰:'险。'"《大正新修大藏经》第四十七卷,第529页上栏。案"第二月"本见佛经,以譬幻觉。另有"第二头、第三首"的用法,省去"第一",如《圆悟佛果禅师语录》卷十:"祖师阶梯是第二头,超佛越祖是第三首。"第757页上栏。

中夏迥别"的"浮屠数法"[1]，想必指的就是"佛经法数"。丁福保跋明僧一如所编《三藏法数》，梳理了"以数为纲，以所统之目系于下"的特殊"类书"的源流，[2]惜文字骈驳，今稍加以理，斟酌损益，修订之如下：

> 其法似为释氏所独创，而不知儒书实先开其例，即宋王应麟所撰之《小学绀珠》十卷——又脱胎于伪托陶渊明之《集圣贤群辅录》。其后元明之际有张九韶之《群书拾唾》，万历间，徐鉴录《十三经》中之成语，摘取其数，以类相比，自一数至万数，略引上下文及注疏，附注于下，成《诸经纪数》十四卷。清宫梦仁《读书纪数略》五十四卷亦以数目分隶故实。释氏所纂，则前有元西庵《藏乘法数》、明行深《诸乘法数》、圆瀞《教乘法数》，后有寂照《大藏法数》。

丁氏将佛教与非佛教文献之"数"并论不尽恰当。中土文献虽然也能列出两仪、三才、五帝、六艺、八卦、九州等繁多名目，但纷纭淆杂，大多是知识性的，即便如九思、四端、人六等、性三品之类，也往往浮泛支离。而佛经法数宛

---

[1]《少室山房笔丛》卷四十七《双树幻钞中》，上海：上海书店出版社，2001年，第487页。
[2]《三藏法数》，彰化：三慧学处，2000年，第564页。此数语实即本之《四库全书总目》卷一百三十五《子部·类书类一·小学绀珠》，第1151页下栏。

《佛遗教经》

如万千经纬，纵横交错，从义理到神话，从信仰到仪轨，编织出佛教的庄严世界。不过，这要到大乘佛教才登峰造极，《遗教经》里的四供养、五根、五欲、四（圣）谛，佛陀临终垂诫，仅仅示意而已。

章太炎敏锐地意识到了中外文化差异体现在"数"上："性情之极，意识之微，虽空虚若不可以卷握，其鰓理纷纭，人鬈鱼网，犹将不足方物。是故古之为道术者，'以法为分，以名为表，以参为验，以稽为决，其数一、二、三、四是也'。《庄子·天下篇》语。《周官》《周书》既然，管夷吾、韩非犹因其度而章明之。其后废绝，言无分域，则中夏之科学衰矣。况于言性命者，抱蜀一趣，务为截削省要，卒不得省，而几曼衍，则数又亡以施。故校以浮屠诸论、泰西惟心合理之学说，各为条牒、参伍以变者，蛰之与昭，跛之与完也。""悲夫！一、二、三、四之数绝，而中夏之科学衰。故持一说者，傀卓于当年，其弟子无由缘循干条以胜其师，即稍久而浸朽败。"[1]言辞是一贯的艰涩，但见解也是一贯的深刻，其意谓由于"数"学不发达，在科学、宗教、哲学各方面，如果说印度和欧洲是昭明的、

---

[1]《訄书（重订本）·王学第十》，《章太炎全集（三）》，第148、150页。章氏措语，每喜以生代熟、以难代简，而这里的"傀卓"无非就是"瑰异"之意；"抱蜀"出《管子·形势、形势解》"抱蜀不言"，徐复《訄书详注》以"抱蜀"为"抱一"，上海：上海古籍出版社，2017年，第112页。有关"抱蜀不言"的讨论，参张渊《〈管子·形势〉"抱蜀不言"之"蜀"再议》，《广播电视大学学报（哲学社会科学版）》2016年第2期，第47—50页。

健全的,中国则是蛰伏的、蹩脚的。

六 贼

早期佛教只论"五根",即眼根、耳根、鼻根、舌根、身根,外加意根,是为"六根"。"根"取"能生"之义,六根与六境(尘)相对而能生六识,华人俗说仅道"耳根(子)""舌根(子)",纯属望文生义,因唯"耳""舌"似有"根(子)"。

在《遗教经》中,针对"**五根**","五贼"已呼之欲出。《大般涅槃经》则喜以"五旃陀罗"为喻,如:"五旃陀罗即是五阴。云何菩萨观于五阴如旃陀罗?旃陀罗者,常能令别人恩爱别离、怨憎集会。五阴亦尔,令人贪近不善之法,远离一切纯善之法。复次,善男子,如旃陀罗种种器仗以自庄严,若刀、若盾、若弓、若箭、若铠、若稍,能害于人。五阴亦尔,以诸烦恼牢自庄严,害诸痴人,令堕诸有。善男子,如旃陀罗有过之人得便害之。五阴亦尔,有诸结过,常能害人。"[1]《五灯会元》载:"苏州承天永安道原禅师,僧问:'如何是佛?'师曰:'咄!这旃陁罗。'曰:'学人初机,乞师方便。'师曰:'汝问甚么?'曰:'问佛。'师曰:'咄!这旃陁罗。'"[2]斥佛为旃陁罗,即旃陀罗,正话反说。

---

[1]《大般涅槃经》卷二十三《光明遍照高贵德王菩萨品第十之三》,第389页上栏。
[2]《五灯会元》卷十《永安道原禅师》,第620—621页。

"六贼"更是佛教常用语,如《杂阿含经》卷四十三:"士夫,内有六贼,随逐伺汝,得便当杀。……六内贼者,譬六爱喜。"[1]《涅槃经》卷二十三:"六大贼者,即外六尘。菩萨摩诃萨观此六尘如六大贼,何以故?能劫一切诸善法故。"[2]禅师语"家贼难防"本此。俗话有"六贼戏弥陀","弥陀"指阿弥陀佛。而罗汉(阿罗汉之省称)即可意译为"杀贼"。在《西游记》第十四回《心猿归正 六贼无踪》里,"六个毛贼"唤作眼看喜、耳听怒、鼻嗅爱、舌尝思、意见欲、身本忧,这是试图把七情六欲相匹配——但不怎么成功,并加以形下化。"那贼闻言,喜的喜,怒的怒,爱的爱,思的思,欲的欲,忧的忧",被行者"一个个尽皆打死"。[3]刘献廷记"符五曰:……五六年前,梦中甚觉心痒,取刀剖之,中有六鼠,坠地散走,遂缝合如故。此即彼法中所谓六识、六贼也",[4]又是一种形下化。

譬 喻

"诸有智者,要以譬喻而得开悟。"[5]"众生听受","有好譬喻者,譬喻可以解义,因譬喻心则乐著"。[6]佛教擅长

---

[1]《乾隆大藏经》第三十册,第219页上栏至下栏。
[2]《涅槃经》卷二十三《光明遍照高贵德王菩萨品第十之三》,第392页下栏。
[3]《西游记》第十四回《心猿归正 六贼无踪》,第166—167页。
[4]《广阳杂记》卷四,第180页。
[5]《楞严经》卷一,《佛教十三经》,第394页。
[6]《大智度论》卷四十四《释句义品第十二》,第578页。

譬喻，以致佛学辞典特地要在一些名词后标明"譬喻"。《法华经·方便品》佛称："我以无数方便，种种因缘，譬喻言辞，演说诸法"。[1]《涅槃经·师子吼菩萨品》佛则开出"顺喻、逆喻、现喻、非喻、先喻、后喻、先后喻、偏喻"八种名目。[2]

《佛遗教经》明喻意义上的"如"凡26见，还没算上其他类型的譬喻。像"制心"一节，连称"**譬如牧牛之人，执杖视之，不令纵逸，犯人苗稼**"，"**亦如恶马，不以辔制，将当牵人坠于坑坎**"，"**是故智者制而不随，持之如贼，不令纵逸**"，"**心之可畏，甚于毒蛇、恶兽、怨贼，大火越逸，未足喻也。譬如有人，手执蜜器，动转轻躁，但观于蜜，不见深坑。譬如狂象无钩，猿猴得树，腾跃踔踯，难可禁制**"。络绎缤纷，总体上呈现出博喻的修辞效果。

在佛经汉译过程中，针对譬喻，产生了汉语语汇所无的特殊造词法——明喻造词：抽象名词（本体）＋具象名词（喻体）。根据细微差别，可将《遗教经》的明喻造词列表如下：

功德贼	持戒之钩	无常之火 智慧之照	五根贼—五欲贼 烦恼贼—烦恼毒蛇—烦恼树 智慧水—智慧明 老病死海—苦海—老病生死大海 无明黑暗—痴暗

---

[1]《佛教十三经》，第808页。
[2]《涅槃经》卷二十九《师子吼菩萨品第十一之三》，第495页上栏。

乍一看，汉语也有"乐土""福地"之类的词，但前后两字只是普通的偏正关系，而非本体和喻体关系。经过高度压缩的明喻造词，既可简化句式、扩充容量，本身亦具独特的魅力。它们被吸收进汉语文献，丰富了汉语表达。例如《礼记·礼运》的大型比喻句："故人情者，圣王之田也，修礼以耕之，陈义以种之，讲学以耨之，本仁以聚之，播乐以安之。"〔1〕后世"情田"一词借此字面，实则由佛经明喻造词法而来，略近于"心地"。"心地"之义，《大乘本生心地观经》曰："三界之中，以心为主，能观心者，究竟解脱，不能观者，永处缠缚。譬如万物皆从地生，如是心法，生世出世，善恶五趣，有学无学，独觉、菩萨及于如来，以此因缘，三界唯心，心名为地。"〔2〕此一说。一行《大毗卢遮那成佛经疏》曰："如世人举趾动足皆依于地，菩萨亦如是依

---

〔1〕《断句十三经经文》，第46页。罗大经有《方寸地说》，"方寸地"者，方寸之地，"指心而言也"，并非明喻造词，而通篇以"治地"为喻，无异于《礼运》数语的推衍，见《鹤林玉露》丙编卷六《方寸地》，第335—336页。

〔2〕《大乘本生心地观经》卷八《观心品》，《乾隆大藏经》第三十五册，第985页下栏。参《陀罗尼杂集》卷三救脱菩萨四弘誓之一："愿使我心犹如大地，一切草木丛林萌芽因之增长，地无憎爱。"《乾隆大藏经》第六十七册，第1219页下栏。别有"性海"，可与"心地"相对。《五灯会元》卷一《十二祖马鸣尊者》有马鸣、迦毗摩罗的一番对话："祖曰：'尽汝神力，变化若何？'曰：'我化巨海，极为小事。'祖曰：'汝化性海得否？'曰：'何谓性海？我未尝知。'祖即为说性海曰：'山河大地，皆依建立，三昧六道，由兹发现。'迦毗摩罗闻言，遂发信心。"将"性海"一词的明喻构成做了精彩呈现，第21页。

心起行，故名此心为地。"[1]此又一说。另有"心田"一语，则似华人依仿所造，始见梁皇太子纲（简文帝）《上大法颂表》："泽雨无偏，心田受润。"[2]佛经天花乱坠般的比喻一定程度上加强了华人思辨能力，明喻造词发挥了积极的作用。不过，这些词除非含义十分明确，否则华人往往出于思维惰性，使用时会偏离原意。如上文提到的"耳根""舌根"，再如"心眼"——《观无量寿经》："尔时大王虽在幽闭，心眼无障，遥见世尊。"[3]本意谓心之洞察如眼之明见，后指"心思""心计"，"眼"转义为"孔"了。就连钱锺书引《维摩诘所说经·佛道品》"先以欲钩牵，后令入佛智"，谓"亦有现男子相以'钩牵'"者，似未意识到"欲钩"为明喻造词。[4]

回到《遗教经》，正是从明喻造词的角度看，"**实智慧者，则是度老病死海坚牢船也，亦是无明黑暗大明灯也，一切病者之良药也，伐烦恼树之利斧也**"，这个排比句中"一切病者之良药也"显得有点不协调。

三 学

《遗教经》未倡"布施"。大乘修行道以布施、持戒、忍辱、精进、禅定、智慧为"六波罗蜜（度）"，具足三学"戒、

---

[1]《大毗卢遮那成佛经疏》卷三《入漫荼罗具缘真言品》，《大正新修大藏经》第三十九卷，第609页下栏。
[2]道宣《广宏明集》卷二十，上海：上海古籍出版社，1994年，第247页下栏。
[3]《佛教十三经》，第260页。
[4]《管锥编》第二册《太平广记》四六《卷一〇一·马郎妇》，第686页。

定、慧"，布施又分财布施、法布施和无畏布施。盖佛陀纯为僧徒说法，僧徒尚赖"四供养"为生，岂能以财布施他人？所谓布施，乃劝在家人造福而积德，《六度集经》铺陈之为："慈育人物，悲愍群邪，喜贤成度，护济众生。跨天逾地，润弘河海，布施众生。饥者食之，渴者饮之，寒衣热凉，疾济以药。车马舟舆，众宝名珍，妻子国土，索即惠之。"[1]这一方面偷换了修行的主体，另一方面，扩大了信众。

关于三学的关系，《楞严经》有云："摄心为戒，因戒生定，因定发慧，是则名为三无漏学。"[2]尚无轩轾。而袾宏以"慧"为第一义："《增一阿含经》：佛言，戒律成就，是世俗常数，三昧成就，亦世俗常数，神足飞行成就，亦世俗常数，唯智慧成就为第一义。则知戒定等三学、布施等六波罗蜜，唯智慧最重，不可轻也，唯智慧最先，不可后也，唯智慧贯彻一切法门，不可等也。经云：因戒生定，因定发慧。盖语其生发之次第则然，而要当知所重、知所先、知所贯彻始得。"[3]尤侗以"戒"为第一义："戒生定，定生慧，定、慧相生，而总以戒为本。参禅之家如捉虚空，不若律门

---

[1]《六度集经》卷一《布施度无极章第一》，第1页。《续指月录》卷一《临安径山了明禅师》载禅师勒施杨和王（存中）庄田，"以为径山供佛斋僧之利"，甚至死后显灵，"和王宴居寤寐之际，或少倦交睫，即见师在前，语曰：'六度之大，施度为先，善始善终，斯为究竟。'王即以庄隶本山。此庄岁出十万，犁牛舟车，解库应用，百事俱足"，第26页。
[2]《楞严经》卷六，《佛教十三经》，第503—504页。
[3]《竹窗随笔·智慧》，第46页。

为修行第一义。古来宿德未有不从戒入者。"[1]更近佛陀本旨。小乘、大乘异趣，由此可见。但他们都未强调的"定"却成了宋明理学的新支点。

视死如杀贼

"是日已过，命亦随减，如少水鱼，斯有何乐！"《法句经·无常品》（又名《普贤警众偈》）的这几句话确实说得人心灰意冷。但它与《遗教经》的精神何啻背道而驰，仿佛命如不减，即为可乐，完全是道教的念想。

相比之下，孔子云："朝闻道，夕死可矣。"又云："未知生，焉知死？"[2]戛然而止。《周易·系辞上》的"原始反终，故知死生之说，精气为物，游魂为变，是故知鬼神之情状"，[3]未必出自孔子。《礼记·檀弓上》称孔子临殁作歌，自譬"泰山其颓""梁木其坏""哲人其萎"，[4]引起后儒争议。我赞同吴澄所言："盖是周末七十子以后之人撰造为之"，"将以尊圣人，而不知适以卑之也。"[5]

《庄子》一则曰"大块载我以形，劳我以生，佚我以老，

---

[1] 《艮斋杂说》卷六，第125—126页。参方以智《浮山文集》之《浮山此藏轩别集》卷一《书遗教经后》："一心六度，以戒为基。世尊最后珍重，长剑倚天。……此一最后，万古之最后矣！"第419页，语嫌夸。
[2] 《论语译注·里仁》，第37页；《先进》，第113页。
[3] 《断句十三经经文》，第22页。
[4] 《断句十三经经文》，第11页。
[5] 吴澄《礼记纂言》卷十四中《檀弓》，《四库全书》第一百二十一册，上海：上海古籍出版社，1987年，第383页下栏。

息我以死。故善吾生者，乃所以善吾死也"，拟造物为地；一则曰"其生若浮，其死若休。……形劳而不休则弊"，[1]拟造物为水。"息""休"的提法令人联想到《荀子》所引子贡语："大哉死乎！君子息焉，小人休焉。"[2]《尔雅·释诂第一》："休，息也。"[3]视死亡如休息，乃庄子"齐生死"之本旨。不过，它的一个变种是循环论，以"死生为昼夜"，"相与为春、秋、冬、夏四时行也"。[4]《列子》便与佛教的轮回说衔接起来："死之与生，一往一反。故死于是者，安知不生于彼？"[5]此外，髑髅与庄子对话时，"息我以死"变成了"乐我以死"：

> 夜半，髑髅见梦曰："子之谈者似辩士，视子所言，皆生人之累也，死则无此矣。子欲闻死之说乎？"庄子曰："然。"髑髅曰："死，无君于上，无臣于下，亦无四时之事，从然以天地为春秋，虽南面王乐，不能过也。"庄子不信，曰："吾使司命复生子形，为子骨肉肌肤，反子父母、妻子、闾里、知识，子欲之乎？"髑髅深矉蹙頞曰："吾安能弃南面王乐而复为人

---

[1]《庄子集释》卷三《内篇·大宗师》，第6页b；卷六《外篇·刻意》，第2页b—第3页a。
[2]《荀子》卷十九《大略》，第161页上栏至下栏。
[3] 徐朝华《尔雅今注》，天津：南开大学出版社，1994年，第61页。
[4]《庄子集释》卷六《外篇·至乐》，第23页。
[5]《列子集释》卷一《天瑞》，第25页。

间之劳乎！"[1]

"人间之劳"即"劳我以生"。这可理解为是"加一倍法"，表达对"生"的极度厌弃，但"南面王"的比喻仍流露出世俗的享乐主义追求。

在两千多字的《遗教经》里，"贼"字出现了十次，佛陀用以指称最所嫉恶之事。"**我今得灭，如除恶病。此是应舍之身，罪恶之物，假名为身，没在老病生死大海，何有智者得除灭之、如杀怨贼而不欢喜！**""杀"之一字，竟出佛陀口，"杀"而"欢喜"的是什么呢？盖以身为贼，以灭度当杀贼，以能杀贼为"智者"。对于肉体，佛陀虽放弃苦修，接受供养，但始终视为彻底解脱的羁绊。"恶病"之拟，义等"罪恶"，并非后世佛教的白骨观与不净观。

南宋禅僧说："世尊四十九年，作尽伎俩，及至临行之际，求生不得，求死不得。"[2]盖特指《大般涅槃经后分》的种种神迹渲染而言，亦略见《五灯会元》卷一《释迦摩尼佛》。厚诬佛陀至此，又何必自居为其徒子徒孙？

律宗为苗裔

印度佛教多学派，中国佛教多宗派，一部分中国宗派即由印度学派发展而来，正是印度佛教中国化的反映。萧登

---

[1]《庄子集释》卷六《外篇·至乐》，第23页b—第24页a。
[2]《五灯会元》卷四《临安径山痴绝道冲禅师》，第99页。

福先生直言不讳:"中土的佛教,在教义及科仪上,不仅与小乘佛教差别甚远,甚且已与印度大乘佛教差别甚远;以原始佛教来看待中土佛教,则将直斥为外道说。"[1]《佛遗教经》,"古来多载在小乘律中,或编入小乘经中"。[2]佛陀临终"**为诸弟子略说法要**",首倡"**持净戒**",以"**戒为第一安隐功德住处**",当为一切教徒信守,印度有专门的律学研究,还讲得通,到中国遂变为律宗,将小乘律大乘化,自居"制教""行教",与"化教"对言,岂非暴露出中国佛教的严重异化?即便如此,"苦身持力乃佛教",[3]克遵佛陀遗嘱,为其苗裔,在华仅得律宗。

历代《高僧传》皆有《明律》类目,唐代律师道宣撰《续高僧传》,他本人又作为律宗开创者被收入普宁的《宋高僧传》,可称律宗的"高光时刻"。及禅宗一骑绝尘,律宗难免瞠乎其后了。如《五灯会元》卷三《大珠慧海禅师》载:"有律师法明谓师曰:'禅师家多落空。'师曰:'却是座主家落空。'明大惊曰:'何得落空?'师曰:'经论是纸墨文字,纸墨文字者,俱是空设,于声上建立名句等法,无非是空。座主执滞教体,岂不落空?'明曰:'禅师落空否?'师

---

[1] 萧登福《道家道教与中土佛教初期经义发展》第十章《汉魏六朝受道家道教影响之佛经》,上海:上海古籍出版社,2003年,第525页。
[2] 《周叔迦佛学论著集·〈涅槃〉三经之研究法》既而称:"《开元释教录》以真谛译论,解释多约大乘,小宗不显,编入菩萨藏。""《遗教经论》一卷 天亲菩萨造,陈真谛译。《遗教经》虽小乘,而天亲以七分解释,建立菩萨所修行法,则是开小成大。"盖强行纳入大乘经系统,第867页。
[3] 《全祖望集汇校集注·句余土音》卷上《琏公辞钵亭》,第2331页。

曰:'不落空。'明曰:'何得却不落空?'师曰:'文字等皆从智慧而生,大用现前,那〔哪〕得落空?'"及卷八《罗汉桂琛禅师》:"披削登戒,学毗尼。一日,为众升台,宣戒本布萨已,乃曰:'持戒但律身而已,非真解脱也。依文作解,岂发圣智乎?'于是访南宗。"[1]"毗尼"即律。

随着禅宗衰落,明、清之际,律宗复兴,律师们的艰苦卓绝令人刮目相看,详见月自传《一梦漫言》——见月,云南楚雄人,住持南京宝华山以终。山东别有明空和尚,论者鲜及,丁耀亢为传,称其"服力食粗,寒暑无间,意豁如也","口不言佛经禅教,以苦行练心为宗。自炊饭,供大众既饱后,刷残粒自食。夜卧片板,赤足行冰雪中者三十年。自云善裁缝,凡大众衣裤,皆手缉补,以其百结者自衣。大众各执各役,自任执爨、洗厕二事。斧薪斩斩,寸尺中度,厕土芳洁。每一到堂观其行事,使人廉立。……吾阅缁流多矣,未见有明空者。其行止近大侠,而艰苦服食,其古之真浮屠欤"![2]盖时际乱世,非戒律精严,难以在丛林安身立命。

---

[1]《五灯会元》,第155—156、446页。案《五灯会元》多载僧人由律宗、台宗而归禅宗,如卷十《千光瑰省禅师》"幼岁出家,精究律部。听天台文句,栖心于圆顿止观",诵《楞严经》有悟,第627页;卷十八《慈氏瑞仙禅师》,"习毗尼,因睹戒性如虚空,持者为迷倒,师谓:'戒者,束身之法也,何自缚乎?'遂探台教",有所疑而"弃谒诸方",第1195页;卷十九《龙门清远禅师》"依毗尼,究其说",因读《法华经》有疑,"遂卷衣南游",第1260页;卷二十《黄龙法忠禅师》"习台教,悟一心三观之旨,未能泯迹,遍参名宿",第1312页。

[2] 丁耀亢《出劫纪略·明空上人传》,中国社会科学院历史研究所明史室编《明史资料丛刊》第二辑,南京:江苏人民出版社,1982年,第149、150页。原文"三十年"在"自云"后,径为乙改。

《佛遗教经》

《阅微草堂笔记》记录了清中期沧州的"一尼一僧",以为"彼法中之独行者":尼曰慧师父,"戒律谨严",忠厚不欺,"清斋一食,取足自给,不营营募化"。僧曰三师父,"不坠宗风,无大刹知客市井气,亦无法座禅师骄贵气。戒律精苦,虽千里,亦打包徒步,从不乘车马。先兄晴湖尝遇之中途,苦邀同车,终不肯也。官吏至庙,待之礼无加;田夫、野老至庙,待之礼不减。多布施、少布施、无布施,待之礼如一。禅诵之余,惟端坐一室,入其庙,如无人者。其行事如是焉而已,然里之男妇无不曰三师父道行清高"。[1]据其所载,未遽断为律宗,但"独行"强调不同于一般佛教徒,正在于注重戒律、不求布施、不事说教。

---

[1]《阅微草堂笔记》卷二十二《滦阳续录(四)》,第527—528页。震华《续比丘尼传·清沧州憩水井尼慧坚传》本之《笔记》此节,复取卷十三《槐西杂志(三)》一尼两事(第303、312页)相糅杂,杜撰"坚"名。见《高僧传合集》,上海:上海古籍出版社,2011年,第1006页上栏至中栏。

《佛说阿弥陀经》

姚秦三藏法师鸠摩罗什译

大乘佛教

一种学说,客观上不必成立而主观上标榜为真理,想要获得最大程度的传播,吸引最多阶层及数量的信众,它会开启"宗教模式",从软件和硬件方面无所不用其极,远超任何"非宗教模式"——越"大乘化"就越是如此。

佛陀创立的宗教具鲜明的出世性格。极佛陀之道,人虽不至于自了其生,也该致力于斩断众缘。一个曾过世俗生活的人,信奉佛教后,就当遁世无闷。这与佛教教理尚能融洽。但自从形成大型教团,再经阿育王弘法,佛教有了宗派、产业和政治依托,逐渐与世法套合在一起,势必要改造教理,适应新的形势。趋新者既自诩"大乘",遂贬守旧者为"小乘"。东汉以降,中国人所接受的佛典,虽一时间纷然杂陈,总体上以大乘为主,循至"隋、唐以后,学佛者以谈小乘为耻"。[1]

大乘佛教视原始佛教，一则细密化、附加化，愈出愈奥妙，至"唯识论"而登峰造极；一则世俗化、功利化，要求少而承诺多，以净土宗为典型；一则印度教化、神秘化，如密宗，但佛教蒙"象教"之目，正由密宗兴像而来，可谓亦"密"亦"显"。同时，大乘佛教为尽可能地扩大影响力而尽可能地扩大包容性，以致纵容了某些非宗教、反宗教的观念和行为，从而埋下了自我解构的种子。

净土宗

大乘佛教东来，至隋、唐间，开枝散叶，派系林立，中国进入佛教化的全盛期。但中国人对佛教义学的接受已逼临极限，于是，与印度佛教渊源最深的慈恩（法相）宗、般若（三论）宗皆不数传而遽衰，能与本土思想结合的天台（法华）宗、贤首（华严）宗生命力差强，禅宗摆落繁琐哲学，提倡顿悟，其利则斩断葛藤，其弊则师心自用，流行一时，久亦难以为继。至于密宗、律宗和净土宗，各从注重践行立宗，密宗诡异，律宗艰苦，唯独净土宗把门槛降到最低，但诵阿弥陀佛号，即可往生净土，反而风靡宇内。

陈扬炯先生说："所谓'净土宗'，实际上不包括弥勒信仰，而是专指弥陀信仰而言。"它"不是宗教团体，没有一套组织，也没有法嗣制度。信净土者不必有师承，不需要

---

[1] 梁启超《佛学研究十八篇》第十二篇《说〈四阿含〉》，第297页。

哪个权威认可,也没承担什么义务。信净土者可以同时信任何宗派,任何宗派中人也可以同时信净土,不存在什么叛师背祖问题"。"它自居于易行道,只是学派的派性。唯其如此,它才可以被所有的宗派乐于接受而兼修,成为佛门的普遍信仰。"[1]在我看来,原始佛教本重践行,观佛、念佛,正是自家功课,好像也不足以成其为"学派"。考净土宗奠基人昙鸾(476—542),家近五台,耸动于"神迹灵怪"而为僧,"读《大集经》,恨其词义深密,难以开悟",复因病求仙,往江南从陶弘景,陶"以《仙经》十卷,用酬远意","欲往名山,依方修治,行至洛下",逢菩提留支(亦作流支、流志),"启曰:'佛法中颇有长生不死法、胜此土《仙经》者乎?'留支唾地曰:'是何言欤!非相比也。此方何处有长生法?纵得长年,少时不死,终更轮回三有耳。'即以《观(无量寿)经》授之,曰:'此大仙方,依之修行,当得解脱生死。'鸾寻顶受,所赍仙方,并火焚之"。[2]他的初心与归趣,正反映了古代中国人普遍的、典型的永生愿望,"解脱生死",无非是更有保障的"长生不死",西方极乐世界无非是升级版的三岛十洲。净土宗其实胜在它的彻底中国式世俗化。

---

[1] 陈扬炯、冯巧英评注《昙鸾集评注·昙鸾的生平及其思想》,太原:山西人民出版社,1992年,第74页。
[2]《昙鸾集评注·附录·道宣〈魏西河石壁谷玄中寺释昙鸾传〉》,第324—326页,引自《大正藏》第五十册《史传部二·续高僧传》卷六。同为唐释所撰昙鸾传,保留了菩提留支"唾地"一语,宋以后僧人则改作"笑"了,均见《昙鸾集评注·附录》。

《佛说阿弥陀经》

宗教与民粹主义

能将最底层的民众动员起来、组织起来,在古代历史中,只有宗教具备这样的"法力"。宗教固然也会发展出类似"上帝选民"的观念,但在"大乘化"后,通常可以最大程度地超越世俗秩序的藩篱,让卑微的个体感受到崇高的召唤。

王莽篡汉,一国如狂,不乏神秘主义思潮推波助澜,而仅据《汉书·王莽传》,尚不得加以"民粹化"之名。外来宗教相继深入中国,情况就复杂多了。一方面,吸收了宗教成分的教派——道教、明教、白莲教等,直至19世纪的拜上帝教——鼓吹人间天国,沾火就着,成为民变的引爆点。另一方面,佛教本身毕竟是提倡个人修行的出世宗教,大乘佛教的影响莫过于以内向关怀取代了外向关怀,大众关心自己轮回的前途远胜现实世界的发展,明廷、清廷均有意识地利用佛教削弱蒙古人的斗志,其实汉人、满人的下场何尝不同?

朱熹敏锐地发现:"佛氏乃为逋逃渊薮,今看何等人,不问大人、小儿,官员、村人,商贾,男子、妇人,皆得入其门,最无状是见妇人便与之对谈。"[1] 吴趼人说:"佛典本极深邃,绝非愚瞽之辈所可梦见,而愚瞽之辈又偏偏最崇拜

---

[1]《朱子语类》卷一百二十六《释氏》,第3277页。"逋逃渊薮"出自《尚书·武成》"为天下逋逃主,萃渊薮",《断句十三经经文》,第19页。

佛法。久而久之，牛鬼蛇神之神号、佛号填塞其脑气筋之中，虽水火刀兵在其前，豺狼虎豹在其后，亦不敢须臾离，可怜亦可哀也。"[1]尤侗说："语云：'神仙为英雄退步。'予谓佛家亦然。先德有言：'临济不出家，必作渠魁，如孙权、曹操之属。'夫权、操乃乱世奸雄，而以临济比之，以其智相若也。观其当机直下，一棒一喝，能纵能夺，能杀能活，直有攻城掠地、斩将搴旗手段，极之拜相封侯、图王定霸不难。人谓儒门淡泊，收拾不尽，吾谓王道平康，亦约束不来，故特开此门头，安放如许人物。又古云：'悉达若不出家，必作转轮圣王。'亦此意也。"[2]一边是教众，一边是教主，二说相辅相成。佛教化的中国被改造成了民粹主义的沃壤——一种潜在的、被动的、引而未发的民粹主义形态。

无量寿经节会

"节"指节选（抄），"会"指会集，佛经出现"节

---

[1]《俏皮话·观音菩萨》，广州：广东人民出版社，1981年，第35页。
[2]《艮斋续说》卷十，第190—191页。参《竹窗随笔·三笔·传灯》："《传灯录》所载诸师，如六代相承、五灯分焰诸大尊宿，皆天下古今第一流人物，所谓'始知周、孔外，别自有英豪'者是也，岂易言哉？"第172页。朱熹已见及此："某见名寺中所画诸祖师人物皆魁伟雄杰，宜其杰然有立如此。所以妙喜赞某禅师，有曰：'当初若非这个，定是做个渠魁。'观之信然。其气貌如此，则世之所谓富贵利达、声色货利如何笼络得他住！""若不为僧，必作大贼矣。"《朱子语类》卷四《性理一》，第88页；卷一百二十六《释氏》，第3249页。至于《续指月录》卷五《庆元天童西岩了慧禅师》"黄面瞿昙，乃竺干〔乾〕猛将"云云，纯是比喻，与此不同，第119页。

《佛说阿弥陀经》

会"本，肯定意味着在传播中遇到了某种困难。早期的节本跟翻译水平低、信众接受能力差有关，像吕澂先生就认为《四十二章经》总体上是从汉译《法句经》抄出的。[1]而《无量寿经》，为净土群经纲要，东来最早，译本最多，自汉迄宋，凡十二译，宋、元而后，仅存五本。此五本中，互有详略，初心学者遍读为难"，[2]"仅持一译，莫窥奥旨，是以尘封大藏，持诵者稀"。[3]这五本是：后汉支娄迦谶译《无量清净平等觉经》；吴支谦译《佛说诸佛阿弥陀三耶三佛萨楼佛檀过度人道经》，又名《无量寿经》《阿弥陀经》；曹魏康僧铠译《佛说无量寿经》；唐菩提流志译《无量寿如来会》；宋法贤译《佛说大乘无量寿庄严经》。问题可能在各本底本不尽相同，但翻译当中莫衷一是、错进错出，更免不了。于是先后有宋人王日休（龙舒）、清人彭绍升（二林）、魏源（默深）三种节会本，得失参半。近人夏继泉（莲居）以三年之功，节会得《佛说大乘无量寿庄严清净平等觉经》，遂成善本，流通于世。

虽说是善本，毕竟有改经之嫌。经是可以改的吗？五本乃至十二本各个不同，难道不是改经吗？实则一经多译，正是佛教流传的常态。它既像母体不断繁育，以扩大基因散

---

[1]《中国佛学源流略讲·附录·四十二章经抄出的年代》，北京：中华书局，1991年，第276—282页。
[2]《佛说大乘无量寿庄严清净平等觉经》，华藏净宗学会成立纪念（非卖品），1989年，黄超子《初印原序》，第1页。
[3]《佛说大乘无量寿庄严清净平等觉经》，梅光羲《重印无量寿经五种原译会集序》，第2页。

布的几率，又像子代残酷竞争，以确保最佳基因延续。在此意义上，佛经节会更像基因的人工重组与改造。

夏氏苦心撰辑的情况在黄超子《初印原序》，尤其是梅光羲《重印无量寿经五种原译会集序》中有所披露。让我们找个片段来比较一下。康译《佛说无量寿经》卷下：

> 智慧如大海，三昧如山王。慧光明净，超逾日月。清白之法，具足圆满。犹如雪山，照诸功德等一净故；犹如大地，净秽好恶无异心故；犹如净水，洗除尘劳诸垢染故；犹如火王，烧灭一切烦恼薪故；犹如大风，行诸世界无障碍故；犹如虚空，于一切有无所着故；犹如莲华，于诸世间无染污故；犹如大乘，运载群萌出生死故；犹如重云，震大法雷觉未觉故；犹如大雨，雨甘露法润众生故；如金刚山，众魔外道不能动故；如梵天王，于诸善法最上首故；如尼拘类树，普覆一切故；如优昙钵华，希有难遇故；如金翅鸟，威伏外道故；如众游禽，无所藏积故；犹如牛王，无能胜故；犹如象王，善调伏故；如师子王，无所畏故；旷若虚空，大慈等故，摧灭嫉心，不忌胜故。[1]

《佛说大乘无量寿庄严清净平等觉经·真实功德第三十一》：

---

[1]《佛教十三经》，第226—227页。

> 其智宏深，譬如巨海；菩提高广，喻若须弥；自身威光，超于日月；其心洁白，犹如雪山；忍辱如地，一切平等；清净如水，洗诸尘垢；炽盛如火，烧烦恼薪；不着如风，无诸障碍。法音雷震，觉未觉故；雨甘露法，润众生故；旷若虚空，大慈等故；如净莲华，离染污故；如尼拘树，覆荫大故；如金刚杵，破邪执故；如铁围山，众魔外道不能动故。[1]

压缩、删并，更形简畅，笔调甚肖《孙子·军争篇》："其疾如风，其徐如林，侵掠如火，不动如山，难知如阴，动如雷霆。"[2]

《观无量寿经》

《观经》——即《佛说观无量寿经》的最简称——比《无量寿经》多了一个"观"字，含义立刻有了转变。此经枢纽在下面一节：

> 佛告阿难及韦提希："谛听！谛听！善思念之：如来今者为未来世一切众生，为烦恼贼之所害者，说清净业。善哉韦提希！快问此事。阿难，汝当受持，广为多众宣说佛语。如来今者教韦提希及未来世一切众

---

[1]《佛说大乘无量寿庄严清净平等觉经》，第59页。
[2] 曹操等注《孙子十家注》卷七，上海：上海书店，1992年，第113—114页。

生，观于西方极乐世界，以佛力故，当得见彼清净国土。如执明镜，自见面像。见彼国土极妙乐事，心欢喜故，应时即得无生法忍。"佛告韦提希："汝是凡夫，心想羸劣，未得天眼，不能远观，诸佛如来有异方便，令汝得见。"时韦提希白佛言："世尊，如我今者，以佛力故，见彼国土，若佛灭后，诸众生等浊恶不善，五苦所逼，云何当见阿弥陀佛极乐世界？"佛告韦提希："汝及众生应当专心系念一处，想于西方。云何作想？凡作想者，一切众生，自非生盲，有目之徒，皆见日没，当起想念。正坐西向，谛观于日欲没之处，令心坚住，专想不移。"[1]

由此"日想"即"初观"、第一观，层层推进，直至"杂想"、第十三观；第十四、十五、十六三观侧重分梳上、中、下三品往生，别成段落。以此是经又名《十六观经》。

良由"西方净土"须死后往生，毕竟生者不易起信，此则借助想象，既令彼岸"植入"我识，又令我识"嵌入"彼岸。昙鸾即因菩提留支授《观经》而倡净土信仰。观想仍嫌不足，更发展成"西方三圣"造像——阿弥陀佛居中，左观世音菩萨，右大势至菩萨，略合《观经》所述，及表现极乐世界的佛画。乃袾宏论观图却病，佛画不如《辋川图》，辩称："辋川迹在寰中，易为描写，极乐境超世外，难以形容，

---

[1]《佛教十三经》，第261—262页。

《佛说阿弥陀经》

则不若绘辋川者之备极工巧、耸人心目故也。彼鸡头摩之所传、《十六观经》之所说,亦略示其概而已。夫极乐世界,忉利、兜率、化乐诸天所不能及其少分,使人得而详睹,何止四百四病之俱忘,将八万四千烦恼诸病皆消灭无余矣!"[1]空洞无聊,适见《观无量寿经》的效用已衰减若无了。

---

[1]《竹窗随笔·武夷图》,第38—39页。袾宏曾拒绝众人往游雁荡之请,而慰之曰:"雁荡之胜,在震旦中,尚有过之者,即震旦最胜处不及天宫,天宫辗转最胜处不及西方极乐世界。公等不慕极乐,而沾沾雁荡是慕,何也?"不说也罢,《竹窗随笔·二笔·雁荡山》,第73页,亦参《三笔·游名山不愿西方》,第148—149页。

设计完美世界

如是我闻,一时佛在舍卫国祇树给孤独园,与大比丘僧千二百五十人俱,皆是大阿罗汉,众所知识:长老舍利弗、摩诃目犍连、摩诃迦叶、摩诃迦旃延、摩诃拘絺罗、离婆多、周利槃陀伽、难陀、阿难陀、罗睺罗、憍梵波提、宾头卢颇罗堕、迦留陀夷、摩诃劫宾那、薄拘罗、阿㝹楼驮,如是等诸大弟子。并诸菩萨摩诃萨:文殊师利法王子、阿逸多菩萨、乾陀诃提菩萨、常精进菩萨,与如是等诸大菩萨,及释提桓因等无量诸天大众俱。

尔时佛告长老舍利弗:

"从是西方过十万亿佛土,有世界名曰极乐,其土有佛,号阿弥陀,今现在说法。舍利弗,彼土何故名为极乐?其国众生无有众苦,但受诸乐,故名极乐。又舍利弗,极乐国土,七重栏楯,七重罗网,七重行树,皆是四宝周匝围绕,是故彼国名为极乐。又舍利弗,极乐国土有七宝池,八功德水充满其中,池底纯以金沙布地。四边阶道,金银、琉璃、玻璃合成。上有楼阁,亦以金银、琉璃、玻璃、砗磲、赤珠、玛瑙而严饰之。池中莲花大如车轮,青色青光,黄色黄光,赤色赤光,白色白光,微妙香洁。舍利弗,极乐国土

《佛说阿弥陀经》

成就如是功德庄严。又舍利弗,彼佛国土常作天乐。黄金为地,昼夜六时,天雨曼陀罗华。其土众生常以清旦,各以衣裓盛众妙华,供养他方十万亿佛,即以食时,还到本国,饭食经行。舍利弗,极乐国土成就如是功德庄严。复次舍利弗,彼国常有种种奇妙杂色之鸟:白鹤、孔雀、鹦鹉、舍利、迦陵频伽、共命之鸟。是诸众鸟,昼夜六时,出和雅音,其音演畅五根、五力、七菩提分、八圣道分,如是等法。其土众生闻是音已,皆悉念佛、念法、念僧。舍利弗,汝勿谓此鸟实是罪报所生,所以者何?彼佛国土无三恶道。舍利弗,其佛国土尚无三恶道之名,何况有实?是诸众鸟,皆是阿弥陀佛欲令法音宣流,变化所作。舍利弗,彼佛国土,微风吹动诸宝行树,及宝罗网,出微妙音,譬如百千种乐同时俱作。闻是音者,自然皆生念佛、念法、念僧之心。舍利弗,其佛国土成就如是功德庄严。

"舍利弗,于汝意云何?彼佛何故号阿弥陀?舍利弗,彼佛光明无量,照十方国,无所障碍,是故号为阿弥陀。又舍利弗,彼佛寿命,及其人民,无量无边阿僧祇劫,故名阿弥陀。舍利弗,阿弥陀成佛已来,于今十劫。又舍利弗,彼佛有无量无边声闻弟子，皆阿罗汉，非是算数之所能知。诸菩萨众亦复如是。舍利弗，彼佛国土成就如是功德庄严。又舍利弗，极乐国土，众生生者皆是阿鞞跋致，其中多有一生补处，其数甚多，非是算数所能知之，但可以无量无边阿僧祇说。舍利弗，众生闻者，应当发愿，愿生彼国，所以者何？得与如是诸上善人俱会一处。舍利弗，不可以少善根福德因缘得生彼国。舍利弗，若有善男子、善女人，闻说阿弥陀佛，执持名号，若一日，若二日，若三日，若四日，若五日，若六日，若七日，一心不乱，其人临命终时，阿弥陀佛与诸圣众现在其前。是人终时，心不颠倒，即得往生阿弥陀佛极乐国土。舍利弗，我见是利，故说此言。若有众生闻是说者，应当发愿，生彼国土。

"舍利弗，如我今者赞叹阿弥陀佛不可思议功德之利，东方亦有阿閦鞞佛、须弥相佛、大须弥佛、须弥光佛、妙音佛，如是等恒河沙数诸佛，各于其国，出广长舌相，遍覆三千大千世界，说诚实言：'汝等众生，当信是称赞不可思议功德一切诸佛所护念经。'舍利弗，南方世界有日月灯佛、名闻光佛、大焰肩佛、须弥灯佛、无量精进佛，如是等恒河沙数诸佛，各于其国，出广长舌相，遍覆三千大千世界，说诚实言：'汝等众生，当信是称赞不可思议功德一切诸佛所护念经。'舍利弗，西方世界有无量寿佛、无量相佛、无量幢佛、大光佛、大明佛、宝相佛、净光佛，如是等恒河沙数诸佛，各于其国，出广长舌相，遍覆三千大千世界，说诚实言：'汝等众生，当信是称赞不可思议功德一切诸佛所护念经。'舍利弗，北方世界有焰肩佛、最胜音佛、难沮佛、日生佛、网明佛，如是等恒河沙数诸佛，各于其国，出广长舌相，遍覆三千大千世界，说诚实言：'汝等众生，当信是称赞不可思议功德一切诸佛所护念经。'舍利弗，下方世界有师子佛、名闻佛、名光佛、达磨佛、法幢佛、持法佛，如是等恒河沙数诸佛，各于其国，出广长舌相，遍覆三千大千世界，说诚实言：'汝等众生，当信是称赞不可思议功德一切诸佛所护念经。'舍利弗，上方世界有梵音佛、宿王佛、香上佛、香光佛、大焰肩佛、杂色宝华严身佛、娑罗树王佛、宝华德佛、见一切义佛、如须弥山佛，如是等恒河沙数诸佛，各于其国，出广长舌相，遍覆三千大千世界，说诚实言：'汝等众生，当信是称赞不可思议功德一切诸佛所护念经。'

"舍利弗，于汝意云何？何故名为一切诸佛所护念经？舍利弗，若有善男子、善女人，闻是经受持者，及闻诸佛名者，是诸善男子、善女人，皆为一切诸佛之所护念，皆得不退转于阿耨多罗三藐三菩提。是故舍利弗，汝等皆当信受我语，及诸佛所说。舍利弗，若有人已发愿、今发愿、当发愿，欲生阿弥陀佛国者，是诸人等，皆得不退转于阿耨多罗三藐三菩提，于彼国土，若已生、若今生、若当生。是故舍利弗，诸善男子、善女人，若有信者，应当发愿，生彼国土。舍利弗，如我今者称赞诸佛不可思议功德，彼诸佛等亦称赞我不可思议功德，而作是言：'释迦牟尼佛能为甚难希有之事，能于娑婆国土，五浊恶世，劫浊、见浊、烦恼浊、众生浊、命浊中，得阿耨多罗三藐三菩提，为诸众生说是一切世间难信之法。'舍利弗，当知我于五浊恶世，行此难事，得阿耨多罗三藐三菩提，为一切世间说此难信之法，是为甚难。"

佛说此经已，舍利弗及诸比丘，一切世间天、人、阿修罗等，闻佛所说，欢喜信受，作礼而去。

——据智旭《佛说阿弥陀经要解》本

四　众

智顗《妙法莲华经文句》卷二下称:"四众者,旧云出家、在家各二,合为四众,此名局意不周,今约一众,更开为四,谓发起众、当机众、影向众、结缘众。"[1]对比《遗教经》就能看出,这是佛教大乘化后形成的程式化叙述,但不同的经文可斟酌损益。智旭《佛说阿弥陀经要解》称:"引大众同闻三:初,声闻众;二,菩萨众;三,天人众。声闻众居首者,出世相故,常随从故,佛法赖僧传故。菩萨居中者,相不定故,不常随故,表中道义故。天人列后者,世间相故,凡圣品杂故,外护职故。"[2]正受则于《楞伽经·一切佛语心品第一》"大比丘僧及大菩萨众"下注:"就接俗情,故声闻在前,菩萨在后。"[3]

智旭继称:"千二百五十人者,三迦叶师资共千人,身子、目连师资二百人,耶舍子等五十人。"[4]盖本《过去现在因果经》卷四,三迦叶指优楼频螺迦叶、那提迦叶、伽耶迦叶兄弟三人,各有五百、二百五十、二百五十弟子;身子即舍利弗,弟子一百人;目连即大目犍连,弟子一百人;耶舍子,应作长者子耶舍,有朋类五十人。难陀、阿瓮楼驮已前见。释提桓因即忉利天王天帝释或帝释天。场面可参敦煌雕

---

[1]《妙法莲华经文句》,第527页下栏,《乾隆大藏经》第六十九册。
[2] 智旭《佛说阿弥陀经要解》,香港佛教法喜精舍,1998年,第10页。
[3] 释正受《楞伽经集注》,上海:上海古籍出版社,2011年,第5页下栏。
[4]《佛说阿弥陀经要解》,第11页。

版印刷品《金刚波罗蜜经》附图，造型尚饶西域古风，今汉译佛经流通本前所附之图多经华化，清代《释迦如来应化事迹》最劣。

到了中国唯一名"经"的《坛经》，势必排场有变，敦煌本作："其时座下僧尼道俗一万余人，韶州刺史韦璩及诸官寮三十余人，儒士三十余人。"[1] 仅有三众：一僧尼道俗、二官、三士。宗宝本改作："刺史、官僚三十余人，儒宗学士三十余人，僧尼道俗一千余人。"稍近佛经模板，"一万余"缩小为"一千余"，可能觉得幌子太大，毕竟六祖不是佛祖，中国佛教来不了印度佛教无底线的夸诞，像《大智度论》"佛在大众中，初说法时，九十九亿人得阿罗汉道"[2]之类。

再进一步，儒家讲学，也复制了佛教程式。俞樾总结："佛氏书称佛说经之处有四，其会十有六：鹫峰山七会，给孤独园七会，他化天宫一会，竹林园一会。余视明人聚徒讲学，亦颇类此。唐枢所至必有'咨言'：曰《金波园咨言》，曰《木钟台咨言》，曰《飞英寺咨言》，曰《天心书院咨言》。罗汝芳所至必有'会语'：曰《五华会语》，曰《双玉会语》；其后至白下，又作《会语续录》，首章云：今日吾侪聚讲，大宗师、诸僚友〔及〕诸俊彦不下千人应期而集。亦全是如来舍卫城中大比邱众千二百人光

---

[1] 郭朋校释《坛经校释》，北京：中华书局，2012年，第3页。
[2] 《大智度论》卷三《释初品中住王舍城》，第36页。

《佛说阿弥陀经》

景也。"[1]这种情况出现在泰州学派的讲学活动中,毫不足怪。

大　数

古代印度数学发达,佛经中多数列及"大数"。无量寿的"无量"本身即然,所谓"**非是算数之所能知**"。释氏各种《法数》通常始于"一",终于"八万四千",如《三藏法数》首条为"一心",末条为"八万四千法门",似乎远未穷尽"大数",实际上很多"大数"夹杂在其他条目中,比如"三千世界"条就通过累乘达到了"百亿日月""百亿须弥山""百亿四天下""百亿四天王天"等。[2]

《墨子》称"挈太山越河、济",[3]《孟子》称"挟太山

---

[1]《九九销夏录》卷十《儒会效法佛会》,第117页。实本于《四库全书总目》卷一百二十四《子部·杂家类存目一·咨言》:"(唐)枢聚徒讲学,所至即为《咨言》,一作于金波园,一作于木钟台,一作于飞英寺,一作于天心书院,大抵衍述'良知'之说。"第1070页下栏;《会语续录》:"其开章第一条云:'今日吾侪聚讲凭虚,是天下文明一大机会。大宗师、诸僚及诸俊彦不下千人,皆应期而集,以昌明昭代圣化。于道脉固当光显,即文字精英亦于此须发露妙义'云云。其词气亦似禅僧登座语也。"第1073页下栏。

[2]《三藏法数》,第109页上栏。案本条末括号内注:"亿有四等:一以十万为亿,二以百万为亿,三以千万为亿,四以万万为亿。今言百亿者,则以千万为亿也。"即按今天通行的计数法,"百亿"只是"十亿"。由此可知,《六度集经》卷六《六十五·佛以三事笑经》的"八十亿四千万劫",或是把"千万为亿"和"万万为亿"混用的结果,相当于今天的"八亿四千万劫",这样才能被"七"整除,第240页。

[3]《墨子》卷四《兼爱中》,第31页下栏。

以超北海",[1]比之《大品般若经》"欲以一毛举三千大千世界中诸须弥山王,掷过他方无量阿僧祇诸佛世界,不扰众生",[2]何啻蚊蚋之于鲲鹏?佛经侈言时、空广远,无非要眩耀流俗、震慑外道,但于华人或适得其反。朱熹就调侃说:"试将《法华经》看,便见其诞。开口便说恒河沙数几万几千几劫,更无近底年代。又如佛受〔授〕记某甲,几劫后方成佛。佛有神通,何不便成就它做佛?何以待缺许久?又如住世罗汉犹未成佛,何故许多时修行,都无长进?"[3]"待缺"真宋人口吻。钱锺书更是忍俊不禁:"庄子言鹏'背不知其几千里也',虚数泛称,示意而已;释典则言金翅鸟'头尾相去八千由旬,高下亦尔',一若丈量切实者,转觉粘滞。贪多好大乃梵籍结习,如买菜求益,市瓜择巨,每侈陈数多量洪,筹算堆垛,以为殊胜。或讥其未脱儿童之见,以庞大认作伟大。颇中所病。"[4]不过,庄子之言不尽为"虚数泛称"的"示意",实有数量级的考量,参前论《逍遥游》。

洪迈将《列子·汤问》与《庄子·逍遥游》之"大言"连类,[5]而不知其似是而非。《汤问》有云:

---

[1]《孟子译注·梁惠王上》,第15页。
[2]《大智度论》卷三十二《释初品中四缘义》引《大品般若经》经文,第429页。
[3]《朱子语类》卷一百二十六《释氏》,第3279页。
[4]《管锥编》第三册《全上古三代秦汉三国六朝文》八《全上古三代文卷一〇·"大言""小言"》,外文从省,第869页。
[5]《容斋随笔·续笔》卷十三《物之小大》,第250页。

> 渤海之东不知几亿万里,有大壑焉,实惟无底之谷……其中有五山焉:一曰岱舆,二曰员峤,三曰方壶,四曰瀛洲,五曰蓬莱。其山高下周旋三万里,其顶平处九千里。山之中间相去七万里,以为邻居焉。……而五山之根无所连着,常随潮波上下往还,不得暂峙焉。……帝恐流于西极,失群仙圣之居,乃命禺强使巨鳌十五举首而戴之,迭为三番,六万岁一交焉。五山始峙而不动。而龙伯之国有大人,举足不盈数步而暨五山之所,一钓而连六鳌,合负而趣归其国……。于是岱舆、员峤二山流于北极,沈于大海,仙圣之播迁者巨亿计。[1]

动称亿万,[2] 且大之外有更大,必拟佛经而来,此亦《列子》晚出、后来居上的一例。

七进制

杰克·特里锡德(Jack Tresidder)指出,"'7'这个数字不但神圣、神秘,而且还充满魔力,特别是在西亚,'7'是宇宙和精神世界井然有序的象征,同时还代表自然界的轮

---

[1] 《列子集释》卷五《汤问》,第151—154页。
[2] 《尚书·泰誓上》有"受有臣亿万,惟亿万心"之语,或即"十万为亿",《断句十三经经文》,第17页。此外,《列子集释》卷二《黄帝》:"华胥氏之国在弇州之西、台州之北,不知斯齐国几千万里。"第41页;卷五《汤问》:"滨北海之北,不知距齐州几千万里。"第163页。"斯"训距,"齐"训中,这个数量级亦为《庄子》所无。

回更替和完整统一。'7'的重要地位建立在早期的占星术之上——特别是对七大命运星辰的观察",即太阳、月亮、火星、水星、木星、金星、土星。"七"在古代犹太、希腊、波斯文明及印度教、佛教和伊斯兰教中都具神圣意义。[1]古印度除"七"外,亦重"十二",佛经动称"八万四千",乃其相乘得来。

佛藏中典型的七进制序列可以世亲《阿毗达磨俱舍论·分别世品第三之五》为例:"极微为初,指节为后。应知后后皆七倍增。谓七极微为一微量,积微至七为一金尘,积七金尘为水尘量,水尘积至七为一兔毛尘,积七兔毛尘为羊毛尘量,积羊毛尘七为一牛毛尘,积七牛毛尘为隙一游尘量,隙尘七为虮,七虮为一虱,七虱为穬麦,七麦为指节。"[2]而经文中最常见"七"与"七七",如七日念佛、佛陀说法四十九年等。还有一种特殊类型的"七七",如佛陀于菩提树下端坐思维七天七夜而成正觉,即《六度集经》的"七日七夕",[3]概称"七日证道"。"七七"在七进制中应标

---

[1] 杰克·特里锡德《象征之旅:符号及其意义·象征体系》,北京:中央编译出版社,2001年,第169页。
[2]《阿毗达磨俱舍论》卷十二,第176页下栏,《乾隆大藏经》第五十七册。道世《法苑珠林》卷二《三界篇·身量部》所引《依杂心论》当系同文异译:"七极微尘成一阿耨池上尘,彼是最细,色天眼能见,及菩萨、轮王得见。七阿耨尘为铜上尘,七铜上尘为水上尘,七水上尘为兔毫上尘,七兔毫上尘为一羊毛上尘,七羊毛上尘为一牛毛上尘,七牛毛上尘成一向游尘,七向游尘成一虮,七虮成一虱,七虱成一穬麦,七穬麦成一指。"第218页上栏,《乾隆大藏经》第七十三册。
[3]《六度集经》卷七《禅度无极章第五·七十九·太子得禅》,第286页。

《佛说阿弥陀经》

作"100",正是"圆满"之意。

佛教七进制影响中国人的社会生活,当莫过于"七七"守丧。据《瑜伽师地论》卷一:"此中有,若未得生缘,极七日住,有得生缘,即不决定。若极七日,未得生缘,死而复生,极七日住,如是展转未得生缘,乃至七七日住,自此已后,决得生缘。"[1]"中有"即"中阴身"。《地藏经》直称"冥冥游神,未知罪福,七七日内,如痴如聋","念念之间,望诸骨肉眷属与造福力救拔。过是日后,随业受报"。[2]这成了大乘佛教对华"征服"的一大胜绩,让执意辟佛的儒者深陷被动。全祖望与弟子有下面一番问答:

> 问:亭林先生谓七七之奠,本于《易》"七日来复",是以丧期五五,斋期七七,皆《易》数也。其说近于附会,然否?
>
> 答:亭林儒者,非先王之法言不言,至此条则失之。然此乃其未定之说,在初刻《日知录》八卷。及晚年重定,则芟之矣,盖自知其失也。七七之说,见于《北史》,再见于《北齐书·孙灵晖传》。万季野曰:"究不知始于何王之世。"三见于李文公所作《杨垂去佛斋说》,及皇甫持正所作《韩公神道碑铭》,则儒者斥之之言也。亭林何所见,援皋复之礼,以为缘起?夫皋复之

---

[1]《瑜伽师地论》卷一《本地分中意地第二之一》,第16页。
[2]《地藏菩萨本愿经》卷中《利益存亡品》,实叉难陀译,上海:上海佛学书局,1991年,第10页b—第11页a。

礼,始死升屋而号,岂有行之四十九日之久者乎?亭林于是乎失言。鹳浦郑氏居丧无七七之斋,可谓知末俗之误者矣。然其每浃旬一奠,亦非也。[1]

《北史》指卷八十《外戚·胡国珍传》,另见《魏书》卷八十三下。顾炎武盖狃于七七丧俗,想从儒家经典另觅出处,最终还是放弃了。鹳浦郑氏为慈溪世家。

中国早期典籍中"七"字头的短语固不止一见,却都没有《周易》"复"卦的"七日来复"囫囵得妙——旧时一度以"来复日"称"星期日(周日)"。顾炎武曾用它抵制佛教丧制,颜钧(山农)则用它偷偷引入佛教"修禅七"的功夫,以成其"非名教之所能羁络"[2]的教门。

完美世界

大乘佛经渲染完美,充类至尽,不知有悖于"物以稀为贵"的供需原则。[3]钱锺书以《玄怪录·古元之》中的"和神国"为例,谓"所言几全本佛典《弥勒下生经》及

---

[1]《全祖望集汇校集注·经史问答》卷五《三礼问目答全藻》,第1937—1938页。
[2] 黄宗羲《明儒学案》(修订本)卷三十二《泰州学案一》,北京:中华书局,2010年,第703页。
[3] 如邹弢《浇愁集》卷四本之作《享富长》,称"去中国三千万里"有"不死岛","山中有黄(金)白(镪)",张某"日向岛内取黄白,即于村外建屋治产,娶妻蓄仆,于不死岛中享富",不知此"黄白"既任人日取,势当贬值,尚有何"富"可"享"?合肥:黄山书社,2009年,第90、91页。

《佛说阿弥陀经》

《长阿含经》之三〇《世纪经·郁单曰品》第二（西晋译《大楼炭经》、隋译《起世本因经》），而稍缘饰以道家称赫胥、容成至德上世之说"。[1]佛经另有夸耀天界富丽者，以《华严经》为代表："《华严经》中反复描摹'佛富贵'，不过以琉璃、摩尼珠、璎珞、宝华诸物，张大其数，至千百万亿（如《升夜摩天宫品》第一九、《升兜率天宫品》第二三）；更可笑者，复以此等物堆叠颠倒，如云：'五百宝器自然盈满，金器盛银，银器盛金，玻璃器中盛满砗磲，砗磲器中盛满玻璃，玛瑙器中盛满珍珠，珍珠器中盛满玛瑙，火摩尼器中盛满水摩尼，水摩尼器中盛满火摩尼'（《入法界品》第三九之三；参观《入法界品》第三九之四：'白银国土放黄金色光，黄金国土放白银色光，琉璃国土放玻璃色光，玻璃国土放琉璃色光'等，又《长阿含经》记东方小王迎转轮圣王，以'金钵盛银粟，银钵盛金粟'），想见其思俭技穷矣。……《后西游记》第一四回葛藤大王曰：'佛既清虚不染，为何《华严经》又盛夸其八宝庄严？'"然不尔"不能歆动流俗，专凭重空三昧安能普门起信乎"？[2]案佛教所谓

---

[1]《管锥编》第二册《太平广记》一六六《卷三八三·乌托邦、可口乡》，第796—798页，引文见第797页。

[2]《管锥编》第四册《全上古（三代）秦汉三国六朝文》一五八《全晋文一四三·释氏称"自然衣食"》，第1258页。第五册《管锥编增订·1258页》补《大智度论》数例，末称："言之、重言之，而颠之倒之，变化适见其堆板，读之欲开口笑，复即张口呵欠也。"第96页。案《观无量寿经》所描述"一一华叶作异宝色，琉璃色中出金色光，玻璃色中出红色光，玛瑙色中出砗磲光，砗磲色中出绿真珠光，珊瑚、琥珀，一切众宝，以为映饰"，光色相映，尚较灵动。《佛教十三经》，第263页。

"天""天宫""天堂"指六道中的"天道",包括欲界六欲天、色界四禅十八天和无色界四空天,仍在轮回之中。[1]华人对此"装傻充愣",总以升天为极致。"西方极乐世界"则另起炉灶,并以**"不退转"**为承诺,等于安装了"单向阀门"。

极乐世界的说法既来路不一,自不免相互矛盾。华僧只得煞有介事地进行调解,如:"或疑:'《华严》谓极乐仅胜娑婆,而大本《弥陀经》言胜十方,何也?'一说:'胜十方者,止是相近娑婆之十方,非华藏世界之十方也。'其说亦是,而犹未尽。良由'仅胜'之说,盖以昼夜相较。故云娑婆一劫,为极乐一昼夜;极乐一劫,为袈裟幢一昼夜;展转历恒沙世界,以至胜莲华。乃专取时分短长之一节,非全体较胜劣也。不然,人间千万年,为地狱一昼夜,将地狱胜人间耶?又例之若定执身量之长短较优劣,则卢舍那佛仅高千丈,而修罗高八万四千由旬,将修罗胜舍那耶?是故谓极乐胜十方,即广远言之,亦自不碍。"[2]

《抱朴子内篇·祛惑》载蔡诞诡言昆仑仙境:"上有木禾,高四丈九尺,其穗盈车,有珠玉树、沙棠、琅玕、碧瑰之树,玉李、玉瓜、玉桃,其实形如世间桃、李,但

---

[1] 这番构建糅杂了不少古代印度神话传说,比如忉利天王帝释即可为下界德行超过者取代,《六度集经》卷一《布施度无极章第一·二·萨波达王本生》所谓"天帝尊位,初无常人,戒具行高、慈惠福隆,命尽神迁,则为天帝",至《六·国王本生》有"第二(任)帝释"之称,第10、25页。
[2] 祩宏《竹窗随笔·二笔·极乐世界》,第74—75页。

为光明洞彻而坚，须以玉井水洗之，便软而可食。每风起，珠玉之树，枝条花叶互相扣击，自成五音，清哀动心。""于时闻诞此言了了，多信之者。"[1]"上有木禾"，本之《山海经·海内西经》《淮南子·坠形训》，[2]两书并称长"五寻"，此处"四丈九尺"露"七进制"之迹，仙树嘉果固然有道书的来源，但"每风起"以下断然是对佛教极乐世界设计的模仿。葛洪讥其欺人，恐是显斥蔡说而隐贬佛经。[3]《萤窗异草》描述的"落花岛"想必亦自"**昼夜六时，天雨曼陀罗华。其土众生常以清旦，各以衣祴盛众妙华，供养他方十万亿佛**"翻出："采花共飱"，"席花同梦"，"其所衣者，卧则一拂而尽，无事解脱，醒则绕树徐行，瞬息曳娄。其地无寒暑，亦无昼夜，以花开为朝，花谢为夕，衣食一出于花，寝息即在于花，方丈、蓬壶不独擅胜焉"。[4]

  道教天庭乃仿汉地官府、朝廷而构建，遂比佛教天宫或极乐世界多出一重尘世劳攘，以致白石生答彭祖问说："天上多有至尊相奉事，更苦人间耳。""故时人号白石生为

---

[1]《抱朴子内篇校释》卷二十，第349—350页。
[2] 袁珂校注《山海经校注》卷六，成都：巴蜀书社，1993年，第345页；《淮南子注》卷四，第56页。
[3] 何剑平《葛洪〈神仙传〉创作理论考源——以〈左慈传〉为考察中心》认为这表明"葛洪在写道教神山昆仑时借鉴了佛教描写佛国净土的结构布局"，尚一间未达，《四川大学学报（哲社版）》，2007年第1期，第84页。
[4]《萤窗异草》初编卷三《落花岛》，第97页。

隐遁仙人，以其不汲汲于升天为仙官而不求闻达故也。"[1]于人间"不求闻达"而为天仙，于天上"不求闻达"而为地仙，在设定上进退失据，暴露出神仙家的本质不过是"贪生怕死，好逸恶劳"八字。

众 鸟

既是"完美世界"，自当人之所乐应有尽有，这其中就包括草木、禽兽。草木没关系，禽兽却成问题。六道轮回特设"畜生"，属"三恶道"之一。所以经文马上找补说："**勿谓此鸟实是罪报所生，所以者何？彼佛国土无三恶道。**""**其佛国土尚无三恶道之名，何况有实？是诸众鸟，皆是阿弥陀佛欲令法音宣流，变化所作。**"令人费解的是，反正"**微风吹动诸宝行树，及宝罗网，出微妙音，譬如百千种乐，同时俱作**"，很好地满足了人们的音乐诉求，何不使其顺带"宣

---

[1] 葛洪《神仙传》卷一《白石生》，上海：上海古籍出版社，影印文渊阁《四库全书》本，1995年，第9页上栏。案《管锥编》第二册《太平广记》五《卷七·天上乐不如人间》补充了《抱朴子内篇·对俗》彭祖之语："道此意者乃彭祖而非白石先生；《抱朴子》与《神仙传》出于葛洪一手，违异如斯，岂彭祖明知故问，以言恬白石欤？"第644页，以挑拨为调侃，实则可能因葛氏误记，更可能因"神仙传"本多杜撰，究竟主名谁属无关紧要。后段言及基督教的天堂似"颇苦清静，无事亦无聊，和适而又沉闷"，第646—647页，另参第五册《管锥编增订之二·646页》，第183页，则与佛教设想有一比。又，第五册《管锥编增订之二·645页》引《十洲记》："方丈洲在东海中央。……群仙不欲升天者，皆往来此洲。"指出："是不愿'升天'者尚可以避地'出世'，而不必即'居人间'也。"第183页。

流""法音",如《楞严经》所谓"林木池沼皆演法音"?[1]干吗还非要这些鸟呢?

存世五种《无量寿经》中仅唐菩提流志译《无量寿如来会》言及:"复有众鸟住虚空界,出种种音,犹如佛声普闻世界,是诸众鸟皆是化作,非实畜生。"[2]即《佛说大乘无量寿庄严清净平等觉经》"复有众鸟,住虚空界,出种种音,皆是化作"[3]所本。另见《观无量寿经》"第五观":"如意王珠涌出金色微妙光明,其光化为百宝色鸟,和鸣哀雅,常赞念佛、念法、念僧。""第十二观"提及"水、鸟、树林"。[4]

中国僧人留意到了这一点。智旭《佛说阿弥陀经要解》先就"众鸟"作注:"种种奇妙杂色,言多且美也。下略出六种。舍利,旧云鹙鹭,琦禅师云是春莺,或然。迦

---

[1]《楞严经》卷六,《佛教十三经》,第496页。
[2]《大正新修大藏经》第十一卷,台北:佛陀教育基金会,1990年,第100页上栏。
[3]《慈氏述见第三十九》,第77页。
[4]《佛教十三经》,第264、272页。案《五灯会元》卷十三《洞山良价禅师》载其"径造云岩(道人)","师曰:'无情说法,该何典教?'岩曰:'岂不见《弥陀经》云,水、鸟、树林悉皆念佛、念法?'师于此有省",第778页,而《续指月录》卷十八《杭州径山语风雪峤圆信禅师》亦有"九岁闻诵《弥陀经》'水、鸟、树林悉皆念佛、念法',自此发心"之语,第326页,当指《观无量寿经》"第五观""第十二观"而言。此外,现存梵本《阿弥陀经》仅提到天鹅、麻鹬和孔雀三种鸣唱之鸟,而前面介绍八功德水时,却多了"乌鸦也可饮用"一句,黄宝生译注《梵汉对勘阿弥陀经·无量寿经》,北京:中国社会科学出版社,2016年,第10、7页。

陵频伽,此云妙音,未出㲉时,音超众鸟。共命,一身两头,识别报同。此二种西域雪山等处有之,皆寄此间爱赏者言其似而已。"然后独具会心地指出:"六时出音,则知净土不以鸟栖为夜,良以莲花托生之身本无昏睡,不假夜卧也。"待具体到"化作众鸟何义?"则回答:"凡情喜此诸鸟,顺情而化,令欢喜故;鸟尚说法,令闻生善故;不于鸟起下劣想,对治分别心故;鸟即弥陀,令悟法身平等,无不具、无不造故。"[1]由具象导向抽象,完成大乘化的演绎。其实,要害就在"凡情喜此诸鸟"一句。康有为《大同书》干脆撇开宣法功能,侈谈"鸟盈天空","听其飞翔歌舞,以流畅天机之行,点缀空中之画,皆供人之乐也","若其孔雀、白鹤、秦吉、画眉,声色可娱,供人豢养,由来久矣,大同之世,园林益多,游乐之人更众,则此物尤盛焉"。[2]回思《佛遗教经》,既称:"有愧之人,则有善法,若无愧者,与诸禽兽无相异也。"再称:"当舍己众、他众,空闲独处,思灭苦本。若乐众者,则受众恼,譬如大树,众鸟集之,则有枯折之患。"[3]一修苦,一耽乐,判然异趣。

---

[1]《佛说阿弥陀经要解》,第22、25—26页。"识别报同"指"神识各异,同共报命",出《翻译名义集》卷六《畜生篇》引《杂宝藏经》,第1265页上栏,《乾隆大藏经》第八十四册。杜诗"莲池交响共命鸟",可能是最早由"共命"联想到"交响"的例子,《杜诗镜铨》卷十九《岳麓山道林二寺行》,第967页。

[2]《大同书》壬部《去类界爱众生》,第436—437页。

[3]《佛教十三经》,第141—142、144页。

至于道教天宫或仙境从来都有不少灵禽异兽，甚至可以烹煮解馋，只好另当别论。

接引往生

"若有善男子、善女人，闻说阿弥陀佛，执持名号，若一日，若二日，若三日，若四日，若五日，若六日，若七日，一心不乱，其人临命终时，阿弥陀佛与诸圣众现在其前。"佛陀本旨以死亡为解脱，一了百了，净土宗与神仙家争信众，遂缠葛藤。由于没有"天堂来信"，往生极乐世界的证明就必须在人生前或生死之际开具。唐僧迦才撰昙鸾传，为"定得生西方"做了多方面的渲染，包括：一，平日"恒请龙树菩萨，临终开悟"，"半霄之内，现圣僧像，忽来入室"，为其说法；二，"即半夜内，发遣使者，遍告诸村白衣弟子及寺内出家弟子，可三百余人，一时雨云集"，作见证人；三，"日初出时，大众齐声念弥陀佛，便即寿终"；四，天刚蒙蒙亮，西边五里外尼寺门徒"集堂食粥，举众皆闻空内有微妙音乐，西来东去"，"食讫……未出寺庭之间，复闻音乐远在空中，向西而去"。[1]后世"往生传"则更扣紧经文节目，外加祥光、瑞霭、异香等，盖必得往生者始能先睹净土为快，且亲见前来接引的佛、菩萨，他人仅能迷离惝恍于光影、气息，这仍是不求可以证实、但求难以证伪的

---

[1]《昙鸾集评注·附录·迦才〈沙门昙鸾法师传〉》，第333—334页，引自《大正藏》第四十七册《诸宗部四·净土论》卷下。

套路。

禅宗先于天台宗、贤首宗兼修净土,乃其"浑不论"的底子使两家间的紧张始终存在。特别是《坛经》白纸黑字写着惠能放言:"迷人念佛求生于彼,悟人自净其心。""凡愚不了自性,不识身中净土。""念念见性,常行平直,到如弹指,便睹弥陀。""若悟无生顿法,见西方只在刹那,不悟念佛求生,路遥如何得达?"[1]禅宗文献如《五灯会元》称慧忠禅师临终,"至夜有瑞云覆其精舍,空中复闻天乐之声。诘旦,怡然坐化",[2]偶然一见;又载瑰省禅师,"开宝五年(972)七月,宝树、浴池忽现其前。师曰:'凡所有相,皆是虚妄。'越三日,示疾,集众言别,安坐而逝"。[3]语出《金刚经》第五品《如理实见分》,即《坛经·行由品》五祖所引者,竟以净土示现为虚妄。对此,袾宏《佛说阿弥陀经疏钞》反复辩驳,直至质疑《坛经》的可靠性,为釜底抽薪计:"盖《坛经》皆学人记录,宁保无讹?"[4]其《竹窗随笔》更不客气地说:"六祖示不识字,一生靡事笔研,《坛经》皆他人记录,故多讹误。……执《坛经》而非净土者,谬之甚者也。"[5]

至于普通民众,虽然口宣佛号已成常态,谁能奢望

---

[1]《六祖坛经笺注·疑问品》,第159—160页。
[2]《五灯会元》卷二《牛头山慧忠禅师》,第65页。
[3]《五灯会元》卷十《千光瑰省禅师》,第627页。
[4]《莲池大师文集》,第159页。
[5]《竹窗随笔·三笔·六祖坛经》,第156—157页。

"阿弥陀佛与诸圣众"前来接引？比较实际的是临终见到去世亲人。如李海观（绿园）《佃叟病》诗："前月疠疫卧绳床，呓中已与冥官偶。自分应辞人间世，已故骨肉见某某。"[1] 纪昀《黄烈女诗》小序载黄氏"许字同县李子，未嫁而李先逝"，"一夕梦李子来迎，次日往与母诀，未及返而卒"。[2] 和邦额《夜谭随录》记汪越"一夕见其弟将父母命来迎，乃处置家事，无疾而终"，[3] 都是清代的例子。

佛经重复

阅读佛经者很难不对佛经"叮咛反复""不嫌其烦""寻说向语，文无以异""反腾前辞，已乃后说"[4]的特点留下深刻印象。《管锥编》即就此引欧阳修《文忠集》卷一百三十《试笔》"余尝听人读佛经，其数十万言，谓可数言而尽"，称其"语固过当，未为无故"；[5]增订又举例发挥，指出："欧阳修挟华夏、夷狄之见，加之正学、异端之

---

[1] 栾星编著《歧路灯研究资料·李绿园诗文辑佚》，郑州：中州书画社，1982年，第74—75页。
[2] 《纪晓岚文集》第一册第九卷《三十六亭诗·黄烈女诗》，石家庄：河北教育出版社，1995年，第478页。
[3] 《夜谭随录》卷五《汪越》，上海：上海古籍出版社，1988年，第155页。袁枚《续新齐谐》卷九《亡夫领妇到阴间见太公太婆》记陆氏卧病，"梦亡夫挈至一门"，得见舅、姑及太公、太婆，"一家骨肉团聚甚乐"，次夕，"见梦中二仆异舆来迎，如期而逝"，增添了环节，第748页。
[4] 道安《摩诃钵罗若波罗蜜经钞序》，严可均校辑《全上古三代秦汉三国六朝文·全晋文》，第2377页上栏。
[5] 《管锥编》第四册《全上古（三代）秦汉三国六朝文》一六一《全晋文卷一五八·翻译术开宗明义》，第1264页。

争,我慢自雄,大言抹杀。然其语特轻率耳,非尽不根无故也。"[1]末揭王世贞《艺苑卮言》卷三语"庄生、《列子》、《楞严》、《维摩诘》,鬼神于文者乎!……《圆觉》之深妙,《楞严》之宏博,《维摩》之奇肆,骎骎乎《鬼谷》《淮南》上矣",以为"漫浪语以自示广大教化耳"。[2]钱氏实本华人文艺之观论佛经,稍失偏颇。

举凡宗教经典,其宗教性既可与文艺性相关,亦可无关,此为一事;外来宗教经典文艺性与本土文艺性异同,此为一事;翻译如何臻"信、达、雅"的最高境界,此又为一事。佛经每翻来覆去,喋喋不休,正见苦口婆心,抑或苦心婆口。以我的阅读经验,只要不是过事堆垛如前引《弥勒经》《华严经》之类,很少以重复为烦,重复可用来整顿阅读,强调重点,谆谆开导之余,还有回环往复的修辞效果。正因与中国传统辞章异趣,距离产生美,产生强大的吸引力。比如唐僧义净译《金光明最胜王经·依空满愿品》,大梵王问菩萨"如何行菩提行",菩萨答言:"若水中月行菩提行,我亦行菩提行;若梦中行菩提行,我亦行菩提行;若阳焰行菩提行,我亦行菩提行;若谷响行菩提行,我亦行菩提行。"语如贯珠,反跌出"无有一法是实相者,但由因缘而

---

[1]《管锥编》第五册《管锥编增订·1264页》,第96—98页。
[2]《管锥编》第五册《管锥编增订·1264页》,第98页。参《管锥编增订之二·1264页、〈增订〉96页》:"欧阳修所讥佛典辞费之病,吾国释子未尝不知。""欧阳之消,实中彼法译徒之心病焉。"第238—239页。

《佛说阿弥陀经》

得成故"。[1]再如鸠摩罗什译《妙法莲华经·观世音菩萨普门品》中有名的"三十二应",由"若有国土众生应以佛身得度者,观世音菩萨即现佛身而为说法,应以辟支佛身得度者,即现辟支佛身而为说法"直至"应以执金刚神得度者,即现执金刚神而为说法",[2]络绎而下,一气呵成。

王世贞"语"亦恐非"漫浪"。以胡僧而长于翻译,当推鸠摩罗什为第一,《佛遗教经》之简质,《维摩诘所说经》之流倩,《法华经》之澜翻,可称独步,而《圆觉经》和《楞严经》皆有"伪经"嫌疑,词旨敷畅,适在情理之中。

就《阿弥陀经》的"流通分"本身言,重复又有方便记诵的效果。

三

汉传佛经对专有名词的翻译,通常意译、音译并行,这保证的不仅是翻译的准确性和稳定性,还有外来宗教的异质性本身,其中就包括古印度人对"语密"的执迷。《阿弥陀经》里的"**阿耨多罗三藐三菩提**"(anuttarasamyaksambodhi),可能是字数最多的音译名词,意译"无(阿)上(耨多罗)正(三)等(藐)正(三)觉(菩提)"。"sam"与古汉语"三"发音严丝合缝,故取以对音,再般配不过,但"三"作为使用频率极高的数字,很难不对音译的"三"产生意义扰

---

[1]《金光明最胜王经》卷五,第500页下栏至第501页上栏,《乾隆大藏经》第十八册。
[2]《佛教十三经》,第1048—1049页。

动,这可在"三昧"一词中明显反映出来。

"samadhi",音译为"三摩地"或"三摩提",因简明而常用的是"三昧",意译为"正定",指修行方法及由此达到的专一状态。大乘佛教的"三昧"又分若干种,所以不出意外地有"三三昧",谓"空三昧""无相三昧""无愿三昧"。而道教将该语"掳掠"或"挪借",就管不了那么多了,据《道教大辞典》:"仙经以昏昏默默神之昧,杳杳冥冥气之昧,恍恍惚惚精之昧,谓此三昧,能生真火。"[1]别有"上昧""中昧""下昧"等说。总之,"三昧"的"三"既回归数字,"三昧"的"昧"只得自谋生路。至于宋代以降文人笔下的"三昧",含义游走于禅宗、道教之间,每作"真义""妙趣"解了。

舍利弗一言不发

萧登福在《道家道教与中土佛教初期经义发展》一书中专节讨论了"详本略本的问题",指出:"中土佛徒常会把性质相同的一本经,卷数少的称为略本,卷数多的称为详本。并且认为两者是同时并存,皆出自佛说,略本是详本之节录,不是先后产生,只是传入中土先后有别而已。其实,这种说法也未必正确,证之以书籍的发展过程,同一本经,往往是先简而后繁,并且常随着时代的不同,而续有增删;

---

[1]《道家道教与中土佛教初期经义发展》,杭州:浙江古籍出版社,1990年,第12页下栏。据《出版说明》,"原书于一九七九年由台湾巨流图书公司印行",编者为李叔还。

因而详本、略本，并不是同时呈现的。"所举例中有"唐菩提流支译《佛说阿弥陀佛根本秘密神咒经》较诸姚秦鸠摩罗什译《佛说阿弥陀经》多出了许多咒语和经文"。[1]而罗什所译《阿弥陀经》，即"小本"，较之《无量寿经》，初看确像缩略本，唯"当机者"由阿难改成了舍利弗，令人不解。

佛陀十大弟子各擅一法门，但随着大乘佛经的泛滥，势难匹配适宜的"当机者"，于是众菩萨等纷纷"救场"，不过，如须菩提"解空第一"，为《金刚经》当机者，优波离"持律第一"，为《佛说决定毗尼经》当机者，[2]尚属对景，余则"智慧第一"的舍利弗、"多闻第一"的阿难较多见，对应性已大大削弱。尽管如此，意义浅显的《阿弥陀经》实在跟舍利弗不搭，以致佛"无问自说，告舍利弗"。[3]智旭强为之辞曰："诸经示净土行，万别千差……唯持名一法，收机最广，下手最易，故释迦慈尊无问自说，特向大智舍利弗拈出，可谓方便中第一方便，了义中无上了义，圆顿中最极圆顿。""净土妙门，不可思议，无人能问，佛自唱依正名字为发起。又佛智鉴机无谬，见此大众应闻净土妙门而获四益，故不俟问，便自发起。"[4]"无问自说"也就算了，乃

---

[1] 萧登福《道家道教与中土佛教初期经义发展》第九章《论佛教受中土道教的影响及佛经真伪》，第407页。
[2] "毗尼"意译即"律"，此经由诸菩萨答佛言始，继以舍利弗与佛讲论，然后才引入优波离问律。
[3] 智旭《阅藏知津》卷三，北京：中华书局，2015年，第198页。
[4] 《佛说阿弥陀经要解》，第7、13页。末且重申："法门不可思议，难信难知，无一人能发问者，佛智鉴机，知众生成佛缘熟，无问（转下页）

"佛"共念叨"舍利弗"35次,后者一言不发,如聋似哑,远不如《金刚经》之须菩提。由此推测,《阿弥陀经》更像是一篇"草纲",其关目、体段犹待以后的《无量寿经》改进和加工。[1]

(接上页)自说,令得四益。"第51页。"四益"指四悉檀益。

[1] 黄宝生《梵汉对勘阿弥陀经·无量寿经》"导言"指出:"通过比对现存梵本,可以知道(罗)什译《阿弥陀经》与现存梵本基本一致,而(玄)奘译《称赞净土佛摄受经》的文字内容要多于现存梵本。相对于什译,可以说奘译依据的是小本中的增饰本。但由于他俩所据梵本的年代先后难以考证,因此,也有可能什译本是小本中的简缩本。"第10页。严格来讲,现存梵本与什译互有增减,则亦非什译所本。

《坛经》

多心经

葛兆光《中国经典十种·〈般若波罗蜜多心经〉：佛教袖珍宝典》开篇提到《西游记》第十九回浮屠山乌巢禅师"传授给唐三藏一篇经文，说道：'我有《多心经》一卷，凡五十四句，共计二百七十字，若遇魔瘴之处，但念此经，自无伤害。'下面接着说：'此时唐朝法师本有根源，耳闻一遍《多心经》，即能记忆，至今传世。此乃修真之总经，作佛之会门也。'这里所说的《多心经》，其实就是《般若波罗蜜多心经》，它并不是什么乌巢禅师传授给唐三藏的，其实就是唐三藏玄奘在唐代初期自己翻译过来的。《西游记》的作者大概不太懂'般若波罗蜜多心经'（梵文 Prajñāpāramitāhṛdayasūtra）的意思，所以又把它称作'多心经'，其实，'般若'（Prajñā）是'智慧'之意，'波罗蜜多'（Pāramitā）是'到彼岸'之意，'心'是意译，比喻核心、精华，所以简称当是《心经》而不是《多心经》,不过,他对于这部经典的意义却是了解的"。[1] 这个说法有问题。《管锥编》就《孟知俭》(出《朝野佥载》)所及《多心经》,补充"卷九二《玄奘》(出《独异志》):'僧授《多心经》一卷。'可征唐人已偶以'般若波罗蜜多'之'多'下属'心'字",继引《大唐三藏取经诗话》两处。[2] 此外,唐人段成式《酉阳杂俎》续集卷五《寺塔记上》有《多心经》之称,[3] 洪迈《容斋四笔》卷十三有《多心经偈》一则。[4] 另见宋元间佚名《湖海新闻夷坚续志》后集卷二《佛教门·证悟·悟诵般若》。[5] 足见《西游记》的《多心经》正是由唐历宋、渊源有自的。窃疑此"多"实系"(般若)波罗蜜多"的省称。而后人诧为误书,或始于南宋刘昌诗《芦浦笔记》"经为'多心',何以为佛"云云,见前引《管锥编》后文。[6]

　　章太炎说:"玄奘在佛法中为大改革家,崇拜西土,以为语语皆是,而中国人语都非了义。"[7] 相当于一个宗教意义上的"全盘西化论"者。但他的西行取经,貌似弘法,实则

---

[1] 葛兆光《中国经典十种》,香港:中华书局,1993年,第186页。
[2] 《管锥编》第二册《太平广记》四八《卷一一二·〈多心经〉》,第688—689页。
[3] 《酉阳杂俎》续集卷五《寺塔记上》,上海:上海古籍出版社,2012年,第156页,
[4] 《容斋随笔·四笔》卷十三,第518页。
[5] 《湖海新闻夷坚续志》后集卷二《佛教门·证悟·悟诵般若》,北京:中华书局,2006年,第200页。
[6] 《管锥编》第二册《太平广记》四八《卷一一二·〈多心经〉》,第689页。
[7] 《国学讲演录·诸子略说》,第204页。

印度佛教已衰,中国佛教已至"拐点",即将不可逆转地本土化。极高深的大乘义理的钻研者和宣扬者,一变而成了民间传说中饱受调侃、挖苦的唐僧,还有比之更具悲剧色彩的宗教家吗?整部《西游记》,恰恰只有引《多心经》一事尚与慈恩宗血脉相连。

达摩西来

王弘撰称:"吾尝遇一西域僧,貌如所谓达摩者,问以中国所传诸经,皆不解。"[1]语意微妙。关于菩提达摩,今所见早期记载,一是北魏杨衒之《洛阳伽蓝记》,一是唐初道宣《续高僧传》,内容歧异,殆非一人,相同者仅《记》中达摩"自云一百五十岁",[2]《传》中达摩"自言一百五十余岁",[3]而夸大年龄,正是跟中土神仙家竞争的伎俩。[4]佛教史学者真正关注的其实是《传》中达摩。孙昌武先生一语中的:"如果就历史发展的真实状况说,不是达摩创建了禅宗,而是禅宗创造了达摩。"[5]

---

[1] 《山志》初集卷四《二氏》,第94页。
[2] 范祥雍校注《洛阳伽蓝记校注》卷一《城内·永宁寺》,上海:上海古籍出版社,1999年,第5页,其人另见《修梵寺》,第60页。
[3] 《续高僧传》卷十六《齐邺下南天竺僧菩提达摩传》,《四朝高僧传》第二册,北京:中国书店,2018年,第257页。
[4] 如纪昀《阅微草堂笔记》卷三《滦阳消夏录(三)》所载,其父纪容舒"己卯(乾隆二十四年,1759)"遇一僧,自称"相别七十三年矣","问其年,解囊出一度牒,乃前明成化二年(1466)所给",第41页。
[5] 《禅宗十五讲》第二讲《从"印度禅"到"中国禅"》,北京:中华书局,2019年,第39页。

作为修持方法的禅法,与作为佛教宗派的禅宗,两者需要区分。"禅宗"之名要到神秀、惠能大行其道后才出现。禅宗兴起,既是大乘精神的自我引爆及解消,同时也意味着中国僧人于佛教的接受造极而衰,不能饰为不欲,不欲则终竟不能。章太炎说:"浮屠不以单说成义,其末流禅宗者为之。儒者习于禅宗,虽经论亦不欲观,其卒与禅宗偕为人鄙。"[1]将儒者与禅宗绾合,让人联想起纪昀论道世《法苑珠林》:

> 佛法初兴,惟明因果,暨达摩东迈,始启禅宗。譬以六经之传,则因果如汉儒之训诂,虽专门授受,株守师承,而名物典故,悉求依据,其学核实而难诬;禅宗如宋儒之义理,虽覃思冥会,妙悟多方,而拟议揣摩,可以臆测,其说凭虚而易骋。故心印之教既行,天下咸避难趋易,辨才无碍,语录日增,而腹笥三藏之学在释家亦几乎绝响矣。此书作于唐初,去古未远,在彼法之中,犹为引经据典,虽其间荒唐悠谬之说与儒理牴牾,而要与儒不相乱。存之可考释氏之掌故,较后来侈谈心性、弥近理、大乱真者固尚有间矣。[2]

---

[1]《訄书(重订本)·王学第十》,《章太炎全集(三)》,第149页。
[2]《四库全书总目》卷一四五《子部·释家类》,第1237页上栏。

表面上是以儒学詈佛学，以佛之汉学诋佛之宋学，实际上是以佛学詈儒学，以儒之三藏学诋儒之达摩禅。纪氏于佛学所尝甚浅，但因恶儒之宋学而迁恶于佛之禅宗，却不能说他没道理。

伪　经

就其本质而言——正如就其字面而言，信仰即毫无保留地接受某种理念。用马丁·路德的话说："二者必择其一：或者是信仰整个和一切，或者是什么也不信仰。圣灵不允许有人将自己分割开来，圣灵绝不是只有一部分是真理，而其另一部分却听任谬误的说教和信仰。……有裂缝的钟就不再鸣响，而且完全不能用了。"[1] 儒学尚可被质疑，恰证明其并非地道宗教。不同宗教彼此仇视而非宽容，也好像理所当然。问题是，同一宗教内部的不同教派及教义该怎么算？

熊十力自称："余尝欲考辨释迦没后出世法演变之大概情形。佛家经籍中尝提及小乘与大乘之间有斗争剧烈之一大公案，小乘力斥大乘经典非佛说，大乘坚持佛为小乘随机说法而非了义经。小、大交战，皆势成骑虎，互不相下。余谓大乘经籍不是释迦门下弟子所记录，就其文辞衡之，显然可见。""释迦殁后，弟子集其生前之说为《四阿含》，

---

[1] 转引自费尔巴哈《基督教的本质·1843年第二版序言》，荣震华译，北京：商务印书馆，2007年，第10页注1。

而《杂阿含经》最为重要,佛教各宗之学理皆根据此经。佛家经典浩博,皆其后学为之,而诡称释迦所说。""小乘斥大乘经非佛说。余以大乘经文与《阿含经》文相对照,颇怪其甚不相似。大空兴于龙树,后于释迦已六百年,大有兴于无着〔著〕,后于释迦亦千岁矣。时代相去已远,文体、文气均不得不异,奚待论乎?"[1]实则佛教史上的伪经公案层出不穷,与中国先秦诸子文本窜乱及魏晋伪书泛滥好有一比,但时代跨度更大,历史维度更不清晰:小乘经已然,大乘经加甚,况有中土僧人抄撮、撰作于其间,不遑多让。至于《坛经》为唐以降中土文献,耳目既近,不断构建的痕迹遂不可掩。

明季袾宏留意到:"有伪造二经者,题以'父母恩重'等言,中不尽同,而假托古译师名。吾友二人各刻其一。二友者,忠孝纯正士也,见其劝孝,而不察其伪也。或曰:'取其足以劝孝而已,似不必辨其真伪。'予曰:'子但知一利,而不知二害。一利者,诚如子言,劝人行孝,非美事乎?故云一利。二害者何?一者,素不信佛人见之,则弥增其谤:"佛言如是鄙俚,他经可知矣!"遂等视大藏甚深无上法宝,重彼悠尤,一害也;二者,素信佛人徒具信心,未曾博览内典,见此鄙俚之谈,亦复起疑,因谓谤佛者未必皆非,动彼惑障,二害也。害多而利少故也。况劝孝自有《大

---

[1]《存斋随笔》,第117、210、118页。不过,熊氏也承认"龙树思想之渊源毕竟在释迦所导之法海而不在其他,释迦之后学何必相拒太过乎?"第121页。

方便报恩经》及《盂兰盆经》种种真实佛说者流通世间,奚取于伪造者?'"[1]"二经"盖指《佛说父母恩重经》《佛说父母恩重难报经》。而被袾宏确立为"真实佛说"的《盂兰盆经》,萧登福仍指"是取自中土思想习俗以成经者","是译经者所杜撰之伪经"。[2]

伪造佛经,尚有不怎么严肃的一路,乃文人狡狯,玩弄笔墨,如晚明陆人龙《型世言》第三十五回的《方便经》,[3]猥亵极了;金圣叹批评《西厢记》,有拟佛经一篇,即卷七《哭宴》首《佛化孙陀罗难陀入道经》[4];又,金评《水浒传》第四十四回"小桌儿上焚一炉妙香"下批语:"佛灭度后,末恶世中,有恶比丘,破坏佛法。皆复私营房室,造作种种非律器皿,弹琴烧香,藏蓄翰墨。如是恶人出现之时,能令佛法应时速灭。何以故?非律仪故,消信施故,不坐禅故,不观心故,多淫欲故,背和合故,起疑谤故,增生死故。若复是时,有大菩萨誓愿护法,出兴于世,身为

---

[1]《竹窗随笔·三笔·伪造父母恩重经》,第193—194页。
[2] 萧登福《道家道教与中土佛教初期经义发展》第十章《汉魏六朝受道家道教影响之佛经》,第511页,简要分析见第514—516页,末称:"有关《佛说盂兰盆经》是仿袭中土中元节而伪撰的详细论释,请见笔者所著《道教与佛教》第六章《道教中元节对佛教〈盂兰盆经〉及目莲传说的影响》,1995年10月台湾东大图书公司出版。"
[3]《型世言》,《中国话本大系》,南京:江苏古籍出版社,1993年,第583—584页。
[4]《金圣叹全集》(修订版)第二册,南京:凤凰出版社,2018年,第1067—1069页,整理者因不熟悉佛经文法,致标点有误,且讹"抉網(网)"为"抉綱(纲)",第1069页。

国王,及作大臣、长者、居士、善男信女,见此恶人行非法时,即当白佛,鸣鼓椎钟,罢令其人还俗策使,其诸非法房室、器皿,即当毁坏,毋令遗留。能如是者,则为佛法之所永赖,则为如来之所付托,则为一切诸佛欢喜,则为后世众生增长信心。若复有人惑于祸福,听信妖言,为彼恶人更生庇护,是人即当堕大地狱,妻不贞良。出《大藏》,附识于此。"[1]更属胡诌。至若《萤窗异草》初编卷四《固安尼》末所附之邵次彭《解冤经》不过是油腔滑调的骈文,以"经"为名、点缀佛教故实罢了。[2]

棒 喝

梁启超讲过一句大实话:"禅宗盛行,诸派俱绝。踞座棒喝之人,吾辈实无标准以测其深浅。"[3]其实宋代禅师已自承认:"问也无穷,答也无尽。问答去来,于道转远,何故?况为此事,直饶棒头荐得,不是丈夫,喝下承当,未

---

[1]《金圣叹全集》(修订版)第四册,第821—822页。该回开头则纯是一篇模拟文字,首以"佛灭度后,诸恶比丘于佛事中广行非法,破坏象教,起大疑谤,殄灭佛法,不尽不止。我欲说之,久不得便,今因读此而寄辩之",第812页;尾以"安得先佛重出于世,一为廓清,令我众生知是福田为非福田,不以此言为河汉也",第814页。
[2]《萤窗异草》初编卷四,第129—130页。
[3]《佛学研究十八篇》第一篇《中国佛法兴衰沿革说略》,第17页。《朱舜水集》卷十一《答小宅生顺问》:"吾道之功,如布帛菽粟〔粟〕,衣之即不寒,食之即不饥,非如彼邪道,说玄说妙,说得天花乱坠,千年万年,总来无一人得见。所云有悟者,亦是大家共入窠臼中,未有一句一字真实。可惜无限聪明人俱被他瞒却,诚可哀痛!"第407页,以儒辟禅,转不若归心佛教的梁氏语有分量。

为达士,那〔哪〕堪更向言中取则、句里驰求?语路尖新,机锋捷疾,如斯见解,尽是埋没宗旨、玷污先贤,于吾祖道何曾梦见!"[1]禅宗本自证自悟,关人底事?由"不立文字"到"不离文字",乃至大立文字,禅僧已追求潜在的观众(关注者),醉心于表演、卖弄、邀人喝彩,浸假与文人、士大夫趋同了。在印刷品广泛传播的影响下,一方面,人人开窍,自行抵消,另一方面,人人复制,自觉无味。禅宗创意穷尽,与任何一种风尚大流行后消歇无异。禅宗伎俩沿用至后世者,无一不被拆穿、戏侮,正坐于此。

明末大德如祩宏,教、禅双修,归重却在净宗,他在《竹窗随笔》里勇于现身说法:

> 予于教之深玄者犹未能尽通也,而况于宗门中语乎?……略举古人一二:世尊拈花,迦叶破颜微笑,我今已能冥会佛心如迦叶否?客诵《金刚》,六祖即时契悟,我今已能顿了深经如六祖否?临济见大愚,而曰"黄檗佛法无多子",我今已能实见得"无多子"否?赵州八十行脚,曰"只为心头未悄然",我今已能"心头悄然"否?香岩击竹有声,而曰"一击忘所知",我今已能"忘所知"否?灵云见桃花,而曰"直至如今更不疑",我今已能的的到"不疑"之地否?高峰被雪岩问"正睡着无梦时主人",不能答,我今已能答斯

---

[1]《五灯会元》卷十七《泐潭洪英禅师》,第1125页。

问否？又三年而于枕子落地处大悟，我今已有此大悟否？如此类者不可胜举，倘有一未明，其余皆未必明也。如兜率悦公之谓张无尽是也。[1]

凡推崇古尊宿后，袾宏必斥"后人无知效颦，则口业不小"，"今人或得一知半见，或得些少轻安，便自以为大悟大彻，而无眼长老又或以东瓜印子印之，一盲众盲，非徒无益而有害，可胜悼欤"！"若不禁止，东竖一拳，西下一喝，此作一偈，彼说一颂，如风如狂，如戏如谑，虚头炽而实践亡"，"今人心未妙悟，而资性聪利、辞辩捷给者，窥看诸语录中问答机缘，便能模仿，只贵颠倒异常，可喜可愕，以眩俗目"，"剽窃模拟，直饶日久岁深，口滑舌便，俨然与古人乱真，亦只是剪彩之花、画纸之饼，成得甚么边事"？[2]清初余怀更毫不客气地说："近世魔外盛行，宗风衰落，盲棒瞎喝，予圣自雄。究其所学，下者目不识丁，高者不过携《指月录》一部而已。以此诳人，实以自诳；以此欺人，实以自欺。……而可以踞法王座，秉金刚剑，称西来之嫡子，提如来之正印乎？"[3]

---

[1]《竹窗随笔·三笔·颂古拈古（二）》，第188—189页。"兜率悦公之谓张无尽"，指《五灯会元》卷十八《丞相张商英居士》："悦曰：'既于此有疑，其余安得无邪？'"第1199页。"无尽"为张氏号。
[2]《竹窗随笔·宗门问答》，第29页；《三笔·传灯》，第172—173页；《三笔·妄拈古德机缘》，第150页；《二笔·宗门语不可乱拟》，第84—85页；《二笔·看语录须求古人用心处》，第85页。
[3]《续指月录序》，第2页。

冯梦龙《广笑府》有个笑话:"一僧号不语禅,本无所识,全仗二侍者代答。适游僧来参问:'如何是佛?'时侍者他出,禅者忙迫无措,东顾复西顾。又问:'如何是法?'禅不能答,看上又看下。又问:'如何是僧?'禅无奈,辄瞑目矣。又问:'如何是加持?'禅但伸手而已。游僧出,遇侍者,乃告之曰:'我问佛,禅师东顾西顾,盖谓人有东西、佛无南北也;我问法,禅师看上看下,盖谓是法平等、无有高下也;我问僧,彼且瞑目,盖谓白云深处卧,便是一高僧也;问加持,则伸手,盖谓接引众生也。此大禅可谓明心见性矣。'侍者还,禅师大骂曰:'尔等何往?不来帮我!他问佛,教我东看你又不见,西看你又不见;他又问法,教我上天无路,入地无门;他又问僧,我没奈何,只假睡;他又问加持,我自愧诸事不知,做甚长老?不如伸手沿门去叫化也罢。'"[1]慧寂禅师得此法嗣,"仰山门风"不衰何待?

---

[1]《广笑府》卷四《方外·不语禅》,《历代笑话集》,第319页。

编不圆的故事

善知识!菩提自性本来清净,但用此心,直了成佛。善知识!且听惠能行由得法事意。

惠能严父本贯范阳,左降流于岭南,作新州百姓。此身不幸,父又早亡,老母孤遗,移来南海,艰辛贫乏,于市卖柴。时有一客买柴,使令送至客店,客收去,惠能得钱,却出门外,见一客诵经。惠能一闻经语,心即开悟,遂问:"客诵何经?"客曰:"《金刚经》。"复问:"从何所来,持此经典?"客云:"我从蕲州黄梅县东禅寺来。其寺是五祖忍大师在彼主化,门人一千有余。我到彼中礼拜,听受此经。大师常劝僧俗:但持《金刚经》,即自见性,直了成佛。"惠能闻说,宿昔有缘,乃蒙一客取银十两与惠能,令充老母衣粮,教便往黄梅参礼五祖。

惠能安置母毕,即便辞违,不经三十余日,便至黄梅,礼拜五祖。祖问曰:"汝何方人?欲求何物?"惠能对曰:"弟子是岭南新州百姓,远来礼师,惟求作佛,不求余物。"祖言:"汝是岭南人,又是獦獠,若为堪作佛?"惠能曰:"人虽有南北,佛性本无南北。獦獠身与和尚不同,佛性有何差别?"五祖更欲与语,且见徒众总在左右,乃令随众作

《坛经》

务。惠能曰:"惠能启和尚,弟子自心常生智慧,不离自性,即是福田。未审和尚教作何务?"祖云:"这獦獠根性大利,汝更勿言,着槽厂去。"惠能退至后院,有一行者,差惠能破柴踏碓。经八月余,祖一日忽见惠能,曰:"吾思汝之见可用,恐有恶人害汝,遂不与汝言,汝知之否?"惠能曰:"弟子亦知师意,不敢行至堂前,令人不觉。"

祖一日唤诸门人总来:"吾向汝说,世人生死事大,汝等终日只求福田,不求出离生死苦海,自性若迷,福何可救?汝等各去自看智慧,取自本心般若之性,各作一偈,来呈吾看。若悟大意,付汝衣法,为第六代祖。火急速去,不得迟滞,思量即不中用。见性之人,言下须见,若如此者,轮刀上阵,亦得见之。"众得处分,退而递相谓曰:"我等众人,不须澄心用意作偈,将呈和尚,有何所益?神秀上座现为教授师,必是他得。我辈谩作偈颂,枉用心力。"诸人闻语,总皆息心,咸言:"我等已后依止秀师,何烦作偈?"神秀思惟:"诸人不呈偈者,为我与他为教授师,我须作偈,将呈和尚,若不呈偈,和尚如何知我心中见解深浅?我呈偈意,求法即善,觅祖即恶,却同凡心夺其圣位奚别?若不呈偈，终不得法。大难！大难！"五祖堂前有步廊三间，拟请供奉卢珍画《楞伽经》变相及《五祖血脉图》，流传供养。神秀作偈成已，数度欲呈，行至堂前，心中恍惚，遍体汗流，拟呈不得。前后经四日，一十三度呈偈不得。秀乃思惟："不如向廊下书着，从他和尚看见，忽若道好，即出礼拜，云是秀作；若道不堪，枉向山中数年，受人礼拜，更修何道？"是夜三更，不使人知，自执灯，书偈于南廊壁间，呈心所见。偈曰："身是菩提树，心如明镜台。时时勤拂拭，勿使惹尘埃。"秀书偈了，便却归房，人总不知。秀复思惟："五祖明日见偈欢喜，即我与法有缘；若言不堪，自是我迷，宿业障重，不合得法。"圣意难测，房中思想，坐卧不安，直至五更。祖已知神秀入门未得，不见自性。天明，祖唤卢供奉来，向南廊壁间绘画图、相，忽见其偈，报言："供奉却不用画，劳尔远来。《经》云：'凡所有相，皆是虚妄。'但留此偈，与人诵持，依此偈修，免堕恶道，依此偈修，有大利益。"令门人炷香礼敬，尽诵此偈，即得见性。门人诵偈，皆叹"善哉"。祖三更唤秀入堂，问曰："偈是汝作否？"秀言："实是秀作，不敢妄求祖位，望和尚慈悲，看弟子有少智慧否？"祖曰："汝作此偈，未见本性，只到门外，未入门内。如此见解，觅无上菩提，了不可得。无上菩提，须得言下识自本心，见自本性不生不灭，于一切时中，念念自见，万法无滞，一真一切真，万境自如如。如如之心，即是真实。若如是见，即是无上菩提之自性也。汝且去，一两日思惟，更作一偈，将来吾看。汝偈若入得门，付汝衣法。"神秀作礼而出，又经数日，作偈不成，心中恍惚，神思不安，犹如梦中，行坐不乐。

复两日，有一童子于碓坊过，唱诵其偈。惠能一闻，便知此偈未见本性，虽未蒙教授，早识大意。遂问童子曰："诵者何偈？"童子曰："尔这獦獠不知，大师言，世人生死事大，欲得传付衣法，令门人作偈来看，若悟大意，即付衣法，为第六祖。神秀上座于南廊壁上书无相偈，大师令人皆诵，依此偈修，免堕恶道，依此偈修，有大利益。"惠能曰："我亦要诵此，结来生缘。上人，我此踏碓八个余月，未曾行到堂前，望上人引至偈前礼拜。"童子引至偈前礼拜，惠能曰："惠能不识字，请上人为读。"时有江州别驾，姓张，名日用，便高声读。惠能闻已，遂言："亦有一偈，望别驾为书。"别驾言:"汝亦作偈,其事希有!"惠能向别驾言:"欲学无上菩提,不可轻于初学。下下人有上上智,上上人有没意智。若轻人,即有无量无边罪。"别驾言:"汝但诵偈,吾为汝书。汝若得法,先须度吾,勿忘此言。"惠能偈曰:"菩提本无树,明镜亦非台。本来无一物,何处惹尘埃?"书此偈已,徒众总惊,无不嗟讶,各相谓言:"奇哉!不得以貌取人,何得多时使他肉身菩萨?"祖见众人惊怪,恐人损害,遂将鞋擦了偈,曰:"亦未见性。"众以为然。

次日,祖潜至碓坊,见能腰石舂米,语曰:"求道之人,为法忘躯,当如是乎?"乃问曰:"米熟也未?"惠能曰:"米熟久矣,犹欠筛在。"祖以杖击碓三下而去。惠能即会祖意,三鼓入室。祖以袈裟遮围,不令人见,为说《金刚经》,至"应无所住而生其心",惠能言下大悟:"一切万法不离自性。"遂启祖言:"何期自性本自清净!何期自性本不生灭!何期自性本自具足!何期自性本无动摇!何期自性能生万法!"祖知悟本性,谓惠能曰:"不识本心,学法无益。若识自本心,见自本性,即名丈夫、天人师、佛。"三更受法,人尽不知,便传顿教及衣钵,云:"汝为第六代祖,善自护念,广度有情,流布将来,无令断绝。听吾偈曰:'有情来下种,因地果还生。无情亦无种,无性亦无生。'"(《行由品》)

——据丁福保《六祖坛经笺注》本(宗宝本)

第一人称

宗宝本《坛经》起首一段是:"时大师至宝林,韶州韦刺史与官僚入山,请师出于城中大梵寺讲堂,为众开缘说法。师升座次,刺史、官僚三十余人,儒宗学士三十余人,僧尼道俗一千余人,同时作礼,愿闻法要。"略仿佛经序分,即本经因缘,前头免了"如是我闻",后边不见了"诸天大众",然后是"大师告众曰",以下直至本品末"惠能于东山得法,辛苦受尽,命似悬丝。今日得与使君、官僚、僧尼、道俗同此一会,莫非累劫之缘,亦是过去生中供养诸佛,同种善根,方始得闻如上顿教得法之因。教是先圣所传,不是惠能自智。愿闻先圣教者,各令净心,闻了各自除疑,如先代圣人无别",[1]均以第一人称叙述。这种处理是让惠能自表"成佛作祖"的经历,想必他的确做过这样的"报告",内容也算笃实,但当后人试图添油加醋时,第一人称的口径就成了先天的制约,一旦突破,破绽立显。以自己的名字代替称"我",在古人本是一种自谦语气,而读者粗心,理解会向第三人称偏转,倘改编者犯起糊涂来,那就更要命了。这段中国古代较早的宗教"口述史料",被记录、整理和不断修饰,终于面目全非。

"**本贯范阳**",敦煌本作"**本官范阳**"。《敦煌坛经合校译注》注称:"斯(坦因)本、敦(煌县)博(物馆)本均

---

[1] 《六祖坛经笺注·行由品》,第85—86、124页。

同。诸校本则多据惠昕本改作'本贯'。""惠能'本贯'范阳之说，最早见于《神会语录》：'能禅师……俗姓卢，先祖范阳人也。'神会将《坛经》中的'慈父本官范阳'，改为'先祖范阳人也'，或因魏晋南北朝以来，卢姓之郡望为范阳之故。神会的说法为王维以下承袭，致惠昕本《坛经》改'本官'为'本贯'，影响甚大。"[1]有学者认为这是"没注意到还有另一个更基本的逻辑：中国传统中讲某个人的来历，必得先讲祖籍，即父祖的'本贯'，不可能讲父亲的为官之地。'本贯'某地、后迁居某地，作为传统史籍中的叙述套路，完全是历史学中的常识。'本官范阳'虽然从字面上可通，但通得毫无意义"。[2]实则此处惠能既系"自报家门"，何不径称"惠能本贯范阳"，再及入籍新州的原由？从"**严父本**……"讲起，便有回避"本贯"之意。盖神会看到"范阳"二字，正好附会卢姓，为张大师门，罔顾门阀观念作祟。王维《能禅师碑》明明说："禅师俗姓卢氏，某郡某县人也。名是虚假，不生族姓之家；法无中边，不居华夏之地。"[3]

---

[1] 李申校译、方广锠简注《敦煌坛经合校译注》，北京：中华书局，2018年，第8页。《说明》称"此次修订，多依据旅本"，即旅顺博物馆藏敦煌写本，第31页。"神会的说法为王维以下承袭"，盖本郭朋《坛经校释》第6页注4；而该书附录的王氏《六祖能禅师碑铭》"录自《全唐文》卷三二七"，显系经过后人篡改，第167页。

[2] 张伟然《历史学家缺席的中国佛教研究》，《华东师范大学学报（哲社版）》，2008年第4期，第20页。

[3] 陈铁民校注《王维集校注》卷九，北京：中华书局，2018年，第914页。案此《碑》乃有关惠能生平事迹的最早传世资料，正应神会（转下页）

愈改愈劣

释道原《景德传灯录》卷二十八《南阳慧忠国师语》有云:"吾比游方,多见此色,近尤盛矣,聚却三五百众,目视云汉,云是南方宗旨,把他《坛经》改换,添揉鄙谈,消除圣意,惑乱后徒,岂成言教?苦哉,吾宗丧矣!"[1] 慧忠卒于唐代宗大历十年(775),景德是北宋真宗年号(1004—1007),尽管单文孤证,也披露了《坛经》流衍的乱象。

事实上,《坛经》现存版本无一"信史",这既是资料方面的,也是文体方面的。研究者可就各版本自身论其宗旨,亦可在各版本的错进错出中找到发现真相的罅隙,但任何版本都不足以单独依托、凭借,进行涵括所有版本的推测与发挥。

论简本与繁本的关系,先"简"后"繁"自是常态,

(接上页)之请而作,《校注》系之于天宝五、六年(746、747)间,参第944页注24—25,神会称惠能"先祖范阳人"必是后来所为。事实上,传世唐代碑传史料皆无其说,如柳宗元《赐谥大鉴禅师碑》不及出身,刘禹锡《大鉴禅师碑》则言"至人之生,无有种类""蠢蠢南裔,降生杰异",《坛经校释·附录》,第170—171页。窃意标名"唐释法海撰"的《六祖大师法宝坛经略序》"父卢氏,讳行瑫"、标名"门人法海等集"的《六祖大师缘起外纪》"父卢氏,讳行瑫,唐武德三年(620)九月左官新州",愈描愈真,愈真愈假,《坛经校释·附录》,第140、143页,参第140页注1:"据印顺考证,这篇《略序》与下篇《外纪》,'所说与《坛经》每每不合,决非《坛经》记录者法海所作'。(《中国禅宗史》页二六七)这一论断,可作参考。"

[1] 释道原《景德传灯录》卷二十八《南阳慧忠国师语》,第827页。

即所谓"层累地造成",真的出现化"繁"为"简"的"节本",也一定和最初的"简本"——"祖本"——异趣。如惠能呈偈一节,敦煌本仅称:"为不识字,请一人读……又请得一解书人,于西间壁上题著。"[1]而宗宝本则标明是"**江州别驾,姓张,名日用**",与惠能还有一番对话,写得有鼻子有眼儿,假如敦煌本是其"节本",绝不会节略成那样,更别说"读"者、"书"者并非一人了。[2]《景德传灯录》的"添揉鄙谈",恐怕指的就是类似情况,至于"消除圣意",下文敦煌本的惠能两偈在其他本中仅余一偈,文字亦作改动,不就是显例吗?何必敦煌本本身为"节本"呢?

跟敦煌本相比,宗宝本《行由品》几可作小说读,系将禅宗后来认定的三事——一,转重《金刚经》;二,惠能成佛作祖;三,南宗遭北宗迫害——向前强力投射,以致立意不能圆到,行文更多疵颣。写五祖全是机谋,写六祖全是自雄,写神秀全是猥琐;至于一干"众人",毕肖今国产电视剧的"群众演员",召之即来,挥之即去。某些义理渊源有异,例如在《楞伽经》和《金刚经》之间,形成难以调和的矛盾。

---

[1] 《坛经校释》,第18页。
[2] 在《五灯会元》卷一《五祖弘忍大满禅师》里,是惠能"在碓坊,忽聆诵偈",向"同学"打听,"同学为诵","至夜,密告一童子,引至廊下,卢自秉烛,请别驾张日用于(神)秀偈之侧,写一偈",第52页。其人物关系与调度尚在摸索过程中。

禅僧常态

禅宗文献读多了，会让人产生错觉，好像做禅僧就是一天到晚没正经事，耍贫嘴，打哑谜，外加手势和身段。以常识判断，任何行当都不可能是这样的，而僧侣首先就是一种行当。这一点，其实只消翻翻宋僧宗赜《禅苑清规》、元僧德辉《敕修百丈清规》等，便能有所感受。它们固非怀海禅师之旧，也未必真能为禅林恪守，但组织谨密、等级森严无疑是其蕲向。

从《坛经》反映的情况看，惠能一到东禅寺，即被发往后院槽厂，听一行者差使，破柴踏碓八个多月，甚至对偶经碓坊的童子也尊称"上人"，身份已不能再低。他要崭露头角，打入上层——"行到堂前"，获得话语权，只有像五祖那样张口就撒谎。

给人留下深刻印象的是惠能的劳动状态，这是敦煌本和惠昕本《坛经》尚未及刻画的。他是岭南少数民族，体形瘦小，以至于仅凭自己的体重，连碓都踏不动，不得不"腰石舂米"。《宋高僧传》别称"抱石而舂"。[1] 佚名《曹溪大师别传》载惠能"忘身为道，仍踏碓，自嫌身轻，乃系大石着腰，坠碓令重，遂损腰脚。忍大师因行至碓米所，问曰：'汝为供养损腰脚，所痛如何？'能答曰：'不见有身，谁言

---

[1]《宋高僧传》卷八《唐韶州今南华寺惠能传》，《四朝高僧传》，北京：中国书店，2018年，第95页。

之痛？'"后亦自称"我忘身为道，踏碓直至跨脱，不以为苦"。[1]《别传》作者虽被胡适斥为"一个无学问的陋僧，他闭门虚造曹溪大师的故事"，[2]但这段踏碓受伤的"故事"还是因为比宗宝本质朴得多而可信度更高，宗宝显然不肯接受未来的"佛祖"会有凡人"损腰脚"的"痛苦"。法海本《坛经·六祖大师缘起外纪》末补云："师坠腰石，镌'龙朔元年（661）卢居士志'八字。此石向存黄梅东禅，明嘉靖间，粤中宦者于彼请归曹溪，今尚存。"[3]以北京景山公园思宗自缢槐树例之，这块"坠腰石"根本不必是真的。

不识字

《坛经》中的"不识字"多系惠能自称，一即《行由品》**"惠能不识字，请上人为读"**，另为《机缘品》告无尽藏"字即不识，义即请问"及告法达"吾不识文字，汝试取经诵一遍"，《顿渐品》记神秀"徒众"谩语"不识一字，有何所长"。[4]而这涉及三个层面的事实：甲，惠能本来如何；乙，惠能把自己表现成如何、表达成如何；丙，他人、后人把惠能记叙成如何，包括观察、理解、希冀、想象等。在不

---

[1]《坛经校释·附录》（节录自《续藏经》第二编乙第十九套第五册），第147、151页。
[2]《坛经考之一（跋曹溪大师别传）》，见《坛经校释·附录》（录自《胡适论学近著》平装本第一集上册），第164页。
[3] 法海禅师录《六祖法宝坛经》，香港：宏大印刷设计公司，非卖品，第6页。
[4]《六祖坛经笺注》，第104—105、195、202、243页。

断增饰的《坛经》里,甲、乙都混融进丙中,很难分辨了。所以,我们今天仅得就丙试作分析,而不能奢望准确还原甲、乙了。

研究者已指出,惠能明征暗引的佛典包括《金刚经》《维摩经》《楞伽经》《阿弥陀经》《观无量寿经》《法华经》《涅槃经》《梵网经》等,不下十种。[1]除印顺认为"惠能是利根""不识字是可以通达佛法的"[2]以外,其他学者都倾向于怀疑惠能是文盲。实际上,契嵩评论惠能事迹,讲得非常全面:

> 初,大鉴示为负薪之役,混一凡辈,自谓不识文字。及其以道稍显,虽三藏教文、俗间书传,引于言论,一一若素练习。发演圣道,解释经义,其无碍大辩灏若江海,人不能得其涯涘。……孰谓其不识世俗文字乎?识者曰:此非不识文字也,示不识耳。正以其道非世俗文字、语言之所及,盖有所表也。然正法东传,自大鉴益广,承之者皆卓荦大士,散布四海。其道德利人,人至于今赖之。详此,岂真樵者而初学道乎?是乃圣人降迹、示出于微者也。其等觉乎?妙觉

---

[1] 杨曾文《敦煌本〈坛经〉的佛经引述及其在惠能禅法中的意义》,收入《周绍良先生纪念文集》,北京:北京图书馆出版社,2006年,第453—464页。
[2] 《中国禅宗史》,扬州:广陵书社,2008年,第125、126页。

耶？不可得而必知。[1]

反复拈出一"示"字，未必是惠能的本意，正是《坛经》编纂者的用心。惠能不是古印度刹帝利王子，对他的神化只有借助"反常识"之法：越卑贱就越高贵，越平凡就越非凡，越一无所知，就越无所不知。

后世对惠能的"奇迹"津津乐道，但若想复制他头顶的光环，却有风险。针对晚明佛教徒，王弘撰先是人云亦云："人言天童释密云为柴火僧，目不识丁，因悟道后，不假学习，经书会通，书写悉合。近世传闻往往有之，如达观辈是也。"紧接着话锋一转："曹特臣尝游皖城，有友盛称城南兰若僧某如是者。特臣不之信，其友强往验之。特臣谓僧曰：'闻师初不识字，一日悟道，书法悉解，果否？'僧曰：'然。'曰：'道为无形，书法有象，悟道何遂能书？'曰：'一了百了，未悟者自不知耳。'曰：'书有楷、有草、有八分、有篆，师悟后能者何书？'曰：'楷耳。'曰：'师于余体如何？'曰：'不能，尚须学习。'特臣笑曰：'既悟后一了百了，则书法各体皆能，何独能楷而余体皆须学习邪？师殆谬为奇异，耸人皈向耳。'闻者哄然。"[2]

---

[1]《契嵩集·传法正宗记》卷六《震旦第三十三祖慧能尊者传》，桂林：广西师范大学出版社，2012年，第465—467页。
[2]《山志》二集卷二《僧伪》，第190—191页。周作人曾记"一位民国的边疆大员，以前在日本留学的时节，竭力劝人学佛。他说，就是你们学什么德文、法文，也都是白费工夫，只要学佛就好了，将来证果得了六神通，不论那〔哪〕一国文字，自然一看便懂"，《周作人散文全集（转下页）

贬抑神秀

惠能投到五祖门下,八个多月,仿佛全然不知神秀存在,正所谓"舍我其谁"。神秀却是在五祖唤门人作偈时才从这班不争气的家伙口中现身。《坛经》上下其手后,忘乎所以,随即产生了严重的"bug"——"**神秀思惟**"。《自序品》行文至此,勉强维系着第一人称口径,这里为渲染神秀的不是材料,突然转入表现神秀的心理活动,完全变成第三人称叙述。且据敦煌本,神秀原就打算"遂向南廊下中间壁上题作呈心偈",[1] 宗宝本又在前面见缝下蛆:"**神秀作偈成已,数度欲呈,行至堂前,心中恍惚,遍体汗流,拟呈不得。前后经四日,一十三度呈偈不得。**"目的是说他命中注定"上不了台盘",并一再提及"**秀乃思惟**""**秀复思惟**",强化第三人称而不自知。非要"四日""一十三度"的奥妙,也费猜详。其后,五祖命他"**更作一偈**",敦煌本仅称:"去数日,作不得。"宗宝本仍不依不饶:"**又经数日,作偈不成,心中恍惚,神思不安,犹如梦中,行坐不乐。**"而五祖起初唤门人作偈,特别嘱咐:"**火急速去,不得迟滞,思量即不中用。见性之人,言下须见,若如此者,轮刀上阵,亦得见之。**"这次对他说:"**汝且去,一两日思惟,更作一偈,将来吾看。汝偈若入得门,付汝衣法。**""思惟"即"思量","思量即不中用",却

(接上页)2·三天》,桂林:广西师范大学出版社,2009年,第367页。在晚明佛教徒是装神弄鬼,在晚清留学生却是自欺欺人。

[1]《坛经校释》,第14页。

要他"一两日思惟",还有可能"入门"吗?

《坛经》的贬抑适得其反:比起弘忍、惠能师弟的机诈,神秀倒显得单纯、朴实多了。

唐宋俗语

《坛经》保留了不少唐宋俗语。然而,比起后世禅僧每况愈下的谈吐,自称"**不识字**"的惠能所说竟还算得上雅正。敦煌本《坛经》里的惠能犹不失其堂堂做人的本色,后世禅僧则以拿腔作势为幌子、装疯卖傻为噱头,可谓"踵其事而增华,变其本而加厉"。

按照《坛经》的人称设定,"**獦獠**"是惠能听弘忍以此相呼,两字如何落笔,恐怕从一开始就成问题。"獦"系多音字,一音"liè",故被借为"猎"的俗写,但它尽可以构成与"猎"无涉的词汇,比如"獦獠",认为"獦獠"只能是"猎獠"之说论据并不充分。王闰吉先生将相关探讨大力推进,唯解"獦獠"为"语音不正",其"族群意义……应该是后起的意义",则过犹不及。[1] 论族群区分,从体貌、语言差异识别"他者"、命名"他者",古时确属习见;而论语汇发生,显然是先有《坛经》五祖称惠能为"獦獠",然后才有禅宗文献以"獦獠"指代惠能及口齿不清或语音不正之类的引申义。这意味着,不管"獦獠"之语源流如何,在

---

[1] 王闰吉《"獦獠"的词义及其宗教学意义》,《汉语史学报》,2013年第1期,第257—268页,引文见第266页。

五祖口中，它就是岭南少数民族的贬称。

再找惠能倩人题偈后几句，试较三个代表版本的异同：

敦煌本	院内徒众见能作此偈，尽怪。惠能却入碓坊。五祖忽来廊下
惠昕本	说此偈已，僧俗总惊，山中徒众无不嗟讶，各相谓言："奇哉！不得以貌取人，何得多时使他肉身菩萨？"五祖见众人怪
宗宝本	书此偈已，徒众总惊，无不嗟讶，各相谓言："奇哉！不得以貌取人，何得多时使他肉身菩萨？"祖见众人惊怪

（一）"却"作"退"解，惠昕以下各本基本延承，唯此处将惠能、五祖的一往、一来俱删落，不予交代，遂致前后脱榫。（二）"尽"，惠昕以下各本多改为"总"，或即唐人口语向宋人口语脱换的痕迹。（三）众人相谓"何得多时使他肉身菩萨"，惠昕以下各本所增，我在课堂上问学生"使"的意思，没人答对，不足为异，及取视坊间的一些注译本，或作"怎么没得多时他竟成了肉身菩萨"，[1] 或作"如何没得多时，竟让惠能他成就了肉身的菩萨啊"，[2] 或作"什么时候他竟成了肉身菩萨"，[3] 或作"为何他来这里没多久，也会写出如此深刻、精妙的诗偈来，竟然就成了一尊肉身菩萨"。[4] 亦无一得正解。其实，"使"即"用"义，今粤语"唔使""使唔使"即"不用""用不用"，这里可释为"役

---

[1] 杨延毅译注《金刚经、坛经》，西宁：青海人民出版社，2002年，第57页。
[2] 果滨编撰《敦博本与宗宝本〈六祖坛经〉比对暨研究》，台北：万卷楼图书股份有限公司，2018年，第81页。
[3] 尚荣译注《坛经》，北京：中华书局，2017年，第25页。
[4] 陈中浙《坛经散讲》，北京：商务印书馆，2018年，第25页。

使"，口语就是"使唤"，句意相当于："怎么能这么长时间一直让他个肉身菩萨给我们干活？"——借别人的嘴夸自己是"肉身菩萨"，这种事惠能应该干不出来吧？

《楞伽经》与《金刚经》

关于禅宗与佛典的关系，杜继文、魏道儒两先生指出："楞伽禅系以四卷本《楞伽》授徒，东山法门依《文殊般若》行禅"，"在《坛经》《神会语录》中，都强调惠能闻《金刚经》得悟，持《金刚经》成佛；《曹溪大师别传》则突出《涅槃经》的地位"。[1]郭朋先生干脆认为，以《楞伽经》印心与以《金刚经》印心一样，都属禅宗宗教传说。[2]不过，在宗宝本《坛经·行由品》里，却是《金刚经》在台面上而《楞伽经》在台面下的格局。

据传达摩授慧可以刘宋求那跋陀罗译四卷本《楞伽经》，赵宋苏轼已苦其"义趣幽眇，文字简古，读者或不能句，而况遗文以得义、忘义以了心者乎？此其所以寂寥于世、几废而仅存也"。[3]征诸禅宗文献，如《五灯会元》卷二《寿州智通禅师》："初看《楞伽经》约千余遍，而不会三身四智。礼拜六祖，求解其义。"卷三《江西马祖道一禅师》：谓众"达磨大师……引《楞伽经》文，以印众生心

---

[1] 《中国禅宗史》第三章《禅宗的南北对立和诸家态势（中唐之一）》，南京：江苏人民出版社，2008年，第157页。
[2] 《坛经校释序》，第8—10页。
[3] 苏轼《楞伽阿跋多罗宝经序》，《佛教十三经》，第613—614页。

地。恐汝颠倒,不自信此心之法各各有之,故《楞伽经》以佛语心为宗、无门为法门"。[1]《续指月录》卷五《临安净慈断桥妙伦禅师》"一日,于云居见山堂阅《楞伽》,至'蚊虫蟭蚁无有言说而能办事',顿然有省",[2]指四卷本《楞伽经》卷二《一切佛语心品第二》佛告大慧菩萨,"见此世界蚊蚋虫蚁,是等众生,无有言说而各办事"。在这之前,佛告大慧:"非一切刹土有言说。言说者,是作耳。或有佛刹瞻视显法,或有作相,或有扬眉,或有动睛,或笑,或欠,或謦欬,或念刹土,或动摇","是故非言说有性,有一切性"。[3]"后期禅宗的许多教学方法,与《楞伽经》中所说的扬眉瞬目而显法,不唯表现方法相近,而且其理论依据也相通。"[4]

《金刚经》属于大乘经中这样的类型:文字简括,义理还可以更简括,基本上两句话就够了:

> 第十品《庄严净土分》:"不应住色生心,不应住

---

[1]《五灯会元》,第87、128页。
[2]《续指月录》卷五《临安净慈断桥妙伦禅师》,第116页。
[3]《佛教十三经》,第675页。案唐译七卷本《大乘入楞伽经》卷三《集一切法品第二之三》作:"大慧,非一切佛土皆有言说,言说者,假安立耳。大慧,或有佛土瞪视显法,或现异相,或复扬眉,或动目睛,或示微笑,謦呻、謦欬、忆念、动摇,以如是等而显于法。……非由言说而有诸法,此世界中蝇蚁等虫,虽无言说,成自事故。"较为易解,《乾隆大藏经》第二十一册,第45页下栏至第46页上栏。
[4]赖永海、刘丹译注《楞伽经·前言》,北京:中华书局,2010年,第11页。

《坛经》

声、香、味、触、法生心。应无所住而生其心。"

第三十一品《知见不生分》:"所言法相者,如来说即非法相,是名法相。"[1]

次句即《金刚经》标志性的三段论式,其含义可参第六品《正信希有分》:"是诸众生若心取相,则为着我、人、众生、寿者;若取法相,即着我、人、众生、寿者;……若取非法相,即着我、人、众生、寿者。是故不应取法,不应取非法。……知我说法,如筏喻者,法尚应舍,何况非法?"[2]"**惠能一闻经语,心即开悟**",或非尽虚饰,《坛经·付嘱品》所谓"若有人问汝义,问有将无对,问无将有对,问凡以圣对,问圣以凡对,二道相因,生中道义",[3]的确深得肯綮。

"**五祖堂前有步廊三间,拟请供奉卢珍画《楞伽经》变相及《五祖血脉图》,流传供养。**"《楞伽经》作为壁画素材闪现,与《五祖血脉图》相映射,不无暗示之意。哪知"**天明,祖唤卢供奉来,向南廊壁间绘画图、相**",忽见神秀偈,"**报言:'供奉却不用画,劳尔远来。《经》云:凡所有相,皆是虚妄。'**"引语见《金刚经》第五品《如理实见分》。神秀涂鸦捣乱不假,弘忍何至引经据典以文其虚伪?且"凡所有相,皆是虚妄",当初怎么又请人绘画"流传供养"?出

---

[1]《佛教十三经》,第167、181页。
[2]《佛教十三经》,第164页。
[3]《六祖坛经笺注·付嘱品》,第275页。

尔反尔,从故事情节论,就为出神秀的洋相,从教派宗旨论,则象征着用《金刚经》破除《楞伽经》。

下转语

袾宏既称:"古德示众云:'黄梅衣钵,非但"时时勤拂拭"者不合得,直饶"何处惹尘埃"亦不合得,且道毕竟作么生合得衣钵?'一僧下九十九转语,不契,最后云:'定要他衣钵作甚?'古德乃忻然肯之。噫!师可谓杀人须见血,弟子可谓直穷到底者矣!"又称:"先德开示学人,谓'我今亦不论你禅定智慧、神通辩才,只要你下一转语谛当'。学人闻此,便昼夜学转语,错了也。既一转语如是尊贵、如是奇特,则知定不是情识卜度、见解依通所可袭取。盖从真实大彻大悟中自然流出者也。如其向经教中、向古人问答机缘中,以聪明小智模仿穿凿,取办于口,非不语句尖新,其实隔靴抓痒,直饶一刹那下恒河沙数转语,与自己有何交涉?"[1]对"下转语"的参禅方式,可谓信疑参半。

后世禅师转语的没巴鼻、少去就,反衬得惠能本分多了,而之所以他用有限的套路便打遍天下,是因为当时的禅师更本分——大家还没意识到,话可以那样说,或者可以那样乘人不备、后发制人。惠能的套路不外"三十六对法",概言之,即"外于相离相,内于空离空","问有将无对,问

---

[1]《竹窗随笔·二笔·黄梅衣钵》,第74页;《一转语》,第75页。

无将有对,问凡以圣对,问圣以凡对,二道相因,生中道义"。[1]

神秀呈偈曰:"**身是菩提树,心如明镜台。时时勤拂拭,勿使惹尘埃。**"惠能下转语曰:"**菩提本无树,明镜亦非台。本来无一物,何处惹尘埃?**"后来当着神秀弟子志诚针砭乃师,[2]仍属"外于相离相"。《机缘品》有如下一节:

> 僧智常,信州贵溪人,髫年出家,志求见性,一日参礼,师问曰:"汝从何来,欲求何事?"曰:"学人近往洪州白峰山礼大通和尚,蒙示见性成佛之义,未决狐疑,远来投礼,伏望和尚慈悲指示。"师曰:"彼有何言句,汝试举看。"曰:"智常到彼,凡经三月,未蒙示诲,为法切故,一夕独入丈室,请问如何是某甲本心本性。大通乃曰:'汝见虚空否?'对曰:'见。'彼曰:'汝见虚空有相貌否?'对曰:'虚空无形,有何相貌?'彼曰:'汝之本性犹如虚空,了无一物可见,是名正见,无一物可知,是名真知。无有青、黄、长、短,但见本源清净,觉体圆明,即名见性成佛,亦名如来知见。'学人虽闻此说,犹未决了,乞和尚开示。"师曰:"彼师所说,犹存见知,故令汝未了。吾今示汝一偈:'不见一法存无见,大似浮云遮日

---

[1]《六祖坛经笺注·付嘱品》,第273—275页。
[2]《六祖坛经笺注·顿渐品》,第244—250页。

面。不知一法守空知,还如太虚生闪电。此之知见瞥然兴,错认何曾解方便?汝当一念自知非,自己灵光常显现。'"[1]

即属"内于空离空"。至于"有僧举卧轮禅师偈云:'卧轮有伎俩,能断百思想。对境心不起,菩提日日长。'师闻之,曰:'此偈未明心地,若依而行之,是加系缚。'因示一偈曰:'惠能没伎俩,不断百思想。对境心数起,菩提作么长?'"[2]正是"问有将无对,问无将有对,问凡以圣对,问圣以凡对,二道相因,生中道义"。

《坛经》尚有一下转语套路,即著名的"风幡议":"时有风吹幡动,一僧曰:'风动。'一僧曰:'幡动。'议论不已。惠能进曰:'不是风动,不是幡动,仁者心动。'一众骇然。"[3]众僧所议实是物理现象,惠能来了个"一切唯心",完全调换了方向。不过,如据《五灯会元》,则早在"风幡议"之前已有"风铃议":西天十七祖僧伽难提尊者"闻风吹殿铃声","问曰:'铃鸣邪?风鸣邪?'(伽耶)舍多曰:

---

[1]《六祖坛经笺注·机缘品》,第216—218页。案即后文告智隍语意:"汝但心如虚空,不着空见,应用无碍,动静无心,凡圣情忘,能所俱泯,性相如如,无不定时也。"第237—238页。
[2]《六祖坛经笺注·机缘品》,第241—242页。
[3]《六祖坛经笺注·行由品》,第117—118页。《曹溪大师别传》记所议作:"初论幡者:'幡是无情,因风而动。'第二人难言:'风、幡俱是无情,如何得动?'第三人:'因缘和合故,合动。'第四人言:'幡不动,风自动耳。'众人诤论,喧喧不止。能大师高声止诸人曰:'幡无如余种动,所言动者,人者心自动耳。'"《坛经校释·附录》,第149页。

'非风、铃鸣,我心鸣耳。'"[1]宋释休即相连类:"风动邪?幡动邪?风鸣邪?铃鸣邪?非风铃鸣,非风幡动,此土与西天,一队黑漆桶。"[2]明人胡应麟更具怀疑精神:"六祖风幡语世所盛传,然西土已有之。""六祖岂拾前人唾涕者?非一时偶合,则记者必有一讹耶?"[3]

传法偈

禅宗"传法"之说既是系统构建,[4]有关的传法偈自然也是后人炮制的。在敦煌本《坛经》里已出现六祖所诵"先代五祖传衣付法颂",并接续了"第六祖惠能和尚颂",[5]"颂"即"偈"。普济《五灯会元》卷一则全记西天二十七祖传法偈,偈语通常围绕"心""法"展开,而十七祖僧伽难提尊者偈曰:"心地本无生,因地从缘起。缘种不相妨,华果亦复尔。"十八祖伽耶舍多尊者偈曰:"有种有心地,因缘能发萌。于缘不相碍,当生生不生。"二十七祖般若多罗尊者偈曰:"心地生诸种,因事复生理。果满菩提圆,华开世界起。"[6]转以"地""种""华""果"之类为譬,"华"通"花"。二十八祖即东土初祖菩提达摩大师,其偈曰:"吾本来兹土,传法救迷情。一花开五叶,结果自然

---

[1]《五灯会元》卷一《西天祖师·十七祖僧伽难提尊者》,第26页。
[2]《五灯会元》卷二十《荐福休禅师》,第1376页。
[3]《少室山房笔丛》卷四十八《双树幻钞下》,第491页。
[4]参看《坛经校释》,第128页注5。
[5]《坛经校释》,第123—124页。
[6]《五灯会元》卷一,第26—27、27、37页。

成。"以下各偈，《二祖慧可大祖禅师》："本来缘有地，因地种华生。本来无有种，华亦不曾生。"《三祖僧璨鉴智禅师》："华种虽因地，从地种华生。若无人下种，华地尽无生。"《四祖道信大医禅师》："华种有生性，因地华生生。大缘与性合，当生生不生。"《五祖弘忍大满禅师》："有情来下种，因地果还生。无情既无种，无性亦无生。"《六祖惠能大鉴禅师》："心地含诸种，普雨悉皆生。顿悟华情已，菩提果自成。"[1]较敦煌本《坛经》皆有改动。

通观二祖到六祖传法偈，总体构造上成一系，不过是反复表达禅宗的佛性观，其中二、三、四祖偈文尚嫌粗率，五祖语义明畅，辞气斩截，六祖却又显白而平庸。《六祖惠能大鉴禅师》载其说法："若人具二三昧，如地有种，能含藏长养，成就其实。……我今说法，犹如时雨溥润大地。汝等佛性譬诸种子，遇兹沾洽，悉得发生。承吾旨者，决获菩提，依吾行者，定证妙果。"[2]偈文就是它的韵语版。

五祖偈中的**有情**系梵语 Sattva（萨埵）的意译，旧译众生。"**种**"者，佛种；"**地**"者，性地或心地；"**果**"者，佛果。都属"明喻造词"的具象名词（喻体）部分。丁福保《笺注》谓："前二句譬如众生下种于田，是当渐生觉芽而生佛果。后二句言无情如木石之类则无佛性，既不下种子于田，则无生佛果之望。"[3]其实，在惠能与神秀冲突被进一

---

[1]《五灯会元》卷一，第45、47、49、50、52、56页。
[2]《五灯会元》卷一，第56页。
[3]《六祖坛经笺注》，第111页。

《坛经》

步加剧的宗宝本《坛经》里,这首传法偈可解读成,前两句对应神秀偈,为俗谛,后两句对应惠能偈,为真谛,自立自破,自下转语,在"无情既无种"改作"**无情亦无种**"之后,更给人这种感觉。该本《付嘱品》删去了二、三、四祖偈。

《朱子语类》

宋儒与佛教、道教

对于发展到汉代的中国文明来讲,佛教东来不啻一次"降维打击",跟近代以来西方文明与中国传统文明之间的关系相似,事实上,为了抵御第二次"降维打击",佛教还曾被当作重要武器。两者的区别是,佛教打击盲目无序,并在其起源地衰落而形同出走,西方文明则是西方列强处心积虑宰治世界的工具,这一点至今尚无改观。慧皎记昙柯迦罗"本中天竺人","自言天下文理毕己心腹。至年二十五,入一僧坊看,遇见《法胜毗昙》,聊取览之,茫然不解,殷勤重省,更增昏漠,乃叹曰:'吾积学多年,浪志坟典,游刃经籍,义不再思,文无重览,今睹佛书,顿出情外,必当理致钩深,别有精要。'于是赍卷入房,请一比丘略为解释,遂深悟因果,妙达三世,始知佛教宏旷,俗书所不能及"。[1]

---

[1]《高僧传》卷一,第13页。

华人实同此一番心曲,"浪志坟典,游刃经籍",语带双关,指桑骂槐。

另一方面,由于缺乏稳定的武力支撑及充分的技术保障,[1]佛教的传播缓慢、曲折,需不断调适,姑自2世纪算起,直到7世纪乃臻极盛。而中土文明的成分能从佛教"黑洞"中"逸出"的寥寥无几,不过原始巫术及道教化的巫术,文学的一部分和史学,政治体制、理念与权谋。就中本身受深刻影响、同时深刻影响文明后续开展的非儒家莫属。尽管原因是多方面的,但儒家中心地位的沦丧期也大致是2—7世纪,儒者面对佛教、道教的冲击,不仅陷于精神分裂,而且往往视佛教为终极的精神栖息地。清人朱轼评点《颜氏家训》,在序文中斥言:"始吾读颜侍郎《家训》,窃意侍郎复圣裔,于非礼勿视、听、言、动之义庶有合,可为后世训矣,岂惟颜氏宝之已哉?及览《养生》《归心》等篇,又怪二氏树吾道敌,方攻之不暇,而附会之,侍郎实忝厥祖,欲以垂训,可乎?"[2]盖颜之推标榜为颜回后人,遂招此反唇之詈。不过,接下来三百年的融通,却令儒家以"儒学为表,佛、道为里"的形态宣称自己强势的回归,开启了理学时代。小程说大程"自十五六时闻汝南周茂叔(敦颐)

---

[1] 佛教在华大发展的一个重要契机是"五胡乱华"不假,但毕竟不是来自起源地的武力输送。黄遵宪《锡兰岛卧佛》诗曰:"迩来耶稣徒,遍传《新旧约》。载以通商舶,助以攻城炮。"言简而意赅,《人境庐诗草》卷六,北京:朝华出版社,2018年,第198—199页。

[2] 王利器《颜氏家训集解》(增补本),北京:中华书局,1996年,第626页。

论道，遂厌科举之业，慨然有求道之志。未知其要，泛滥于诸家、出入于佛老者几十年，返求诸六经而后得之"。[1] 这股自信和自负劲儿令人称奇。朱熹说："道家有老、庄书，却不知看，尽为释氏窃而用之，却去仿效释氏经教之属。譬如巨室子弟，所有珍宝悉为人所盗去，却去收拾人家破瓮破釜！"[2] 还有工夫在释、道之间搬弄是非。我相信他们真的没意识到，儒学与佛道"联姻"而"诞育"的理学已篡改了早期儒学的"血统"。

金人李纯甫"尝著《少室面壁庵记略》"，谓达摩西来，"真传教者，非别传也。自师之至，其子孙遍天下。渐于义学沙门，以及学士大夫。潜符密契，不可胜数。""义学沙门"之外，"无尽（张商英）得之，以解《法华》；颍滨（苏辙）得之，以释《老子》；吉甫（曾几）得之，以论《周易》；伊川兄弟（程颢、程颐）得之，以训《诗》《书》；东莱（吕祖谦）得之，以议《左氏》；无垢（张九成）得之，以说《语》《孟》"。[3] 指名道姓，或失之凿，但以禅宗心性为理学源头，纲举目张。程晋芳《正学论二》谓："'虚'字出自《周易》，'灵'字出于《尚书》……复初之说，则《易》

---

[1]《二程集》卷十一《明道先生行状》，第638页。《呻吟语》卷四之四《品藻》称："明道受用处，阴得之老、佛"，第212页；"明道不落尘埃，多了看释、老"，第221页。另参《山志》初集卷三《程门诸子》，第58—59页。

[2]《朱子语类》卷一百二十五《老氏》，第3241页。类似的比喻又见卷一百二十六《释氏》，第3248页。

[3]《续指月录》卷八《屏山李纯甫居士》，第204页。

卦可寻，岂释氏所创乎？宝玉、大弓忽为盗窃，及其既得，则依然内府之宝。"[1]事实是，儒家于佛学登堂入室，然后反客为主，改换门庭，易佛、菩萨为孔、孟，反斥佛教为异端，究竟是谁盗憎主人呢？

陈确痛心疾首地说："宋明诸大儒始皆旁求诸二氏，久之，无所得，然后归本六经，崇圣言而排佛老，不亦伟乎！然程、朱谓二氏之学过高，弥近理，则犹是禅障也。非惟程、朱为然也。虽周子之言无欲、言无极、言主静，皆禅障也。某云：无欲安可作圣？可作佛耳。要之，佛亦乌能无欲？能绝欲耳。二氏之学所以大缪于圣人者，专在乎此，而周子未之察，故曰禅障也。"（朱子）曰'察识端倪'，曰'须先明一个心'，曰'非全放下，终难凑泊'，曰'略绰提撕'，曰'在腔子里'，曰'活泼泼地'，曰'常惺惺'，曰'颜子所乐何事'，曰'观未发前气象'，曰'性通极于无'，曰'才说性，便已不是性'，曰'无善无恶'，曰'妄心亦照'，曰'无妄无照'，曰'心有所向，便是欲'，曰'有所见，便是妄'，曰'既无所向，又无所见，便是无极而太极'，如此等语，未可悉数，皆禅障也，皆尝习内典而阶之厉也。嗟乎，佛教之溺人，曾何时而已哉！"[2]谢肇淛论理学家之"上焉者"："行本好奇，知足索隐，读圣贤之书，未能躬行实践，厌弃以为平常，而见虚无寂灭之教，闻明心见

---

[1]《勉行堂诗文集·文集》卷一，合肥：黄山书社，2012年，第691页。
[2]《陈确集·别集》卷四《瞽言三·禅障》，北京：中华书局，2009年，第445页。

性之论,离合恍惚,不着实地,以为生平未有之奇、亘代不传之秘。及一厕足,不能自返,而故为不可捉摸之言以掩之。本浅也而深言之,本下也而高言之,本近也而远譬之,本有也而无索之。如中间一条大路不行,却寻野径,崎岖百里之外,测景观星,而后得道,自以为奇。"[1]语殊冷隽。搁在今天说,宋明理学简直就像被佛教导航的自驾者,兴冲冲地奔向想当然的儒家目的地。

儒 教

儒学脱胎自上古巫术,达到了相当高的祛魅程度,例证之一,即勇于将史籍吸收为自己的经典,以强化历史维度。只有这样,一种认知和思想才分得清什么是已然、未然,什么是实然、应然。不过,对三代的构建与想象削弱了历史感,《易经》为术数开了后门,神秘主义成分渗透在礼制的各个方面,这些都表明,儒学的理性化并不彻底,具有"准宗教"潜质。章太炎说:"印度玄学之深,科学亦优,而其史则不可考。"[2]随着地道的宗教——佛教——东渐,进一步宗教化似乎是儒学起而应战的最佳策略。早期儒学跟后期儒学就此拉大距离,这还不要紧,要紧的是,早期儒学有可能被后期儒学所"覆盖",别忘了,宗教是反历史的。

其实,方之佛教,先秦儒学可谓"原始"儒学,汉代

---

[1]《五杂组》卷八《人部四》,第164页。
[2]《国学讲演录·经学略说》,第114页。

儒学可谓"小乘"儒学——纬书甚至近乎"密宗",宋明理学可谓"大乘"儒学——陆、王竟致合于"禅宗"。"唯其有之,是以似之",这种粗略的类比多少能反映儒学宗教化的实况。问题是,儒学宗教化本身就是佛教化,儒学之于佛教,不只是类比关系,而是越来越对应和匹配的关系。

佛教以经、律、论为三藏。李纲称:"曲礼三百,威仪三千,即律也;六经之所载、诸子之所言,即经、论也。"[1]尚有早年"格义"遗风。朱熹以教、律、禅为佛家三门:"吾儒家若见得道理透,就自家身心上理会得本领,便自兼得禅底;讲说辨讨,便自兼得教底;动由规矩,便自兼得律底。"[2]罗大经所谓:"盖自我儒言之,若子贡之多闻,弄一车兵器者也;曾子之守约,寸铁杀人者也。"[3]针对教、禅而发。尤侗的说法则是:"《法苑珠林》云:'本于仁则不杀,比于义则不盗,执于礼则不淫,守于信则不妄,师于智则不饮。'其所谓淫、杀、盗者,即君子之三戒也。人能受孔子戒,则菩萨戒不外是矣。故吾以释氏之禅得曾子之一贯,释氏之律合颜子之四勿。"[4]

具体到禅宗,仍以李纲所言为泛滥:

---

[1]《梁溪集》卷一百三十五《送浮图慧深序》,《四库全书》第1126册,上海:上海古籍出版社,1987年,第558页上栏。参章太炎《国学讲演录·诸子略说》:"儒之有礼教,亦犹释之有戒律。"第183页。
[2]《朱子语类》卷八《学二》,第154页。
[3]《鹤林玉露》乙编卷一《杀人手段》,第131页。
[4]《艮斋杂说》卷六,第126页。

至于教外别传正法眼藏，则孔子与诸弟子见于问答、言屯而理解者是已。……颜渊问仁，孔子曰："克己复礼为仁。一日克己复礼，天下归仁焉。"此非禅宗所谓"心外无法"者耶？子曰："参乎，吾道一以贯之。"曾子曰："唯。"此非禅宗所谓"默契""顿悟"者耶？"二三子以我为隐乎？吾无隐乎尔。"此即禅宗之扬眉瞬目也。"朝闻道，夕死可矣。"此即禅宗之坐脱立亡也。"毋固，毋必，毋意，毋我。"其无诸滞碍执着有如此者。"性与天道，不可得而闻也。"其不假文字、言说有如此者。凡《论语》所载孔子与诸弟子问答之辞，无非明此一事，但学者不心会之，既其文，不既其实，故以吾儒为世间法，而以佛之所传为出世间法，殊不知其初未尝异也。[1]

李颙提出周、程、张、朱等为"孔门曾、卜流派"，陆、吴、陈、王等为"邹孟流派"，"吾儒学术之有此两派，犹异端禅家之有'南能北秀'，各有所见，各有所得，合并归一，学斯无偏"。[2]斥之"异端"，还忍不住相"犹"，足见禅宗的深入人心。

康有为"圣人"附体，力倡孔教，思为一代教主，不

---

[1]《梁溪集》卷一百三十五《送浮图慧深序》,《四库全书》第1126册，第558页上栏至下栏。稍早于李氏，有刘经臣者，"著《明道谕儒篇》以警世"，直自居得孔子、子思、孟子之"教外别传"，见《五灯会元》卷十六《签判刘经臣居士》，第1057—1058页。
[2]《李颙集·二曲集》卷十五《富平答问》，第137页。

由得大放厥词:"佛学至今已无教矣。达摩如儒之刘歆,六祖如郑康成。""中国称孟、荀,即婆罗门称马鸣、龙树也。"[1]"孔子后有孟、荀,佛有马鸣、龙树。孔教后有汉武立十四博士,佛后有阿啨大天王立四万八千塔。诸家盛衰,颇为暗合。"[2]"庄子'知其无可奈何而安之',是艰苦老僧;孟子'莫非命也,顺受其正',是罗汉境界;子思'君子无入而不自得焉',正如佛氏地狱、天堂皆成佛土,是菩萨境界;孔子'天下有道,某不与易',正佛所谓'我不入地狱,谁当入地狱',此佛境界也。"[3]"孔子言灾异,即佛之言地狱。""孔子以五行灾异治君,使有警心也。佛言地狱即此意。"[4]视孔子同如来,孔教水到渠成。打着还原历史的旗号构建历史,晚清公羊学派终于成了儒学宗教化的同路人。

论佛学造诣,康有为比起章太炎,相去不可以道里计。正因如此,后者走得更远,到了以佛学甄别儒学的地步:"如以佛法衡量,子思乃中国之婆罗门";"孟子之学高于子思","只是数论";"以佛法衡之,明道殆入四禅八定地矣",明道为程颢;王学"仅至四禅四空地";"诚其意根者,即堕入数论之神我",《中庸》之言比于婆罗门教,所谓'参天

---

[1]《康南海先生口说》上册《学术源流七》,第14、15页。参《孟子微》卷一:"孔子为创教之发始,孟子为孔子后学之大宗也,如佛之有龙树、马鸣,耶之有保罗,索格底之有恶士滔图矣。"北京:中华书局,1987年,第28页。"索格底"即苏格拉底,"恶士滔图"即亚里士多德。
[2]《康南海先生口说》上册《荀子(兼言孟子)》,第52页。
[3]《康南海先生口说》上册《孟荀》,第52页。
[4]《康南海先生口说》下册《春秋繁露》,第58、61页。

地，赞化育'者，是其极致，乃入摩醯首罗天王一流也"；"明心见性之儒，谓之为禅，未尝不可。惟此所谓禅，乃曰禅八定，佛家与外道共有之禅，不肯打破意根者也"。[1]在清末民初的思想界，一部分人既失望于儒学，又不甘拜倒于泰西之教，遂张大竺西之教，借以安身立命，对于正面受到科学、民主思想冲击的儒教来说，这股思潮起到了迂回夹攻的作用。

语　录

俞樾倡言北宋"士大夫以奉使为两国邦交大事，故有所语，必备录之，以上于朝廷，是以有'语录'之名"，如倪思《重明节馆伴语录》、富弼《使北语录》，"嗣后遂相沿为记录之一体，儒家因之而有语录"，又谓"语录"出于"谈录"，"学者不知，讥宋儒误袭释家之名，是未详考也"，不顾其貌合神离，强行联宗。[2]林纾称"《论语》一书，出言为经，宋儒语录即权舆于此"，小字注："或谓语录出之南宗诸僧，实则非是。"[3]同样意在为"宋儒语录"撇清和抬身份。先秦文献载"语"者比比皆是，应该都经过了书面化。

---

[1]《国学讲演录·诸子略说》，第175、182、188、189页。他甚至说《庄子》"内篇七首，佛家精义俱在。外篇、杂篇与内篇稍异。盖《庄子》一书，有各种言说，外篇、杂篇颇有佛法所谓大乘（四禅四空）一派"，第211页。
[2]《九九销夏录》卷六《语录》，第60页。
[3]《春觉斋论文·流别论》，北京：人民文学出版社，1998年，第60页。林氏又别等"语录"于"讲义"，参《畏庐文辑佚·与本社社长论讲义书》，《林纾集》第一册，第351页。

李慈铭说"宜取"语录"精语","悉刊酿辞,翦裁以归简文,润色以存雅诂,示来者之正则,尤先觉之功臣"。[1]不仅收入《二程集》的《河南程氏粹言》就是如此,这种事古人早就干过。

钱大昕指出:

> 佛书初入中国,曰经、曰律、曰论,无所谓语录也。达磨西来,自称教外别传,直指心印。数传以后,其徒日众,而语录兴焉。支离鄙俚之言,奉为鸿宝,并佛所说之经典亦束之高阁矣。甚者诃佛骂祖,略无忌惮,而世之言佛者反尊尚之,以为胜于教律僧。甚矣,人之好怪也!释子之语录始于唐,儒家之语录始于宋。儒其行而释其言,非所以垂教也。君子之出辞气,必远鄙倍,语录行,而儒家有鄙倍之词矣;有德者必有言,语录行,则有有德而不必有言者矣。[2]

语殊峻快。王弘撰亦谓:"语录中用方言俚语,揆厥所由,实始于禅僧。转相沿冒,曾不之觉,虽大儒不免。此苟简之

---

[1] 《全祖望集汇校集注·附录·李慈铭越缦堂日记十四则》"光绪乙酉(一八八五)六月初二日",第2757页。案杨亿《刊修〈景德传灯录〉序》已不讳"刊削""裁定",特及"序论之作,或非古德之文,间厕编联,徒增楦酿,亦用简别,多所屏去",疑李氏"悉刊酿辞"即自此出。释道原《景德传灯录》,郑州:中州古籍出版社,2019年,第2、3页。
[2] 《十驾斋养新录》卷十八《语录》,第488页。《论语译注·泰伯》记曾子语:"出辞气,斯远鄙倍矣。"第79页。

道，不敬之一端也。"[1]《越缦堂日记》径斥："宋儒语录皆方言俗语，实为可厌，程、朱尤甚，盖多出于其门人传录之鄙。圣门言出辞气当远鄙倍，今满纸俚俗助辞，转益支离，意谓窃取禅宗，实亦下同市井。"[2]朱舜水更一口咬定："宋儒多豫人，方言多豫语。"[3]其实，《朱子语类》尚不至于辞气鄙倍，但语录体的确是有腔套的，一旦上口，很难改掉，像朱熹喜欢用"只""只是""也只"等表轻微的转折，[4]成了口头禅，就属这种情况。

顾炎武讥刺道："孔门弟子不过四科，自宋以下之为学者则有五科，曰'语录科'。"[5]禅宗是大乘佛教在中国的"别子"，禅宗语录具有明显的反精英乃至反智倾向，竟会受儒家青睐和效仿，只能意味着儒家的禅宗化与禅宗式大乘化及民粹化。语录的大量涌现反映了儒学准入门槛降低。朱国祯分语录为数等："圣人语录是行的、说的，门人记的；贤人则悟得的、命词的，门人修饰的；下此则摹仿的、安排的，门人附丽的；又有一等人，绝不知学，窥文苑之半斑，染三教之余唾，亦哓哓为此，是尚口的、改头换面的，其徒赞颂、夸

---

[1]《山志》初集卷一《语录》，第7页。
[2]《全祖望集汇校集注·附录·李慈铭越缦堂日记十四则》"光绪乙酉（一八八五）六月初二日"，第2757页。
[3]《朱舜水集》卷八《答野节书·二十六》，第231页。
[4] 这或许可追溯到《四书》，如《孟子》开篇《梁惠王上》"何必曰利？亦有仁义而已矣"，杨伯峻注"亦"字："只也。请参考（杨树达）《词诠》卷七。"《孟子译注》，第2页。据《孟子译注·孟子词典》，作"副词，只，但，特"解——本于《词诠》——的"亦"字共出现5次，第371页。
[5]《日知录集释》卷七《夫子之言性与天道》，第240页。

张的。古有僭经，此则僭语，盍亦自反而思之？"[1]"僭"即"躐等"。从文艺方面论，语录体发展为一新的文体，浸假与古文相混合，以致古文家专门悬为厉禁。[2]

不过，具体到朱熹《语类》，黄震以为："读先生之书者，其别有三：如《语类》，则门人之所记也；如书翰，则一时之所发也；如论著，则平生之所审定也。《语类》之所记或违其本旨，则有书翰之详说在，书翰之所说或异于平日，则有著述之定说在。"[3]《劝学篇·守约第八》"举中学各门求约之法"，其一为"理学看学案"，"可以兼考学行，甄综流派"。"惟《朱子语类》原书甚多，学案所甄录者未能尽见朱子之全体真面，宜更采录之。陈兰甫《东塾读书记》朱子一卷最善。"[4]

理学与社会

理学乃"三教合一"于较高层次上的体现，加强了唯心倾向，减少了社会维度。它吸收了释、道的修行功夫，等

---

[1] 《涌幢小品》卷十《己丑馆选》，第223—224页。
[2] 参钱锺书《七缀集·林纾的翻译》，北京：生活·读书·新知三联书店，2019年，第90页注1、2。唯在下文征及的林纾《春觉斋论文·论文十六忌》中反而遗漏了《忌陈腐》亦无取于"辨道学，则不离语录气"，又称："顾亭林（炎武）谓讲学从语录入门者，多不善于修词。方望溪（苞）谓宋五子讲学口语亦不宜入文。"北京：人民文学出版社，1998年，第106、107页。此外，钱锺书《人生边上的边上·中国文学小史序论》还提到姚鼐《述庵文钞序》，第95页。
[3] 《黄氏日抄》卷三十六《读诸儒书四》，第135—136页。
[4] 张之洞《劝学篇·守约第八》，第28页。案陈澧《东塾读书记》十五《朱子书》所录不止《朱子语类》。

于儒学义理加释、道功夫,令儒者不出儒门而兼修释、道,可谓巧取豪夺,但释之轮回(灵魂不死)与道之长生(肉体不死)尚非其所能该,故儒者多不免佞佛信道,偷开方便之门。顾炎武就说,明代"南方士大夫晚年多好学佛,北方士大夫晚年多好学仙。夫一生仕宦,投老得闲,正宜进德修业,以补从前之缺,而知不能及,流于异端,其与求田问舍之辈行事虽殊,而孳孳为利之心则一而已矣"。[1]

接过了韩愈"道统"说、勇于以"道统"自任的理学家,发生了明显的"内在转向",一切以穷理明心为本,儒家其表,佛教其里,信如熊十力所论:"佛之徒大概坚信轮回,爱护神我而懈于人道。……自江左以至近世,佛法在中国实无好影响。五代以后,儒林染佛氏之教外别传而变为理学,学术思想日益闭塞。人才衰弊,族类式微,其原因虽不一端,而出世法之传染于思想界者,其遗毒不浅也。"[2]理学在宋、明时期大发展,而汉族王朝先后经历了三度灭亡。不好说理学导致了灭亡,但理学无救于灭亡,却是肯定的。第一次灭亡后的汉族王朝犹能偏安南方,陈亮已禁不住征色发声:"今世之儒士自以为得正心诚意之学者,皆风痹不知痛痒之人也,举一世安于君父之仇,而方低头拱手以谈性命,不知何者谓之性命乎!"[3]而罗大经的话更让人心灰意冷:

---

[1]《日知录集释》卷十三《士大夫晚年之学》,第501页。
[2]《存斋随笔》,第78页。
[3]《陈亮集》卷一《上孝宗皇帝第一书》,北京:中华书局,1974年,第8—9页。

"士非尧、舜、文王、周、孔不谈,非《语》《孟》《中庸》《大学》不观,言必称周、程、张、朱,学必曰'致知格物'","然豪杰之士不出,礼义之俗不成,士风日陋于一日,人才岁衰于一岁,而学校之所讲,逢掖之所谈,几有若屠儿之礼佛、娼家之读礼者,是可叹也"。[1]颜元经历了第三次灭亡,在异族淫威之下,绝不敢斥言,只得将宋儒劈头盖脸痛骂:"秦汉后千余年间,气数乖薄,求如仲弓、子路之辈,不可多得,何独以偏缺微弱,兄于契丹,臣于金、元之宋,前之居汴也,生三四尧、孔,六七禹、颜,后之南渡也,又生三四尧、孔,六七禹、颜?而乃前有数圣贤,上不见一扶危济难之功,下不见一可相可将之材,两手以二帝畀金、以汴京与豫矣!后有数十圣贤,上不见一扶危济难之功,下不见一可相可将之材,两手以少帝付海、以玉玺与元矣!多圣多贤之世而乃如此乎?噫!"[2]

全祖望曾慨言:

> 吾乡自宋、元以来,号为邹、鲁,予修举诸先

---

[1]《鹤林玉露》丙编卷五《读书》,第314页。参周密《癸辛杂识续集》下《道学》,北京:中华书局,1997年,第169—170页。

[2]《四存编·存学编》卷二《性理评》,《子海精华编》,南京:凤凰出版社,2016年,第85页。参俞樾《九九销夏录》卷七《悠谬之辞》:"国初唐大陶(甄)撰《衡书》三卷,其《核儒篇》有云:'朱子进正心诚意之说,金人闻风而通,遂恢复中原,并削平西夏。'盖大陶目睹明季诸儒徒张讲学之帜,而于时事一无裨益,故以诙谐之舌抒愤懑之意。虽十九寓言,亦觉谈言微中也。"第80页。《衡书》即《潜书》原名,《核儒》后改作《辨儒》。

师故址,始于大隐(杨适)、石台(杜醇),讫于槎湖(张邦奇),说者以为皋比已冷,带草已枯,虽有好事,徒然而已,岂知当诸先师之灌灌也,吾乡立德、立功、立言之士出其中者盖十之九,山川之钟秀随乎儒苑,不可谓函文之中无权也。槎湖殁后,吾乡之讲堂渐替,而人物亦骤衰,隆、万诸公大半为乡愿所锢、党论所排,富贵之溺人如此。然则世之以讲学为迂而无预于实用者,弗之思耳。[1]

儒者组织大规模讲学活动,是从佛教法会"复制"来的,一乡之士因之有所树立不假,但与其说因所"讲"之"学",不如说是活动本身鼓荡风气所致。纪昀指出了事实的另一面:"三千弟子,惟孔子则可,孟子揣不及孔子,所与讲肄者公孙丑、万章等数人而已。洛、闽诸儒无孔子之道德,而亦招聚生徒,盈千累百,枭鸾并集,门户交争,遂酿为朋党,而国随以亡。东林诸儒不鉴覆辙,又骛虚名而受实祸。"[2]

纪氏当然是清代官方意识形态的维护者,但他对理学家的抨击并非深文周纳。在借助谈鬼说狐扩大了表达容量的《阅微草堂笔记》里,他以风趣的笔致写道:

> 武邑某公与戚友赏花佛寺经阁前。……酒酣耳热,

---

[1]《全祖望集汇校集注·外编》卷十六《槎湖书院记》,第1058、1059页。
[2]《阅微草堂笔记》卷十《如是我闻(四)》,第216页。

盛谈《西铭》万物一体之理，满座拱听，不觉入夜。忽阁上厉声叱曰："时方饥疫，百姓颇有死亡。汝为乡宦，既不思早倡义举，施粥舍药，即应趁此良夜，闭户安眠，尚不失为自了汉。乃虚谈高论，在此讲民胞物与。不知讲至天明，还可作饭餐、可作药服否？且击汝一砖，听汝再讲邪不胜正。"忽一城砖飞下，声若霹雳，杯盘几案俱碎。某公仓皇走出，曰："不信程、朱之学，此妖之所以为妖欤？"徐步太息而去。[1]

比这更直接的抗议见诸明季潘游龙《笑禅录》："老山宁长者，离城二百余里，冬月大雪，忽早起披裘上马。有老奴名供耕者，头蓬舌僵，拥马首而前曰：'天气正冷，爹爹今日往那〔哪〕里去？'长者曰：'我往二程祠上大会讲学。'耕曰：'我也要去听讲学。'长者呵之曰：'你晓得听讲甚么学？'耕以手自指腰下曰：'我也去听讲冬九腊月该有裤儿穿不？'"[2]

　　道德是从人际互动中产生的，具有鲜明的社会属性，因此难以通过个体化来增进。只有当博弈趋向"双赢"时，道德才能最大化。换句话说，只有所有人的利益趋向一致——这意味着你受益就是我受益而我受益就是你受益——善才能畅行无阻，此即《礼记·礼运》所向往的"天下为

---

[1]《阅微草堂笔记》卷四《滦阳消夏录（四）》，第70—71页。
[2]《历代笑话集》，第298页。

公"的"大同"。[1] 反顾古代中国，等级森严，贫富悬殊，地方社会总体趋于贫困，宋明理学号召士人从个体出发，通过修身养性实现道德进步，借用孟子的话说："以若所为，求若所欲，犹缘木而求鱼也。……缘木求鱼，虽不得鱼，无后灾。以若所为，求若所欲，尽心力而为之，后必有灾。"[2]

---

[1]《断句十三经经文》，第43页。
[2]《孟子译注·梁惠王上》，第16页。

伦理化体系

阳动阴静,非太极动静,只是理有动静,理不可见,因阴阳而后知,理搭在阴阳上,如人跨马相似。(卷九十四《周子之书》)

未有天地之先,毕竟也只是理,有此理,便有此天地,若无此理,便亦无天地,无人无物,都无该载了。(卷一《理气上》)

未有这事,先有这理,如未有君臣,已先有君臣之理,未有父子,已先有父子之理。不成元无此理,直待有君臣、父子,却旋将这道理入在里面。(卷九十五《程子之书一》)

有理便有气,流行发育万物。(卷一《理气上》)

天下未有无理之气,亦未有无气之理。(卷一《理气上》)

理与气本无先后之可言,但推上去时,却如理在先、气在后相似。(卷一《理气上》)

若理,则只是个净洁空阔底世界,无形迹,他却不会造作。气则能酝酿凝聚生物也。但有此气,则理便在其中。(卷一《理气上》)

气则为金、木、水、火,理则为仁、义、礼、智。(卷

一《理气上》)

　　气之精英者为神。金、木、水、火、土非神,所以为金、木、水、火、土者是神。在人则为理,所以为仁、义、礼、智、信者是也。(卷一《理气上》)

　　人之生,适遇其气,有得清者,有得浊者,贵贱寿夭皆然,故有参错不齐如此。……尧、舜、禹、皋、文、武、周、召得其正,孔、孟、夷、齐得其偏者也。至如极乱之后,五代之时,又却生许多圣贤,如祖宗、诸臣者,是极而复者也。如大睡一觉,及醒时却有精神。(卷一《理气上》)

　　气积为质,而性具焉。(卷一《理气上》)

　　(气质之说)起于张、程。某以为极有功于圣门,有补于后学……如韩退之《原性》中说"三品",说得也是,但不曾分明说是气质之性耳,性那里有"三品"来?孟子说性善,但说得本原处,下面却不曾说得气质之性,所以亦费分疏。诸子说性恶与善、恶混。使张、程之说早出,则这许多说话自不用纷争。(卷四《性理一》)

　　人性如一团火,煨在灰里,拨开便明。(卷四《性理一》)

《朱子语类》

性是体，情是用，性、情皆出于心，故心能统之。"统"如"统兵"之"统"，言有以主之也。（卷九十八《张子之书一》）

心，譬水也。性，水之理也。性所以立乎水之静，情所以行乎水之动，欲则水之流而至于滥也。才者，水之气力所以能流者，然其流有急有缓，则是才之不同。……只是性是一定，情与心、与才便合着气了。心本未尝不同，随人生得来便别了。情则可以善，可以恶。（卷五《性理二》）

敬有甚物？只如"畏"字相似，不是块然兀坐，耳无闻、目无见、全不省事之谓，只收敛身心，整齐、纯一，不恁地放纵，便是敬。（卷十二《学六》）

人之心性，敬则常存，不敬则不存。如释、老等人，却是能持敬，但是它只知得那上面一截事，却没下面一截事。觉而今恁地做工夫，却是有下面一截，又怕没那上面一截。那上面一截，却是个根本底。（卷十二《学六》）

格物,是物物上穷其至理;致知,是吾心无所不知。格物,是零细说;致知,是全体说。(卷十五《大学二》)

知、行常相须,如目无足不行,足无目不见。(卷九《学三》)

致知、力行,用功不可偏废。偏过一边,则一边受病。……但只要分先后轻重,论先后当以致知为先,论轻重当以力行为重。(卷九《学三》)

物格、知至后,其理虽明,到得后来齐家、治国、平天下,逐件事又自有许多节次,须逐件又徐徐做将去。如人行路,行到一处了,又行一处,先来固是知其所往了,到各处又自各有许多行步。若到一处而止不进,则不可;未到一处而欲逾越顿进一处,亦不可。(卷十六《大学三》)

自谓能明其德而不屑乎新民者,如佛、老便是;不务明其明德而以政教法度为足以新民者,如管仲之徒便是;略知明德新民而不求止于至善者,如前日所论王通便是:看他于己分上亦甚修饬,其论为治本末亦有条理,甚有志于斯世,只是规模浅狭,不曾就本原上着功,便做不彻。须是无所不用其极,方始是。看古之圣贤别无用心,只这两者是吃紧处:明明德,便欲无一豪私欲;新民,便欲人于事事物物上皆是当。正如佛家说"为此一大事因缘出见于世",此亦是圣人一大事也。千言万语,只是说这个道理。若还一日不扶持,便倒了。圣人只是常欲扶持这个道理,教他撑天柱地。(卷十七《大学四》)

——据中华书局《朱子语类》本

唯心与唯物

程朱理学，概言之，即预设一先验、纯粹之理——对应于"天命之性"，此理必以"气化"的形态存在，成为其衍生物，"气"有清、浊，以致"气质之性"有高、下，浊气于理造成干扰，此等浊气所钟之人须通过格物穷理，体认而回归，完成自我超越或救赎。

我的一位朋友因外派工作，独处日久，发展出一套类似的"客观唯心主义"体系。这相当于佛教三乘里的"缘觉"，又称独觉，"指独自悟道之修行者，即于现在身中，不禀佛教，观诸法生灭因缘而自行悟道者，性乐寂静而不事说法教化之圣者"。[1] 他曾问道："如果不是理在物先，人怎么会产生道德感呢？"我当时回答说，道德来自社会契约，要是现在的话，会对以演化论加博弈论。显然，我更倾向于唯物主义。

唯物主义与唯心主义，两者皆不能绝对排斥对方。而唯物主义肯定主观能动性，等于从后门放进了某种程度的唯心主义；客观唯心主义亦不否定物质性，以致招来"二元论"的品目；只有主观唯心主义咬定牙关，拒不接受物质性，则过于矫情了，因为在实践中，哪怕最极端的唯心主义者也免不了根据唯物主义原则行事。王阳明说此花不在心外，[2] 但绝

---

[1]《大般涅槃经》，第120页。
[2]《王阳明全集》卷三《传习录下》，第107—108页。

不会否认他父母先于自己存在吧?

唯心主义与唯物主义,两者还有种不对称性,那就是,唯物主义必持无神论,而唯心主义并非必持有神论。钱锺书晚年忍不住替程、朱鸣不平说:"孔子之教,'不语怪神';《墨子·公孟》记孔子之徒曰'无鬼神',而墨子讥'儒之道足以丧天下者四',其一为'以鬼为不神'。宋之道学家主无鬼论,乃未坠孔子之绪耳。""盖'唯心'之程、朱,辟鬼无异'唯物'之王充、范缜。帖括家如熊伯龙,诵说《四书》,研精八股,能撰《无何集》以阐演《论衡》之'订鬼',实亦'讲学老儒'本分。""程、朱不以'无鬼'而其'唯心'得从末减,王、范以'无鬼'而并被褒为'无神',遂当'唯物'之目而不忝。悠悠物论,不明则不公乎?不公则不明也!"[1]程、朱比孔子更鲜明地持"无鬼论",使宋学招来了"有鬼论"者的猛烈夹击,详后论《阅微草堂笔记》。

阴阳五行

朱熹说:"世间之物,无不有理,皆须格过。古人自幼便识其具,且如事亲事君之礼,钟鼓铿锵之节,进退揖逊之仪,皆目熟其事,躬亲其礼。及其长也,不过只是穷此理,因而渐及于天、地、鬼、神、日、月、阴、阳、草、木、

---

[1]《管锥编》第五册《管锥编增订·1423页》,第110—111页。

鸟、兽之理,所以用工也易。"[1]与绝大多数古人一样,朱熹治学,貌似始乎归纳,其实都是假的,是心里早有了关于"理"的成见,把对它的演绎装作归纳而已。换句话说,他念兹在兹的只是"伦理",有时由"物理"推导出,更多的时候是推导出"物理",两者本质上构成类比关系,"伦理"先于和高于"物理"。

在朱熹看来,"**太极**"是超然、纯粹之"理","理"是杂于"气"中之"理"。"**阴阳**"即"阴、阳二气"。他又称:"**气之精英者为神。金、木、水、火、土非神,所以为金、木、水、火、土者是神。**"且不论这话本身通不通,它如何与"阴、阳二气"对接呢?"阴、阳是气,五行是质","虽是质,他又有五行之气做这物事方得","却是阴、阳二气截做这五个,不是阴、阳外别有五行"。"五行相为阴阳,又各自为阴阳。"[2]"阴阳"为偶数,"五行"为奇数,显然各有各的来源,分属不同体系,大概到战国时期合流,但彼此始终无法兼容,对此,古人不以为不足,反乐见其适用范围因而扩大。陆九渊说:"'一阴一阳之谓道',乃泛言天地万物皆具此阴阳也。"[3]程颐说:"五德之运,却有这道理。凡事皆有此五般,自小至大,不可胜数。"[4]朱熹说:"阴阳五

---

[1]《朱子语类》卷十五《大学二》,第306页。
[2]《朱子语类》卷一《理气上》,第9、10页。
[3]《陆九渊集》卷三十五《语录下》,第477页。
[4]《二程集·河南程氏遗书卷第十九·伊川先生语五·杨遵道录》,第263页。

行之理，须常常看得在目前，则自然牢固矣。"[1]任举一物而兼具阴阳五行，传统相声《阴阳五行》是古人"格物"法的"归谬"版。

严复接触到西方近代科学后，反省道："曰二仪，曰五行，中国言数与理者之宗也。五行始见于《虞书》，曰水、火、金、木、土、谷，谓之六府。至于《洪范》，始以谷合土，由是五行为言数、言理者不离之宗。其为用，不独以言物质而已，帝王德运之相嬗，鬼神郊祀之分列，推而至于人伦之近，物色之常，音律之变，藏府之官，无一焉不以五行为分配。牵涉傅会，强物性之自然，以就吾心之臆造，此所以为言理之大蔀，而吾国数千年格物穷理之学所以无可言也。"[2]列维-布留尔（Lévy-Bruhl）把这归因为巫术思维的延续：

> 中国的科学就是这种发展停滞的一个怵目惊心的例子。它产生了天文学、物理学、化学、生理学、病理学、治疗学以及诸如此类的浩如烟海的百科全书，但在我们看来，所有这一切只不过是扯淡。怎么可以在许多世纪中付出这样多的勤劳和机智而其结果却完全等于零呢？这是由于许多原因造成的，但无疑主要的是由于这些所谓的科学中的每一种都是奠基在僵化

---

[1]《朱子语类》卷一《理气上》，第9页。
[2]《严复全集》卷七《孙译〈化学导源〉序》，第351页。

的概念上,而这些概念从来没有受到过经验的检验,它们差不多只是包含着一些带上神秘的前关联的模糊的未经实际证实的概念。这些概念所具有的抽象的和一般的形式可以容许一种表面上合逻辑的分析与综合的双重过程,而这个永远是空洞的自足的过程可以没完没了地继续下去。[1]

传统格物学在与西方自然科学的竞争中全盘崩溃,唯独中医兀自支吾。

气

"气则能酝酿凝聚生物也。"古人"气"论始于极其朴素、直观的感知,既将物理性质、化学性质混淆,更不擅长通过严格的实验进行分析、比较和跟踪研究,终竟成为"包含着一些带上神秘的前关联的模糊的未经实际证实的概念",如朱熹所谓"气中自有个灵底物事"。[2] 王廷相说:"气至而滋息,伸乎合一之妙也,气返而游散,归乎太虚之体也。是故气有聚散,无灭息。雨水之始,气化也,得火之炎,复蒸而为气;草木之生,气结也,得火之灼,复化而为烟。以形观之,若有有无之分矣,而气之出入于太虚者初未尝减也。譬冰之于海矣,寒而为冰,聚也,融澌而为水,散也,其聚

---

[1] 列维-布留尔《原始思维》第十二章《向更高的思维类型过渡》,丁由译,北京:商务印书馆,1981年,第447页。
[2] 《朱子语类》卷五《性理二》,第95页。

其散，冰固有有无也，而海之水无损焉。"[1] 已算是差强人意的归纳。王夫之说："汞受火煎，无以覆之，则散而无有，孟覆其上，遂成朱粉。油薪爇于空旷，烟散而无纤埃，密室闭窒，乃有煤墨。"很有点儿科学精神了，可惜后一句话是："于此可验鬼之状。"[2]

儒家论"气"，莫先《孟子》，《公孙丑上》《告子上》各有一段，朱熹以为"天地之正气而人得以生者"。[3] 道教论"气"，《抱朴子》称："人在气中，气在人中，自天地至于万物，无不须气以生者也。善行气者，内以养身，外以却恶，然百姓日用而不知焉。"[4] 袁黄《摄生三要》乃挹彼注兹："人得天地之气以生，必有一段元气亭毒于受胎之先，道家所谓先天祖气是也。又有后天之气，乃呼吸往来，运行充满于身者，此与先天之气同出而异名。先天氤氤氲氲，生于无形，而后天则有形而可见。先天恍恍惚惚，藏于无象，而后天则有象而可求。其实一物而已。故养气之学，不可

---

[1]《王廷相集·王浚川所著书·慎言》卷一《道体篇》，北京：中华书局，1989年，第753—754页。
[2]《俟解》，《梨州船山五书》，台北：世界书局，1974年，第6页。
[3]《四书章句集注·孟子集注》卷三《公孙丑上》，第231页。
[4]《抱朴子内篇校释》卷五《至理》，第114页。案从下文所论"气禁"术，可知"气"实为古人"感应"观念的载体。参卷八《释滞》论"行气"，第149—150页；卷十五《杂应》论"食气"，第267—268页；及《神仙传》卷六《王真》论"胎息、胎食"，第35页上栏。朱熹亦言："鬼神只是气，屈伸往来者，气也。天地间无非气，人之气与天地之气常相接无间断，人自不见。人心才动，必达于气，便与这屈伸往来者相感通。如卜筮之类，皆是心自有此物，只说你心上事，才动必应也。"《朱子语类》卷三《鬼神》，第36页。

不讲。孟子蹶趋动心之说,所宜细玩。""举扇便有风,为满天地间皆是气也。孟子曰:'塞乎天地之间。'诚然!诚然!"[1]

纪昀记明经朱静园的狐友畅谈,"凡修道,人易而物难,人气纯,物气驳也;成道,物易而人难,物心一而人心杂也。炼形者先炼气,炼气者先炼心,所谓'志,气之帅也'。心定则气聚而形固,心摇则气涣而形萎",[2]尚师袁氏故智;又记儒学门斗王半仙的狐友自称能见人梦境:

> 人秉阳气以生,阳气上升,恒发越于顶。睡则神聚于心,灵光与阳气相映,如镜取影。梦生于心,其影皆现于阳气中,往来生灭,倏忽变形一二寸小人,如画图,如戏剧,如虫之蠕动。即不可告人之事,亦百态毕露,鬼神皆得而见之,狐之通灵者亦得见之,但不闻其语耳。……心之善恶,亦现于阳气中。生一善念,则气中一线如烈焰;生一恶念,则气中一线如浓烟。浓烟幂首,尚有一线之光,是畜生道中人;并一线之光而无之,是泥犁狱中人矣。……人心本善,恶

---

[1]《袁了凡静坐要诀》(增订本)附录一,上海:上海古籍出版社,2018年,第67页。"亭毒"出自《老子道德经》第五十一章,第113页,作"化育"解。"养气"指《孟子》"我善养吾浩然之气","蹶趋动心"指"今夫蹶者、趋者,是气也,而反动其心","塞乎天地之间"当作"塞于天地之间",皆见《孟子译注·公孙丑上》,第62页。

[2]《阅微草堂笔记》卷十二《槐西杂志(二)》,第275页。引文见《孟子译注·公孙丑上》,第62页。

念蔽之。睡时一念不生，则此心还其本体，阳气仍自光明。即其初醒时，念尚未起，光明亦尚在。念渐起，则渐昏，念全起，则全昏矣。君不读书，试向秀才问之，孟子所谓"夜气"，即此是也。[1]

完全是理学家所言"气"的形下化了。顾恩瀚更载某人即将行凶，则他人见其"罩有一团黑气，近视则无，退后丈许，又睹黑气"，及放弃恶念，"遂不复有黑气罩身"。[2]前者"鬼神"及"狐之通灵者"皆得见之，后者更为路人所见，则又何须哲人谈玄论道呢？

宋太祖

泛泛言"**人之生，适遇其气**"，也罢了，指实说"**尧、舜、禹、皋、文、武、周、召得其正，孔、孟、夷、齐得其偏**"，已属迂腐，还要来一句"**至如极乱之后，五代之时，又却生许多圣贤，如祖宗、诸臣者，是极而复者也。如大睡一觉，及醒时却有精神**"，就有点荒诞了。朱熹喜欢用"睡"和"醒"打比方，如称："人之本心不明，一如睡人都昏了，不知有此身，须是唤醒方知。恰如瞌睡，强自唤醒，

---

[1]《阅微草堂笔记》卷三《滦阳消夏录（三）》，第58页。"夜气"见《孟子译注·告子上》，第263页。
[2]《竹素园丛谈》一七《谈鬼三则》，收入杨寿枏《云在山房丛书三种》，太原：山西古籍出版社，1996年，第90—91页。

唤之不已，终会醒。"[1]对应于"人之本心"，则"大睡""醒时""极而复者"当是"天地之心"了。

宋太祖取天下于孤儿寡母，传天下于烛影斧声，高层政治黑幕重重，与唐末、五代之篡乱相同的陈桥兵变实为绝大的政治禁忌。北宋时，李淑"出知郑州，奉时祀于恭陵，而作《恭帝诗》曰：'弄楯牵车挽鼓催，不知门外倒戈回。荒坟断垄才三尺，犹认房陵半仗来。'（陈）述古得其诗，遽讽寺僧刻石，打墨百本，传于都下。俄有以诗上闻者，仁宗以其诗送中书。翰林学士叶清臣等言：'本朝以揖逊得天下，而淑诬以干戈，且臣子非所宜言。'仁宗亦深恶之，遂落李所居职。自是连蹇于侍从垂二十年，竟不能用而卒"。[2]"恭帝"即后周恭帝柴宗训。南宋时，就出现了这样的政治"段子"："子瞻（苏轼）问欧阳公（修）曰：'《五代史》可传后也乎？'公曰：'修于此窃有善善恶恶之志。'苏公曰：'韩

---

[1]《朱子语类》卷十二《学六》，第214页。次条作："人有此心，便知此身。人昏昧不知有此心，便如人困睡不知有此身。人虽困睡，得人唤觉，则此身自在。心亦如此，方其昏蔽，得人警觉，则此心便在这里。"这是不同学生所记的基本相同的话。参卷十七《大学四》："如人瞌睡，方其睡时，固无所觉。莫教才醒，便抖擞起精神，莫要更教他睡，此便是醒。"第403页。《呻吟语》卷二之一《修身》更进一步："作人怕似渴睡汉，才唤醒时，睁眼若有知，旋复沉困，竟是寐中人。须如朝兴栉盥之后，神爽气清，冷冷〔泠泠〕劲劲，方是真醒。"第67页。

[2] 魏泰《东轩笔录》，上海：上海古籍出版社，2012年，第20页。梅尧臣《端明李侍郎挽歌三首》之一有"被谤过周陵"之句，《梅尧臣集编年校注》卷二十九，第1104页。恭帝徙居房陵，归葬世宗庆陵，他21岁暴卒，亦有被害疑云。

通无传,恶得为善善恶恶?'公默然。"[1]韩通因忠于后周满门被杀。

陆游侘傺高歌:"君看煌煌艺祖业,志士岂得空酸辛!"[2]南宋士人因北伐无望而追怀北宋开国者,一如明、清之际的朱元璋崇拜,并不难理解。朱熹于"本朝太祖",既称"有圣人之材","大凡做事底人,多是先其大纲,其他节目可因则因,此方是英雄手段",[3]又称"直是明达,故当时创法立度,其节拍一一都是",[4]尚具分寸。更晚的王应麟遂径以之为王道的施行者了:"《孟子》曰:'天下可运于掌。'又曰:'以齐王由反手也。'岂儒者之空言哉?""我艺祖受天明命,澡宇宙而新之。""一诏令之下,而四海之内改视易听。运掌反手之言,于是验矣。""汉高帝三章之约,我艺祖陈桥之誓,所谓'若时雨降,民大悦'者也。"[5]

事实上,朱熹论"本朝大势",何等简赅:"本朝监五代,藩镇兵也收了,赏罚刑政,一切都收了。然州郡一齐困

---

[1] 王楙《野客丛书》附《野老记闻》,《全宋笔记》第六编,郑州:大象出版社,2013年,第404页。周密《齐东野语》卷十三《韩通立传》是另一版本:"旧传焦千之学于欧阳公,一日,造刘贡父(敞),刘问:'《五代史》成邪?'焦对:'将脱稿。'刘问:'为韩瞠眼(通)立传乎?'焦默然。刘笑曰:'如此亦是第二等文字耳。'"尖锐度有所削弱,上海:华东师范大学出版社,1987年,第262页。
[2] 朱东润选注《陆游选集·寒夜歌》,上海:上海古籍出版社,2013年,第135页。
[3] 《朱子语类》卷一百二十七《本朝一》,第3282页;卷八《学二》亦云:"英雄之主所以有天下,只是立得志定,见得大利害。"第147页。
[4] 《朱子语类》卷一百三十六《历代三》,第3510页。
[5] 《困学纪闻》卷十五《考史》,第291、292页。

弱，靖康之祸，寇盗所过，莫不溃散，亦是失斟酌所致。又如熙宁变法，亦是当苟且惰弛之余，势有所不容已者，但变之自不中道。"[1]历史书写不能令政治就范，理学思辨就更办不到了，何况两宋江河日下，风雨飘摇，差距过于悬殊。——应该反过来说：正是严酷的外部政治激发了内化的道德理想。

善恶之源

读《太上感应篇》，总觉得头轻脚重。论行善，虽有"三百善""一千三百善"之说，而名目甚疏（即《积善章第四》，注称"备举为善之端"），仅115字；论作恶，则铺陈详实（即《诸恶章第六》，注称"备举恶行"），多达740字，简直应有尽有。[2]"亚里士多德尝引谚云：'人之善者同出一辙，人之恶者殊途多方。'"[3]中外所见略同。

就善恶本身论善恶，只能说善恶是与生俱来的。宋儒千言万语，落回"气质之性"上，不啻招供。要之，以孔子所论最浑沦得恰切，详前论《论语》。明人颇有不昧此旨的，如王廷相说："自世之人观之，善者常一二，不善者常千百；行事合道者常一二，不合道者常千百。昭昭虽勉于德

---

[1]《朱子语类》卷二十四《论语六》，第647—648页。
[2] 参收入《劝诫汇编》的《太上感应篇》（香港版，非卖品）。别见《镜花缘》第五十八回余承志论四十四种强盗名色，第353—354页。传统相声《洋药方》即以罗列人的"缺德毛病"为贯口。
[3]《管锥编》第五册《管锥编增订·671页》，第54页。

《朱子语类》

行，而惰于冥冥者不可胜计；读书知道者，犹知廉耻而不为非，其余嗜利小人，行奸侥幸而无所不为矣。故谓人心皆善者，非圣人大观真实之论，而宋儒极力论赞以号召乎天下，惑矣！"[1]谢肇淛也承认"人之相左，诚隔数尘"，随后对比了"廉者—贪者""宽者—愊者""智者—愚者""忠者—佞者""贤者—不肖者"的悬殊，结论是："此非有生以来一定而不可变者哉？夫子曰'上智与下愚不移'是也。孟氏谓'人皆可为尧、舜'，吾终未敢以为然。"次条接着说："夫子谓'性相近，习相远'，又谓'上智与下愚不移'，明言人性有上、中、下三般，此圣人之言万世无弊者也。孟子谓'人皆可为尧、舜'，不过救世之语，引诱训迪之言耳，非至当之论也。夫以孟子之辩，终日辟杨、墨，道性善，而高第仅仅一乐正子，犹不免从子敖之齐。以及门诸弟子，求一人到善信地位，尚不可得，何论尧、舜乎？"[2]末于孟子反唇相讥，只是"善信地位"不自觉地篡用了佛教语。经历了明、清之际大乱的尤侗倾向也很鲜明："孟子言性善甚正，荀子言性恶甚偏。以吾观之，则有性善，有性不善，其言正得平尔。……贪残暴戾之人，其种子已从胚胎中带来。虎、狼、枭、獍生而食人，岂习而后成者乎？叔向母闻啼声而知伯石必丧羊舌氏，袁皇后睹形貌而知元凶劭必破国亡家，其性恶已见于堕地时矣。天下善人少，恶人多，荀子盖

---

[1] 《王廷相集·王浚川所著书·雅述》上篇，第835—836页。
[2] 《五杂组》卷十五《事部三》，第321—322页。《朱舜水集》卷十《答奥村庸礼问》次条与之相近，第377—378页。

有激乎言之也。"[1]

尤氏所言糅杂了"占卜术"即"命定论"的成分，极"气质之性"的说法，也必归于"命定论"。乍一看，今人讲"基因"、讲"遗传"，好像就是科学版的"命定论"。其实不然。古典"命定论"重感应，并不强调生物性、血统及种族，佛教引入的"轮回"机制毋宁说加剧了生与死的无序，这样一来，"命定论"反与偶然性结伴而行，无关乎以社会生物学为基础的社会达尔文主义了。

不过，上述所言均在"人性"范畴内，前乎"人性"，则为动物性，当以章太炎所论为周密，尽管免不了借径佛学："或曰：性善、性恶之说，皆不如言'无善无恶'者。曰：子将言人性乎？抑自有所谓性乎？夫言人性，则必有善有恶矣。彼无善无恶者，并佛之所谓'性海'，而非言人之性也。何也？自其未生言，性海湛然，未有六道，而何人性之云？自既有六道言，亦各有如来藏隐伏其中，而人与鸟兽初未尝异，又岂得专为人之性也？孟、荀所言，专为人言之也。虽然，以符验言，则性恶为长，然非谓其同于鸟兽也。盖举孩提之爱亲者，未知初生之时，坏擘其母而不少顾也；举稍长之敬兄者，未知乳哺之顷，少有不慊而瞋目作色也。孟举其善而忘其恶。荀则以善恶皆具，不能纯善，则以恶名之"，故《性恶》篇以良弓必檃、良剑必厉、良马必錣为喻，"夫惟弓，故可檃；剑，故可厉；马，故可錣。苟非三物者，

---

[1]《艮斋杂说》卷二，第30页。

《朱子语类》

则虽檠之、厉之、礜之，而无所用。此即谓其本异于鸟兽矣。又曰，今'途之人者，皆内可以知父子之义，外可以知君臣之正'。是则即孟子所谓善者，而荀子以其偏险悖乱亦由天授，既非纯善，即谓之恶。犹之既舂之米，谓之精凿，未舂之米，谓之粗粝。粗粝云者，对精凿言之，而非谓其与稂莠比肩也"。[1]"性海"指真如，"符验"即出《性恶》："凡论者，贵其有辨合，有符验。"[2]

敬

此"敬"即佛家之"定"，下面即儒家之"慧"。

孔子重"敬"，全无"工夫"之意。章太炎指出，李侗（延平）教朱熹"默坐澄心，体认天理"，"此亦改头换面语，实即佛法之止观"。[3]袁黄早就说过："静坐之诀，原出于禅门，吾儒无有也。自程子见人静坐，即叹其善学，朱子又欲以静坐补小学收放心一段工夫，而儒者始知所从事矣。"[4]乃黄震别举朱熹之论，称："与张南轩（栻）诸书……谓以敬为主，则内外肃然，不忘不助而心自存；不知以敬为主而欲存心，则不免将一个心把捉一个心，外面未有一事，里面已不胜其扰扰。儒、释之学只于此分。如云常见此心光烁烁地，便是有两个主宰，不知光者是真心乎？见者是真心乎？

---

[1]《太炎文录补编·菌说》，《章太炎全集（十）》，第188—189页。
[2]《荀子》卷十七，第140页下栏。
[3]《国学讲演录·诸子略说》，第182页。
[4]《袁了凡静坐要诀（增订本）·静坐要诀序》，第23页。

他日先生与汪尚书，又谓不学、不思而坐待，忽然有见，就使侥幸于恍惚之间，亦与天理人心、叙秩命讨之实了无干涉，自谓有得，适足为自私自利之资。"[1]足见朱氏对纯粹的神秘经验有戒心，故以"敬"对治，借以保儒门本色，又以"学""思"充实之，免堕空寂，用心良苦。但说到底，儒家发展到讲"工夫"，已成不剃头的禅和子，再多的矫情亦无济于事。陈确批评说："朱子谓'静'字稍偏，不若易以'敬'字，善矣。而伊川每见人静坐，辄叹其善学。门人问力行之要，曰：'且静坐。'朱子则教学者以半日静坐、半日读书。其体'静'字，较周子弥粗，去禅弥近矣。"[2]还略嫌拖泥带水。颜元径斥："敬字字面好看，却是隐坏于禅学处。……专向静坐、收摄、徐行、缓语处言主敬，乃是以吾儒虚字面做释氏实工夫，去道远矣。"[3]

知与行

"知""行"先后的问题一似伪问题，在好不容易可能导出"认识论"的方向上，偏又所得甚浅。

《朱子语类》中的下面这番话，将"行"喻"知"，近于以"知"为体、以"行"为用了：

> 穷理者，因其所已知而及其所未知，因其所已达

---

[1]《黄氏日抄》卷三十四《读诸儒书二》，第49—50页。
[2]《陈确集·别集》卷四《瞽言三·禅障》，第445页。
[3]《四存编·存学编》卷四《性理评》，第115页。

而及其所未达。人之良知本所固有,然不能穷理者,只是足于已知已达而不能穷其未知未达。故见得一截,不曾又见得一截,此其所以于理未精也。然仍须工夫日日增加,今日既格得一物,明日又格得一物,工夫更不住地做。如左脚进得一步,右脚又进一步,右脚进得一步,左脚又进,接续不已,自然贯通。[1]

参王守仁《传习录上》:"未有知而不行者,知而不行,只是未知。""知是行的主意,行是知的功夫。知是行之始,行是知之成。若会得时,只说一个知,已自有行在;只说一个行,已自有知在。"[2]

"知""行"可分无数次第,前者相对后者皆可为"知",后者相对前者皆可为"行"。而修行讲究节次,不得躐等,实自佛教"菩萨行"来。吕坤则从"圣人教人"一边立论:"大道有一条正路,进道有一定等级。圣人教人只示以一定之成法,在人自理会。理会得一步,再说与一步,其第一步不理会到十分,也不说与第二步。非是苦人,等级原是如此。第一步差一寸,也到第二步不得。孔子于赐,才说与他'一贯',又先难他'多学而识'一语。至于仁者之事,又说:'赐也,非尔所及。'今人开口便讲学脉,便说本体,以此接引后学,何似痴人前说梦?孔门无此教法。"[3]道理是如此,

---

[1]《朱子语类》卷十八《大学五》,第421页。
[2]《王阳明全集》卷一,第4页。
[3]《呻吟语》卷一之四《谈道》,第34页。

唯极其至，恐有阿基里斯追不上乌龟之虞。

明德新民

《大学》首句："大学之道，在明明德，在亲民。"程颐以"亲（親）"当作"新"。朱熹承之，释云："新者，革其旧之谓也。言既自明其明德，又当推以及人，使之亦有去其旧染之污也。"[1] 王守仁不以为然：

> 下面"治国平天下"处皆于"新"字无发明，如云"君子贤其贤而亲其亲，小人乐其乐而利其利""如保赤子""民之所好好之，民之所恶恶之，此之谓民之父母"之类，皆是"亲"字意。"亲民"犹孟子"亲亲仁民"之谓，亲之即仁之也。"百姓不亲"，舜使契为司徒，"敬敷五教"，所以亲之也。《尧典》"克明峻德"，便是"明明德"，"以亲九族"至"平章""协和"，便是"亲民"，便是"明明德于天下"。又如孔子言"修己以安百姓"，"修己"便是"明明德"，"安百姓"便是"亲民"。说"亲民"便是兼教养意，说"新民"便觉偏了。[2]

钱大昕盖本是而发挥："'大学之道在亲民'，'民之所好好

---

[1]《大学章句》，第3页。
[2]《王阳明全集》卷一《传习录上》，第2页。

之，民之所恶恶之，此之谓民之父母'，此亲民之实也。宋儒改'亲'为'新'，特因引《康诰》'作新民'一语，而不知'如保赤子'亦《康诰》文。保民同于保赤，于亲民意尤切。古圣人保民之道不外富、教二大端，而'亲'字足以该之，改'亲'为'新'，未免偏重教矣。'亲'之义大于'新'，言'亲'则物我无间，言'新'便有以贵治贱、以贤治不肖气象，视民如伤者似不若此。后世治道所以不如三代，正为不求民之安而务防民之不善，于是舍德而用刑，自谓革其旧染，而本原日趋于薄矣。窃谓《大学》'亲民'当仍旧文为长。"[1]已与戴震《孟子字义疏证》近似。民初章太炎别有所慨，以为"亲民者，谓使民自相亲也。《书》称'百姓不亲，五品不孙。女作司徒，敬敷五教'，《孟子》言'三代之学，皆所以明人伦也。人伦明于上，小民亲于下'，是则古之教学正为亲民，大义粲然，岂可妄改"！"清末始言变法，好奇者乃并风俗而欲变之，于文以'新民'之说。降及今兹，三纲九法，无不摧破……然后知阳明所谓洪水猛兽者，宋明间实未至此，而今卒见之也"。[2]

搁在《礼记》里的《大学》，像一篇讲义纲要，等到被后儒四书化、理学化，就成了再也绕不出来的迷宫。不但文义的疏解莫衷一是，造成干扰，更要命的是，"致知"与"诚意"之间、"修身"与"齐家"之间、"齐家"与"治国"

---

[1] 《十驾斋养新录》卷二《亲民》，《嘉定钱大昕全集》，南京：江苏古籍出版社，1997年，第41页。
[2] 《菿汉昌言·经言三》，《章太炎全集（七）》，第98、99页。

之间皆非坦途，想从"格物致知"走向"治国平天下"，根本是行不通的。

内在转向

不管理学内部发展出多少流派，它们都会认同李颙的这番宣示："大丈夫无心于斯世则已，苟有心斯世，须从大根本、大肯綮处下手，则事半而功倍，不劳而易举。夫天下之大根本莫过于人心，天下之大肯綮莫过于提醒天下之人心。然欲醒人心，惟在明学术，此在今日为匡时第一要务。"[1]何其铿鞳，又何其空洞！正因为行不通，儒者都堵在"心"里出不来。理学的偏差，一言以蔽之，就是"内在转向"。

宋末黄震的发皇不啻供招：

> 自孔、孟殁，异端纷扰者千四百年，中间惟董仲舒"正谊""明道"二语与韩文公《原道》一篇，为得议论之正。迨二程得周子之传，然后有以穷极性命之根柢，发挥义理之精微。议者谓比汉、唐诸儒说得向上一层。愚谓岂特视汉、唐为然？风气日开，议论日精，濂、洛之言，虽孔、孟亦所未发，特推其旨，要不越于孔、孟云耳。然孔子于性理，举其端而不尽言，或言之，必要之践履之实，固可垂万世而无弊。自心、性、天等说一详于孟子，至濂、洛穷思力索，极而至

---

[1]《李颙集·二曲集》卷十二《匡时要务》，第108页。

《朱子语类》

> 性以上不可说处，其意固将指义理之所从来，以归之讲学之实用。适不幸与禅学之遁辞言识心而见性者，虽所出异源而同湍激之冲。故二程甫没，门人高第多陷溺焉。不有晦翁，孰与救止？呜呼，危哉！[1]

先秦儒学当然与佛教禅学"所出异源"，但理学之重"心、性"正"源"自佛教禅学。韩愈到周、程间的近三百年孕育了儒学的新生。一切始诸"心"，归诸"心"，"心"无所不含摄，无所不呈露，此时再想拉开和佛教禅学的距离，不过五十步笑百步罢了。

黄震是汉族王朝第二次灭亡的亲历者，也证明了灭亡有助于理学发展。金、元儒学承前启后的意义由此凸显出来。这其实意味着，灭亡可以强化文化认同——什么都输了，只剩下文化。史综伯以从子为史璟卿后，"宋亡，叹曰：'时事如此，修身齐家以俟太平可也。'"[2]用以批判或凭吊宋儒，大概没有比这话更惨痛的了。

---

[1]《黄氏日抄》卷三十三《读诸儒书一》，第28—29页。
[2]《全祖望集汇校集注·外编》卷四十五《答九沙先生问史学士诸公遗事帖子》，第1730页。

《语录》《传习录》

六经注我

包扬录其师陆九渊自赞诗:"仰首攀南斗,翻身倚北辰。举头天外望,无我这般人。"[1]诗无艺术性可言,意思也浅露,若单凭这几句话,很难不当作者是个妄人。实则被安放在南宋"政治—军事局势"内的陆氏不激不随,有为有守,殁于边任,不愧名臣,唯独讲起学来,高自位置,自雄乃至自圣。吕坤所谓"自孟子以来,学问都似登坛说法,直下承当,终日说短道长,谈天论性,看着自家便是圣人,更无分毫可增益处",[2]用在陆氏身上,恰当不过。"六经注我",遂成口实,钱大昕径斥为"诞且妄","仲尼大圣,犹云'好古敏以求之',子静何人,敢以六经为我注

---

[1]《陆九渊集》卷三十五《语录下》,第459页。
[2]《呻吟语》卷二之二《问学》,第120页。

脚乎？尊心而废学，其弊必至于此"！[1]不过，这可能并未得其谛解。

论者往往径引"学苟知本，六经皆我注脚"一句而割弃了前面的大段铺垫：

> 《论语》中多有无头柄的说话，如"知及之，仁不能守之"之类，不知所"及"、所"守"者何事；如"学而时习之"，不知"时习"者何事。非学有本领，未易读也。苟学有本领，则"知"之所"及"者，"及"此也；"仁"之所"守"者，"守"此也；"时习之"，"习"此也。"说"者"说"此，"乐"者"乐"此，如高屋之上建瓴水矣。学苟知本，六经皆我注脚。[2]

这段话初看也似"无头柄"，但它实是《语录上》开篇第五条，前四条皆论"道"，"此"即指"道"。陆氏不问自说，无非自诩得道：举凡六经就道提出的要求，我皆已达到。此乃"六经注我"一语的本旨，可用以规定另一处问答："或问先生何不著书？对曰：六经注我，我注六经？韩退之是倒做，盖欲因学文而学道。"[3]赵彦悈记作："尝闻或谓陆先

---

[1]《十驾斋养新录》卷十八《六经注我》，第493页。
[2]《陆九渊集》卷三十四《语录上》，第395页。"乐"字当自"有朋自远方来，不亦乐乎"来，但在此处为无根。
[3]《陆九渊集》卷三十四《语录上》，第399页。参钱锺书《谈艺录》二〇《宋人论昌黎学问人品》，引程颐语"退之却倒学了"，谓"'倒学'二字殊妙"，第83页，在《中国固有的文学批评的一个特点》里衍生出"倒学家"的谑称，"倒"谐音"道"，《人生边上的边上》，第133页。

生云：'胡不注六经？'先生云：'六经当注我，我何注六经？'"[1]两者应是互证关系："著书"即"注六经"，"我注六经"即"我何注六经"。"韩退之"云云，仍补出一"道"字。陆氏意谓：韩愈是先学文，后学道，我学道已成，何事于文？我就是六经之道的化身，何必"注六经"以"著书"？

王学特质

陆、王之学绝是禅宗化的儒学。王守仁甚至被附会成前世为僧。[2]陆纯然一儒臣，王兼军事家、政治家，底蕴、气象自异。就思想而言，王称陆"心上用过功夫"，"细看有粗处"，"只是粗些"，[3]而他视陆进一步"跑偏"，倘其自创体系，未尝无独到处，却偏要借《大学》之"尸"以还"魂"，卒致两相扭曲，皆不畅达，朱、陆已然，王更甚。章太炎谓"良知不可言'致'，受'致'则非良知"，"王氏胶于《大学》'致知'之文，以是傅会，说既违于论理，推究之则愈难通"；[4]又谓"阳明论学""专为高明者言，未及提倡礼教也"。[5]

与相对而言"全面发展"的朱熹相比，王守仁显然具有非常独特的禀赋，他也吸引了具有类似禀赋的后学，在晚

---

[1]《陆九渊集》卷三十六《年谱》，第522页。
[2] 如钱希言《狯园》第八《报缘·王文成前身入定》，北京：文物出版社，2014年，第259—260页。
[3]《王阳明全集》卷三《传习录下》，第92页。
[4]《訄书（重订本）·王学第十》，《章太炎全集（三）》，第150页。
[5]《菿汉昌言·经言三》，《章太炎全集（七）》，第99页。

明有些诡异的思想氛围中，掀起波澜，以致某些禀赋不尽相同者——如刘宗周、黄宗羲等——也沿波逐流。

全祖望总结说："吾观阳明之学，足以振章句训诂之支离，不可谓非救弊之良药也。然而渐远渐失，遂有堕于狂禅而不返，无乃徒恃其虚空知觉而寡躬行之定力耶？夫阳明之所重者，行也，而其流弊乃相反，彼其所谓诚意者安在耶？盖其所顿悟者原非真知，则一折而荡然矣。是阳明之救弊，即其门人所以启弊者也。"[1]以今天的眼光看，其思想内部多矛盾，但主旨仍在调和，及王学后进各执一端，遂呈溃决之势，浸淫而添"异端"色彩，成为儒学内部"变革"的资源。故王阳明学说与王学影响当分别论之。

朱舜水为王守仁同乡后辈，晚年向日人介绍王学，颇亲切有味，如《答佐野回翁书》："王文成为仆里人，然灯相照，鸣鸡相闻。其擒宸濠、平峒蛮，功烈诚有可嘉，官大司马，封新建伯。后厄于张璁、桂萼、方献夫，牢骚不平之气，故托之于讲学。若不立异，不足以表见于世，故专主良知，不得不与朱子相水火，孰知其反以伪学为累耶？愚故曰：'文成多此讲学一事耳。'"[2]《答安东守约问》则先讲学、

---

[1]《全祖望集汇校集注·外编》卷十六《槎湖书院记》，第1058页。
[2]《朱舜水集》卷五，第85页。参卷十一《答小宅生顺问》："若王阳明先事之谋，使国家危而复安，至其先时击刘瑾，堪为直臣，惜其后多坐讲学一节，使天下多无限饶舌。"第405页。卷八《答野节书·三》又称："高、曾坟与阳明先生祖茔〔茔〕比邻，其树木之美概不能及荒垄。"第221页。"荒垄"即谦以自指，另见卷八《与奥村庸礼（奥村壹岐）书·十五》："高、曾、祖父母坟墓近城，登城即见乔木合抱成林，秀美乃阖境所未有者。"第263页。

后事功，褒大于贬："王文成亦有病处，然好处极多。讲良知，创书院，天下翕然有道学之名；高视阔步，优孟衣冠，是其病也。""其徒王龙溪（畿）有《语录》，与今和尚一般。其书时杂佛书语，所以当时斥为异端。"[1]论其源，王学和时政的关系复杂、微妙，犹有待发之覆；论其流，王学直破儒家之茧而化禅宗之蝶了。

兵家与儒家

"兵家之言，与道、法二家最为相近。"[2]章太炎说："夫机之在心也，疾视作色，无往而非杀，无杀而非兵。兵也者，威也；威也者，力也。民之有威力，性也，武者不能革而工者不能移。"一言概之，曰："民性有兵。"[3]战争是人类延续至今的基本零和博弈形式之一。人类不能避免战争，

---

[1]《朱舜水集》卷十一，第397页。
[2]吕思勉《先秦学术概论》下编第七章《兵家》，上海：东方出版中心，1996年，第134页。
[3]《訄书（初刻本）·儒兵第六》，《章太炎全集（三）》，第12、13页。盖本之《吕氏春秋》卷七《荡兵》："兵之所由来者远矣，未尝少选不用，贵、贱、长、少、贤者，不肖相与同，有巨、有微而已矣。察兵之微，在心而未发，兵也；疾视，兵也；作色，兵也；傲言，兵也；援推，兵也；连反，兵也；侈斗，兵也；三军攻战，兵也。此八者皆兵也，微、巨之争也。今世之以偃兵疾说者，终身用兵而不自知悖。"第68页。《管锥编》第一册《左传正义》四五《襄公二十七年·终身用兵而不自知》谓《吕氏春秋》实乃阐文（子）、庄（子）而言之酣畅尔"，"直指本源，洞窥徼眇"，唯引文于"知""悖"之间点断，似不必。继云："《韩非子·五蠹》：'上古竞于道德，中世逐于智谋，当今争于气力。'夫角智斗力，世所熟知，至'道德'亦即争竞之具，韩子真能'察兵之微'者！"实非韩非本意，第223—224页。

《语录》《传习录》

这使一切道德说教——包括对它的哲学论证——都变得苍白无力。

孙武直言不讳:"兵者,诡道也。故能而示之不能,用而示之不用,近而形之远,远而示之近,利而诱之,乱而取之,实而备之,强而避之,怒而挠之,卑而骄之,佚而劳之,亲而离之,攻其无备,出其不意。此兵家之胜,不可先传也。""兵以诈立,以利动。"〔1〕《道德经》将"以正治国,以奇用兵"分作两事。〔2〕孙星衍则称《孙子兵法》"本之仁义,佐以权谋,其说甚正",〔3〕强行将之纳入儒家"经—权"框架。

儒家重礼,军礼自系"五礼"之一。"'礼'者非揖让节文,乃因事制宜之谓;故射仪则君子必争,戎礼则君子亦杀。"〔4〕孔、孟固不讳言战,但语焉不详。孔子应卫灵公:

---

〔1〕《孙子十家注》卷一《计篇》,第13—20页;卷七《军争篇》,第112—113页。

〔2〕《老子道德经》第五十七章,第124页。参《文子》卷五《道德》:"以道王者德也,以兵王者亦德也。"上海:上海古籍出版社,1991年,第32页下栏。

〔3〕《孙子十家注·孙子兵法序》,第1页。案罗大经《鹤林玉露》甲编卷二《孙吴》称:"《吴子》之正,《孙子》之奇,兵法尽在是矣。"犹可,继称:"《吴子》似《论语》,《孙子》似《孟子》。"何其比拟不伦? 第24页。姚鼐《惜抱轩文集》卷五《读〈孙子〉》则一口咬定:"其用兵法,乃秦人以虏使民法也,不仁人之言也。"《四部丛刊正编》第八十四册,台北:商务印书馆,2011年,第374页上栏。"秦人以虏使民",语本《战国策》卷二十《赵三》:"彼秦者,弃礼义而上首功之国也,权使其士,虏使其民。"第74页。

〔4〕《管锥编》第一册《左传正义》二八《成公二年·戎礼与戎仪》,外文从省,第205页。孔子多次谈到射礼与射仪,如《论语》《礼记·中庸、郊特牲、射义》等,《檀弓下》于射敌且赞为"杀人之中,又有礼焉",《断句十三经经文》,第19页。

"军旅之事,未之学也。"[1]《礼记·礼器》载:"孔子曰:'我战则克。'"[2]犹或有为而发。孟子说:"君子有不战,战必胜矣。"[3]盖即"仁者无敌"之意。[4]荀子"议兵",较为周详,但仍归诸"仁人之兵"。[5]至于宋襄公的故事我们都知道,毛泽东的评语也几乎家喻户晓:"我们不是宋襄公,不要那种蠢猪式的仁义道德。"[6]就仁义道德本身而言,不存在"蠢猪式的"或非"蠢猪式的",之所以事实上竟为"蠢猪式的",只因为它并非普世的。下边出自《韩非子》的故事尝试调和兵家与儒家:

---

[1]《论语译注·卫灵公》,第161页。参《春秋左传·哀公十一年》载孔子答孔文子:"甲兵之事,未之闻也。"《断句十三经经文》,第259页。《朱舜水集》卷七《答安东守约书·七》即以此答安东氏之问,末且称:"若果孔子不知兵,何以曰'子之所慎,齐、战、疾'乎?"第185页,引语见《论语译注·述而》,第69页,乃据其前一章:"子路曰:'子行三军,则谁与?'子曰:'暴虎冯河,死而无悔者,吾不与也。必也临事而惧、好谋而成者也。'"第68页,大概可见孔子之"慎"。

[2]《断句十三经经文》,第48页。

[3]《孟子译注·公孙丑下》,第86页。

[4]《孟子译注·梁惠王上》,第10页。类似的说法还有《尽心下》的"仁人无敌于天下""国君好仁,天下无敌焉",第325页。

[5]《荀子》卷十《议兵》,第82页上栏至下栏。篇中陈嚣提问:"先生议兵,常以仁义为本。仁者爱人,义者循理,然则又何以兵为?凡所为有兵者,为争夺也。"荀子回答:"彼仁者爱人,爱人故恶人之害之也;义者循理,循理故恶人之乱之也。彼兵者,所以禁暴除害也,非争夺也。故仁人之兵,所存者神,所过者化,若时雨之降,莫不说喜。"第87页上栏。《孟子译注·尽心下》干脆说:"征之为言正也,各欲正己也,焉用战?"第325页。儒者不肯正视战争的本质,宜其流为迂阔。

[6]《毛泽东选集》第二卷《论持久战》,北京:人民出版社,2008年,第492页。

晋文公将与楚人战，召舅犯问之，曰："吾将与楚人战，彼众我寡，为之奈何？"舅犯曰："臣闻之：繁礼君子，不厌忠信；战阵之间，不厌诈伪。君其诈之而已矣。"文公辞舅犯，因召雍季而问之，曰："我将与楚人战，彼众我寡，为之奈何？"雍季对曰："焚林而田，偷取多兽，后必无兽；以诈遇民，偷取一时，后必无复。"文公曰："善。"辞雍季，以舅犯之谋与楚人战以败之。归而行爵，先雍季而后舅犯。群臣曰："城濮之事，舅犯谋也。夫用其言而后其身，可乎？"文公曰："此非君所知也。夫舅犯言，一时之权也；雍季言，万世之利也。"仲尼闻之，曰："文公之霸也，宜哉！既知一时之权，又知万世之利。"[1]

假"仲尼"之口折中其间——其意近于"知者利仁"[2]，真正的"和事佬"却是法家，这就有点儿意思了。

道德是非零和博弈导向的，后世固守道德主义的儒家主动与军事活动划清界限。张载"少喜谈兵，至欲结客取洮西之地。年二十一，以书谒范仲淹，一见，知其远器，乃警之曰：'儒者自有名教可乐，何事于兵？'因劝读《中

---

[1]《韩子浅解》第三十六篇《难一》，第346页。又见《吕氏春秋》卷十四《义赏》，稍加详伤，孔子语作："临难用诈，足以却敌。反而尊贤，足以报德。文公虽不终始，足以霸矣。"第147页。
[2]《论语译注·里仁》，第35页。

庸》"。[1]陈亮自称"独好伯王大略、兵机利害，颇若有自得于心者。故能于前史间窃窥英雄之所未及，与夫既已及之而前人未能别白者，乃从而论著之，使得失较然，可以观，可以法，可以戒，大则兴王，小则临敌，皆可以酌乎此也"。[2]遂来朱熹"异端"之目。盖"自儒生久不为将，其视用兵也，一以为尚力之事，当属之豪健之流，一以为阴谋之事，当属之倾危之士"。[3]然而，在章太炎看来，"自北宋之中叶至于明季，士大夫多喜言兵事。其说不务训练，而好崇诡道，分拏错出，流宕而无所薄，至于揭暄之《兵法百言》而鄙愈甚矣"，[4]是"谈兵"者反成了"鄙儒"。

清初李颙提出，儒者"立身要有德业，用世要有功业。德业须如颜、曾、思、孟、周、程、张、朱，功业须如伊、傅、周、召、诸葛、阳明，方有体有用，不堕一偏"。[5]德业、功业人物失衡，真正有军事建树的仅诸葛亮、王守仁远近两人。罗大经引"前辈谓""孔明之学出于申、韩，信矣"。[6]章太炎以其"信赏必罚，一意于法"，"虽自比管仲，

---

[1] 脱脱等《宋史》卷四百二十七《道学一·张载传》，北京：中华书局，1985年，第12723页。袁枚诗《范希文》忍不住讥刺道："黄阁风裁第一清，宋朝名相半书生。西边经略成何事？尚劝横渠莫论兵。"《小仓山房诗文集·小仓山房诗集》卷十四，第307页。范氏《渔家傲》一词之衰飒，一直为人诟病。
[2] 《陈亮集》卷五《酌古论·序》，第49页。
[3] 《明夷待访录·兵制三》，第145页。
[4] 《訄书（初刻本）·弭兵难第四十》，《章太炎全集（三）》，第89页。
[5] 《李颙集·二曲集》卷十五《富平答问》，第137页。
[6] 《鹤林玉露》甲编卷四《马谡》，第68页。

实则取法商鞅",乃"学商鞅而至者"。[1]那王守仁呢?"狡诈专兵"与"致良知"可以兼容吗?

王守仁能方能圆,尤于用兵机变百出,为古之士流所罕。他的成功确令一部分儒者欢欣鼓舞,如张燧所言:"自朱元晦(熹)、真希元(德秀)诸公以名世儒宗,无裨于宋之削弱,于是谈者疑儒者为有体无用,而诚心正意之学果不足以平天下。自近代伪儒杂出,声价高而品行日下,于是举世疑道学为卖平天冠,而讲习之门遂为藏拙之奥。盖自阳明先生出,道德、事功卓然振耀海内,而元晦诸公藉以吐气,始知儒者之有益于人国也。"[2]这是以道德为体、事功为用,称赞阳明体、用兼备。不过,颜元对此持保留态度,认为阳明"但是天资高,随事就功",于《大学》"明德""亲民"之道尚有所不及。[3]王夫之则谓:"如阳明抚赣以前,举动俊伟,文字谨密,又岂人所易及!后为龙溪(王畿)、心斋(王艮)、绪山(钱德洪)、萝石(董沄)辈推高,便尽失其故吾。……盖斥奸佞、讨乱贼,皆分别善、恶事,不合于无善无恶之旨也。"[4]王弘撰干脆回归"经—权"说:"阳明有牧民御众之才,经术、权谋互用,故能卒树伟伐。"而他论

---

[1]《国学讲演录·诸子略说》,第223页。
[2]《〈千百年眼〉校释》卷十二《阳明为理学中兴》,第421页。
[3]《四存编·存学编》卷一《明亲》,第58页。据王源《颜习斋先生年谱》:"先生初学未几,即学兵法,此所以远迈宋儒、直追三代经世之学也。"《李塨文集》,石家庄:河北人民出版社,2011年,第599页,晚清儒者重军事,溯至颜氏,且张大其事。
[4]《俟解》,《梨州船山五书》,第13页。

阳明学术，称其"叛圣经者盖有之矣"。[1]

军事天分，像人的各种禀赋一样，自然是存在的，但也必须在实战中学习和历练。它跟一个人的性格、修养的相关度，并不比其他禀赋更高。后人歆羡王守仁事功卓著，遂移情于其"心学"，何异将石之"坚"归因于"白"，或将石之"白"归因于"坚"？在这一点上，章太炎实先得我心："王守仁南昌、桶冈之功，职其才气过人，而不本于学术。""才与道术本各异出，而流俗多视是崇堕之。近世王守仁之名其学，亦席功伐已。曾国藩至微末，以横行为戎首，故士大夫信任其言，贵于符节章玺。"[2]

陆九渊称："兵书邪说。道塞乎天地，以正伐邪，何用此？"[3]道德主义的儒家在零和博弈面前选择了弃权。王守仁、曾国藩能建功立业，并非由儒学"开出"，相反，恰恰是不囿于儒学的结果。

狂 悖

中国传统文化是不大能诞育狂悖之徒的。《诗·小

---

[1]《山志》初集卷五《羽翼圣经》，第133、132页。
[2]《訄书（重订本）·王学第十》，《章太炎全集（三）》，第148页；《订孔第二》，第135页。
[3]《陆九渊集》卷三十五《语录下》，第461页。案卷三十六《年谱》于"淳熙十一年（1184）甲辰，先生四十六岁"下特书："讲究武略。先生少时闻靖康间事，慨然有感于复仇之义。至是访求智勇之士，与之商确，益知武事利病、形势要害。"第496页，时在临安，盖讲学则唯逞空谈，应世则稍务实干，而既"以正伐邪"，何以宋先灭于金、再亡于元？

雅·四月》的"先祖匪人，胡宁忍予"出自还不懂"温柔敦厚"的先民，孔颖达也不为之讳："人困则反本，穷则告亲，故言'我先祖非人'，出悖慢之言，明怨恨之甚。"[1]魏晋名士脱略礼法，是一时风会使然。后人受儒家规训，总要"克己复礼"些了。像唐人杜甫《醉时歌》的"儒术于我何有哉！孔丘、盗跖俱尘埃"，[2]北宋王益柔《傲歌》的"醉卧北极遣帝扶，周公、孔子驱为奴"，[3]都是借酒撒疯，峥嵘偶露而已。

不过，《傲歌》"周公、孔子驱为奴"可能不是自创的，昙颖禅师先有"三世诸佛是奴婢"之语，后来袁觉禅师亦称："我敲床竖拂时，释迦老子、孔夫子都齐立在下风。"[4]禅宗呵师骂祖当然不是字面意思，而是将大乘佛教精神发挥到极致，破执断惑，数宜鉴禅师的"糟践"最有名："达磨是老臊胡，释迦老子是干屎橛，文殊、普贤是担屎汉，等觉、妙觉是破执凡夫，菩提、涅槃是系驴橛，十二分教是鬼神簿、拭疮疣纸，四果、三贤、初心、十地是守古冢鬼，自

---

[1]《十三经注疏·毛诗正义》卷十三，第926页。
[2]《杜诗镜铨》卷二，第61页。
[3] 刘敞《公是集》卷五十一《王开府（拱辰）行状》，《四库全书》第1095册，第854页下栏。
[4]《五灯会元》卷十二《金山昙颖禅师》，第720页；卷十九《象耳袁觉禅师》，第1292页。到释师观《颂古》诗"分明与么无无无，释迦、弥勒是他奴。茫茫宇宙人无数，几个男儿是丈夫"，遂成宗门话头。参《五灯会元》卷二十《南岩胜禅师》："释迦、弥勒没量大，看来犹只是他奴。"第1324页（又见《续指月录》卷首《简州南岩胜禅师》，第9页）；《续指月录》卷三《夔州卧龙破庵祖先禅师》："满眼湖山看不足，释迦、弥勒是他奴。"第76页；《太平隐静万庵致柔禅师》："于放行处把住，释迦、弥勒是他奴。"第78页。

救不了。"[1] 随着儒家的禅宗化，便出现了对圣贤敬而不敬、不敬而敬的表达。

晚明心学的发展犹洪水决堤，一发莫收，直至汇入佛教——加道教——的汪洋。假如说被劾"狂诞悖戾"[2]的李贽差具愤世嫉俗之志，倡言"佛＞道＞儒"的屠隆则走得更远，王弘撰斥其《鸿苞》为"谲诞"，"诬圣害道不在李贽之下"，"得逃两观之法焉，亦其幸也"。[3] 王夫之敏锐地指出："近世有《千百年眼》《史怀》《史取》诸书及屠纬真（隆）《鸿苞》、陈仲淳〔醇〕（继儒）《古文品外录》之类，要以供人之玩，而李贽《藏书》为害尤烈。"[4] 即意识形态松解取径于解构历史与经典。冯梦龙《笑府序》就很有代表性："古今来莫非话也，话莫非笑也。两仪之混沌开辟，列圣之揖让征诛，见者其谁耶？夫亦话之而已耳。后之话今，亦犹今之话昔。话之而疑之，可笑也；话之而信之，尤可笑也。经书子史，鬼话也，而争传焉；诗赋文章，淡话也，而争工焉；褒讥抑扬，乱话也，而争趋避焉。"[5] 案署名墨憨斋主人（即冯梦龙）的《广笑府序》添《开卷一笑》（又名《山中一夕

---

[1]《五灯会元》卷七《德山宣鉴禅师》，第374页。案"三世诸佛是奴婢"下一句即"一大藏教是涕唾"，第720页。另见卷十四《净慈慧晖禅师》："释迦老子"宣教，"被人唤作拭不净故纸"，"达磨祖师""被人唤作壁观婆罗门"，第914页。
[2]《明神宗实录》卷三百六十九"万历三十年（1602）闰二月乙卯"张问达疏，第6918页。
[3]《山志》初集卷四《屠隆》，第99页。
[4]《俟解》，《梨州船山五书》第2页。
[5]《历代笑话集》，第300页。

《语录》《传习录》

话》）上集卷七布袋和尚（当属伪托）《呵呵令》大半段，乃是散曲体的韵文，盖因《广笑府序》末有"布袋和尚，吾师乎！吾师乎！"之语而强行搀入。《开卷一笑》题作"卓吾居士李贽编集""一衲道人屠隆参阅"，这段搀入的《呵呵令》原文是：

> 我笑那尧与舜，你让天子，我笑那汤与武，你夺天子，他道是没有个旁人儿觑，觑破了这意儿也不过是个十字街头小经纪。还有什么龙逢、比干、伊和吕，也有什么巢父、许由、夷与齐，只这般唧唧哝哝的，我也那〔哪〕里功夫笑着你？我笑那李老聃五千言的道德，我笑那释迦佛五千卷的文字，干惹得那些道士们去打云锣、和尚们去打木鱼，弄些儿穷活计，那〔哪〕曾有什么青牛的道理、白牛的滋味？怪的又惹出那达磨老臊胡来，把这些干屎橛的查儿，嚼了也又嚼，洗了也又洗。又笑那孔子的老头儿，你絮叨叨说什么道学、文章，也平白地把好些活人都弄死。又笑那张道陵、许旌阳，你便白日升天也成何济？只这些未了精精儿到底来也只是一个冤苦的鬼。住！住！住！

后面"还有一笑，我笑那天上的玉皇、地下的阎王，与那古往今来的万万岁，你戴着平天冠，穿着衮龙袍，这俗套儿生出什么好意思？你是去想一想，苦也么苦，痴也么痴，着什么来由干碌碌大家喧喧嚷嚷的无休息？去！去！去！"一节，看来是有意删除的。[1]

晚明民粹主义

儒家的精英主义特质原本抑制了宗教性。宋明理学固然援释入儒，但并未"低下高贵的头"，不过，从王守仁开始，尤其到泰州学派，有了"反精英主义"意识，推动晚明儒学经佛教化进一步转向民粹化。

"或问异端"，王守仁答："与愚夫愚妇同的，是谓同德；与愚夫愚妇异的，是谓异端。"又告诫弟子："你们拿一个圣人去与人讲学，人见圣人来，都怕走了，如何讲得行？须做得个愚夫愚妇，方可与人讲学。"[2] 说王氏开创了"大乘儒教"，也不为过，难怪董沄（萝石）、王艮（汝止）出游归，皆称："见满街人都是圣人。"[3] 这样发展下去，王艮、颜钧到何心隐之流，民粹主义的要素基本齐备：信众破除等级、身份的界限；讲学者自居信众的导师和代言人；讲学活动高度组织化、制度化；讲学者大搞个人崇拜，升级为教主。

依托讲学的民粹主义，其影响在时间和空间上都是有限的，它不仅引起官方的警觉，加强了打压力度，而且刺激了儒家精英主义的反拨。黄宗羲说："泰州（王艮）之后，其人多能以赤手搏龙蛇，传至颜山农、何心隐一派，遂非复

---

[1] 此据"古籍网"《山中一夕话》电子本，第25页a至第26页b。
[2] 《王阳明全集》卷三《传习录下》，第107、116页。
[3] 《王阳明全集》卷三《传习录下》，第116页。

名教之所能羁络矣。"[1]顾炎武说:"自古以来,小人之无忌惮而敢于叛圣人者,莫甚于李贽。"[2]王夫之在指名道姓的抨击外,有更深刻的洞察与反省。他论孟子"人之所以异于禽兽者几希,庶民去之,君子存之。舜明于庶物,察于人伦,由仁义行,非行仁义也"(《离娄下》),有云:

> 人之所以异于禽兽者,君子存之,则小人去之矣,不言"小人"而言"庶民",害不在小人而在庶民也。小人之为禽兽,人得而诛之。庶民之为禽兽,不但不可胜诛,且无能知其为恶者,不但不知其为恶,且乐得而称之,相与崇尚而不敢逾越。学者但取十姓百家之言行而勘之,其异于禽兽者,百不得一也。营营终日、生与死俱者何事?一人倡之、千百人和之,若将不及者何心?芳春昼永,燕飞莺语,见为佳丽;清秋之夕,猿啼蛩吟,见为孤清。乃其所以然者,求食,求配偶,求安居,不则相斗已耳,不则畏死而震慑已耳。庶民之终日营营,有不如此者乎?二气五行,抟合灵妙,使我为人而异于彼,抑不绝吾有生之情而或同于彼,乃迷其所同而失其所以异,负天地之至仁以自负其生,此君子所以忧勤惕厉而不容已也。庶民者,流俗也,流俗者,禽兽也。明伦、察物、居仁、由义,四者

---

[1] 《明儒学案》(修订本)卷三十二《泰州学案一》,第703页。
[2] 《日知录集释》卷十八《李贽》,第668页。

禽兽之所不得与。壁立万仞，止争一线，可弗惧哉！[1]

"明伦""察物"，于原文为错互，可能故借互文而构成更习见的短语。次条继论："以明伦言之，虎狼之父子，蜂蚁之君臣，庶民亦知之，亦能之，乃以朴实二字覆盖之，欲爱则爱，欲敬则敬，不勉强于所不知、不能，谓之为率真。以察物言之，庶物之理，非学不知，非博不辨，而俗儒怠而欲速，为恶师友所锢蔽，曰何用如彼，谓之所学不杂。其惑乎异端者，少所见而多所怪，为绝圣弃智、不立文字之说以求冥解，谓之妙悟。以仁言之，且无言克复敬恕也，乃事其大夫之贤者，友其士之仁者，亦以骄惰夺其志气，谓之寡交。居处、执事、与人，皆以机巧丧其本心，谓之善于处世。以义言之，且无言精义入神也，以言餂，以不言餂，有能此者，谓之伶俐。鸡鸣而起，孳孳为利，谓之勤俭传家。庶民之所以为庶民者此也，此之谓禽兽。"[2]又论"予不屑之教诲也者，是亦教诲之而已矣"，箭透七札："教诲之道有在，不屑者，默而成之，卷而怀之，以保天地之正，使人心尚知有其不知而不逮，亦扶世教之一道也。释氏不择知、愚、贤、不肖，而皆指使之见性，故道贱，而托之者之恶不可纪极，

---

[1]《俟解》，《梨州船山五书》，第2—3页。
[2]《俟解》，《梨州船山五书》，第3页。其中穿插的孔、孟语有《论语译注·卫灵公》"居是邦也，事其大夫之贤者，友其士之仁者"，第163页；《孟子译注·尽心下》"士未可以言而言，是以言餂之也，可以言而不言，是以不言餂之也，是皆穿逾之类也"，第337页。

而况姚枢、许衡之自为枉辱哉！"[1]这是回归传统的儒家精英主义立场，反对大乘佛教，反对大乘化的理学，更痛斥元儒投靠异族、不惜将中国文化的冠冕戴到征服者头上——疑于清初史事有所影射。

实际上，即便如吕坤所说："民情有五，皆生于便，见利则趋，见色则爱，见饮食则贪，见安逸则就，见愚弱则欺，皆便于己故也。惟便，则术不期工而自工，惟便，则奸不期多而自多。"[2]也不见得全无哀悯之意。在接下来的大变中，晚明民众做出了最简单的选择。朱舜水事后总结道："百姓者，黄口孺子也，绝其乳哺，立可饿死。今乃不思长养之方，独工掊克之术，安得而不穷？既被其害，无从表白申诉，而又愁苦无聊，安得不愤懑切齿，为盗为乱，思欲得当，以为出尔反尔之计？""是以逆虏乘流寇之讧而陷北京，遂布散流言，倡为'均田''均役'之说。百姓既以贪利之心，兼欲乘机而伸其抑郁无聊之志，于是合力一心，翘首徯后。彼百姓者，分而听之则愚，合而听之则神。其心既变，

---

[1]《思问录内篇》，《梨州船山五书》，台北：世界书局，1974年，第31页。孟子语见《告子下》，第300页。参《读通鉴论》卷十四《安帝·一六》："廉希宪、姚枢、许衡之流，又变其局而以理学为捭阖，使之自跻于尧、舜、汤、文之列而益无忌惮。"北京：中华书局，1995年，第403页；卷十七《梁武帝·二一》："故鬻诗书礼乐于非类之廷者，其国之妖也。其迹似，其理逆，其文诡，其说淫，相帅以嬉，不亡也奚待？虞集、危素只益蒙古之亡，而为儒者之耻，姚枢、许衡实先之矣。"第496—497页。后者实下一转语，意谓异族儒化的结果反而加速了灭亡。

[2]《呻吟语》卷五《治道》，第230页。

川决山崩。以百姓内溃之势，歆之以意外可欲之财，以到处无备之城，怖之以狡虏威约之渐，增虏之气以相告语，诱我之众以为先驱，所以逆虏因之，溥天沦丧。"[1]在晚明的社会条件下，"流寇"和"逆虏"相继主导的战争才是"民粹主义"真正遂行的形态。

---

[1]《朱舜水集》卷一《中原阳九述略》，第3页。

从心出发的困境

万物森然于方寸之间,满心而发,充塞宇宙,无非此理。(《语录上》)

道理只是眼前道理,虽见到圣人田地,亦只是眼前道理。(《语录上》)

人皆可以为尧、舜。此性此道,与尧、舜元不异。若其才则有不同,学者当量力度德。(《语录下》)

人精神在外,至死也劳攘,须收拾作主宰。(《语录下》)

朱元晦曾作书与学者云:"陆子静专以尊德性诲人,故游其门者多践履之士,然于道问学处欠了。某教人岂不是道问学处多了些子?故游某之门者践履多不及之。"观此,则是元晦欲去两短、合两长。然吾以为不可:既不知尊德性,焉有所谓道问学?(《语录上》)

一是即皆是,一明即皆明。(《语录下》)

众人只说格物要依晦翁,何曾把他的说去用?我着实曾用来。初年与钱友同论做圣贤,要格天下之物,如今安得这等大的力量?因指亭前竹子,令去格看。钱子早夜去穷格竹子的道理,竭其心思,至于三日,便致劳神成疾。当初说他这是精力不足,某因自去穷格,早夜不得其理,到七日,亦以劳思致疾。遂相与叹圣贤是做不得的,无他大力量去格物了。及在夷中三年,颇见得此意思,乃知天下之物本无可格者,其格物之功,只在身心上做,决然以圣人为人人可到,便自有担当了。(《传习录下》)

　　先儒解"格物"为格天下之物,天下之物如何格得?且谓一草一木亦皆有理,今如何去格?纵格得草木来,如何反来诚得自家意?我解"格"作"正"字义,"物"作"事"字义。《大学》之所谓身,即耳、目、口、鼻、四肢是也。欲修身,便是要目非礼勿视,耳非礼勿听,口非礼勿言,四肢非礼勿动。要修这个身,身上如何用得工夫?心者,身之主宰,目虽视而所以视者心也,耳虽听而所以听者心也,口与四肢虽言动而所以言动者心也。故欲修身在于体当自家心体,常令廓然大公,无有些子不正处。主宰一正,则发窍于目,自无非礼之视;发窍于耳,自无非礼之听;发窍于口与四肢，自无非礼之言动：此便是修身在正其心。然至善者，心之本体也，心之本体那〔哪〕有不善？如今要正心，本体上何处用得功？必就心之发动处才可着力也。心之发动不能无不善，故须就此处着力，便是在诚意。如一念发在好善上，便实实落落去好善，一念发在恶恶上，便实实落落去恶恶。意之所发，既无不诚，则其本体如何有不正的？故欲正其心在诚意。工夫到诚意，始有着落处。然诚意之本，又在于致知也。所谓人虽不知而己所独知者，此正是吾心良知处。然知得善，却不依这个良知便做去，知得不善，却不依这个良知便不去做，则这个良知便遮蔽了，是不能致知也。吾心良知既不能扩充到底，则善虽知好，不能着实好了，恶虽知恶，不能着实恶了，如何得意诚？故致知者，意诚之本也。然亦不是悬空的致知，致知在实事上格。如意在于为善，便就这件事上去为；意在于去恶，便就这件事上去不为。去恶固是格不正以归于正，为善则不善正了，亦是格不正以归于正也。如此，则吾心良知无私欲蔽了，得以致其极，而意之所发，好善去恶，无有不诚矣！诚意工夫，实下手处在格物也。若如此格物，人人便做得，"人皆可以为尧、

舜",正在此也。(《传习录下》)

已后与朋友讲学,切不可失了我的宗旨:无善无恶是心之体,有善有恶是意之动,知善知恶的是良知,为善去恶是格物。(《传习录下》)

(黄修易)问:"近来用功,亦颇觉妄念不生,但腔子里黑窣窣的,不知如何打得光明?"先生曰:"初下手用功,如何腔子里便得光明?譬如奔流浊水,才贮在缸里,初然虽定,也只是昏浊的。须俟澄定既久,自然渣滓尽去,复得清来。汝只要在良知上用功,良知存久,黑窣窣自能光明矣。今便要责效,却是助长,不成工夫。"(《传习录下》)

(李)伯敏问云:"以今年校之去年,殊无寸进。"先生云:"如何要长进?若当为者有时而不能为,不当为者有时乎为之,这个却是不长进。不恁地理会,泛然求长进,不过欲以己先人,此是胜心。"伯敏云:"无个下手处。"先生云:"……格物是下手处。"伯敏云:"如何样格物?"先生云:"研究物理。"伯敏云:"天下万物不胜其繁,如何尽研究得?"先生云:"万物皆备于我,只要明理。然理不解自明,须是隆师亲友。"……"……某读书只看古注,圣人之言自明白。且如'弟子入则孝,出则弟',是分明说与你入便孝,出便弟,何须得《传》《注》?学者疲精神于此,是以担子越重。到某这里,只是与他减担,只此便是格物。"伯敏云:"每读书,始者心甚专,三五遍后,往往心不在此。知其如此,必欲使心在书上,则又别生一心,卒之方寸扰扰。"先生云:"此是听某言不入,若听得入,自无此患。某之言打做一处,吾友二三其心了。如今读书,且平平读,未晓处且放过,不必太躐。"(《语录下》)

　　一友问工夫不切,先生曰:"学问功夫,我已曾一句道尽,如何今日转说转远、都不着根?"对曰:"致良知盖闻教矣,然亦须讲明。"先生曰:"既知致良知,又何可讲明?良知本是明白,实落用功便是。不肯用功,只在语言上转说转糊涂。"曰:"正求讲明致之之功。"先生曰:"此亦须你自家求,我亦无别法可道。昔有禅师,人来问法,只把麈尾提起。一日,其徒将麈尾藏过,试他如何设法。禅师寻麈尾不见,又只空手提起。我这个良知就是设法的麈尾,舍了这个,有何可提得?"少间,又一友请问功夫切要,先生旁顾

曰:"我麈尾安在?"一时在坐者皆跃然。(《传习录下》)

　　孟源有自是好名之病,先生屡责之。一日,警责方已,一友自陈日来工夫请正。源从旁曰:"此方是寻着源旧时家当。"先生曰:"尔病又发。"源色变,议拟欲有所辨,先生曰:"尔病又发。"因喻之曰:"此是汝一生大病根。譬如方丈地内,种此一大树,雨露之滋,土脉之力,只滋养得这个大根,四傍纵要种些嘉谷,上面被此树叶遮覆,下面被此树根盘结,如何生长得成?须用伐去此树,纤根勿留,方可种植嘉种。不然,任汝耕耘培壅,只是滋养得此根。"(《传习录上》)

　　先生语(李)伯敏云:"近日向学者多,一则以喜,一则以惧。夫人勇于为学,岂不可喜?然此道本日用常行,近日学者却把作一事,张大虚声,名过于实,起人不平之心,是以为道学之说者必为人深排力诋。此风一长,岂不可惧?"(《语录下》)

　　——据中华书局《陆九渊集》、上海古籍出版社《王阳明全集》本

朱、陆异同

论"理",朱熹强调"理"的超越,陆九渊强调"理"的弥漫,所谓"**万物森然于方寸之间,满心而发,充塞宇宙,无非此理**。"又谓:"此理在宇宙间,未尝有所隐遁。"[1]"此理塞宇宙,谁能逃之?"[2]论穷"理",朱主渐,陆主顿,所谓"**一是即皆是,一明即皆明**",斩截干脆,可称之"直指人心,见性成圣"。朱肯迁就陆,陆则大不屑于朱。朱熹说:"有资质甚高者,一了一切了,即不须节节用工。也有资质中下者,不能尽了,却须节节用工。"[3]陆九渊说:"资禀好底人阔大,不小家相,不造作……须见一面,自然识取,资禀与道相近。资禀不好底人,自与道相远,却去锻炼。"[4]还说:"古之君子,知固贵于博。然知尽天下事,只是此理。所以博览者,但是贵精熟。知与不知,元无加损于此理。若以不知为慊,便是鄙陋。"[5]

余英时提出:"世界上似乎有两类人,他们性格不同(姑不论这种性格是天生的,还是后来发展出来的):一类人有很强的信仰,而不大需要知识来支持信仰,对于这类人而言,知识有时反而是一个障碍。学问愈深,知识愈多,便愈

---

[1]《陆九渊集》卷十一《与朱济道》,第142页。
[2]《陆九渊集》卷三十四《语录上》,第418页,又见卷二十一《易说》,第257页。
[3]《朱子语类》卷八《学二》,第154页。
[4]《陆九渊集》卷三十五《语录下》,第462页。
[5]《陆九渊集》卷三十五《语录下》,第452页。

会被名词、概念所纠缠而见不到真实的道体。所以陆象山才说朱子'学不见道、枉废精神'。另外一类人,并不是没有信仰,不过他们总想把信仰建筑在坚实的知识的基础的上面,总要搞清楚信仰的根据何在。……如果根据这个粗疏的分类,我们可以说陆象山是那种性格上有极强的信仰的人,王阳明也可以说是如此;朱熹这一派人强调穷理致知,便是觉得理未易察,他们虽然一方面说'理一',而另一方面则又说'分殊',所以要一个个物去格,不格物怎么知道呢?"[1]以"信仰—知识"的二元关系论儒家,可能不止是失于"粗疏"。毋宁说,朱熹只是"知性"的欲望无法压抑,却不肯承认其独立性,必与"德性"相结合,陆、王摆落"知性"以尊"德性",最终只能诉诸神秘主义。至于章太炎刺朱"好胜之心不自克,不得不多读书,以资雄辩。虽心知其故,而情不自禁也",[2]更像是夫子自道。

黄宗羲调停朱、陆,称"至晚年,二先生亦俱自悔其偏重",乃于陆仅举2条、30余字,于朱举8条、360余字,[3]明着劝架,暗中拉偏手。郑江与全祖望"私论诸儒之学……谓'陆、王宗旨,岂可妄诋?世之拥戴朱子者攻之耳。东莱(吕祖谦)尚不敢斥陆;泾阳(顾宪成)非王,而未尝不有取于王,而蚍蜉之撼何为乎?不谓顾亭林(炎武)亦蹈此

---

[1]《论戴震与章学诚》外篇六《清代思想史的一个新解释》,北京:生活·读书·新知三联书店,2000年,第329—330页。
[2]《国学讲演录·诸子略说》,第182页。
[3]《陆九渊集》附录三《宋元学案·象山学案案语》,第565—566页。

《语录》《传习录》

习'；又谓'蔡虚斋（清）固善人，然惜其学之陋也。因文见道，已属肤廓，岂有因帖括、讲章之文而见道者？使今世横目二足之徒挟兔园册以论学，则蔡氏为之厉也'"。[1]以守为攻，情见乎辞。章学诚亦然："程、朱之学乃为人之命脉也。陆、王非不甚伟，然高明易启流弊。若谓陆、王品逊程、朱，则又门户之见矣。但程、朱流弊虽较陆、王为轻，而迂怪不近人情，则与狂禅相去亦不甚远。""然此等不足贬损程、朱，则狂禅末流又岂足贬损陆、王乎？"[2]貌为平情之论，实则回护陆、王。一方面，黄、郑、全、章都是浙人，地域观念难以破除，另一方面，清廷做出推尊朱熹的姿态，造成了官府之学与非官府之学的紧张。

江西人而偏祖陆九渊，则有李绂在，[3]他"性刚毅，其所持辨，万夫环而攻之，莫能屈，尝主张陆文安公（九渊）之学太过，遂于朱子有深文"。[4]"尝有中州一巨公，自负能昌明朱子之学，一日谓公曰：'陆氏之学非不岸然，特返之吾心，兀兀多未安者。以是知其于圣人之道未合也。'公曰：

---

[1] 《全祖望集汇校集注》卷十八《郑侍郎筼谷先生（江）》，第332页，参《外编》卷十四《淳熙四先生祠堂碑文》，第1003—1004页，仍是调和之中偏帮陆学。
[2] 《乙卯札记　丙辰札记　知非日札》，第77—78页。
[3] 参钱锺书论李绂（穆堂）于宋人为王安石辩解，于明人为严嵩辩解，一则称"穆堂乡曲之见甚深"，再则称"李穆堂祖护江西乡前辈，时人以为口实"。见《谈艺录》二二《辨奸论》，第86页；《谈艺录补订·86页》，第402页。
[4] 《全祖望集汇校集注》卷十八《翰林院学士南昌万公（承苍）墓碑铭》，第329页。

'君方总督仓场而进羡余,不知于心安否?是在陆门,五尺童子唾之矣!'其人失色而去,终身不复与公接。"[1]"中州""巨公"当指新安吕履恒。"总督仓场而进羡余",盖斥其剥下以奉上,即便果真如此,与朱、陆学术之辨并非同一层面,指桑骂槐,必胜之后快,这固然是清代陆学的绝地反击,到底胜之不武。

"嘉祥曾映华言:一夕,秋月澄明,与数友散步场圃外,忽旋风滚滚自东南来,中有十余鬼,互相牵曳,且殴且詈,尚能辨其一二语,似争朱、陆异同也。门户之祸,乃下彻黄泉乎!"[2]至纪昀笔下,不丑化到如此不堪的田地不算完。

才 力

《孟子·告子下》有这样一段对话:

> 曹交问曰:"人皆可以为尧、舜,有诸?"孟子曰:"然。""交闻文王十尺,汤九尺,今交九尺四寸以长,食粟而已,如何则可?"曰:"奚有于是?亦为之而已矣。有人于此,力不能胜一匹雏,则为无力人矣;今日举百钧,则为有力人矣。然则举乌获之任,是亦为乌获而已矣。夫人岂以不胜为患哉?弗为耳。

---

[1]《全祖望集汇校集注》卷十七《阁学临川李公(绂)神道碑铭》,第316页。
[2]《阅微草堂笔记》卷十二《槐西杂志(二)》,第263页。

> 徐行后长者谓之弟，疾行先长者谓之不弟。夫徐行者，岂人所不能哉？所不为也。尧、舜之道，孝弟而已矣。子服尧之服，诵尧之言，行尧之行，是尧而已矣。子服桀之服，诵桀之言，行桀之行，是桀而已矣。"[1]

孟子用他一贯的难事而易言之的类比法，论证了"人皆可以为尧、舜"的重要命题，遥契大乘佛教一切众生悉可成佛的观念。但我怀疑，孟子所说的"人"并非一切众生。到了当真致力于儒学大乘化的新儒家那里，问题就来了。

对人客观上具有的成圣的差序，宋明儒家提出"才力"以腾挪。陆九渊说："**人皆可以为尧、舜。此性此道，与尧、舜元不异。若其才则有不同，学者当量力度德。**"朱熹说："才是心之力……才者，水之气力所以能流者，然其流有急有缓，则是才之不同。……性是一定，情与心、与才便合着气了。"[2] 补上一个"气"字。蔡宗兖（希渊）亦以此为问："圣人可学而至。然伯夷、伊尹于孔子，才力终不同，其同谓之圣者安在？"王阳明回答说：

> 圣人之所以为圣，只是其心纯乎天理而无人欲之杂。犹精金之所以为精，但以其成色足而无铜、铅之杂也。人到纯乎天理方是圣，金到足色方是精。然圣

---

[1]《孟子译注》，第276—277页。
[2]《朱子语类》卷五《性理二》，第106页。

> 人之才力，亦是大、小不同，犹金之分两有轻重。尧、舜犹万镒，文王、孔子犹九千镒，禹、汤、武王犹七八千镒，伯夷、伊尹犹四五千镒。才力不同而纯乎天理则同，皆可谓之圣人，犹分两虽不同而足色则同，皆可谓之精金。以五千镒者而入于万镒之中，其足色同也，以夷、尹而厕之尧、孔之间，其纯乎天理同也。盖所以为精金者，在足色而不在分两，所以为圣者，在纯乎天理而不在才力也。故虽凡人而肯为学，使此心纯乎天理，则亦可为圣人，犹一两之金比之万镒，分两虽悬绝，而其到足色处，可以无愧。故曰"人皆可以为尧、舜"者以此。[1]

阳明的类比看似另辟蹊径，其实是把《告子下》的"百钧"沿着"文王十尺，汤九尺"的序列展开，就他的喻义可再打个比方：成圣意味着朝正确的方向前进，只不过有人走得快、走得远，有人走得慢、走得近。章太炎谓其说"变形于孔融"，也有道理："融为《圣人优劣论》曰：'金之优者名为紫磨，犹人之有圣也。'"[2]

话虽如此，据张岱记载："王新建（守仁）理论，每言人皆可为尧、舜。一日，苍头辟草阶前，有客问曰：'此辟草者亦可为尧、舜邪？'答曰：'此辟草者纵非尧、舜，使尧、

---

[1]《王阳明全集》卷一《传习录上》，第27—28页。参后与刘德章问答，第31页。
[2]《訄书（重订本）·王学第十》，《章太炎全集（三）》，第149页。

舜辟草，不过如是。'"[1]明人普遍蓄奴，苍头即奴仆，王氏骨子里盖不许一阐提有佛性，故答非所问，聊免语塞而已。

格竹子

"**晦翁**"讲"**格物**"，是伦理、物理混为一谈的，从"阴阳五行"的大纲具体到竹子的某些特殊性，如《史记·龟策列传》"外有节理，中直空虚"[2]之类。魏源给我们做了点示范："竹萌能破坚土，不旬日而等身；……以中虚也。故虚空之力能持天载地。……人之学虚空者如之何？曰：去其中之窒塞而已矣。中无可欲则自虚，无可恃则自虚，虚则自灵矣。《诗》曰：'瞻彼淇奥，绿竹猗猗。''瞻彼淇奥，绿竹如箦。'"然后喊话阳明："《大学》格竹之法如是，彼格之不悟而生疾者何为哉？"[3]王守仁的"**早夜穷格**"，当是就地打坐，在一种灵明状态中尝试与竹子发生"神秘联结"。严复鄙薄说："王氏窗前格竹、七日病生之事，若与西洋植物家言之，当不知几许轩渠、几人齿冷。"[4]

以王氏之绝顶聪明，何竟至不知"晦翁格物"所指？看来只能归因于明中期以降禅学大盛，心法流行，致使一世异人杰士皆被牢笼。钱锺书直指"阳明以禅人参公案之法，求外物之理，南辕北辙，宜其于顺世间学问之悟与出世间宗

---

[1]《快园道古》卷四《言语部》，第56页。
[2]《史记》卷一百二十八，第2026页。
[3]《魏源集·默觚上·学篇三》，第9—10页，引文已经整理者校改。
[4]《严复全集》卷七《救亡决论》，第49页，"窗前"应作"亭前"。

教之悟，两无所得也"，"用阳明格竹之道，充类至尽，亦只见自心之体，非格外物之理，故《传习录》卷下谓'花不在心外''草木有人良知'也"。[1]《坛经》载"印宗法师讲《涅槃经》，时有风吹幡动，一僧曰：'风动。'一僧曰：'幡动。'议论不已"，尚就客观推求；"惠能进曰：'不是风动，不是幡动，仁者心动。'"[2]全然由主观涵摄，不正是阳明格竹子所本吗？

格物致知

儒家、释家皆有按捺不住的知性追求，但知性与德性并不能简单通融，像牟宗三那样想从儒学"开出"科学，并不成立。在孔子原未强扭，反无矛盾可言。《大学》之"致知在格物，物格而后知至"，《中庸》之"君子尊德性而道问学"，所指不详。若朱熹必欲通融，只得将自然之理伦理化；陆、王中禅宗之毒独深，竟以悟性代替知性。

诸儒横说竖说，诚然是"光说不练"，但苦心孤诣，有不可掩焉。罗钦顺认为"气"在"理"先，与朱熹相反，但肯定"格物穷理"，又同于程、朱而异于陆、王。其言曰："夫此理之在天下，由一以之万，初匪安排之力，会万而归一，岂容牵合之私？是故察之于身，宜莫先于性情，即有见焉，推之于物而不通，非至理也；察之于物，固无分于鸟兽

---

[1] 钱锺书《谈艺录》八八《白瑞蒙论诗与严沧浪诗话》之'【附说二十二】神秘经验"，第287页。
[2] 《六祖坛经笺注·行由品》，第117页。

草木，即有见焉，反之于心而不合，非至理也。必灼然有见乎一致之妙，了无彼此之殊，而其分之殊者自森然其不可乱。斯为格致之极功，然非真积力久，何以及此！"[1]王夫之另辟蹊径，论《周易·系辞上》的"极深而研几"，"有为己、为人之辨焉。深者，不闻不见之实也。几者，隐微之独也。极之而无间，研之而审，则道尽于己而忠信立。忠信立，则志通而务成，为己之效也。求天下之深而极之，迎天下之几而研之，敝敝以为人而丧己，逮其下流，欲无为权谋、术数之渊薮，不可得也"。[2]似此两人观点的周匝、深刻，不唯突过前贤，视时彦也颇不逊色。

严复蒿目时艰，呼吁学术改良："近世异学争鸣，一知半解之士方怀鄙薄程、朱氏之意，甚或谓吾国之积弱，以洛、闽学术为之因。独阳明之学简径捷易，高明往往喜之。"[3]"申陆、王二氏之说，谓格致无益事功，抑事功不俟格致，则大不可。夫陆、王之学，质而言之，则直师心自用而已。……盖陆氏于孟子，独取良知不学、万物皆备之言，而忘言性求故、既竭目力之事。唯其自视太高，所以强物就我。后世学者乐其径易，便于惰窳傲慢之情，遂群然趋之，莫知自返。其为祸也，始于学术，终于国家。"[4]他着重指

---

[1]《困知记》卷上，北京：中华书局，2013年，第4页。
[2]《思问录内篇》，第18—19页。
[3]《严复全集》卷七《阳明先生集要三种序》，第279页。
[4]《严复全集》卷七《救亡决论》，第48、48—49页。《阳明先生集要三种序》实沿此《论》而发挥。

出:"知者,人心之所同具也,理者,必物对待而后形焉者也。是故吾心之所觉,必证诸物之见象,而后得其符……使六合旷然,无一物以接于吾心,当此之时,心且不可见,安得所谓理者哉?"[1]显然受到西学唯物论的影响。

无善无恶心之体

王夫之对王学的禅宗化倾向深恶痛绝,几于一触即跳。王阳明以"四句教"传法,被他一笔抹杀:"语学而有云秘传密语者,不必更问而即知其为邪说。'夫子之言性与天道不可得而闻',待可教而后教耳。及其言之,则亦与众昌言,如呼曾子而告'一以贯之',则门人共闻,而曾子亦不难以'忠恕'注破,固夫子之所雅言也。密室传心之法,乃玄、禅两家自欺欺人事,学者未能拣别所闻之邪正,且于此分晓,早已除一分邪惑矣。王龙溪(畿)、钱绪山(德洪)天泉传道一事,乃摹仿惠能、神秀而为之,其'无善无恶'四句,即'身是菩提树'四句转语。附耳相师,天下繁有其徒,学者当远之。"[2]

具体到"四句教"的演绎,浅之论语法,深之论逻辑,皆有纠绕不清的毛病。即如"**心之本体,那〔哪〕有不善**",何以见得?"**心之发动不能无不善**",则此"不善"何来?

---

[1]《严复全集》卷七《阳明先生集要三种序》,第280页。
[2]《俟解》,《梨州船山五书》,第12—13页。参《山志》初集卷四《二氏》:"天下之理,直以言之而已,二氏付法,传衣钵,授口诀,作种种态。圣贤问答讲论,何其光明正大!即以迹较,邪正之途分矣。"第95页。

又何以知其为"不善"？既以"好善恶恶"为前提，复以"好善恶恶"为归结，必致以一己之好恶为好恶而后已。

"无善无恶"可以指超越善恶的"大善""至善"，则近于道家。章太炎认为本之胡宏"凡人之生，粹然天地之心，道义完具，无适无莫，不可以善恶辨，不可以是非分"，"性者，善不足以言之，况恶邪"？[1]但从王氏的上下语境看，又近于禅宗"无所住而生其心"的心灵状态，正如惠能启发惠明时所谓"不思善，不思恶，正与么时，那〔哪〕个是明上座本来面目"！[2]

以上犹属捎空之谈，一旦像王守仁与薛侃围绕"去花间草"展开讨论，王说立形阢陧。"侃去花间草，因曰：'天地间何善难培、恶难去？'"分明是以花草比喻善恶，花草为喻体，善恶为本体。王氏则就"喻体"论"喻体"，称："天地生意，花草一般，何曾有善恶之分？子欲观花，则以花为善，以草为恶，如欲用草时，复以草为善矣。"[3]试问：就"本体"而言，儒者岂能时而"欲"善、时而"欲"恶？

---

[1]《訄书（重订本）·王学第十》，《章太炎全集（三）》，第149页。谢肇淛《五杂组》卷八《人部四》曰："释氏教人临终之时不思善、不思恶，一念坚定，直至西天。夫不思恶，易也，至不思善，则近于大而化之境矣。昔人所谓：'善且不可为，况于恶乎？'然方寸之中惟此一念，既不思善思恶，此心放顿在何处？此处尚有议论不得也。"第167页，所言有走漏，但大体近之。

[2]《六祖坛经笺注·行由品第一》，第115页，亦即《护法品第九》惠能告内侍薛简："汝若欲知心要，但一切善恶都莫思量，自然得入清净，心体湛然常寂，妙用恒沙。"第269页，实纂合佚名《曹溪大师别传》"大师告薛简"及高宗敕文而来，《坛经校释·附录》，第152—153页。

[3]《王阳明全集》卷一《传习录上》，第29页。

岂能善、恶"一般"（一样）？弟子于是被老师挟持，挣脱不出。王氏自己的理路乃是：圣人于花草无拣择、无留滞，顺应生意发露，可以观花，可以用草；圣人于善恶无拣择、无留滞，顺应天理流行，自然好善恶恶。事实上，好善恶恶是儒家本色，而无拣择、无留滞却是佛家，特别是禅家功夫，王氏直要以禅家之体发儒家之用，[1]这是周、程、朱、陆都不好意思挑明的，问题的症结也就在此。

神秘经验与道德

较之早期儒家，新儒家更纯以道德为起点和终点。道德何从增进？不得不借径释、道，讲求涵养；涵养何从验证？不得不归诸神秘经验。

陈来先生说："心学的神秘体验可以追溯到孟子。孟子说：'万物皆备于我，反身而诚，乐莫大焉。'""孟子的'善养浩然之气'与调息有相通之处，当亦可以肯定。而'乐莫大焉'正表明一切神秘体验通常具有的愉悦感。""关于心学，我们可以问：致良知、知行合一、扩充四端、辨志、尽心，这些道德实践一定需要'万物皆备于我''吾心便是宇

---

[1] 还是在跟薛侃的掰扯中，王守仁说："佛氏着在无善无恶上，便一切都不管，不可以治天下。圣人无善无恶，只是无有作好、无有作恶……然遵王之道，会其有极，便自一循天理，便有个裁成辅相。"《王阳明全集》卷一《传习录上》，第29页。参卷三《传习录下》："仙家说到虚，圣人岂能虚上加得一毫实？佛氏说到无，圣人岂能无上加得一毫有？……圣人只是还他良知的本色，更不着些子意在……圣人只是顺其良知之发用，天地万物俱在我良知的发用流行中。"第106页。

宙'作为基础吗？一定需要'心体呈露''莹彻光明'的经验吗？换言之，没有诸种神秘体验，我们能不能建立儒家主张的道德主体性、能不能建立儒家的形而上学？这对儒学古今的理性派来说，当然是肯定的。"[1]先秦诸子倡言神秘经验的，首推道家，参前论《庄子》。魏晋玄学兴起，《易经》成了"三玄"之一。《世说新语·言语》载刘尹、桓温听讲《礼记》："桓云：'时有入心处，便觉咫尺玄门。'"[2]则《礼记》的某些章节也被认为很"玄"。而把孟子语跟神秘经验挂钩，却是宋儒的新发明。考虑到玄学已与佛学脱不了干系，理学更是佛学化的产物，越晚的追溯就越可能"血统"不纯正。"建立儒家的形而上学"，匪我思存，但我相信神秘经验绝非道德实践的必要基础。

詹阜民听陆九渊说"学者能常闭目亦佳"，"无事则安坐瞑目，用力操存，夜以继日。如此者半月，一日下楼，忽觉此心已复澄莹"，陆氏一见，许其"此理已显"。[3]神秘经验其实是通过精神控制达致的生理反应，这种控制可以有不同的来路及技术手段，即便**"在良知上用功"**是其中之一，**"黑窣窣自能光明"**的反应也和道德境界毫不相干。除非师心自用如乃师，弟子必然**"殊无寸进"**。

不管怎样，混同于道德境界的生理反应只能自证，理

---

[1]《中国近世思想史研究》下篇《儒学传统中的神秘主义》，北京：商务印书馆，2003年，第333、336页。该文末署期为1978年，"原载《文化：中国与世界》第5辑，三联书店，1988年"。
[2] 余嘉锡笺疏《世说新语笺疏》，北京：中华书局，2007年，第146页。
[3]《陆九渊集》卷三十五《语录下》，第471页。

学家亟需有关神秘经验之功效的客观证据，于是滋生出下面一派传说，如《朱子语类》："昔陈烈先生苦无记性，一日，读《孟子》'学问之道无他，求其放心而已矣'，忽悟曰：'我心不曾收得，如何记得书？'遂闭门静坐，不读书，百余日，以收放心，却去读书，遂一览无遗。"[1]陈为北宋人。如《明儒学案》：吕坤"资质鲁钝，少时读书不能成诵，乃一切弃之，澄心体认，久之了悟，入目即不忘"。[2]它们的客观性都存疑。把这种功效再夸大，就会如宋起凤所说的"二眉山人"了："家居有闶室一，极幽邃，虽妻子不得入。室内无长物，止一蒲团耳。无昼夜，第谢绝人事后，即静坐团上。约柱香时，则外间诸叩请事辄了了。盖从空明返照中出，非道根深彻不易得。而人动尊谓神仙，神仙岂数数营逐人耶？"[3]显然，随着道德的成色逐渐淡化，宗教的

---

[1]《朱子语类》卷十一《学五》，第190页，又见卷一百二十九《本朝三》，第3338页。

[2]黄宗羲《明儒学案》（修订本）卷五十四《诸儒学案下二·侍郎吕心吾先生坤》，第1295页。《全祖望汇校集注·外编》卷二十四《吕语集粹序》引及之，且慨言："有是哉！从事于口耳之无益而深造默成之神也。"第1198页。案此种"神通"想必也是从佛教来的，如《楞严经》卷五周利槃特伽自称"我缺诵诗，无多闻性"，"一句伽陀，于一百日，得前遗后，得后遗前。佛愍我愚，教我安居，调出入息。我时观息微细，穷尽生住异灭诸行刹那。其心豁然，得大无碍，乃至漏尽，成阿罗汉"。《佛教十三经》，第477—478页。

[3]《稗说》卷三《二眉山人》，中国社会科学院历史研究所明史室编《明史资料丛刊》第二辑，南京：江苏人民出版社，1982年，第76页。此即颜元《四存编·存人编》卷一《第二唤》所斥之"洞照万象"或"预烛未来"，第167页。案两人年代相当，宋系直隶广平人，颜系直隶博野人。

意味则浓厚起来。袁黄回归佛教心法，对陈烈甚表不屑："此特浮尘初敛、清气少澄耳，而世儒认为极则，不复求进，误矣。"[1] 唐文治不取王畿（龙溪）之学，却有取其"调息法"，以为"实道家之奥窔，与《老子》'致虚守静'、《庄子·养生主、人间世、在宥》诸篇相出入，用以养生，深有神益"。[2] 取之佛道，还之佛道，这就是新儒家神秘经验的起点和终点吗？

读书法

理学家喜谈读书法，即"读书经验"之类的东西。因理学家通常是教育家，总有辅导学生读书的时候。反对繁琐经学的陆九渊也非束书不观，只是他教人"减担"，略似今天提倡"减负"。余英时《怎样读中国书》则说："中国传统的读书法，讲得最亲切有味的无过于朱熹。《朱子语类》中有《总论为学之方》一卷和《读书法》两卷，我希望读者肯花点时间去读一读，对于怎样进入中国旧学问的世界一定有很大的帮助。朱子不但现身说法，而且也总结了荀子以来的读书经验，最能为我们指点门径。"[3] 对此我表示怀疑。

---

[1]《静坐要诀序》，第23页。
[2]《唐文治国学演讲录》第二集《经学心学类》九《明王龙溪、钱绪山学派论》，第139页。
[3]《现代儒学的回顾与展望》，第415页。朱熹且把"读书经验"发展为"读书工夫"，如谓："一向只就书册上理会，不曾体认着自家身己，也不济事。如说仁、义、礼、智，曾认得自家如何是仁？自家如何是义？如何是礼？如何是智？须是着身己体认得。如读'学而时习之'，（转下页）

我少时学棋,不少棋谚能脱口而出,但棋不下到一定火候,根本理解不了它们的深意。在我们成长的过程中,常常能碰到"语重心长"的"经验之谈",它们世世代代不断呈现在书上,响彻于耳边,言者动情,闻者动心,然而这种交流并不包含信息的有效传递,其真正意义仅仅在于"交流"本身而已。它完全是一种"共鸣",取决于相近或相等的生活"频率"。人在奔波之余,免不了自我反省,而反省所得,倘倾诉于自己或同行者,都近乎"同义反复",唯寄语后人,却好像实现了贡献或施舍一般。我们可以设计这样一种情景:一个人每前进一步,手中的支票面额便增加一元。现在,从同一起点出发,甲走了十步,停下,对走了五步的乙说:"来我这儿吧,我愿用我的十元去换你的五元,为你平添五元的财富。"殊不知当乙赶到时,他的支票也成了十元,差额已不存在,交换已无意义。在这里,时间的"前后"被空间所解消,也不妨说,空间的"前后"被时间所解消。"少年读书,如隙中窥月;中年读书,如庭中望月;老年读书,如台上玩月",[1]非人过中年不能道。回想自己的读书之路,先贤格言、前辈教训的确帮不上什么忙,以至于一时间一句都记不起来了。最重要的大概就是遇到好书和坚持思考。——仍是说了等于没说。

(接上页)自家曾如何学?自家曾如何习?'不亦说乎',曾见得如何是说?须恁地认,始得。若只逐段解过去,解得了便休,也不济事。"《朱子语类》卷十一《学五》,第195页,孔子何尝教人这般读书来?

[1] 张潮《幽梦影》,第20页。

林语堂到大学讲读书经验，直截了当承认："我所要讲的话于你们本会读书的人，没有什么补助；于你们不会读书的人，也不会使你们变为善读书。所以今日谈谈，亦只是谈谈而已。"[1]既然如此，又为什么非"谈谈"不可呢？

《怎样读中国书》一文讨论的阅读对象是"中国书"，主旨是教导中国"青年朋友"，面对西方学术冲击，"怎样读中国书"，重心实际偏转到中、西学术传统比较上，从而多少避免了"经验谈"的无效。

阳明机锋

通常所说的神秘经验都是个体性的，机锋却是一种特殊形态，发生在两人或以上的互动中，有似于"第六感"的突然触发和交涉，虽大都假借语言，但语义并不积极承当媒介的作用。而所谓某人"言下大悟"，不仅他人无从验证，即使本人所"悟"也未必不稍纵即逝。如果说禅宗一度热衷机锋应对，自娱自乐，无可厚非，那么，把这一套引入儒学，寻求在电光石火间把捉此心，就失之太远了。

"**学问功夫**"既"**曾一句道尽**"，则师弟团坐，所为何来？毕竟老师所讲恍惚难验，弟子们才献疑纷纷。《五灯会元》里有位"打地和尚"，与此禅师相似："凡学者致问，唯以棒打地示之。""一日，被僧藏却棒，然后致问，师但张

---

[1]《林语堂作品精选·〈大荒集〉选·论读书》，武汉：长江文艺出版社，2012年，第16页。

其口。"[1]禅师提起麈尾,大抵是要让人自悟,"**这个良知就是设法的麈尾**",比拟失伦;现禅师身以说法,外加"**旁顾**"的身段,王阳明也怪不容易的。而"**在坐者皆跃然**",只不过是惊喜他的反应快、腾挪巧罢了,何尝于"**致之之功**""**功夫切要**"有得?

心学之病

"**孟源有自是好名之病**""**学者……张大虚声,名过于实,起人不平之心**",这些毛病在新儒家身上都有不同程度的发作,心学家过于理学家。王夫之论陆学流弊说:"欲速成之病,始于识量之小。识量小,则谓天下之理、圣贤之学可以捷径疾取而计日有得。陆象山(九渊)、杨慈湖(简)以此诱天下,其说高远,其实卑陋苟简而已。识量小者恒骄,夜郎王问汉孰与我大,亦何不可骄之有!苟简速成,可以快意,高深在望,且生媢忌之心,终身陷溺而不知愧矣。"[2]且心学一味求诸心,人的主观能动性不受客观约束,最易走火入魔。如"傅梦泉于渊,建昌人,从陆九渊子静为学,故持论处已〔己〕或近于异。为衡州教授,令士人勿作时文,至秋试,皆不中选。昼坐值舍,其家遣仆报女病笃,或劝使归视,答之曰:'病者自病,于我何预焉!'续报其死,亦漠然不顾。通判王恭之一子年已长大,慕其名,命人

---

[1]《五灯会元》卷三《打地和尚》,第181页。
[2]《俟解》,《梨州船山五书》,第4—5页。

学受业。陆〔傅〕治一室处之，不许以书笔策砚自随，曰：'学道当从静默始。'王生本无见趣，矻矻半年，几成痴疾，父乃呼之归"。[1]

朱舜水东渡日本，乃眷西顾，反思明季儒学，差少忌惮，如称："嘉、隆、万历年间，聚徒讲学，各创书院，名为道学，分门别户，各是其师。圣贤精一之旨未闻，而玄黄水火之战日烦。高者求胜于德性良知，下者徒袭夫峨冠广袖，优孟抵掌，世以为笑。"[2] "高者""下者"云云殆指王阳明师弟；又称明中叶以来的"讲道学者"，"迂腐不近人情，如邹元标、高攀龙、刘念台（宗周）等讲正心诚意，大资非笑。于是分门标榜，遂成水火，而国家被其祸"；"刘念台盛谈道学，专言正心诚意。其为大京兆也，非坐镇雅俗之任矣，而其伎止于如此。性颇端方廉洁，而不能闲其妻子"，[3] 末语他人不敢道。王弘撰易代后亦谓："崇祯九年（1636）二月，工部右侍郎念台刘公有《痛愤时艰》一疏，先司马（王之良）称善，授予令熟诵。今绎之，义则正，词则美，洵纯儒之粹言、荩臣之伟义也，然其实亦无济于时事。""三月，司空又有《申对扬之忱》一疏，益非救时之猷，以为心尧、舜之心而寇息夷归，自是理学正论，孰得而非之？但未必为之而效耳。若为之而不效，必以为心尧、舜之心不

---

[1] 洪迈《夷坚三志》己卷第九《傅梦泉》，北京：中华书局，2006年，第1372—1373页，"见趣"指见识、情趣。
[2] 《朱舜水集》卷七《答安东守约书·三》，第173—174页。
[3] 《朱舜水集》卷十一《答林春信问》，第383页；《答野节问》，第389页。

纯，即请司空自为之，恐其未必效者如故也。"[1]顾诚先生既论其"迂腐和偏狭"，"毕生追求的是一种自我完美"，"往往显得矫情做作"，更指出，"弘光政权建立以后，他的行为也极其诡异"，最终清军下杭州，"绝食几天后，他谈自己的感受道：'吾日来静坐小庵，胸中浑无一事，浩然与天地同流。盖本来无一事，凡有事，皆人欲也。'沧海横流，黎民涂炭，社稷危如悬发，刘宗周却轻描淡写地说成'原无一事'"。[2]

---

[1]《山志》二集卷五《刘司空疏》，第264页。
[2] 顾诚《南明史》第七章，北京：中国青年出版社，1997年，第231—233页。案拙作《南明浙江抗清活动研究（上篇）》梳理了潞王降清后刘宗周既"闻变绝食"、又"忍死以待"的经过，认为"片面强调他以身殉名"，主要"是没有充分联系这一时期浙江大势的结果。刘氏愚腐有之，虚矫不免，但还没到视无所作为之死高于有所作为之生的地步"。这是对顾著细部讨论的一点商榷，《新亚学报》第三十四卷，2017年8月，第335—336页。

《明夷待访录》

历史假设

明、清交替的复杂性不是思想发展一端尽可昭示的,但偏见与错觉首先集中体现在思想领域。只有深入解析清初的激进思想,才能正确判断晚明思潮;只有明了两者间的非常关系,才能理解 17 世纪的大崩溃与大动荡;只有确信明王朝的必然覆灭,才能认识到,明末的新变远未达到突破传统模式的程度,清代的踵兴亦未背离历史规律。

关于明末清初的思想发展与社会现实的关系,学界较早便形成了一种被广泛接受的话语。牟宗三所言为一版本:"平心而论,明朝如果不亡于满清,那么依顺明末思想家顾、黄、王等人的思想,走儒家健康的文化生命路线,亦未始不可开出科学与民主。中国向来不反对知识的追求,求知的真诚,尤其不反对自由民主的精神。而这也正是顾、黄、王等人所要本着生命的学问以要求开展出的。可惜明

亡了,使人产生无可奈何的一悲感。"[1]张立文所言为另一版本,[2]略谓:

> 明末资本主义萌芽的发展与市民暴动,孕育了社会批判和民权运动。黄宗羲、顾炎武、王夫之等从明亡的沉痛中痛定思痛,继承了李贽和东林党人的未竟事业和价值理想。其中黄宗羲的主张显然蕴涵着新的理论思维和价值理想的深刻内容。他挖掘了中国血缘宗法社会的根基——君主专制制度,回应了资本主义萌芽的需要。若依此发展,中国可以建构适应于社会政治、经济、文化发展的新的思维理论体系,并指导社会政治、经济逐步走向近代化。然而,随着清朝入关,又一次以草原文化冲击中原农业文明和资本主义萌芽,同时亦冲击、扼杀了从李贽到东林党人等的社会批判思潮和黄宗羲等人所进行的建构新世界观和价值理想的理论思维活动。

其中包含着一个无比重要的假设:如果不是被清朝取代,中国可望比较顺利地实现近代化。姑且搁置有关中国近代化进程的争论,让我们先面对史实与逻辑。

不妨就以黄宗羲为例。如前所述,黄氏的思想成熟一

---

[1] 《中国哲学的特质》第十一讲《中国哲学的未来》,第90页。
[2] 见吴光等主编《黄梨洲三百年祭·笔谈·黄宗羲理论思维建构的历史命运》,北京:当代中国出版社,1997年,第14—17页。

《明夷待访录》

方面来源于明亡的反思,另一方面又见扼于清廷的暴政,留给他的时间间隔到底有多大呢?《明夷待访录》作为清初激进思想的最高成就写定于康熙二年(1663),此时满人入主中原已整整二十年了。如果说"清朝入关""扼杀"了黄宗羲的"理论思维活动",何以其思想高峰竟出现于二十年后?一种常见的斡旋法是强调此系由明之腐朽与清之暴虐两者共同刺激而致,如此一来,"清朝入关"对黄宗羲的思想发展便有了既推进又阻止的双重作用。即便历史自具这样的辩证性,却如何为那个根本结论——倘若不是"清朝入关",历史可以沿着黄氏开启的方向实现近代化——找到逻辑上的兼容性呢?

对于引发了诸多猜测和构想的明、清之际,我只想添加一个原本不起眼的提问:如果清人未入主中原,黄宗羲会写出《明夷待访录》吗?它的另一更具普遍意义的表达是:清初的激进思想是晚明思潮的自然延伸吗?

假设历史,这是令研究者既爱且畏的一条思路。它无疑具备历史哲学的基础,哪怕确信"存在即合理"的人也不能绝对无视偶然性及其背后的可能性。[1]它增强思辨能力、启发多向思维的方法论价值同样得到了肯定。然而,一旦涉及既成事实的具体解释,它就备遭侧目,不得不引咎避嫌。事实上,历史假设之所以显得危险,关键在于头

---

[1] 对此可略参何兆武《可能性、现实性和历史构图》,收入《历史理性批判散论》,长沙:湖南教育出版社,1994年,第220—231页。探讨"可能世界"实际上是西方分析哲学的基本内容之一。

绪的繁多与论证的粗疏,简而言之,即缺乏足够的逻辑性。反过来讲,厘清头绪、严密论证的程度越高,即逻辑性越强,某种假设就越可靠、越成立、越可能实现。对任何历史问题的不同解释都是在寻求不同的可能性,而最权威的解释也即是逻辑性被公认为最强的可能性。而这并非要用假设替代或改变事实,毋宁说是要用假设为更好地理解事实创造条件。

遗民"启蒙"的迷思

在探求清初激进思想的真实情况以前,有必要先解构那个通过与制高点——黄宗羲——连线进而拉扯、牵引而成的话语体系。迄今为止,该体系还被大多数研究者所认可,并不时导致这样的积极表述:清初存在着一场以黄宗羲为中心的思想运动。

"思想运动"应至少具备以下几个要素:若干思想精英及其支持者;他们之间的横向联系;思想的公开与传播;社会反响,包括正、负两方面。无论西方启蒙运动或中国近现代的启蒙运动都符合上述特点,甚至晚明思潮亦与之略近。而如据下面这些典型的提法,清初情形竟毫不例外:"来自封建旧营垒的批判道学的思潮,南北呼应,气势宏大。"[1]"思想家们……攻击专制,竟汇为空前巨大的声

---

[1] 李明友《一本万殊——黄宗羲的哲学与哲学史观》,北京:人民出版社,1995年,第327页。案作者将抨击"封建君主专制"视为清初批判道学思潮的一项重要内容。

浪。"[1]"黄宗羲尖锐地批判了极端专制政治……这些惊世骇俗的言论……在当时不胫而走,广为传播。"[2]"黄宗羲等……对君主的猛烈抨击动摇了皇权至上与忠君不二的观念。"[3]而季学原、桂兴沅两位在其《明夷待访录导读·导论》中饱含激情,加意渲染,不啻提供了一个17世纪"启蒙运动"的极端版。[4]

如果说"古史观"——按照顾颉刚先生的初衷——是经若干世纪"层累地造成"的话,学界则以不过一百年的时间同样"层累地造成"了相当多的历史幻象,对清初思想状况的错觉就是重要一例。陈旭麓先生曾说:"近代中国的民主思想不是从黄宗羲等人的思想直接孕育出来的,乃是由传述西方思想及其政制为起点,是在西方民主思想传入之后才去追溯中国固有的民主思想。"[5]正是在这一追溯过程中,研究

---

[1] 韦政通《中国思想史》第四十章《明末清初思想的变化及其新趋向》,上海:上海书店出版社,2002年,第887页。韦氏在其《中国哲学辞典》"反君主专制"条中写作:"明末清初,形成空前的反专制浪潮。"台北:水牛出版社,1993年,第185页。

[2] 张岂之主编《中国历史·元明清卷》,北京:高等教育出版社,2002年,第336—337页。

[3] 张国刚、乔治忠等《中国学术史》第七章《清前期的学术发展》,上海:东方出版中心,2002年,第469页。

[4] 例如文中写道:"新时代之火在他们心田上燃起了烈焰,使得他们舍得一身剐,不惮灭十族,从各个不同的角度、高度揭露和抨击君主专制的罪行。何心隐、李贽、傅山、方以智、顾炎武、王夫之、唐甄、颜元、戴震等等一大批'豪迈英爽之俊杰',在黄宗羲的前后左右呼啸而出,前仆后继,在东方古国的大地上掀起了新文化、新思潮的狂澜。"《明夷待访录导读》,成都:巴蜀书社,1992年,第11—12页。

[5] 《陈旭麓文集》第四卷《民主思想的长卷——〈中国近代民主思想史〉序言》,上海:华东师范大学出版社,1997年,第209页。

者但取所需,有意无意地下了许多扭曲、割裂、筛选、剪贴的功夫,偷梁换柱,试图在外来文明面前,凸显自身的闪光点,最终陷于思维混乱。

姑且不论,激进思想推动社会变革,这样的情形在中国古代史上从未发生过,即以所谓"三大家"而言:王夫之中年以后僻处湘西,与顾、黄等人几绝不相闻,他的著作也是身后成刻、多以隐蔽方式保存下来的,是遗民思想"地下化""个体化"特点最显著的体现者。[1]顾炎武和黄宗羲同样"人自为战",黄氏的激进思想当时绝无人道及。而论者或侈谈顾致书于黄一事,实则这种限度的应酬根本无法支撑思想运动。[2]

---

[1] 参曾国藩《曾文正公诗文集》卷一《〈王船山遗书〉序》:"匿迹永、郴、衡、邵之间,终老于湘西之石船山。圣清大定,访求隐逸,鸿博之士次第登进,虽顾亭林、李二曲辈之艰贞,征聘尚不绝于庐。独先生深闷固藏,邈焉无与。平生痛诋党人标榜之习,不欲身隐而文著,来反唇之讪笑。用是其身长逃,其名寂寂,其学亦竟不显于世。荒山敝榻,终岁孳孳……旷百世不见知而无所于悔。"《四部丛刊正编》第九十一册,台北:商务印书馆,2011年,第702页下栏。葛兆光《中国思想史·导论(上)》也说:"王夫之在晚明与清初思想史上的位置与意义……是一种追认的结果,我常常希望有人能告诉我,当时有多少人读过王氏那些在深山中撰写的精彩著作?"上海:复旦大学出版社,2005年,第12页。

[2] 该信见《南雷文定·附录》,内不过称:"(《待访录》)读之再三,于是知天下之未尝无人,百王之敝可以复起,而三代之盛可以徐还也。"且明谓"有其识者未必遭其时","古之君子所以著书以待后",《丛书集成初编》,据《粤雅堂丛书》本排印,北京:中华书局,1985年,第2—3页。案顾氏曾取《明夷待访录·取士》篇入《日知录》卷十七《进士得人》。传世顾集不收此书,今版《顾亭林诗文集·亭林佚文辑补》自张穆《顾亭林年谱》录入,题《与黄太冲书》,尚有删节,第238—239页,则其不足以产生影响,不言而喻。

《明夷待访录》

问题的要害在于：既然是"遗民"思想，那就不可能成其为"运动"，更不可能成其为"启蒙"，因为遗民——注意它的含义——作为一种潜存的、弱势的力量，从来不可能主导新王朝的重建。[1]由遗民来"启蒙"，这是逻辑上根本不成立的命题。寄望于由遗民来"启蒙"，这是我们对历史——实际上也正是对现实——痛心疾首之余的迷思。

幻灭、亢奋与非理性

明、清易代是一种灭亡被另一种灭亡灭亡了的大变局，抵抗和挣扎同时表现在行为和观念中，而当现实尘埃落定后，思想却在某些头脑里因幻灭而变得亢奋起来。如果对明遗民的存在状态有广泛的了解和深切的体认，不是满足于轻描淡写的印象，而是真正努力去接近那些悲惨、绝望和愤世嫉俗的心灵，就会自然而然地想到：在卓绝的理性活动背后有否非理性的动力？为非理性所推动的理性活动又有什么不寻常的特点？

葛兆光在论及清初遗民思想时指出：

---

[1] 美国学者魏斐德（F. E. Wakeman）《明清更替：十七世纪的危机抑或轴心突破》强调顾、黄的理论推动力"爆发太微弱，以至于无法推动事物的发展达到一个根本不同的结果"，《中国学术》，2002年第3辑，第16页。此外，高翔《近代的初曙——18世纪中国观念变迁与社会发展》第五章亦指出："清初，顾炎武、黄宗羲、王夫之、颜元等人，有感明清易代，反思两千年专制历史，确实提出了一系列新的社会思想，具有鲜明的近代特色。但这些思想在当时并没有产生太大的社会影响，也没有阻挡住理学复兴，专制统治走向稳定、走向繁荣的历史潮流。"但作者意在阐发"十八世纪近代化"说，与本书语境迥别。北京：社会科学文献出版社，2000年，第607页。

> 在中国历史上,可能没有哪一个王朝的覆亡会出现这么多的"遗民",也没有哪一个王朝的更迭会引起如此激烈的文化震撼,因为目睹这一历史巨变的过程,很多人对文化、思想和政治都有太多的感慨,所以在明末清初出现了从未有过的反思和检讨,羼进了逆反的情绪,夹杂着"亡国"的沉痛,还携带了从明末以来就有的种种思想,在一种激烈动荡的感情支配下,对历史和现实展开激烈的痛苦的批评。……无论他们是对皇权的批评还是对历史的反思,其实后人都能体验出一种来自明亡的激奋和悲怆。于是有咒骂、也有批判,有悲凉的怨怼、也有痛苦的独语。

就中特别提及:"黄宗羲《明夷待访录》对君主专制的批评与斥责,其实未必像一些学者所说,有这么自觉的民主思想或所谓的启蒙意识,倒可能主要是基于明亡的激愤、痛苦与反思,所以并不见得是理性的分析而是激烈的痛斥。"[1]

不难体会,幻灭可以大大提高思想的自由和真实度(这是同一问题的两个方面),亢奋必定大大强化表达力度,而非理性的因素便寄寓其间,不断寻找着理性化的具体方向和方式。赵园先生称"'易代'固然是痛苦,但如王夫之、

---

[1]《中国思想史》第二卷第三编,第384页。作者自注:"参看葛兆光《明清之间中国史学思潮的变迁》,《北京大学学报》1985年第2期。很多人至今仍然强调黄宗羲《明夷待访录》的现代意义,最有代表性的论述可以参看狄百瑞《黄宗羲〈明夷待访录〉之现代意义》,载周博裕编:《传统儒学的现代诠释》128页,文津出版社,台北,1994。"

黄宗羲的大胆言论又使人想到易代的某种'解放意义'——那种批判以及怨愤表达,也只有在明亡之后才能成为可能",[1]已意识到这一点。

华夷之辨

举例来说,在正统的儒家政治理念里,"尊王攘夷"显然是附属于王权或君权观念的,民族关系即使做不到成为中原王朝内部秩序的外化和延伸,也要在君臣大义之下予以处理。然而对遗民思想而言,明、清之际的变局颠覆、破坏了上述情况:不但华夷观凌驾于君臣观之上,且正因如此,君臣关系也出现了某种程度的松解。

试看下面几段论述:

> 顾炎武《日知录》卷十三《正始》:"有亡国,有亡天下。亡国与亡天下奚辨?曰:易姓改号谓之亡国;仁义充塞而至于率兽食人,人将相食,谓之亡天下。……知保天下,然后知保其国。保国者,其君其臣,肉食者谋之;保天下者,匹夫之贱与有责焉耳矣。"卷七《管仲不死子纠》:"君臣之分所关者在一身,华裔之防所系者在天下。故夫子之于管仲,略其不死子纠之罪,而取其一匡九合之功。盖权衡于大小之间而以天下为心也。夫以君臣之分犹不敌华裔之防,

---

[1]《明清之际士大夫研究》上编第一章第一节《戾气》,北京:北京大学出版社,2000年,第6页。

而《春秋》之志可知矣。"[1]

王夫之《黄书·原极第一》:"保其所贵,匡其终乱,施于孙子,须于后圣。可禅、可继、可革,而不可使夷类间之。""今夫玄驹之有君也,长其穴壤,而赤虻、飞蟹之窥其门者,必部其族以噬杀之,终远其埒,无相干杂,则役众蠢者,必有以护之也。若夫无百祀之忧,鲜九垓之辨,尊以其身于天下,愤盈侪侣,眕畔同气,猜割牵役,弱靡中区,乃霍霍然保尊贵,偷豫尸功,患至而无以敌,物逼而无以固,子孙之所不能私,种类之所不能覆,盖王道泯绝而《春秋》之所大憝也。"[2]

黄宗羲《留书·封建》:"即不幸而失天下于诸侯,是犹以中国之人治中国之地,亦何至率兽而食人、为夷狄所寝覆乎!"《史》:"以中国治中国,以夷狄治夷狄,犹人不可杂之于兽、兽不可杂之于人也。即以中国之盗贼治中国,尚为不失中国之人也。徐寿辉改元治平,韩林儿改元龙凤,吾以为《春秋》之义必将与之。"[3]

均将论述归结到《春秋》大义。三人另有对"革命"问题的讨论,[4]可参照。顾氏出于保守的思想性格,尽管区别了

---

[1] 《日知录集释》第471、245页,下论后儒曲辩之不当。
[2] 《梨州船山五书》,第3页。"可禅""可继",本《孟子译注·万章上》引孔子曰:"唐、虞禅,夏后、殷、周继,其义一也。"第222页。
[3] 《明夷待访录》附录一《留书》,第197、210页。
[4] 略见韦政通《中国思想史》第四十章《明末清初思想的变化及其新趋向》,第887—888页。

"保国"与"保天下",肯定"君臣之分犹不敌华裔之防",仍不忍直斥君臣观念,呼吁政权有必要开放而已。王、黄的表达都突过了这一界限,王视黄为剀切,而黄视王为鲜明。

余英时曾引杜牧"丸之走盘,横斜圆直,计于临时,不可尽知。其必可知者,是知丸之不能出于盘也"(《樊川文集》卷十《注孙子序》)之语而发挥说:"我们不妨把'盘'看做是传统的外在间架,'丸'则象征着传统内部的种种发展的动力。大体上看,18世纪以前,中国传统内部虽经历了大大小小各种变动,有时甚至是很激烈的,但始终没有突破传统的基本格局,正像'丸之不能出于盘'一样。"[1] 我以为,在肯定存在"外在间架"的情况下,"传统内部"的"各种变动"也许可进一步比拟为物理学上的热运动,那么,清初的思想激荡将被描述为:高温增强了分子的能量和无序,令它们产生如此剧烈的撞击,以致连"君—臣"这样原本结构超稳定的分子都一时离解开来——此处借用了物理学中的"热离解"概念。也就是说,激进的政治理念是在明亡于清的严酷刺激下由民族主义开出,假如缺少同样的刺激,便不会有同样的结果。

破坏—再生

假如确信晚明思潮不会自然延伸出激进的政治理念,这意味着,明末与清初思想之间那道看起来相当优美的上升

---

[1]《余英时作品系列·总序》,《现代儒学的回顾与展望》,第7页。

弧线，其实是一场历史灾变逆势而非顺势地造成的；这意味着，学者沿着那道弧线设想的中国近代化的前景，只是建立在不够严密的推理基础上的错觉。

了解晚明史的人都清楚，它政治混乱，财政破产，腐败已达无以复加的地步，广泛而频繁的自然灾害更使脆弱、紧张的社会关系一触即溃。另一方面，关注社会（经济）史和文化（思想）史的学者则找到了越来越多的资料，证实此际的中国呈现出前所未有的新气象："对待晚明时代，出发点是王朝，就会看到一个大失败的结局……出发点是时代，是社会，则会发现一派生机，社会正从单一向多元发展，从古代向近代演进。""晚明中国处于一个社会转型的重要历史时期，在这一历史时期里，明王朝遭遇了亘古未有的严重挑战，不可避免地走向衰落。然而，明王朝统治的衰落和失败，并不等于明代中国社会的衰落和失败，相反的，恰恰说明了中国社会的加速发展。"[1]问题是，这将明朝一方面的没落和另一方面的进步割裂开来，没落归没落，进步归进步，甚至暗示此消彼长，中国历史将由是改观，而忽略了松解的社会和崩溃的政权是互为条件、不可须臾分的整体，因此注定要同归于尽。事实上，明末颓势之重足以令其数亡厥国，而南明史竟不啻验证了这一点。

---

[1] 万明《明代白银货币化与明朝兴衰》，《明史研究论丛》第六辑，黄山书社，2004年，第395—396页。并参毛佩琦《从明到清的历史转折——明在衰败中走向活泼开放，清在强盛中走向僵化封闭》，《明史研究论丛》第六辑，第272—287页。

《明夷待访录》

沿这条线索发展下去,导致社会停滞乃至倒退的严重战乱,从较低水平起步的经济复苏,回潮般的中央专制集权,以及相应的意识形态保守化——这一传统的"破坏—再生"模式有什么理由不适用于17世纪的中国?可以想象,晚明思潮必将为汹涌得多的"革命"浪潮裹挟和吞噬。传统社会的新变尚未成熟到足以在重新"洗牌"之后葆有其积极因素,这才是历史的真相。

顾诚在《南明史·序论》中提出:

> 历史进程的必然性和偶然性是史学界长期关心的问题。……明朝自万历中期以来,朝政日益腐败,内忧外患纷至沓来,覆亡不可避免,接替的可能是大顺王朝,可能是清王朝,甚至可能是孙可望掌握实权的朝廷,也不能排除在较长时间处于分裂的局面。……我认为在当时社会条件下,明朝覆亡以后,中国仍将建立一个封建王朝,社会仍将处于封建制度的框架内(商品经济的发展或萎缩将视社会生产力的发展或破坏而定),只有这一点是肯定的。差异在于各派势力实行的政策和手段不同,对中国社会发展进程的影响也将不同。[1]

---

[1]《南明史·序论》,第5页。类似的比较全面的探讨还有李洵《四十天与一百年——论明清两王朝交替的历史对中国社会发展的影响》,其中写道:"明清之际,只能是封建王朝代替封建王朝",但由"哪个势力来组成新王朝",差别很大,"原因是他们的统治政策不尽相同,对中国社会发展的进程所产生的影响,也不尽相同",与顾说毕肖。见《下学集》,北京:中国社会科学出版社,1995年,第446页。

我也不妨继续之前的假设：如果满人没有入关，中国将以"破坏—再生"模式开始新的周期。遗民仍不免出现，但符合常规的天命循环将易于被接受。晚明萌芽的新变固然一时荡灭，不过随着社会的恢复与发展（乃至解体），有可能再度滋生并活跃。但这个"后明"王朝最重要的变数，首先是它与北方边疆民族的关系，其次是它与近代化的西方的关系。总的说来，它可能比清朝少一些戾气和内耗，却在立国规模上未必优于明朝。

一方面，清初的乱象和变局并未出离古代中国的演绎规律，仅是振幅加剧而已。这意味着，清朝没有在根本上打断"后明"时期可能具有的发展走势，尽管不免于一定程度的扭曲和偏差。另一方面，王朝更替对整个社会的影响通常会自上而下递减，即使像明、清迭代的特殊情况也大同小异。这意味着，满人入主没有从本质上改造传统社会，变化将逐渐消失在巨大的惯性中。于是，在三百年的长时段上，平心而论，对于整个中国文明和历史，清代充其量是走板变调，而非喧宾夺主的插曲。

历史沉思录

余常疑孟子一治一乱之言,何三代而下之有乱无治也?乃观胡翰所谓十二运者,起周敬王甲子(前477)以至于今,皆在一乱之运,向后二十年交入"大壮",始得一治,则三代之盛犹未绝望也。前年壬寅(康熙元年,1662)夏,条具为治大法,未卒数章,遇火而止。今年自蓝水返于故居,整理残帙,此卷犹未失落于担头舱底,儿子某某请完之。冬十月,雨窗削笔,喟然而叹曰:昔王冕仿《周礼》,著书一卷,自谓"吾未即死,持此以遇明主,伊、吕事业不难致也",终不得少试以死。冕之书未得见,其可致治与否,固未可知。然乱运未终,亦何能为"大壮"之交!吾虽老矣,如箕子之见访,或庶几焉。岂因"夷之初旦,明而未融",遂秘其言也!癸卯(康熙二年,1663)梨洲老人识。(《题辞》)

有生之初,人各自私也,人各自利也,天下有公利而莫或兴之,有公害而莫或除之。有人者出,不以一己之利为利,而使天下受其利,不以一己之害为害,而使天下释其害。此其人之勤劳必千万于天下之人。夫以千万倍之勤劳而己又不享其利,必非天下之人情所欲居也。故古之人君,去之而不欲入者,许由、务光是也;入而又去之者,尧、舜是也;初不欲入而不得去者,禹是也。岂古之人有所异哉?好逸恶劳,亦犹夫人之情也。后之为人君者不然,以为天下利害之权皆出于我,我以天下之利尽归于己,以天下之害尽归于人,亦无不可;使天下之人不敢自私,不敢自利,以我之大私为天下之大公。始而惭焉,久而安焉,视天下为莫大之产业,传之子孙,受享无穷;汉高帝所谓"某业所就,孰与仲多"者,其逐利之情不觉溢之于辞矣。此无他,古者以天下为主,君为客,凡君之所毕世而经营者,为天下也。今也以君为主,天下为客,凡天下之无地而得安宁者,为君也。是以其未得之也,屠毒天下之肝脑,离散天下之子女,以博我一人之产业,曾不惨然,曰"我固为子孙创业也"。其既得之也,敲剥天下之骨髓,离散天下之子女,以奉我一人之淫乐,视为当然,曰"此我产业之花息也"。然则为天下之大害者,君而已矣。向使无君,人各得自私也,人各得自利也。呜呼,岂设君之道固如是乎!

古者天下之人爱戴其君,比之如父,拟之如天,诚不为过也。今也天下之人怨恶其君,视之如寇仇,名之为独夫,固其所也。而小儒规规焉以君臣之义无所逃于天地之间,至桀、纣之暴，犹谓汤、武不当诛之，而妄传伯夷、叔齐无稽之事，使兆人万姓崩溃之血肉，曾不异夫腐鼠。岂天地之大，于兆人万姓之中，独私其一人一姓乎！是故武王，圣人也，孟子之言，圣人之言也。后世之君欲以如父如天之空名禁人之窥伺者，皆不便于其言，至废孟子而不立，非导源于小儒乎！虽然，使后之为君者，果能保此产业，传之无穷，亦无怪乎其私之也。既以产业视之，人之欲得产业，谁不如我？摄缄縢，固扃鐍，一人之智力不能胜天下欲得之者之众，远者数世，近者及身，其血肉之崩溃在其子孙矣。昔人愿世世无生帝王家，而毅宗之语公主，亦曰："若何为生我家！"痛哉斯言！回思创业时其欲得天下之心，有不废然摧沮者乎！是故明乎为君之职分，则唐、虞之世，人人能让，许由、务光非绝尘也；不明乎为君之职分，则市井之间，人人可欲，许由、务光所以旷后世而不闻也。然君之职分难明，以俄顷淫乐不易无穷之悲，虽愚者亦明之矣。(《原君》)

有人焉，视于无形，听于无声，以事其君，可谓之臣乎？曰：否。杀其身以事其君，可谓之臣乎？曰：否。夫视于无形，听于无声，资于事父也；杀其身者，无私之极则也。而犹不足以当之，则臣道如何而后可？曰：缘夫天下之大，非一人之所能治，而分治之以群工。故我之出而仕也，为天下，非为君也；为万民，非为一姓也。吾以天下万民起见，非其道，即君以形声强我，未之敢从也，况于无形无声乎！非其道，即立身于其朝，未之敢许也，况于杀其身乎！不然，而以君之一身一姓起见，君有无形无声之嗜欲，吾从而视之、听之，此宦官、宫妾之心也；君为己死而为己亡，吾从而死之、亡之，此其私昵者之事也。是乃臣、不臣之辨也。世之为臣者昧于此义，以谓臣为君而设者也。君分吾以天下而后治之，君授吾以人民而后牧之，视天下、人民为人君橐中之私物。今以四方之劳扰，民生之憔悴，足以危吾君也，不得不讲治之、牧之之术。苟无系于社稷之存亡，则四方之劳扰，民生之憔悴，虽有诚臣，亦以为纤芥之疾也。夫古之为臣者，于此乎？于彼乎？盖天下之治乱，不在一姓之兴亡，而在万民之忧乐。是故桀、纣之亡，乃所以为治也；秦政、蒙古之兴，乃所以为乱也；晋、宋、齐、梁之兴亡，无与于治乱者也。为臣者轻视斯民之水火，即能辅君而兴，从君而亡，其于臣道固未尝不背也。夫治天下犹曳大木然，前者唱邪，后者唱许。君与臣，共曳木之人也。若手不执

《明夷待访录》

绋,足不履地,曳木者唯娱笑于曳木者之前,从曳木者以为良,而曳木之职荒矣。

嗟乎!后世骄君自恣,不以天下万民为事,其所求乎草野者,不过欲得奔走服役之人。乃使草野之应于上者,亦不出夫奔走服役,一时免于寒饿,遂感在上之知遇,不复计其礼之备与不备,跻之仆妾之间而以为当然。万历初,神宗之待张居正,其礼稍优,此于古之师傅未能百一,当时论者骇然居正之受无人臣礼。夫居正之罪正坐不能以师傅自待,听指使于仆妾,而责之反是,何也?是则耳目浸淫于流俗之所谓臣者以为鹄矣,又岂知臣之与君,名异而实同耶?或曰:臣不与子并称乎?曰:非也。父子一气,子分父之身而为身。故孝子虽异身,而能日近其气,久之无不通矣;不孝之子,分身而后,日远日疏,久之而气不相似矣。君臣之名,从天下而有之者也。吾无天下之责,则吾在君为路人。出而仕于君也,不以天下为事,则君之仆妾也;以天下为事,则君之师友也。夫然,谓之臣,其名累变。夫父子,固不可变者也。(《原臣》)

——据世界书局《梨州船山五书》本

《待访录》迷踪

"明夷"两字最早见于黄宗羲对其书的《题辞》,即所引《后汉书·党锢列传》"**夷之初旦,明而未融**",署期癸卯(康熙二年,1663)。但时人都称《待访录》。[1] 李详《愧生丛录》称:"黄黎洲《思旧录》,缪艺风(荃孙)臧(通藏)有移钞戴子高(望)校本。其中《明夷待访录》'明夷'两字作'㫑',象地、火,以表其字,盖避国初忌讳。"[2] 足见"明夷"两字不轻露。其实,哪怕从字面上看,"明"涉"明朝","夷"涉"夷狄",已令人不敢齿及。

孙卫华先生在《〈明夷待访录〉果真曾是禁书吗?》一文中,据顾炎武致黄氏书及阎若璩"论太冲"语,认为《待访录》已在黄氏弟子和学者间流传。[3] 段志强译注《明夷待访录·前言》谓:"《明夷待访录》在清末之前流传不广。梁启超曾说此书在乾隆时被列为禁书,但是现存的几种禁毁书目里面都没有著录,依梁氏不拘小节的著述风格,大概是他误记了。不过毫无疑问的是,假如清朝官方

---

[1] 唯《南雷文定·附录》里的顾炎武书作"因出大著《明夷待访录》",第3页,不同于常见的《顾宁人书》,与《日知录集释》卷十七《进士得人》第608页"余姚黄宗羲作《明夷待访录》"一样,疑系后增。案《文定》前有靳治荆康熙戊辰(二十七年,1688)序,卷首乃郑梁《南雷文案序》,撰于康熙庚申(十九年,1680)。
[2] 《李审言文集·愧生丛录》卷三《六十三》,第483—484页。
[3] 文载《人文论丛》2010年卷,第103页。氏著《明夷待访录校释》将此文收作《附录三》,微有改动,题为《明夷待访录版本流传考辨》。

能够得到这本书，那么它一定不会幸免于'全毁'的命运的。"[1]事实上，康熙十七年（戊午，1678），翰林院掌院叶方蔼曾就清廷诏征黄宗羲博学鸿词一事商于其弟子、时为庶吉士的陈锡嘏。而汤斌致书黄氏，称："戊午入都，于叶讱老（方蔼）案头得读《待访录》，见先生经世实学。"[2]汤氏即以被荐应征。是黄《录》著成十余年后，不仅由弟子在京传播，且登于当朝文学侍从长官"案头"，则当时并无避忌可知，颇疑黄氏效顺圣祖，特见优容，《原君》《原臣》等亦未收于流行本。[3]至乾隆间，法式善著《陶庐杂录》，有"黄宗羲曰"一则，[4]即《待访录·取士下》，省去"科举之法"以下一半，文字略同于《日知录》卷十七《进士得人》所引。其书未著录于《四库全书》，亦无碍黄氏之为"国朝"名儒。对此，乔治忠先生《清朝〈四库全书〉馆隐没图书的另类手段——以三种史籍的遭际为例》一文，[5]无中见有，足资证验，"三种史籍"为顾祖禹《读史方舆纪要》、李东阳《历代通鉴纂要》和康熙《孔宅志》（孙铉纂修，雍正增修），《待访录》正可补充一种新的类型。

---

[1]《明夷待访录·前言》，第7—8页。何朝晖点校版《明夷待访录·整理说明》亦持此说，《子海精华编》，南京：凤凰出版社，2017年，第3页。
[2]《南雷文定·附录》，第10页。
[3] 全祖望跋称："原本不止于此，以多嫌讳，弗尽出，今并已刻之板亦毁于火。"《明夷待访录》附录二，第215页。
[4]《陶庐杂录》卷六，北京：中华书局，1997年，第180—181页。
[5] 文载《史学理论与史学史学刊》，2017年8月，第155—170页。

从"留"到"待访"

明亡清兴,对士人来说,幻灭毕竟不是真的死灭,自由、真实绝非了无限度,而亢奋也终究难免衰歇,正如随着温度降低,热运动会趋于平静,不易离解的分子会容易复合。黄宗羲在遗民大家中享年独高,阅世独久,其思想脉络微妙、独特,而思想轨迹则最近完整。在这里,我想为前引葛兆光对"清初遗民思想"的评论下一转语:黄氏所以选择在永历帝被擒杀后——上距《留书》的写作已十年——撰成《待访录》,毋宁说表现出一种惊人的冷静。南明的彻底覆亡想必让他感到既沉重又轻松:他一方面割舍不掉故国的眷怀,更挣脱不出遗民的社会定位,但另一方面,他却如释重负,就此斩断了臣子的精神羁绊,成其为"无君""不臣"的自由身,正是在此基础上,加强了明代政治批判的力度。他这时显然有了用世之心,态度已由"留"转变为"待访",并且虑及现实的流布情况,绝口不道种族问题。[1]

黄氏《待访录题辞》有谓:"**观胡翰所谓十二运者,起周敬王甲子(前477)以至于今,皆在一乱之运。向后**

---

[1] 不过,黄氏在《明夷待访录·取士下》中写道:"科举之法,其考校仿朱子议……第三场《左》、《国》、三史为一科,《三国》《晋书》《南、北史》为一科,《新、旧唐书》《五代史》为一科,《宋史》、有明《实录》为一科。"第72—73页;独不及《辽史》《金史》《元史》等,尚残存《留书·史》之宗旨:"高皇帝平天下,诏修元史,当时之臣,使有识者而在,自宜改撰《宋史》,置辽、金、元于《四夷列传》,以正中国之统。"《明夷待访录》附录一,第210页。

二十年交入'大壮',始得一治,则三代之盛,犹未绝望也。""向后二十年"即康熙二十二年(1683)。且论王冕之书"未得见,其可致治与否固未可知,然乱运未终,亦何能为'大壮'之交"?黄似迷信其说,以致态度迅速转变。晚年作《破邪论》,则又称:"余尝为《待访录》,思复三代之治……今计作此时,已三十余年矣!秦晓山十二运之言,无乃欺人?"[1]

后人称黄宗羲"既阅沧海,趋变博观,晚年诲后进年少,辄专以读书为第一义,谓学者不穷经术,则几无立身余地,身之不守,国遑恤欤?盖勘透理路,事无小大,乃有把握。'素中国行乎中国,素夷狄行乎夷狄',古来相传'礼教'两字,就是当路之准的。蒙古据有中国,许、赵之功高于弓矢万倍,自许、赵出,蒙古亦中国矣。他不能真个实践,所以青田、金华便辅有明大业。然则兴亡之枢纽,允在礼教之隆替。既认得此症结,岂复容自作聪明哉!彼从政作制,胥有因革,若言立国大原,殆舍礼教外无一是处"。[2]"许、赵"指许衡、赵复,"青田、金华"指刘基、宋濂。黄氏《留书·史》有云:"后世之出而事房者曰:'为

---

[1] 《黄宗羲全集》第一册,杭州:浙江古籍出版社,2012年,第177页。参朱维铮《走出中世纪二集·读〈中国史学上之正统论〉》,上海:复旦大学出版社,2008年,第292页。
[2] 黄嗣艾《南雷学案》卷一《本传》,甚至有"'民为〔惟〕邦本,本固邦宁',这'本'字,读书做人耳"的说法,上海:正中书局,1936年,第7页。

人者得如许衡、吴澄足矣。'"[1]本以斥之，看来反以自诩了。其子黄百家曾论元代儒学："自石晋燕、云十六州之割，北方之为异域也久矣，虽有宋诸儒叠出，声教不通。自赵江汉（复）以南冠之囚，吾道入北，而姚枢、窦默、许衡、刘因之徒得闻程、朱之学，以广其传。由是北方之学郁起，如吴澄之经学、姚燧之文学，指不胜屈，皆彬彬郁郁矣。"[2]当有所受。黄氏晚年进一步颂清帝为"圣天子"，不宜判定为对起点的简单归复，但的确意味着，《待访录》所表达的激进思想已冷却下来。

《潜书》

在此把唐甄与黄宗羲连类而论是富有启发性的。唐氏生于崇祯三年（1630），在其父唐阶泰病逝七年后的顺治十四年（1657）始出应试，大约有所观望，最终决定不作"世袭"的遗民。这使他与后期的黄氏有了心态上的某种一致性，因此《潜书》辱骂明帝[3]而回避种族之辨的情况和

---

[1]《明夷待访录》附录一，第209—210页。
[2] 黄宗羲原撰、全祖望补修《宋元学案》卷九十，北京：中华书局，2009年，第2995页。
[3] 这一点是遗民绝不忍为的，连颜元弟子王源（昆绳）与唐氏交好，尚为之"废然发指"，斥为"悖谬"，其他可知，见《潜书·附录·书唐铸万〈潜书〉后》，北京：中华书局，1984年，第249页。其最甚者莫如下篇下《耻奴》径称熹宗为"昏君"，第170页。案王夫之《思问录外篇》"三代之政，简于赋而详于役"条末有"暴君者又为裁减公费驿递工食之法，以夺之吏而偿之民"一句，第56页，据《噩梦》"嘉靖间，言利之小人始兴，万历继之，崇祯又继之，日为裁减"，第3页，"暴君者"（转下页）

《待访录》大同小异。其《鲜君》《抑尊》等亦具反专制倾向，尽管不及《原君》《原臣》等深切著明、振聋发聩。

不过，《潜书·室语》中的"自秦以来，凡为帝王者皆贼也"[1]一句几乎被梁启超以来的思想史家无一例外地取与《待访录·原君》"**为天下之大害者，君而已矣**"相比肩，视为反对君权的代表性言论，却存在严重的断章取义之误。细绎唐著，便可发现，《室语》与前篇《仁师》、后篇《止杀》实自为一组，《室语》之语即从《仁师》"自二千年以来，时际易命，盗贼杀其半，帝王杀其半"而化出，亦即《止杀》"周、秦以后，君将豪杰皆鼓刀之屠人"云云，[2]盖专就易代之际的残暴杀戮立言，与黄氏命题貌同心异，毫厘千里。另一方面，唐甄先人代为明宦，其叔祖唐自彩及叔唐阶豫皆以抗清遭残杀，父亲亦受迫害，舅父李长祥更是复明运动中的传奇人物，因此他虽放弃了遗民身份，实质上并不能掩盖国难家仇的创痛，乃至于情不自禁地暗刺清帝为"盗贼"。[3]

如果说黄宗羲是由遗民转化为非遗民，唐甄则是非遗

（接上页）当即"言利之小人"，则"暴君"近于《春秋左传·襄公二十年》的"暴蔑其君"，《断句十三经经文》，第137页，而非《孟子》"暴君污吏"或"暴君代作"的"暴君"，《孟子译注·滕文公上》第118页、《滕文公下》第154页。

[1]《潜书》下篇下，第196页。
[2]《潜书》下篇下，第193、198页。
[3]《潜书》下篇下《仁师》《止杀》均痛斥张献忠的残杀，《室语》则急切表白："大清有天下，仁矣！"第196页。姑不论其言不由衷，即准以"自二千年以来，时际易命，盗贼杀其半，帝王杀其半"的命题，岂非欲盖弥彰？

民而不免于遗民。他的思想表达既与遗民同其源流,又似乎渐行渐远,不能保其峻深伟异了。

等级君主制

论者注意到了《原君》与邓牧《伯牙琴·君道》的联系。邓氏身丁宋元之际,顿足捶胸状一如黄宗羲,像《君道》所说:

> 古之有天下者,以为大不得已,而后世以为乐。此天下所以难有也。生民之初,固无乐乎为君,不幸为天下所归、不可得拒者,天下有求于我,我无求于天下也。子不闻至德之世乎?饭粝粱,啜藜藿,饮食未侈也;夏葛衣,冬鹿裘,衣服未备也;土阶三尺,茅茨不翦,宫室未美也。为衢室之访,为总章之听,故曰"皇帝清问下民",其分未严也。尧让许由而许由逃,舜让石户之农而石户之农入海,终身不反,其位未尊也。夫然,故天下乐戴而不厌,惟恐其一日释位而莫之肯继也。[1]

此与《原君》"**好逸恶劳,亦犹夫人之情也**"以上一节大同。又称后之为君者"惴惴然若匹夫怀一金,惧人之夺其后,亦

---

[1]《伯牙琴·君道》,合肥:安徽文艺出版社,2011年,第16—17页。"衢室"见《管子·桓公问》,"总章"见《吕氏春秋》卷七《孟秋纪》,"皇帝清问下民"见《尚书·吕刑》。

《明夷待访录》

已危矣。……彼所谓君者，非有四目两喙、鳞头而羽臂也，状貌咸与人同，则夫人固可为也。今夺人之所好，聚人之所争，'慢藏诲盗，冶容诲淫'，欲长治久安，得乎？……勿怪盗贼之争天下"，[1] 与《原君》"**既以产业视之，人之欲得产业，谁不如我**"以下一节无异。

放在"民本主义"的思想脉络上，这些话倒也没那么突兀。在邓氏以前，陆九渊曾说："自周衰以来，人主之职分不明。……孟子曰：'民为贵，社稷次之，君为轻。'此却知人主职分。"[2] 在黄氏以前，吕坤曾说："天之生民，非为君也；天之立君，以为民也。……岂其使一人肆于民上而剥天下以自奉哉？"[3]

不过，黄宗羲并未止于揭示"**明乎为君之职分，则唐、虞之世，人人能让**""**不明乎为君之职分，则市井之间，人人可欲**"，而径称："**臣之与君，名异而实同。**"《待访录·置相》就"**天下之大，非一人之所能治，而分治之以群工**"发挥道："原夫作君之意，所以治天下也。天下不能一人而治，

---

[1]《伯牙琴·君道》，第18—20页。
[2]《陆九渊集》卷三十四《语录上》，第403页。另参："（严）松尝问梭山（陆九叙）云：'有问松：孟子说诸侯以王道，是行王道以尊周室？行王道以得天位？当如何对？'梭山云：'得天位。'松曰：'却如何解后世疑孟子教诸侯篡夺之罪？'梭山云：'民为贵，社稷次之，君为轻。'先生再三称叹曰：'家兄平日无此议论。'良久曰：'旷古以来无此议论。'"第242页。章太炎讨论"文王称王"，连带提及"借观孟子之在衰周，力言王齐，齐苟王矣，置周何地"，以为"既有其实，而何为阳谢其名乎"？《蓟汉昌言·区言一》，《章太炎全集（七）》，第125页。
[3]《呻吟语》卷五《治道》，第264页。

则设官以治之；是官者，分身之君也。孟子曰：'天子一位，公一位，侯一位，伯一位，子、男同一位，凡五等。君一位，卿一位，大夫一位，上士一位，中士一位，下士一位，凡六等。'盖自外而言之，天子之去公，犹公、侯、伯、子、男之递相去；自内而言之，君之去卿，犹卿、大夫、士之递相去。非独至于天子遂截然无等级也。昔者伊尹、周公之摄政，以宰相而摄天子，亦不殊于大夫之摄卿、士之摄大夫耳。"据《孟子·万章下》关于"周室班爵禄"的说明重申了上古等级君主制。[1]顾炎武也注意到了这一点："为民而立之君，故班爵之意，天子与公、侯、伯、子、男一也，而非绝世之贵。……是故知'天子一位'之义，则不敢肆于民上以自尊。"[2]顾致信黄，称《待访录》与《日知录》所论同者"十之六七"，[3]这必是其一。

后儒描述的"三代"不尽为"尚古情结"造成的幻象，上古时代确实存在过一些不乏原始"民主思想"与"契约精

---

[1]《明夷待访录》，第235页。《易纬·易乾凿度》卷上"天子者，爵号也"，可为一证，赵在翰辑《七纬》，北京：中华书局，2012年，第39页。此外，《尽心下》有"诸侯危社稷，则变置"之语，《孟子译注》，第328页；《万章下》的"君有大过则谏，反覆之而不听，则易位"，虽言"贵戚之卿"，也足以令齐宣王"勃然变乎色"，《孟子译注》，第251页。

[2]《日知录集释》卷七《周室班爵禄》，第257—258页。参卷五《王公六职之一》："'坐而论道，谓之王公。'王亦为六职之一也，未有无事而为人君者，故曰'天子一位。'"第181页，"坐而论道，谓之王公"，及以"王公""士大夫""百工""商旅""农夫""妇功"为"六职"，均见《周礼·冬官考工记》，《断句十三经经文》，第65页。

[3]《南雷文定·附录》，第3页。

神"成分的制度,在东周、秦、汉以降的政治变迁中,逐渐被洗换、淘汰,到唐代彻底扬弃,取而代之的是专制主义绝对皇权。西方社会的后续发展使其能借助为古希腊文明招魂而建立新型民主制,中国则不具备相应条件,以至于尽管儒生一再发出"复古"的吁求,不过流为腐谈。孤立地看,明、清之际的激进思想穿透了两千年的迷雾,准确地辨识出早期等级君主制的原貌,创造了前所未有的政治革新契机。然而,只消恢复历史场景,我们就一清二楚,这些声音来自被碾压者的挣扎,终将归于死寂。

吕思勉说:"《原君》《原臣》两篇,于'天下者,天下之天下'之义,发挥得极为深切,正是晴空一个霹雳。但亦只是晴空一个霹雳而已。别种条件未曾完具,当然不会见之于行动的。于是旁薄郁积的民主思想遂仍潜伏着,以待时势的变化。"[1]末句不当,是"历史目的论"作祟。二百年后,儒者果真又想起了等级君主制,却已是西方民主思想刺激所致了。如俞樾称:"夫古之君臣非犹夫后世之君臣也。天子不能独治其天下,于是乎有诸侯;诸侯不能独治其国,于是有大夫。天子之有诸侯,非曰为我屏藩也;诸侯之有大夫,非曰为吾臣仆也。自天子、诸侯以至一命之士、抱关击柝之吏,各量其力之所能任,以自事其事,以自食其食。"[2]他甚至还展开去,倡言:"古者天子、诸侯各君其国,各子其民,

---

[1]《吕著中国通史》第三章《政体》,第55页。
[2]《湖楼笔谈二》"桓公杀公子纠"条,第185页。

故天下之所归往，则谓之王者，则谓之有天下。若其德衰，号令不足以及天下，则仍是一国而已矣。后世不达此义，残山剩水，犹拥虚名，作史之人务存忠厚，奉蜀汉为正统，列昱、昺于编年。凡此之类，非古义也。"[1] 吴趼人小说《海上游骖录》假李若愚之口道："前两年《新民丛报》上，梁卓如（启超）说了一句皇帝要尽忠的话，于是大众诧为新到极处的说话，以为发前人所未发。……《左传》'齐师伐我'一篇，曹刿问：'何以战？'公曰：'大小之狱，虽不能察，必以情。'刿曰：'忠之属也，可以一战。'可见数千年前早有了皇帝要尽忠的话，并且皇帝必要尽忠，方可叫百姓去出战，看得何等重要！后世之人鼠目寸光，读书不求甚解，被中古时代那一孔之儒欺骗到底，到了死的那天，还堕在五里雾中，反要怪自己宗国的道德不完全。我看着实在可怜、可恨、可笑、可恼！"[2] 已去"大同是孔夫子发明的，民权议院是孟夫子发明的，共和是二千七百六十年前周公和召公发明的，立宪是管仲发明的"[3] 不远。

---

[1]《湖楼笔谈二》"商自成汤至武丁"条，第187—188页。参"千乘之国"条："大约古人言百里之国，便为大国。故曰：'可以托六尺之孤，可以寄百里之命。'六尺以极小言，百里以极大言。不极小，不足见托孤之难；不极大，不足见寄命之难。后人生大一统之世，提封万里，遂觉百里之地小若弹丸，此古今之势异也。"第192页。俞氏《宾萌集》卷二有《蜀汉非正统说》，见《俞樾全集》第十一册，杭州：浙江古籍出版社，2018年，第44—45页。

[2]《海上游骖录》第八回，广州：花城出版社，1988年，第198页。

[3]《钱玄同文集》第二卷《随感录（五〇）》，发表于1919年2月15日《新青年》第6卷第2号，北京：中国人民大学出版社，1999年，第21页。

《明夷待访录》

伯夷、叔齐

等级君主制还包含有另外一面,那就是,即便各等级之间并非峻绝,但毕竟仍是等级制,维持等级秩序亦为应有之义。楚芊尹无宇不云乎:"天子经略,诸侯正封,古之制也。封略之内,何非君土?食土之毛,谁非君臣?故《诗》曰:'普天之下,莫非王土。率土之滨,莫非王臣。'天有十日,人有十等。下所以事上,上所以共神也。故王臣公,公臣大夫,大夫臣士,士臣皂,皂臣舆,舆臣隶,隶臣僚,僚臣仆,仆臣台。"[1]黄宗羲之意若曰:君为明君,则臣当分任其治天下之劳;君为暴君,则臣当诛之以为天下治。而这样一来,遂将《史记·伯夷列传》的记载置于必须破除之地了。

在伯夷与武王的对立中,陆九渊站在武王一边。[2]罗大经引吕祖谦语"武王忧当世之无君者也,伯夷忧万世之无君者也",谓:"此其特见卓论,真可与夷、齐同科。"又谓:"太公之鹰扬,伯夷之叩马,道并行而不相悖也。""使伯夷出而任太公之事,则太公亦必退而为伯夷之事,所谓易地则皆然。""念王室之如毁,固欲起而救乱,思冠冕之毁裂,又恐因而阶乱,故水火相济,盐梅相成,各以一事自任。"[3]实在有些一厢情愿。

---

[1]《春秋左传·昭公七年》,《断句十三经经文》,第185页。
[2]《陆九渊集》卷三十四《语录上》,第424页。
[3]《鹤林玉露》乙编卷一《非孟》,第121页;卷六《伯夷太公》,第228页。

多次出现在孔子口中的伯夷、叔齐，基本事迹是让国逃隐。四百年后，司马迁在《史记》列传首篇——被视为七十列传总序——的《伯夷传》里，根据传闻，增添了一事（叩马谏伐）、一歌（"采薇"），并指实二人"饿死于首阳山"。[1] 降及两宋，学者疑古，旧案动摇。王应麟指出："朱文公（熹）曰：'孔子谓求仁得仁，又何怨？《传》但见伯夷满身是怨。'致堂胡氏（寅）曰：'叩马之谏，孔氏未尝及也。'程子（颐）曰：'《史记》所载谏词皆非也。武王伐商，即位已十一年矣，安得父死不葬之语？'"[2] 一个似乎可行的切入点——找到首阳山或首山、西山所在，经罗泌着手试探，结果仍不怎么理想。[3] 明人王直撰《夷、齐十辨》：

> 一，辨夷、齐不死于首阳山；二，辨首阳所以有夷、齐之迹；三，辨山中乏食之故；四，辨夫子用齐景公对说之由；五，辨武王之世恐无夷、齐；六，辨《史记》本传不当削海滨辟纣之事；七，辨道遇武王与《周纪》书来归之年不合；八，辨父死不葬与《周纪》

---

[1]《史记》卷六十一，第1377页。
[2]《困学纪闻》卷十一《史记正误》，第246页。案同为遗民的谢枋得倡一异说，言得之韩淲（涧泉）《论语解》，以武王仍立禄父为殷王，伯夷见周能悔过迁善，虽死无怨。清人李绂最赏之，而全祖望不以为然。详《全祖望集汇校集注·经史问答》卷六《论语问目答范鲲》，第1957页。谢说盖影射宋元易代，全氏所谓"固有为言之"。
[3]《路史》卷四十《余论三·夷齐首山》，《四库全书》第383册，上海：上海古籍出版社，1987年，第577页上栏至第578页上栏。《困学纪闻》卷七《论语》有论夷、齐姓字及首阳山所在两条，第164、165页。

书祭文王墓而后行者不同；九，辨太史之误原于轻信逸诗；十，辨《左氏春秋传》所载武王迁鼎、义士非之说亦误。[1]

胡应麟也以为："伐纣之谏，其所关涉甚巨，宜其所纪载特详，乃迁所取证茫亡一焉。而世之儒者万喙一词，即博涉自信如宋罗泌之流，亦仅启其端而其说迄靡竟也。""孔子于夷则贤之矣，孟子于夷则圣之矣，而未尝概叩马之事也；孔子于夷称其饿矣，孟子于夷述其清矣，而未尝概叩马之言也。《采薇》一歌足发明《武》'未尽善'而孔则删之，食粟之耻有大于'不听恶声'而孟则置之，揆之事理，胡刺缪也！""吾断以为夷、齐无叩马之说也。然斯语非迁创之，盖战国游谈之口而迁信之太果也。"[2] 张燧《千百年眼》卷一《夷、齐辨》即本王氏辨删缩而来，并掺入胡氏文。然则《原君》"小儒……**妄传伯夷、叔齐无稽之事**"的说法，实即晚明定案。

不过，王直尚有《续说》，谓君臣大义不应建立在虚构

---

[1]《抑庵文集·后集》卷三十五，《四库全书》第1242册，上海：上海古籍出版社，1987年，第339页上栏至下栏。此篇长达四千字。
[2]《少室山房笔丛》卷十五《史书佔毕三》"甚哉"条，第153—154页。次条补论："庄周称夷、齐之咸阳，见武伐殷，曰：'天下乱，周德衰，不若避之。'北至于首阳之山，遂饿而死。此太史之说所从出，然庄生口也，而亦可以证其无叩马之事矣。"第154页。指《庄子集释》卷九《杂篇·让王》，"咸"应作"岐"，"乱"应作"闇（暗）"，郭象注已谓："《论语》曰：'伯夷、叔齐饿于首阳之下。'不言其死也。而此云'死焉'，亦欲明其守饿以终，未必饿死也。"第18页 a–b。

的故事上，[1]胡应麟尚有转语："夫叩马一节，在夷、齐诚优为，而君臣、父子一言足以树天地古今之大戒，顾以之垂训则伟，而以之纪实则疏也。则君子之读斯传者，尚亦取其言而姑略其事也哉！"[2]这是从思想上肯定韩愈"微二子，乱臣贼子接迹于后世矣"[3]的论断。足见他们远未走出如黄宗羲那般决裂的一步。

三 代

从夷、齐谏伐再向前追溯，暴露出来的将是武王伐纣的合法性问题。孔子"谓《武》'尽美矣，未尽善也'"，子贡曰"纣之不善，不如是之甚也"，[4]都为窥视历史真相扒开了一丝缝隙。葛洪早就连类而言："独见者乃能追觉桀、纣之恶不若是之恶，汤、武之事不若是其美也。"[5]以我推测，"汤武革命"大概既非"**小儒**"阴致不满的犯上，也未必是黄宗羲一口咬定的"**诛**""**暴**"，总之，彼时尚无后世的政治

---

[1]《抑庵文集·后集》卷三十五，第345页下栏至第346页下栏。
[2]《少室山房笔丛》卷十五《史书佔毕三》"甚哉"条，第154页。
[3]《朱文公校昌黎先生集》卷十二《伯夷颂》，《四部丛刊正编》第三十四册，台北：商务印书馆，2011年，第623页下栏。
[4]《论语译注·八佾》，第33页；《子张》，第203页。案《孟子译注·尽心下》也对有关记载持保留态度，但方向正相反："尽信《书》，则不如无《书》。吾于《武成》，取二、三策而已矣。仁人无敌于天下，以至仁伐至不仁，而何其血之流杵也？"第325页。参顾颉刚论《逸周书》，《顾颉刚全集·顾颉刚古史论文集》卷七《上古史研究》，北京：中华书局，2011年，第301页。
[5]《抱朴子外篇校笺》卷七《良规》，上册，第288页。

伦理或"君臣"关系。

由此可见,黄氏虽准确地提出"等级君主制",但仍落入美化"三代"的窠臼,如谓:"二帝、三王知天下之不可无养也,为之授田以耕之;知天下之不可无衣也,为之授地以桑麻之;知天下之不可无教也,为之学校以兴之,为之婚姻之礼以防其淫,为之卒乘之赋以防其乱。此三代以上之法也,固未尝为一己而立也。""三代之法,藏天下于天下者也:山泽之利不必其尽取,刑赏之权不疑其旁落,贵不在朝廷也,贱不在草莽也。在后世方议其法之疏,而天下之人不见上之可欲,不见下之可恶,法愈疏而乱愈不作,所谓无法之法也。"[1]"学校,所以养士也。然古之圣王,其意不仅此也,必使治天下之具皆出于学校,而后设学校之意始备。非谓班朝、布令、养老、恤孤、讯馘,大师旅则会将士,大狱讼则期吏民,大祭祀则享始祖,行之自辟雍也,盖使朝廷之上,闾阎之细,渐摩濡染,莫不有《诗》《书》宽大之气,天子之所是未必是,天子之所非未必非,天子亦遂不敢自为非是,而公其非是于学校。"[2]这所描画的何尝是"三代"真实景观?

"**桀、纣之亡,乃所以为治也;秦政、蒙古之兴,乃所以为乱也;晋、宋、齐、梁之兴亡,无与于治乱者也。**"黄宗羲眼中的中国史俨然是一部政治退化史。

---

[1]《明夷待访录·原法》,第21—22页。
[2]《明夷待访录·学校》,第38页。

秦与元

诚然，没有谁规定人类历史只能进化、不能退化，中国古代史不但非"例外"，且因年代久远，特多沧桑。阎步克先生说："中国国家经历了它的1.0版，即夏商周的'王国'；经历了它的2.0版，即两千年的官僚帝国。"[1]这是对秦制重要性的肯定。把"百代都行秦政制"挂在嘴边的秦晖先生强调："君王安排吏治，首先考虑的就不是如何顺天应民，实现行政正义，而是确保大权在我，居重驭轻，强干弱枝，防止权臣窃〔窃〕柄、君位架空，致使法、术、势失灵而危及'家天下'。"[2]这就跟黄宗羲的认识相近了。往前我们又在《伯牙琴·君道》里看到："不幸而天下为秦，坏古封建，六合为一，头会箕敛，竭天下之财以自奉，而君益贵；焚《诗》《书》，任法律，筑长城万里，凡所以固位而养尊者无所不至，而君益孤。""天生民而立之君，非为君也，奈何以四海之广足一夫之用邪！故凡为饮食之侈、衣服之备、宫室之美者，非尧、舜也，秦也。为分而严、为位而尊者，非尧、舜也，亦秦也。"[3]邓牧未将元纳入讨论，可以理

---

[1] 阎步克《中国古代官阶制度引论》第十三章《中国官阶发展的五阶段》，北京：北京大学出版社，2010年，第511页。
[2] 秦晖《中国传统十论·西儒会融，解构"法道互补"——典籍与行为中的文化史悖论及中国现代化之路》，北京：东方出版社，2015年，第149—150页。"百代都行秦政制"出自毛泽东《读〈封建论〉呈郭老》诗，不同版本文字微异，秦氏引用"都"或作"皆"。
[3] 邓牧《伯牙琴·君道》，第19页。

解，今人于元朝选择性失明，也不奇怪，但越是这样，难道黄宗羲的真知灼见不越是惊世骇俗？"**秦政、蒙古之兴，乃所以为乱也**"，他想说的是："古今之变，至秦而一尽，至元而又一尽。经此二尽之后，古圣王之所恻隐爱人而经营者荡然无具。"[1]"秦政"有两汉、唐、宋为之后继，"蒙古"有五胡、辽、金为之先驱，帝制中国"政治—社会"变迁的规律，必当在此两条线索的交织中求之。

明代君相

我初学明史，要说见教了某些总结性的提示的话，黄宗羲"有明之无善治，自高皇帝罢丞相始也"肯定排在前边。他的论证是这样的："古者不传子而传贤，其视天子之位，去留犹夫宰相也。其后天子传子，宰相不传子。天子之子不皆贤，尚赖宰相传贤足相补救，则天子亦不失传贤之意。宰相既罢，天子之子一不贤，更无与为贤者矣，不亦并传子之意而失者乎？"[2]在朱元璋听来，凭第一句就可杀头，但真正令他不信服的是"宰相传贤"四字。对废掉中书省，他明确指出："胡元之世，政专中书，凡事必先关报，然后奏闻，其君又多昏蔽，是致民情不通，寻至大乱，深为可戒。""我朝罢相，设五府、六部、都察院、通政司、大理寺

---

[1]《明夷待访录·原法》，第25页。章太炎《菿汉昌言·区言一》论"中夏典法，至胡元荡尽，明虽复之而不能尽也"，视黄氏为隘，《章太炎全集（七）》，第148—149页。
[2]《明夷待访录·置相》，第31页。

等衙门,分理天下庶务,彼此颉颃,不敢相压,事皆朝廷总之,所以稳当。"[1]

朱元璋以草根之身登极,这份帝业如何传之久远,他面临的困难和风险比许多开国之君更大。除了要求皇帝勤政外,他的相关制度设计包括:嫡长子继承,封建亲王掌握实权,文、武衙门分权牵制,以科举制取消贵族制等。其中相权被分割,真的没宦官什么事。问题当然是"祖制"很快就被抛之脑后了。特别是封建制徒成赘疣,平均素质不高的皇帝孤立在上,原本由他吸收的相权不得不又吐了出来,改由宦官和内阁分担,宦官干政以此具备了合法性。黄宗羲所说"大权不能无所寄,彼宫奴者,见宰相之政事坠地不收,从而设为科条,增其职掌,生杀予夺出自宰相者,次第而尽归焉","宰相(指内阁)、六部为奄宦奉行之员",[2]是对这种情况的极言。"**万历初,神宗之待张居正,其礼稍优,此于古之师傅未能百一,当时论者骇然居正之受无人臣礼。夫居正之罪,正坐不能以师傅自待,听指使于仆妾,而责之反是,何也?**"张氏内结冯保,外压部、院,一度打破了平衡,本质上无异权阉。所以,神宗清算他,也和武宗处理刘瑾、思宗处理魏忠贤一样。吊诡的是,明帝一方面始终保有"定点纠错"的能力,却在整体上只能听任各种政治势力染

---

[1]《明太祖实录》卷一百一十七"洪武十一年(1378)三月壬午"条,第1917页;卷二百三十九"洪武二十八年(1395)六月己丑"条,第3478页。
[2]《明夷待访录·置相》,第32页;《奄宦上》,第181页。

《明夷待访录》

指朝政，借免形成权力垄断。君、臣博弈，臣绝非一味处于弱势与被动地位。

中古以降的中国固然无欧洲式的所谓民主传统、契约精神，但为追求政治稳定，亦尝开发、磨合出独特的政治理性，故历代都多少具备分权及监督的制度，唯明代因废宰相，物极而反，遂发展出最成熟的分权制衡体制，竟致中枢权力彻底瘫痪，堪称中国本土的"消极民主"实验。黄宗羲着眼在"**臣、不臣之辨**"，对君权与相权的认识有失片面。

君臣父子

在明、清之际的思想人物里，黄宗羲大概是最"行""知"合一的。乃父黄尊素以东林党人而为天启七君子之一，被魏忠贤一伙害死。这一来令他门户之见深入骨髓，听不得东林的不好，见不得非东林，尤其是阉党的好，更不消说阉宦本身了；[1] 二来为他把"父子"与"君臣"脱钩埋下伏笔。两京覆亡，他投身浙东抗清活动，一度追随鲁王于舟山。清

---

[1] 参《全祖望集汇校集注·鲒埼亭集外编》卷二十九《汰存录跋》："黄先生指《幸存录》为'不幸存录'，以其中多忠厚之言，不力诋小人也。《录》中于浙党、齐党有恕词，又梨洲最恨者马士英，夏氏（允彝）稍宽之。……慈溪郑平子（溱）曰：'梨洲门户之见太重，故其人一堕门户，必不肯原之。此乃其生平习气，亦未可信也。'予颇是之。"第1339页。全氏自己的话见卷四十四《答诸生问南雷学术帖子》："先生之不免余议者"，"党人之习气未尽，盖少年即入社会，门户之见深入而不可猝去。"第1695页。

廷针对"胜国遗臣不顺命者,录其家口以闻",[1]蓄意激化忠、孝矛盾,他遂辞归,由逋臣变为遗民。这既使他愧对那些家破人亡、之死靡他的战友,又反过来刺激他通过"非君"挣脱伦理困境:"有人焉,视于无形,听于无声,以事其君,可谓之臣乎?曰:否。杀其身以事其君,可谓之臣乎?曰:否。夫视于无形,听于无声,资于事父也;杀其身者,无私之极则也。而犹不足以当之,则臣道如何而后可?曰:……我之出而仕也,为天下,非为君也;为万民,非为一姓也。吾以天下万民起见,非其道,即君以形声强我,未之敢从也,况于无形无声乎!非其道,即立身于其朝,未之敢许也,况于杀其身乎!……君为己死而为己亡,吾从而死之、亡之,此其私昵者之事也。"这不必"从而死之、亡之"的"君"不正是鲁王或桂王等人吗?

同样受清廷暴政影响,王江佯降,母亡复出,终于战殁。冯京第出入山寨,"浙中拘京第家属以招之,不至。将羁其家属于京。京第母尹年高,妻叶劝尹自裁,毫不省。叶夜半缢。录其子颂。京第仍不至。尹徙燕道死。得京第妾,令作书招之,妾不可。京第日东望,临河泣,必继以血。自是性颇厉,御下渐酷"。[2]徐秉义著《明末忠烈纪

---

[1]《全祖望集汇校集注·鲒埼亭集内编》卷十一《梨洲先生神道碑文》,第218页。
[2]杨泰亨纂《(光绪)慈溪县志》卷三十《列传七·明五·冯京第》,上海:上海书店,影印1899年刘一柱校补德润书院刻本,《中国地方志集成》,1993年,第630页下栏。

实》,谋于黄宗羲、万斯同师弟而后定义例,有云:"冯京第……母为官兵所获,京第不顾,使之流离道路而死,宜乎李贽以赵苞为弑母贼也。其愧王江多矣!且其死不甚烈。京第素称名士,好为大言。其所成就,不足观如此。"[1]苛责冯京第,适为黄氏解嘲。冯卧病山中,为叛徒出卖,被俘,"见金砺,挺立不屈,鞭棰雨下,骂不绝。田雄从旁掠之,仆地。明日行刑,大帅畏其骂,衔以枚,刳其心,醢之。……有大将部下卒愿得京第一肩、一臂食之,许焉。因负去,葬之鄞城北"。[2]徐氏难免厚诬先烈之讥。张煌言复父书曰:"愿大人有儿如李通,弗为徐庶。儿他日不惮作赵苞以自赎。"[3]无论在实际伦理关系或相关典故中,"父"与"母"都是等值的。为否定赵苞,不惜引李贽语为断,梨洲何颜以对苍水?宜其所撰《兵部左侍郎苍水张公墓志铭》绝口不及张氏父子通书事,而于文末自疑:"余屈身养母,戋戋自附于晋之处士,未知后之人其许我否也。"[4]

君臣之义过于父子,荀子固已论证之:

> 君之丧,所以取三年,何也?曰:君者,治辨之

---

[1]《明末忠烈纪实》卷十六《效死传·王翊》附论,杭州:浙江古籍出版社,1987年,第342页。
[2]《(光绪)慈溪县志》卷三十《列传七·明五·冯京第》,第631页上栏。
[3]《全祖望集汇校集注·鲒埼亭集》卷九《明故权兵部尚书兼翰林院侍讲学士鄞张公神道碑铭》,第192页。
[4]《黄宗羲全集》第二十册,第331页。

主也,文理之原也,情貌之尽也,相率而致隆之,不亦可乎?《诗》曰:"恺悌君子,民之父母。"彼君子(疑衍)者,固有为民父母之说焉。父能生之,不能养〔食〕之;母能食之,不能教诲之;君者,已能食之矣,又善教诲之者也,三年毕矣哉!乳母,饮食之者也,而三月;慈母,衣被之者也,而九月;君,曲备之者也,三年毕乎哉!得之则治,失之则乱,文之至也。得之则安,失之则危,情之至也。两至者俱积焉,以三年事之犹未足也,直无由进之耳![1]

两千年之下的黄宗羲反唇相讥:"嗟乎!天之生斯民也,以教养托之于君。授田之法废,民买田而自养,犹赋税以扰之;学校之法废,民蚩蚩而失教,犹势利以诱之。是亦不仁之甚,而以其空名跻之曰'君父''君父',则吾谁欺!"[2]"或曰:臣不与子并称乎?曰:非也。父子一气,子分父之身而为身。故孝子虽异身,而能日近其气,久之无不通矣。……君臣之名,从天下而有之者也。吾无天下之责,则吾在君为路人。出而仕于君也,不以天下为事,则君之仆妾也;以天下为事,则君之师友也。夫然,谓之臣,其名累变。夫父子,固不可变者也。"《原臣》一篇归结在此。充黄氏之论,当亦不以"人尽夫也,父一而已,胡可比也"[3]为

---

[1]《荀子》卷十三《礼论》,第118页下栏至第119页上栏。
[2]《明夷待访录·学校》,第45页。
[3]《春秋左传·桓公十五年》,《断句十三经经文》,第16页。

非。谢肇淛谓其语"虽得罪于名教,亦格言也。父子之恩,有生以来不可移易者也;委禽从人,原无定主,不但夫择妇,妇亦择夫矣,谓之人尽夫,亦可也"。[1]

---

[1]《五杂组》卷八《人部四》,第152页。案陆人龙《型世言》第三回又有"人尽妻也,母一而已"的引申,第42页。

《阅微草堂笔记》

所见、所闻、所传闻

《阅微草堂笔记》的一大特点即在"体例"方面的自觉,尤其强调与《聊斋志异》"才子之笔"相区别。[1]纪昀序《滦阳消夏录》(定稿于乾隆五十四年,1789),称"追录见闻,忆及即书";序《如是我闻》(五十六年,1791),称"博雅君子……有以新事续告者,因补缀旧闻";序《槐西杂志》(五十七年,1792),继谓"缘是友朋聚集,多以异闻相告";至《姑妄听之》(五十八年,1793)的"追录旧闻,姑以消遣岁月",《滦阳续录》(嘉庆三年,1798)的"年来并此懒为,或时有异闻,偶题片纸,或忽忆旧事,拟补前编",暮景颓唐之中,仍笃守原则。[2]他固然深慨"所见异词,所

---

[1] 《阅微草堂笔记》卷十八《姑妄听之(四)》,第469页。
[2] 《阅微草堂笔记》卷一《滦阳消夏录(一)》,第1页;卷七《如是我闻(一)》,第122页;卷十一《槐西杂志(一)》,第227页;卷十五《姑妄听之(一)》,第356页;卷十九《滦阳续录(一)》,第470页。

闻异词,所传闻异词,鲁史且然,况稗官小说",[1]但《笔记》内容毕竟不出"见""闻""传闻"的范围,从而确立了"采信"的维度。

纪氏写作时,将故事叙说整合为三类模式:甲,"我—历—事",作者亲历,采取第一人称,相当于"见";乙,"我—闻—人—(闻—人—)历—事",开具明确的信息来源,主要表现以"某某言(曰或云)"的形式,包括"闻"和"传闻"在内;丙,"人—历—事",采取第三人称,可视为省略了来源,大多事发纪氏乡里及居停之处,而部分内容盖出乎当事人自述。

《笔记》全书共5种、24卷、1195则,某些则内所记不止一事,常以"又"字标示,全部统计在内,共得1385事。其中纪昀亲历111事,开具明确信息来源的有722事,432名讲述者包括男女两性、多达几十种社会身份与职业。纪昀无异于开展了规模巨大的调查和采集活动,历时十年,勒定近四十万字的详实资料。

我们完全可以把纪昀晚年编写《阅微草堂笔记》视为一种消遣。不过,他确实出以严谨的态度,整理、记录了平生见闻的大量故事,既对人情世态有深切体会,同时也见缝插针,展示了自己多方面的才学。更重要的是,他笃信鬼神报应,尝试构建贯通"神、人、鬼、怪"的完整的知识与信仰体系,如果没有《笔记》这样的载体,显然

---

[1]《阅微草堂笔记》卷二十四《滦阳续录(六)》,第557页。

是不易奏功的。他在《笔记》里未尝无所质疑、问难，但这样做恰恰是为了确证"神、人、鬼、怪"混融且互动的"真相"。

18世纪灵异调查

纪昀的亲历范围是《阅微草堂笔记》采信的基础。"亲历"，自以足迹所至——空间变化——为本。在这方面，纪昀的情况并不复杂，综其一生，居乡约二十年，住京逾五十年，扈驾承德、典试山西、督学福建、戍边新疆及校书避暑山庄近十年。此外，"我—历—事"之地也即是"我—闻—人—（闻—人—）历—事"之地，二者是重合的。不难断定绝大部分地点都在"京师"及"直隶"，"直隶"绝大部分地点都在"河间府"。

即便不坚执《阅微草堂笔记》完全出于实录，也必须认识到：这上千个离奇、反常乃至超自然的故事，系由包括纪昀在内的、活生生的清人提供的。故事可被斥为虚构，但人的真实性则不容解消。如将开具明确信息来源者细化为下表，即有望达成相对可靠的抽样统计和数据分析。其中"亲属"包括血亲与姻亲，本身也存在身份、职业上的差异；"士人"指业儒游艺而未入官者，初不拘功名有无。作为信息来源，"甲"类所占比例相当可观，但远未及"丙"类；"乙"类可视为"甲"类的延伸，与之归并，则人数比达21.3%，次数比达25.1%，亦可视为"丁"类的补充，与之归并，则人数比达16%，次数比达12.2%；"乙""丙""丁"

三类合计,人数占84.3%,次数占78.7%。——这足以说明,语怪之风已在清代社会各阶层蔓延开来。

	人数/比例(%)	次数/比例(%)
甲(纪昀亲属)	68/15.7	151/20.9
乙(纪昀及其亲属的奴婢、佃户等)	24/5.6	30/4.2
丙(官贵、士人)	295/68.3	480/66.5
丁(其他社会身份、职业)	45/10.4	58/8
戊(文书、文献)		3/0.4
合计	432/100	722/100

纪昀亲属出现在《阅微草堂笔记》中者多达130余人、300余次。[1]以纪昀为中心,上至八世祖纪廷相,共七代,下涉子、孙两代,横向除同父异母兄纪晫(晴湖)外,堂兄弟由近及远在十人以上,表兄弟亦有张氏、安氏、刘氏、吕氏等多人。官贵、士人是《阅微草堂笔记》信息来源的绝对主体,就全部一千余则故事而言,更是如此。其中官

---

[1] 吴波在《阅微草堂笔记研究》第一章第二节《纪昀的家世及其对〈阅微草堂笔记〉创作的影响》里,分别讨论了"纪氏家族的谱系""家族传统的思想观念对纪昀思想的渗透及影响""纪氏家族的事迹是《阅微草堂笔记》素材的重要来源",可参看,后者特别提到:"据笔者统计,《阅微草堂笔记》共1100余则,其中涉及族人事迹或来源于族人的就达到200余则,约占总数的20%,在素材来源上占据首位。这200余则笔记,有的是直接交代家族谱系,有的是作者童年时所经历的往事,还有的是亲友们所讲述的其他人如家族中奴婢、书僮、管家的事迹,还有的直接从先祖的诗文集中撷取素材。"上海:上海古籍出版社,2005年,第40页。由于作者未立足于"采信",且统计不周,故结论难免含糊。

贵上起宗室、王公，下迄巡检、把总，涵盖满、蒙、维、汉各族，文、武两途，从中央到地方多级，蔚为大观。士人方面的情况较难掌握，大抵除科举身份外，还有幕友、山人、门客等称谓。"乙"类男、女比例相当，对应度亦颇高，"丁"类涉及的男性身份与职业达十余种，两类合计，共69人、88次。在采集鬼怪故事方面，纪昀竟接触了如此多的底层民众，并将他们当中绝大部分人的名姓保留在自己的著述里，反映出士大夫传统与民间传统的内在一致性。

对故事讲述者作籍贯分布的分析，能给我们提供新的认识。在全部432人中，目前可确认籍贯的有320人（包括满族、蒙古族、维吾尔族共31人），占74.1%。纪昀亲属、他的交游圈子、他所接触的包括奴仆在内的各色人等多在家乡，"直隶"人数独多是必然的。"山东"西北部与河间、天津两府接壤，士人客游京师也很方便，故人数不少。"江苏""浙江"紧随其后，反映的是两地科举发达，在京为官者众。"山西""福建"人数相当，可能与纪氏曾往典试、督学有关。另外，新疆异事虽可观，但讲述者除了"额敏和卓之子"苏来满，[1]竟别无籍贯能确定为本地的，从一个侧面证明这里是新的移民开发区。

《阅微草堂笔记》故事发生地反映的是纪昀交往、游历

---

[1]《阅微草堂笔记》卷十五《姑妄听之（一）》，第364页，纪氏名其为"哈密国王"，所述即有关种植哈密瓜的技术。

以及故事本身传播情况的叠加影响。首先，这些故事涵盖了除吉林以外的清代全部版图；其次，尽管纪氏长年生活在京师，但故事却以发生于直隶的为最多，这是由讲述者以直隶——特别是河间、天津两府——人为最多决定的，显示出《笔记》深厚的乡土根基。

顾德懋判冥

顾德懋，清《历科进士题名录》作"顾惪懋"，"江南元和"人。[1]乾隆《元和县志》卷二十《科目》载其乾隆十五年（1750）"顺天中式"，次年举进士。[2]据同治《苏州府志》卷九十《人物十七·元和县·顾德懋》："字慎衡，乾隆辛未（1751）进士。授江西南昌县知县，猾吏舞文，置于法，吏不敢犯。内擢刑部主事，历礼部郎中，清中自持，同僚敬惮。以疾乞归，寻卒。"[3]未尝不冠冕堂皇。然而，在《阅微草堂笔记》里，他却以"判冥"著称，"顾员外德懋自言为东岳冥官，余弗深信也，然其言则有理"，见于乾隆五十四年（1789）夏定稿的《滦阳消夏录（二）》，[4]职衔为员外郎，则为主事之后所升；"顾郎中德懋，摄阴官者也"，

---

[1] 朱保炯等编《明清进士题名碑录索引》，上海：上海古籍出版社，1998年，第1081、2721页。
[2] 李铭皖等修纂《（乾隆）元和县志》，清光绪九年（1883）刊本，第5页b。
[3] 许治等修纂《（同治）苏州府志》，清乾隆二十一年（1761）刊本，第3页b、第5页a。
[4] 《阅微草堂笔记》卷二，第33页。

见于五十六年（1791）七月定稿的《如是我闻（一）》，[1]已迁郎中；"顾郎中德懋亦云判冥，后自言以泄露阴府事，谪为社公，无可验也。……其论鬼之存亡，亦颇有理"，见于五十七年（1792）六月定稿的《槐西杂志（三）》，另据五十八年（1793）七月定稿的《姑妄听之（三）》"顾郎中德懋，世所称判冥者也。……顾临殁，自云以多泄阴事，谪为社公"，[2]是其卒于乾隆五十六年七月至五十七年六月之间，略可推知。所谓"判冥"，即生人——多于夜间——往阴曹地府审理案件，当事者或为亡魂，或为生魂。下面是顾氏判冥一例：

> 泰州任子田，名大椿，记诵博洽，尤长于三《礼》注疏、六书训诂，乾隆己丑（三十四年，1769）登二甲一名进士，浮沈郎署，晚年始得授御史，未上而卒。自开国以来，二甲一名进士不入词馆者仅三人，子田实居其一。自言十五六时，偶为从父侍姬以官词书扇，从父疑之，致侍姬自经死。其魂讼于地下，子田奄奄卧疾，魂亦为追去考问。阅四五年，冥官庭鞫七八度，始辨明出于无心，然卒坐以过失杀人，削减官禄。故仕途偃蹇如斯。贾钝夫舍人曰："治是狱者即顾郎中德懋。二人先不相知，一日相见，彼此如旧识。时同在

---

[1]《阅微草堂笔记》卷七，第124页。
[2]《阅微草堂笔记》卷十三，第303页；卷十七，第413页。

《阅微草堂笔记》

座亲见其追话冥司事，子田对之犹栗栗然也。"[1]

任大椿是著名汉学家，他将自己仕途偃蹇归因于冥报，犹可理解，但必与顾氏"唱双簧"之故，还不得而知。[2] 此外，纪昀曾作《为伊墨卿题刘文正公墨迹》诗，其第二首"片纸存今日，诸天隔几层"句下注："记顾君德懋语。"[3] 顾必又通神捣鬼。

《夜谭随录》

作为时尚的反映，《阅微草堂笔记》于清人相关作品的征引与对话成为其特色之一。这些作品类型多样，兹据出现先后开列如下（页码置诸括号内）：

  袁枚《新齐谐》（13，223，385，423，453）
  罗聘《鬼趣图》（30）
  王士禛《池北偶谈》（113）[4]
  近人《夜谈丛录》（123）

---

[1]《阅微草堂笔记》卷九《如是我闻（三）》，第182页。贾钝夫为河间故城县人，即纪昀乡人。
[2] 李详《李审言文集·药裹慵谈》卷二《任子田先生身后厄运》称："吾乡任子田先生大椿官止御史，年甫五十而卒。无子，有继其后者辄夭绝，因之纪文达（昀）《笔记》中轻信污蔑之语，为子田玷，非其实也。"可备一说，第628页。
[3]《纪晓岚文集》第一册《诗》卷十一，第532页。
[4]《阅微草堂笔记》卷六《滦阳消夏录（六）》原文称："渔洋山人记张巡妾转世索命事。"见《池北偶谈》卷二十四《谈异五·张巡妾》，北京：中华书局，1997年，第589页。

钱曾《读书敏求记》(131)

戈涛《献县志》(146—147,共2事;220—221)◆

辛彤甫《记异诗》(156)

《夜灯丛录》(201)

谢济世《戆子传》(201)

汪辉祖《佐治药言》(206—208,共7事)◆

姜绍书《韵石轩笔记〔谈〕》(229)

庞垲《丛碧山房集》(284)

王椷《秋灯丛话》(303)[1]

王昆霞《雁宕游记》(452)◆

张太复《秋坪新语》(476;557,共2事)◆

敦诚《拙鹊亭记》(494—495)◆

《夜灯随录》(506)

吴钟侨《如愿小传》(525—526)◆

周亮工《(因)树屋书影》(551)[2]

纪昀凡涉征引,皆不没出处,文德信优于袁枚,后者

---

[1] 《阅微草堂笔记》卷十三《槐西杂志(三)》提及此书,实为之增补一事。

[2] 他如《阅微草堂笔记》卷十八《姑妄听之(四)》济南火灾事,"德州山长张君庆源录以寄余",第462页;"宝坻王泗和……尝示余《书艾孝子事》一篇",第466—467页;卷十九《滦阳续录(一)》"孟鹭洲自记巡视台湾事","书其大略"付纪昀,第482页,均系向纪氏提供资料,不在此例。又,《笔记》末附纪昀子纪汝佶所作杂记,共6条,则并未计入全书1385个故事内,第558—560页。

撰《新齐谐》《续新齐谐》，巧取豪夺，颇遭诟病。"志异"之书径录他人所作，前人偶有此例，[1]相对而言，《笔记》是相当克制的，比较完整地移抄、构成为独立故事的不过16事（即上加◆者），占全书1%略强。单从数量上看，纪氏采汪辉祖《佐治药言》最多，汪为其门生，七事果报彰著，正是他乐道的；若论取资论证的频繁，乍看当推《新齐谐》为首，问题是，纪氏提到的五处内，仅四篇——《福建试院树神》《南昌士人》《鬼争替身人因得脱》《时文鬼》——见诸袁书，[2]"《新齐谐》载雄鸡卵事"[3]似出误记。至于嘉庆间刊行的《续新齐谐》转袭《滦阳消夏录》10条为9篇，则是研究者耳熟能详的。

事实上，有一本书混迹在《阅微草堂笔记》内，迟迟未获指认：卷七"偶阅近人《夜谈丛录》，见所载焚旱魃一事、狐避劫二事"，[4]见于满人和邦额《夜谭随录》，前一事见卷六《尸变》两则之二，后二事一见卷二《阿凤》，一见卷十《玉公子》；[5]卷十"《夜灯丛录》载谢梅庄戆子事"，[6]

---

[1] 如洪迈《夷坚支庚序》承认道："又从吕德卿得二十说，乡士吴潦伯秦出其乃公时轩居士昔年所著笔记，剽取三之一为三卷，以足此篇，故能捷疾如此。"第1135页。
[2] 《新齐谐》卷二十一，第471页；卷一，第3—4页；卷九，第193—194页；卷二十四，第543页。
[3] 《阅微草堂笔记》卷十六《姑妄听之（二）》，第385页。
[4] 《阅微草堂笔记》，第123页。
[5] 《夜谭随录》，第176—177、44—48、278—284页，上海：上海古籍出版社，1988年。
[6] 《夜谭随录》，第201页。

见《夜谭随录》卷三《戆子》;[1]卷二十一"《夜灯随录》载威信公岳公钟琪西征时,有裨将得古镜,岳公求之不得,其人遂遭祸",[2]见《夜谭随录》卷五《陈守备》。[3]《笔记》于《夜谭随录》先后凡三引,共五事,却三易其名,且不标作者,这在著述体例严谨的纪昀,必非无心之失。不难感受到,此书对他来说,可以指涉,但不宜招摇。合乎情理的推测是,它肯定多少触碰了官方禁忌。[4]纪氏手法绝肖《续新齐谐》卷五《绿郎红娘》引《广语》云云,实本屈大均《广东新语》卷六《神语·绿郎》,以其列为禁书,故易其名而讳其作者。[5]这明确提醒我们,无论"语怪"也好,"志异"也好,终究不能逾越政治的"界线"。

---

[1]《夜谭随录》,第85—87页。
[2]《夜谭随录》,第506页。
[3]《夜谭随录》,第148页。
[4] 唯一表不满的言论出自满洲亲王昭梿《啸亭续录》卷三《夜谈随录》:"有满洲县令和邦额著《夜谈随录》行世,皆鬼怪不经之事,效《聊斋志异》之辙,文笔粗犷,殊不及也。其中有记与狐为友者云:'与若辈为友,终为所害。'用意已属狂谬。至陆生楠之事,直为悖逆之词,指斥不法。乃敢公然行世,初无所论劾者,亦侥幸之至矣。"北京:中华书局,1997年,第453页。"狐"盖谐"胡",然不见于今本《夜谭随录》,"陆生楠之事"即见卷七《陆水部》,亦非如昭梿所论,行世本当非原貌。
[5]《续新齐谐》,第651页;《广东新语》,北京:中华书局,1997年,第217—218页。案屈大均著述引起官方注意,在世宗颁布《大义觉迷录》后,至乾隆中纂修《四库全书》,又申严查禁毁之令,而当时行世的《广东新语》原无违碍,参《清代文字狱档(增订本)》第二辑《屈大均诗文及雨花台衣冠冢案》,上海:上海书店出版社,2011年。

《阅微草堂笔记》

汉宋之辨

一方面，扶持汉学，贬抑宋学，另一方面，又推尊朱学，鄙弃陆学，对清朝统治者别裁儒学的心思与精神，纪昀最能心领神会。倘观《四库全书总目》卷一《经部总叙》："要其归宿，则不过汉学、宋学两家互为胜负。夫汉学具有根柢，讲学者以浅陋轻之，不足服汉儒也；宋学具有精微，读书者以空疏薄之，亦不足服宋儒也。消融门户之见而各取所长，则私心祛而公理出，公理出而经义明矣。"[1]宛如"一碗水端平"，其实只是故作姿态。严复论之曰：

> 昔者河间（纪昀）奉命编《四库全书》，书之提要并出其手，其间旁见侧出，以诋宋儒，不敢明言，务为隐语，诚壮夫之所不为矣。及其为《阅微草堂笔记》，乃明目张胆，大放厥词，往往假狐、鬼之言以攻之。夫人之自处，必有所守而后可攻人，既攻宋学，则必守汉学也。然宋学不言狐、鬼矣，岂汉学遂言狐、鬼哉？是汉、宋两无所倚。而其所恶于宋学者，仅以宋学方严，与己之行不便，盗憎主人，民恶其上，遂不觉从而詈之耳。[2]

---

[1]《四库全书总目》卷一《经部总叙》，第1页。
[2]《严复全集》卷七《附录一：〈国闻报〉中可能为严复所作的文章·道学外传余义》，第379页。

黄云眉先生阐发说：纪氏"继《提要》而作之《笔记》五种"，"与《提要》有同样之作用，不啻为《提要》之后盾。盖纪氏以为编定官书，有多方面之限制，意所欲言，笔不敢随；惟托体小说，谈狐说鬼，庄谐并陈，而时以其主张错入其间，则读者易于吸受，而《提要》所言，乃得借以映射，此纪氏之深心也。故纪氏'标榜汉学，排除宋学'之主张，在《提要》者曲而隐，在《笔记》者直而显，有《笔记》而《提要》之作用乃益见"。[1] 不过，严复的"宋学不言狐、鬼矣，岂汉学遂言狐、鬼哉"，话没说到点儿上：宋儒倡"无鬼论"，远视汉儒为立场鲜明，最令纪氏切齿，此其一；《笔记》涉及鬼神的引用文献多达150种，涵盖经、史、子、集、释、道，乃至"欧罗巴书"[2]，正是以"汉学"功夫证实鬼神存在，此其二。

"孔子之教，'不语怪神'；《墨子·公孟》记孔子之徒曰'无鬼神'，而墨子讥'儒之道足以丧天下者四'，其一为'以鬼为不神'。宋之道学家主无鬼论，乃未坠孔子之绪耳。"[3] 而这一祛魅努力在明、清遭遇逆转。尤侗之言颇具代表性："朱子云：'天即理也。'张子云：'鬼神者，二气之良能。'后人笑之曰：'烹牛去祭理，盛服来拜能。'西蜀刘翁语。

---

[1] 黄云眉《从主编者意图上估计四库全书之价值》，见《史学杂稿订存》，济南：齐鲁书社，1980年，第231页。案此文主旨在论证"其时总修四库书之学者……欲以造成考证学之风气也"，第229页。
[2] 《阅微草堂笔记》卷十三《槐西杂志（三）》，第310页。
[3] 钱锺书《管锥编》第五册《管锥编增订·1423页》，第110页。

此虽戏言，大可绝倒。夫在天成象，日、月、星辰是也；在地成形，山川、动植是也。人知有象，而不知无象之象；人知有形，而不知无形之形。盖理无象，附于象而见，气无形，假于形而章也。上帝、鬼神，其著于《诗》《书》者久矣，从二子之言，则舜之类于上帝，可云类于理，禹之致孝乎鬼神，可云致孝于良能乎？"[1] 到了《阅微草堂笔记》，"假狐、鬼之言以攻之"，更占据了有利地形，如：

> 姜白岩言：有士人行桐柏山中，遇卤簿前导，衣冠形状，似是鬼神，暂避林内。舆中贵官已见之，呼出与语，意殊亲洽。因拜问封秩，曰："吾即此山之神。"又拜问："神生何代？冀传诸人世，以广见闻。"曰："子所问者人鬼，吾则地祇也。夫玄黄剖判，融结万形，形成聚气，气聚藏精，精凝孕质，质立含灵。故神祇与天地并生。惟圣人通造化之原，故燔柴、瘗玉，载在《六经》。自稗官琐记创造鄙词，曰刘、曰张，谓天帝有废兴；曰吕、曰冯，谓河伯有夫妇。儒者病焉。紫阳崛起，乃以理诘天，并'皇矣'之下临，亦斥为乌有，而鬼神之德遂归诸二气之屈伸矣。夫木石之精尚生夔罔，雨土之精尚生羵羊。岂有乾坤斡运，元气鸿洞，反不能聚而上升、成至尊之主宰哉！观子衣冠，当为文士。试传吾语，使儒者知圣人飨报之

---

[1]《艮斋杂说》卷二，第31页。

由。"士人再拜而退。然每以告人,辄疑以为妄。余谓此言推鬼神之本始,植义甚精。然自白岩寓言,托诸神语耳。赫赫灵祇,岂屑与讲学家争是非哉?[1]

姜白岩即姜炳璋,本身就是汉学家。直接拉同时学者"加盟",也是《笔记》的一大发明创造,出现在纪昀笔下的汉学名家还有钱大昕、朱筠、任大椿等,而频率最高的是戴震。

读过《笔记》的人,可能会留意到"戴东原"的多次"在场"。其中正式标以"戴东原言"的共3则,[2]皆类寓言。不过,正如我们不能因戴震语怪就轻率判断他信怪一样,通过把这些故事定性为寓言就判断他不信怪,可能也是轻率的。从戴氏侃侃而说狐谈鬼来看,至少他感到不妨在某种特定的氛围下认可狐、鬼的存在。他还讲过一个故事,情况稍别:"有两生烛下对谈,争《春秋》周正、夏正,往复甚苦。窗外急〔忽〕太息言曰:'左氏周人,不容不知周正朔,二先生何必词费也?'出视窗外,惟一小僮方酣睡。"[3]戴氏对三代历法做过深入的研讨,可参其《周礼太史正岁年解》两篇,[4]尤其是《毛郑诗考正》卷二论《小明》所谓"诗用周正,非夏正甚明","何说《诗》、说《春秋》者尽欲归之

---

[1]《阅微草堂笔记》卷七《如是我闻(一)》,第139页。
[2]《阅微草堂笔记》卷六《滦阳消夏录(六)》,第106页;卷二十三《滦阳续录(五)》,第530页;卷十八《姑妄听之(四)》,第440—441页。
[3]《阅微草堂笔记》卷五《滦阳消夏录(五)》,第91页。
[4]《戴震文集》卷一,北京:中华书局,2006年,第14—16页。

'行夏之时'一语,而谓古人皆不奉时王正朔,可乎"?[1]与此若合符节。借"鬼语"来印证治学所得,亦是《笔记》特色。戴氏的此种杜撰可说深得要领,正中纪氏下怀。

由于宋学坚持质疑"怪、力、乱、神",在与汉学的较量中,自动放弃了笔记小说的阵地。而汉学营垒百年后又杀出了个俞樾,《右台仙馆笔记》于《阅微草堂笔记》几为应声之虫,他本人并未讳言:"纪文达公(昀)尝言:'《聊斋志异》一书,才子之笔,非著书者之笔也。'先君子(俞鸿渐)亦云:'蒲留仙,才人也,其所藻绘未脱唐、宋人小说窠臼。若纪文达《阅微草堂》五种,专为劝惩起见,叙事简,说理透,不屑屑于描头画角,非留仙所及。'余著《右台仙馆笔记》以《阅微》为法,而不袭《聊斋》笔意,秉先君子之训也。"[2]俞氏缺乏纪氏诙谐的笔致,论证鬼神存在更露骨、生硬。他的去世已在20世纪初。

---

[1]《戴震全集》第二册,北京:清华大学出版社,1999年,第1202页。
[2]《春在堂随笔》卷八,南京:江苏古籍出版社,2000年,第113页。

另类演绎的丧祭观

有讲学者论无鬼,众难之曰:"今方酷暑,能往墟墓中独宿纳凉一夜乎?"是翁毅然竟往,果无所见。归益自得,曰:"朱文公岂欺我哉!"余曰:"重赍千里,路不逢盗,未可云路无盗也;纵猎终日,野不遇兽,未可云野无兽也。以一地无鬼,遂断天下皆无鬼,以一夜无鬼,遂断万古皆无鬼,举一废百矣。且无鬼之论,创自阮瞻,非朱子也。朱子特谓魂升魄降为常理而一切灵怪非常理耳,未言无也。……凡此诸说,黎靖德所编《语类》班班具载,先生何竟诬朱子乎?"此翁索书观之良久,怃然曰:"朱子尚有此书耶!"悯默则散。(卷十四《槐西杂志(四)》)

张夫人,先祖母之妹,先叔之外姑也。病革时,顾侍者曰:"不起矣。闻将死者见先亡,今见之矣。"既而环顾病榻,若有所觅,哂然曰:"错矣!"俄又拊枕曰:"大错矣!"俄又瞑目啮齿、搯掌有痕,曰:"真大错矣!"疑为谵语,不敢问。良久,尽呼女媳至榻前,告之曰:"吾向以为夫族疏而母族亲,今来导者皆夫族,无母族也;吾向以为媳疏而女亲,今亡媳在左右而亡女不见也。非一气者相关、异派者不属乎？回思平日之存心，非厚其所薄、薄其所厚乎？吾一误矣，尔曹勿再误也。"此三叔母张太宜人所亲闻。（卷十七《姑妄听之（三）》）

先祖宠予公（纪天申）原配陈太夫人早卒。继配张太夫人于归日，独坐室中，见少妇揭帘入，径坐床畔，着玄帔黄衫、淡绿裙，举止有大家风。新妇不便通寒温，意谓是群从娣姒或姑姊妹耳。……后阅数日，怪家中无是人，细诘其衣饰，即陈太夫人敛时服也。（卷六《滦阳消夏录（六）》）

六从舅母常氏弥留时，喃喃自语曰："适往看新宅颇佳，但东壁损坏，可奈何？"侍疾者往视其棺，果左侧朽穿一小孔，匠与督工者尚均未觉也。（卷五《滦阳消夏录（五）》）

世有回煞之说，庸俗术士又有一书，能先知其日辰时刻与所去之方向，此亦诞妄之至矣。然余尝于隔院楼窗中遥见其去，如白烟一道，出于灶突之中，冉冉向西南而没，与所推时刻、方向无一差也。又尝两次手持启钥，谛视布灰之处，手迹、足迹宛然与生时无二，所亲皆能辨识之。（卷四《滦阳消夏录（四）》）

董曲江（元度）前辈言：乾隆丁卯（十二年，1747）乡试，寓济南一僧寺。梦至一处，见老树下破屋一间，欹斜欲圮。一女子靓妆坐户内，红愁绿惨，摧抑可怜。疑误入人内室，止不敢进。女子忽向之遥拜，泪涔涔沾衣袂，然终无一言。心悸而悟〔寤〕。越数夕，梦复然，女子颜色益戚，叩额至百余。欲逼问之，倏又醒。疑不能明，以告同寓，亦莫解。一日，散步寺园，见庑下有故柩，已将朽。忽仰视其树，则宛然梦中所见也。询之寺僧，云是某官爱妾寄柩于是，约来迎取。至今数十年，寂无音问，又不敢移瘗，旁皇无计者久矣。曲江豁然心悟。故与历城令相善，乃醵金市地半亩，告于官而迁葬焉。用知亡人以入土为安，停搁非幽灵所愿也。（卷十一《槐西杂志（一）》）

朱生立园辛酉（乾隆六年，1741）北应顺天试……遂

《阅微草堂笔记》

迂回失道，无逆旅可栖。遥见林外有人家，试往投止。至则土垣瓦舍，凡六七楹，一童子出应门。朱具道乞宿意。一翁衣冠朴雅，延宾入，止旁舍中。呼灯至，黯黯无光。……朱问："家中有何人？"曰："零丁孤苦，惟老妻与僮婢同居耳。"问朱何适，朱告以北上。曰："有一札及少物欲致京中，僻路苦无书邮。今遇君甚幸。"朱问："四无邻里，独居不怖乎？"曰："薄田数亩，课奴辈耕作，因就之卜居。贫无储蓄，不畏盗也。"朱曰："谓旷野多鬼魅耳。"翁曰："鬼魅即未见，君如怖是，陪坐至天曙，可乎？"因借朱纸笔，入作书札；又以杂物封函内，以旧布裹束，密缝其外。付朱曰："居址已写于函上，君至京拆视自知。"天曙作别，又切嘱信物勿遗失，始殷勤分手。朱至京，拆视布裹，则函题"朱立园先生启"字，其物乃金簪、银钏各一双。其札称："仆老无子息，误惑妇言，以婿为嗣。至外孙犹间一祭扫，后则视为异姓，纸钱麦饭久已阙如，三尺孤坟亦就倾圮。九泉菇痛，百悔难追。谨以殉棺薄物，祈君货鬻，归途以所得之直，修治荒茔，并稍浚冢南水道，庶淫潦不浸幽窀。如允所祈，定如杜回结草。知君畏鬼，当暗中稽首，不敢见形，

勿滋疑虑。亡人杨宁顿首。"朱骇汗浃背,方知遇鬼。(卷十八《姑妄听之(四)》)

佃户张天锡尝于野田见髑髅,戏溺其口中。髑髅忽跃起作声曰:"人鬼异路,奈何欺我?且我一妇人,汝男子,乃无礼辱我,是尤不可。"渐跃渐高,直触其面。天锡惶骇奔归,鬼乃随至其家。……天锡遂大发寒热,昏瞀不知人。阖家拜祷,怒似少解。或叩其生前姓氏、里居,鬼具自道。众叩首曰:"然则当是高祖母,何为祸于子孙?"鬼似凄咽,曰:"此故我家耶?几时迁此?汝辈皆我何人?"众陈始末。鬼不胜太息曰:"我本无意来此,众鬼欲借此求食,怂恿我来耳。……可具浆水一瓢,待我善遣之。大凡鬼恒苦饥,若无故作祟,又恐神责。故遇事辄生衅,求祭赛。尔等后见此等,宜谨避,勿中其机械。"众如所教。鬼曰:"已散去矣。我口中秽气不可忍,可至原处寻吾骨,洗而埋之。"遂呜咽数声而寂。(卷四《滦阳消夏录(四)》)

博山有书生夜行林莽间,见贵官坐松下,呼与语。谛视,乃其已故表丈某公也,不得已近前拜谒。问家事甚悉。生因问:"古称体魄藏于野而神依于庙主。丈人有家祠,何为在此?"某公曰:"此泥于古不墓祭之文也。夫庙,祭地也,主,祭位也,神之来格,以是地、是位为依归焉耳。如神常居于庙,常附于主,是世世祖妣与子孙人鬼杂处也。且有庙有主,为有爵禄者言之耳。今一邑一乡之中,能建庙者万家不一二,能立祠者千家不一二,能设主者百家不一二。如神依主而不依墓,是百千亿万贫贱之家,其祖妣皆无依之鬼也,有是理耶?知鬼神之情状者,莫若圣人。明器之礼,自夏后氏以来(疑脱尚字)矣。使神在主而不在墓,则明器当设于庙,乃皆瘗之于墓中,是以器供神而置于神所不至也,圣人顾若是颠耶?卫人之祔〔祔〕离之,殷礼也;鲁人之祔〔祔〕合之,周礼也。孔子善周。使神不在墓,则墓之分合,了无所异,有何善、不善耶?《礼》曰:'父殁而不忍读父之书,手泽存焉尔。母亡而不忍用其杯棬,口泽存焉尔。'一物之微,尚且如是,顾以先人体魄,视如无物,而别植数寸之木,曰此吾父吾母之神也,毋乃不知类耶?寺钟将动,且与子别。子今见吾,此后可毋为竖儒所惑矣。"生

匆遽起立，东方已白。视之，正其墓道前也。(卷十一《槐西杂志（一）》)

有视鬼者曰："人家继子，凡异姓者，虽女之子、妻之侄，祭时皆所生来享，所后者弗来也。凡同族者，虽五服以外，祭时皆所后来享，所生者虽亦来，而配食于侧，弗敢先也。惟于某抱养张某子，祭时乃所后来享。久而知其数世前本于氏妇怀孕嫁张生，是于之祖也。此何义欤？"余曰："此义易明。铜山西崩，洛钟东应，不以远而阻也。琥珀拾芥不引针，磁石引针不拾芥，不以近而合也。一本者气相属，二本者气不属耳。观此使人睦族之心油然而生，追远之心亦油然而生。一身歧为四肢，四肢各歧为五指，是别为二十歧矣，然二十歧之痛痒，吾皆能觉，一身故也。莫昵近于妻妾，妻妾之痛痒，苟不自言，吾终不觉，则两身而已矣。"(卷十三《槐西杂志（三）》)

——据天津古籍出版社《阅微草堂笔记》本

鬼　证

纪昀对"不存在之物"的"证实"与 1400 年前的葛洪如出一辙：从"反归纳法"开始，着力补充"理论证据与实践证据"。取朱熹模糊依违之辞"反咬一口"，正是他使坏的地方。要说他突过前人，那就是，他早不乞灵于幼稚的"命定论"，[1]因为确信有太过充足的"证据"，他甚至不满足于"证鬼"，而进一步谋求"鬼证"了。

清代号称"礼学"复兴，有关丧葬、祭祀的学术研讨汗牛充栋；不过，这同生活层面的礼俗——约定俗成的礼制——尚有距离。而用来反映及认识后者，清人别有一方"前沿"，即志异小说：它们记载反常或非常之事，几于将枯燥的理论发明转化成鲜活的现场表演。鬼神故事在清代蔚为大观，原因非常复杂。沿袭旧说、传播异闻、寓言讽世，或文学上的故弄狡狯，这些情况都有，但更重要的是鬼神观念已深入大众心髓，并在意识、思想乃至行为中越来越透发出来。有清士人多自觉地汇集、整理及加工鬼神故事，表现出强烈的认同感和主导性。

在确信鬼神存在的前提下，以《阅微草堂笔记》为代表的志异小说，大大发展了对鬼神百态的悬揣，同时积极尝试就丧祭问题从鬼神一边求证，貌似拓展了时空维度，实则

---

[1] 纪昀引述过周书昌的话"有佛缘者，然后能见佛界；有仙骨者，然后能见仙境。未可以寻常耳目断其有无"，表示"是则余不知之矣"，《阅微草堂笔记》卷二十《滦阳续录（二）》，第 492 页。

是既有观念的延伸与投射。当然，相应于"鬼神世界"终究百孔千疮的状况，鬼神能为丧祭观提供的证明也难免支离破碎：大凡在人易于设想的环节，鬼即出现，设想愈具体，鬼的行为就愈活跃，而人的反应也愈丰富，甚或进一步推动鬼的行为，彼此俨成交替升级之势；反之，在那些不易设想的环节，鬼便面目模糊以至踪影全无，任人发出"此鬼之所以为鬼"的抱怨或解嘲。

生死之际

《荀子》称："礼者，谨于吉凶不相厌者也。紸纩听息之时，则夫忠臣孝子亦知其闵已，然而殡殓之具，未有求也；垂涕恐惧，然而幸生之心未已、持生之事未辍也；卒矣，然后作具之。"[1]但从大众操作上讲，丧礼自死亡发生前就开始了。古人通常以"幽明异路""阴阳道隔"为常理，而流传的鬼故事往往不然，内有一类俗说，谓将死之人阳气渐衰，阴气渐盛，去人远，去鬼近，故遇鬼、见鬼乃至灵魂出窍的几率大增。由此衍伸出可视为丧礼启动的不同面向。

其一，除却报冤索命的滥套外，垂危者时或自称看到已故先人现前引导，参前论《佛说阿弥陀经》。这在《阅微草堂笔记》里有了新发展，如："庚午（乾隆十五年，1750）四月，先太夫人病革时，语子孙曰：'旧闻地下眷属临终时一一相见，今日果然。幸我平生尚无愧色。汝等在世，家庭

---

[1]《荀子》卷十三《礼论》，第114页上栏至下栏。

骨肉，当处处留将来相见地也。'"[1] 如此"旧闻"较少流传，据张夫人所见，则"**来导者皆夫族**"，外加"**亡媳**"而已，"**一气相关**"，纯就男系立言。可见阴间行径全准阳世礼法，这并非事实上的重规叠矩，而是观念上的自我复制。

其二，生者有条件的话，理应提前备办丧具，遂在间不容发之际与垂危者产生了互动。如袁枚《新齐谐》卷四载："桐邑有苏南村者，病笃昏迷，问其家人曰：'李耕野、魏兆芳可曾来否？'家人莫知，漫应之。顷又问，答以'未曾来'。曰：'尔等当着人唤他速来。'家人以为漫语，不应。乃长叹欲逝。家人仓皇遣健足奔市，购纸轿一乘。至，则见舆夫背有'李耕野''魏兆芳'字样，乃恍然悟，急焚之，而其气始绝。舆夫姓字乃好事者戏书也，竟成为真，亦奇。"[2] 比之袁氏好"奇"，纪昀则不动声色："明器，古之葬礼也，后世复造纸车、纸马。孟云卿《古挽歌》曰：'冥冥何所须？尽我生人意。'盖姑以缓恸云耳。然长儿汝佶病革时，其奴为焚一纸马，汝佶绝而复苏，曰：'吾魂出门，茫茫然不知所向。遇老仆王连升牵一马来，送我归。恨其足跛，颇颠簸不适。'焚马之奴泫然曰：'是奴罪也。举火时实

---

[1]《阅微草堂笔记》卷七《如是我闻（一）》，第136页。
[2]《新齐谐》卷四《苏南村》，第79页。案此与临终焚烧轿马之俗有关，参《阅微草堂笔记》卷五《滦阳消夏录（五）》："里人王驴耕于野……忽见肩舆从西来，仆马甚众，舆中坐者先叔父仪南公（纪容雅）也。怪公方卧疾，何以出行，急近前起居。……归而闻公已逝矣。计所见仆马，正符所焚纸器之数。"第94—95页。

误折其足。'"[1]纪汝佶病故，并不见"地下眷属"，出现的却是亡仆王连升。

其三，人甫断气，例烧纸钱，浸假而成为由生到死的又一过渡环节。《新齐谐》载："阍人朱明死矣，复苏，张目伸手索纸钱，曰：'我有应酬之用。'为烧之，目始瞑。"[2]《阅微草堂笔记》增一波折："戊子（乾隆三十三年，1768）夏，小婢玉儿病瘵死。俄复苏曰：'冥役遣我归索钱。'市冥镪焚之，乃死。俄又复苏曰：'银色不足，冥役弗受也。'更市金银箔折锭焚之，则死不复苏矣。因忆雍正壬子（十年，1732），亡弟映谷濒危时，亦复类是。然则冥镪果有用耶？冥役需索如是，冥官又所司何事耶？"[3]末特设疑辞，乃纪氏"欲擒故纵"的惯技。

另外，人之初亡，理论上应行复礼。《礼记·礼运》称："及其死也，升屋而号，告曰：'皋某复！'"陈澔注："所以升屋者，以魂气之在上也。皋者，引声之言。某，死者之名也。欲招此魂，令其复合体魄。如是而不生，乃行死

---

[1]《阅微草堂笔记》卷五《滦阳消夏录（五）》，第89页。
[2]《新齐谐》卷十七《随园琐记》，第360页。
[3]《阅微草堂笔记》卷九《如是我闻（三）》，第181页。参汪道鼎《坐花志果》卷下《陶顺》："其将死时，向守视者索银，取枕畔银包与之，摇手曰：'不是。'复往市冥资示之，作喜色，即焚之床前。顺向空麾手曰：'若辈可取去，勿嫌薄。'此足征冥资之说不尽无稽。"第197页。俞樾《右台仙馆笔记》卷五（212）详细论述了浙东"焚关牒"的丧俗，谓"死后持牒至冥中，可领银五百两"，上海：上海古籍出版社，1986年，第124页，括号内阿拉伯数字为点校者所标条数。

事。"[1]袁枚自记:"先君子(袁滨)亡时,侍者朱氏亦病,呼曰:'我去!我去!太爷在屋瓦上呼我。'时先君虽卒,而朱氏病危,家人虑其哀伤,并未告知,俄而亦死。方信古人升屋复魂之说非无因也。"[2]据此,袁父"魂气升屋",且为朱氏前导,朱亦恐将"升屋"而逝,两事相兼,这样的例子很鲜见。[3]

着 装

在处理尸身的一系列仪节里,"袭"和"敛"决定死者入殓的着装。假如存在另一个世界,鬼魂着装似乎也只能与之相应。无鬼论者恃"衣服无精神"[4]为利器,姑且不论;有鬼论者始终不能自圆其说,则是事实。俞樾揣测说:"人死而有鬼,宜也。衣服犹在,岂亦有鬼?意者凡物有形质,

---

[1]《礼记集说》,第122页。
[2]《新齐谐》卷十七《随园琐记》,第360页。
[3] 参李昉等编《太平广记》卷三百二十《鬼五·蔡谟》:"忽闻邻左复魄声,乃出庭前望,正见新死之家有一老妪……飘然升天。"出《幽明录》第三册,上海:上海古籍出版社,1991年,第337页下栏至第338页上栏。又,洪迈《夷坚志补》卷二十四《贾廉访》:商懋不省人事,魂"初入冥,只觉此身漂浮,直出帐顶,又升屋",及返,亦"从屋飞下",第1770页;《夷坚志·丁志》卷二十《姚师文》:姚子"除夜无以享,独持饭一器祀其父","哀号不已","屋上忽有人呼小名,惊视之,父衣公服立","子欲梯而上",为姚所止,案姚之鬼魂所以立屋上,疑即本之"升屋复魂之说",第704页。
[4]《论衡》卷二十《论死》,第200页上栏。章太炎《菿汉昌言·经言二》犹称:"顷有人说摄影得某某死者状,此若有征验矣,如衣履不随人而死何!"《章太炎全集(七)》,第96页。

必有精气，鬼固得摄其精气以去邪？抑或幻作是形以取信于人邪？"[1]仍属不了了之。

具体来看，明季钱希言《狯园》第九《冥迹·徐思省入虎头城》载徐氏鬼"带皂罗帽，着蓝袍方舄"，"衣饰宛是棺中所殓者"。[2]朱海《妄妄录》卷七《鬼穿下棺时衣》记蒋某鬼"身穿嫣红青裓，显旧钉补子痕"，即是"下棺服色"。[3]《阅微草堂笔记》"**着玄帔黄衫，淡绿裙，举止有大家风**"云云，言之凿凿，实则殓服通常繁复而不重实用，作者岂能不知？即便亡人着"敛时服"，由于明、清易代，男子剃发改服，平添一重曲折，纪昀于此避之为吉，必不得已，则囫囵称"今衣冠""古衣冠"[4]而已。唯卷十六破例云：

---

[1]《右台仙馆笔记》卷六（244），第148页。案《阅微草堂笔记》卷七《如是我闻（一）》记一女被害，"衣已尽褫，遂被裸埋"，"身无寸缕，愧见神明"，第133页；长白浩歌子《萤窗异草初编》卷一《贾女》谓女因奸私遭裸瘗，其鬼遂"身无寸缕"，第17—19页。

[2]《狯园》第九《冥迹·徐思省入虎头城》，北京：文物出版社，2014年，第280页。

[3]《妄妄录》卷七《鬼穿下棺时衣》，北京：文物出版社，2015年，第151页。又记"罗掌纶家中元祀先"，有小童白日见鬼，"言好多客，大热天男女俱穿棉衣，还有官蟒袍补套，太太带凤冠，着绣袄，像新娘拜堂"，疑系祖先图中服饰。《新齐谐》卷四《徐氏疫亡》所记杭州徐氏先灵四位"一纱帽朱衣，一方巾道服，余二人皆暖帽皮袍"，正然，"暖帽皮袍"系清官员冬装，第92页。

[4]《阅微草堂笔记》卷十四《槐西杂志（四）》，第340页。另参卷十《如是我闻（四）》"衣冠不古不时，乃类道士"，第214页；卷十八《姑妄听之（四）》"衣冠不古不今"，第441页。"古衣冠"又见卷八《如是我闻（二）》，第154页；卷十八《姑妄听之（四）》，第447页。

> 福建泉州试院，故海防道署也……明季兵燹，署中多攫杀戮……阿雨斋（肃）侍郎言：尝于黄昏以后，隐隐见古衣冠人暗中来往，即而视之，则无睹。余按临是郡时，幕友孙介亭亦曾见纱帽红袍人入奴子室中，奴子即梦魇。介亭故有胆，对窗唾曰："生为贵官，死乃为僮仆辈作祟，何不自重乃尔耶？"奴子忽醒，此后遂不复见。意其魂即栖是室，故欲驱奴子出，一经斥责，自知理屈而止欤？[1]

"纱帽红袍"即"古衣冠"，显指明官服。不过，在成书稍早的《新齐谐》里，"纱帽红袍"之类的提法层出叠见，[2]表明袁枚差乏忌惮，对明、清服式有异亦直言无讳，如谓："方巾朱履，非本朝衣冠矣。"[3]实乃明生员装束。

问题的复杂处在于，清廷确立统治后，不少地区——特别是南方——的汉人保持了明服入殓的习俗，虽官方未尝干涉，但志异小说所见清人之鬼绝无明服在身的。丧礼的制

---

[1]《阅微草堂笔记》卷十八《姑妄听之（二）》，第396—397页。
[2] 如卷八《鬼闻鸡鸣则缩》："一纱帽红袍人。"第164页。另如卷五《文信王》"乌纱红袍，玉带皂靴"，第97页；卷十一《风水客》"乌帽绛袍"，第243页；卷二十二《女鬼告状》"红袍乌纱"，第494页。更有分言"纱帽""红袍"者多处，不具。《续新齐谐》卷四《刘子壮》则背面敷粉，调侃不少，第635页。又，《新齐谐》卷二十三《刘伯温后辈》言及一"古衣冠客"，乃自称"元末进士"，"刘伯温犹是我后辈也"，第529页；至于《续新齐谐》卷五《米元章显圣》的"唐巾宋服"，言之空泛，与"古衣冠"无异，第663页。
[3]《新齐谐》卷五《文信王》，第97页。

定者、操作者和叙述者，究竟谁更能体现"礼，时为大"[1]的原则呢？

棺　殓

棺木被看成鬼魂在阴间的住所，这从《阅微草堂笔记》"六从舅母常氏弥留时"一条即生动反映出来，其用心之深细，连死者入殓后头北脚南的情况都披露出来。《夜谭随录》亦记江澄魂游，入倩儿"家"："四壁皆木，仅可容膝。……所坐之室，乃其殡宫也。"[2]死者比生者更在意"栖身"条件，也在情理之中。《妄妄录》卷一有《魂先恋棺》一条，[3]而《新齐谐》卷二十四《鬼魂觅棺告主人》一气开列四例。[4]

在丧礼的正规程序中，移尸入棺为"大敛"。《新齐谐》载：

> 处州太守杨成龙……就养于伊子深州署中，无疾而卒。先是，太守宰历城时，买沙板一副，置张秋僧舍。身亡后，其子濬文必欲遣人取归，然后入殓，以慰乃父之心。忽其幼孙某头晕仆地，旋起坐，厉声曰："濬文，汝太糊涂！当此六月天，我尸在床，待从张秋取棺来，

---

[1]《礼记·礼器》，《断句十三经经文》，第47页。
[2]《夜谭随录》卷九《倩儿》，第262页。
[3]《妄妄录》卷一，第12—13页。
[4]《新齐谐》卷二十四《鬼魂觅棺告主人》，第540页。条目略嫌不切。

则吾尸坏矣。深州木材尽可用，何必远取？"[1]

"沙板"即"阴沉木"[2]，事关对棺木质料的讲究。又载："芜湖赵明府必恭宰湖南衡阳，伤寒病剧，气已绝矣。家人棺殓，绵絮无一不周，因其心口尚温，故尔未殓。"赵魂入冥，"遇乡邻吴某拱手谢曰：'蒙君见惠，使我体暖。'赵不解所云"。病愈，"后二年，赵眷属还芜，将昔年作殓之绵装箱带归。适吴某死，当盛夏，无处买绵，其家殓时来借丝绵，乃即与之。又三年，赵罢官归，偶与家人谈及前事，方知千里之外，两年之前，此绵应归吴用，生魂早来谢矣"。[3]此处的"绵絮"或"丝绵"有暖体之用，当是铺在棺内尸身下面及四围的。

出殃与回煞

关于殡殓期内鬼魂的动向，不外乎出（往）、入（回）两种构想，古时已有其说，后世益牢不可破，生者或接或送，或干脆回避，各地侧重不同，甚至截然相反。在本义上，清人北方讲出殃，南方讲回煞（又名归煞），但在用语上，北人则混为一谈。

《夜谭随录》载北京风俗颇悉：

---

[1]《新齐谐》卷二十二《杨成龙成神》，第489页。
[2] 参《新齐谐》卷九《盘古以前天》，第207—208页。《续新齐谐》卷三《全州兵书匣乃水怪奔云之骨》，第622页；卷五《阴沉木》，第649页。
[3]《新齐谐》卷十八《借丝绵入殓》，第391—392页。

人死有回煞之说，都下尤信之。有举族出避者，虽贵家巨族，亦必空其室以避他所，谓之躲殃。至期，例扫除亡人所居之室，炕上地下遍筛布芦灰。凡有铜钱，悉以白纸封之，恐鬼畏之也。更于炕头设矮几，几上陈火酒一杯，煮鸡子数枚，燃灯一盏，反扃其户。次日，鸣铁器开门，验灰土有鸡距、虎爪、马蹄、蛇足等迹，种种不一，大抵亡人所属何相，即现何迹，以卜亡人罪孽之重轻，谓锁罪轻而绳罪重也。

"回煞"实即"出殃"，"锁""绳"均系对所"现"之"迹"的想象，继述五例，鬼魂形态依次为："有墨物如鱼网罩几上"；"一黑物，如乱发一团"，"初大如升，渐如椀，如杯，滚入炕洞中"；"如象鼻"，"化为大猫，而人面白如粉，绕地旋转"，"灰上人迹两两相并，仅如二三岁小儿"；"一婆娑老妪，徘徊炕下，两眼有光如萤，颇能自照"，"仆地化为一猬，走向屋角"，"化为浓烟，滚滚四散，成数十团"；"一妇人，长仅尺余，直扑窗隙"，"甫出窗，旋化为黑烟一团，随风而散"。[1] 纪昀论之较持重，而宁信其有，毫不含糊：**"尝两次手持启钥，谛视布灰之处，手迹、足迹宛然与生时无二，所亲皆能辨识之。"** 他还在另一处写道：

> 俗云殇子未生齿者死无煞，有齿者即有煞。巫觋

---

[1]《夜谭随录》卷六《回煞》，第170—174页。

《阅微草堂笔记》

能预克其期。家奴孙文举、宋文皆通是术。余尝索视其书,特以年月日时干支推算,别无奇奥。……或有室庐逼仄,无地避煞者,又有压〔厌〕制之法,使伏而不出,谓之斩殃,尤有〔为〕荒诞。然家奴宋遇妇死,遇召巫斩殃,迄今所居室中,夜恒作响,小儿女亦多见其形。似又不尽诬矣。[1]

复引张读《宣室志》,称"人死数日","有巨鸟色苍,自柩中出","此即今所谓煞神也"。[2]

在袁枚《新齐谐》中,"回煞"指"魂来赴尸",故"俗例有接煞之说",[3]含义清楚,又称:"民间人死七日,则

---

[1]《阅微草堂笔记》卷七《如是我闻(一)》,第124页,宋遇斩殃又见卷十三《槐西杂志(三)》,第291页。卷十四《槐西杂志(四)》尚有纪氏自疑见煞一事,第339页。故事五《滦阳消夏录(五)》坚称:"回煞行迹,余实屡目睹之。"第93页,但该条所记恰系二盗各"伪为煞神"、猝遇而"对仆于地"之事。后《萤窗异草初编》卷三《赝殃》盖本之,地点亦在"京都",第93—94页。又,吴友如有《二煞相逢》图文,则事发广东,见吴友如著、孙继林编《晚清社会风俗百图》,上海:学林出版社,1996年,第59页。

[2]《阅微草堂笔记》卷七《如是我闻(一)》,第124页。卷十一《槐西杂志(一)》载:"海淀人捕得一巨鸟,状类苍鹅,而长喙利吻,目睛突出,眈眈可畏。非鹜,非鹳,非鸨,非鸿鹕,莫能名之,无敢买者。金海住(牲)先生时寓直澄怀园,独买而烹之,味不甚佳。甫食一二脔,觉胸膈间冷如冰雪,坚如铁石,沃以烧春,亦无暖气。委顿数日,乃愈。"仍引《宣室志》及《原化记》,疑其所食即"杀(煞)鬼",第252页。

[3]《新齐谐》卷九《江轶林》,第200页;卷十四《杨四佐领》,第295页。参海宁俞凤翰《高辛砚斋杂著·回煞》,北京:文物出版社,2017年,第23页。

有迎煞之举",死者李某魂归,"妻哭抱之,泠然如一团冷云"。[1]

入土为安

段成式《酉阳杂俎》有云"凡死者肌骨未复于土,魂神不为阴司所籍,离散恍惚,如梦如醉",[2]算是为土葬提供了一种反面依据。清人所论不必更高明,但却更琐细、更生动。事实上,正因停柩不葬的情形大量存在,才诱发了许多离奇和恐怖的鬼怪故事。值得留意的是,这类"中途半端"的鬼魂往往得不到任何来自家庭的祭祀,似已被亲人完全遗弃。[3]《阅微草堂笔记》于是径倡"**亡人以入土为安,停搁非幽灵所愿也**"。

《新齐谐》有《鬼买儿》一则,讲述了葛文林嫡母周氏魂附其生母李氏,借为鬼之便,操办自己葬事的完整过程:

> 忽一日,谓其夫曰:"我要去矣。我柩停在此,汝辈在旁行走,震动灵床,我在棺中骨节俱痛,可速出

---

[1]《新齐谐》卷一《煞神受枷》,第11—12页。
[2]《酉阳杂俎》续集卷三《支诺皋下》"荆州百姓郝惟谅"条,第225页。案《白虎通》的说法是:"葬之为言下藏之也。所以入地何?人生于阴,含阳光,死始入地,归所与也。"《白虎通疏证》卷十一《崩薨》,北京:中华书局,1994年,第557页。《妄妄录》卷二《鬼畏火葬》则提供了反对火葬的"鬼证",第41页,另参《新齐谐》卷二十四《焚尸二则》,第558页。
[3] 参《新齐谐》卷十七《棺尸求祭》,第374—375页;卷二十二《穷鬼祟人富鬼不祟人》,第480—481页。

《阅微草堂笔记》

殡，以安我魂。"其夫曰："尚无葬地奈何？"曰："西邻卖爆竹人张姓者有地在某山，我昨往看，有松有竹，颇合我意。渠口索六十金，其心想三十六金，可买也。"葛往观，果有地有主，丝毫不爽，遂立契交易。鬼请出殡日期，葛曰："地虽已有，然启期告亲友，尚无孝子出名，殊属缺典。"鬼曰："此说甚是。汝新妇现有身矣，但雌雄未卜，与我纸钱三千，我替君买一儿来。"言毕去。至期，李氏果生文林。……择日出丧，葛怜儿甫满月，不胜粗麻，易细麻与着。鬼来骂曰："此系齐衰，孙丧祖之服。我嫡母也，非斩衰不可。"不得已易而送之。临葬，鬼附妇身大哭曰："我体魄已安，从此永不至矣。"嗣后果断。[1]

此鬼处事泼辣，别具一格。如果丧礼都能这般人鬼协作，岂不皆大欢喜？

纪昀曾就野死鬼求瘗之事评论说："夫神识已离，形骸何有？此鬼沾沾于遗蜕，殊未免作茧自缠。然蝼蚁鱼鳖之谈，自庄生之旷见，岂能使含生之属，均如太上忘情？观于兹事，知棺衾必慎，孝子之心；骴胳必藏，仁人之政。圣人通鬼神之情状，保〔何〕尝谓魂升魄降，遂冥漠无知哉！"[2] "孝子之心""仁人之政"，初不必以"鬼神之情

---

[1]《新齐谐》卷二十二，第474—475页。
[2]《阅微草堂笔记》卷十《如是我闻（四）》，第203页。

状"[1]为说。但不管怎样,这段话阐发了棺殓与土葬的意义,不失为简明扼要的总结,有关探讨允宜到此而止了。不料经清人持续追踪,鬼魂被发现不仅"盖棺犹难论定"[2],且"入土"未必即"安",[3]其间涉及葬事后续的要有两端,一为合葬,一为迁葬,俱可从《阅微草堂笔记》找到例子:

> 任子田(大椿)言:其乡有人夜行,月下见墓道松柏间,有两人并坐。一男子年约十六七,韶秀可爱,一妇人白发垂项,伛偻携杖,似七八十以上人。倚肩笑语,意若甚相悦。窃讶何物淫妪,乃与少年儿狎昵。行稍近,冉冉而灭。次日,询是谁家冢,始知某早年夭折,其妇孀守五十余年,殁而合窆于是也。《诗》曰:"榖则异室,死则同穴。"情之至也。《礼》曰:"殷人之祔〔祔〕也离之,周人之祔〔祔〕也合之。善夫!"圣人通幽明之礼,故能以人情知鬼神之情也。
>
> 旧仆兰桂言:初至京师,随人住福清会馆,门以外皆丛冢也。一夜月黑,闻汹汹喧呶声、哭泣声,又

---

[1] 《周易·系辞上》,《断句十三经经文》,第22页。
[2] 《阅微草堂笔记》卷一《滦阳消夏录(一)》,第19页。
[3] 如《阅微草堂笔记》卷七《如是我闻(一)》载二鬼"诟争",其语"急遽攫夺,不甚可辨,似是争墓田地界",来闻者"死尚不休"之讥,第142页。若卷九《如是我闻(三)》聂松岩所言一事,有僧人与鬼魂的如下问答:"问:'鬼何不归尔墓?'曰:'鬼有徒党,各从其类。我本书生,不幸葬丛冢间,不能与马医夏畦伍。此辈亦厌我非其族。落落难合,故宁避嚣于此耳。'"寓言的成分更多,但着想独到,第179页。

有数人劝谕声。念此地无人，是必鬼斗，自门隙窃窥，无所睹。屏息谛听移数刻，乃一人迁其妇柩，误取他家柩去。妇故有夫，葬亦相近，谓妇为此人所劫，当以此人妇相抵。妇不从而诟争也。会逻者鸣金过，乃寂无声。不知其作何究竟，又不知此误取之妇他年合窆又作何究竟也。……时方可村在座，言："游秦陇时，闻一事与此相类：后有合窆于妻墓者，启圹，则有男子尸在焉。不知地下双魂，作何相见。《焦氏易林》曰：'两夫共妻，莫适为雌。'若为此占矣。"[1]

"胶胶扰扰，地下尚无了期"，[2]果至此地步吗？

堪 舆

停柩不葬诚末世陋俗，原因之一是"堪舆"之说中人日深。在《新齐谐》里，鬼魂亦就此而现身说法：

> 文荣公（袁炜）薨，子陛升将葬公，惑于风水之说。常州有黄某者，阴阳名家也，一时公卿大夫奉之如神。……陛升贪其术之神，不得已曲意事之。慈溪某侍郎，坟在西山之阳，子孙衰弱，黄说袁买其明堂

---

[1]《阅微草堂笔记》卷十《如是我闻（四）》，第223页；卷十二《槐西杂志（二）》，第272页。《礼记·檀弓下》原文作："卫人之祔也离之，鲁人之祔也合之。"《断句十三经经文》，第22页。

[2]《阅微草堂笔记》卷二十三《滦阳续录（五）》，第545页。

为葬地。立券勘度毕,从西山归,已二鼓矣。入相府,见堂上烛光大明,上坐文荣公,乌帽绛袍,旁二僮侍,如平生时,陛升等大骇,皆俯伏。文荣公骂曰:"某侍郎我翰林前辈,汝听黄奴指使,欲夺其地。昔汝祖葬高、曾,是何等存心?汝今葬我,是何等存心?"……公又怒睨黄,叱曰:"贼奴以富贵利达之说诱人财,坏人心术,比倡优媚人取财更为下流!"……二人皆惕息不能声。文荣公立身起,满堂灯烛尽灭,了无所见。[1]

然而《杨成龙成神》又记其鬼称:"若葬我,当在唐务山中做癸丁山向。"[2]《诸廷槐》则从另一角度指出"风水"之效:"(鬼)当作闹时,最畏主人之少子,曰:'此小相公头有红光,将来必贵,我不愿见之。'或问:'可是诸府祖宗功德修来乎?'曰:'非也,是他家阴宅风水所荫。'问:'何由知?'曰:'我与鬼朋友数人常在坟间乞人祭扫之余,独不敢上诸府坟,因陇上有热气一条如火冲出故也。'"[3]此即俗语所谓"祖坟冒青烟"。

清人论风水,有纯就鬼魂安居着想者,较为平实,俞蛟《梦厂杂著》卷九《齐东妄言下·陈虚舟》最适为例:

风水之说,或辨其非,识者则存其说而莫之废。

---

[1]《新齐谐》卷十一《风水客》,第243—244页。
[2]《新齐谐》卷二十二,第489页。
[3]《新齐谐》卷十五,第335页。

盖人死而葬，所以藏肢体而安魂魄，岂细故哉！顾世人惑于地师之言，求父母兆域之荫，以图富贵利达，穷年殚心力，耗资财，已精求精，忘死者入土为安之义，至十数年或数十年不葬者，固为荒谬。若漫不经意，随遇而安，兆域不吉，幽宅堪虞，如吴叟之水汩〔汨〕肌骨，致魂魄不宁，则死者之爱〔忧〕，实生者之责也。风水之说又宁可忽耶！[1]

类似者还有《新齐谐》卷十七《庄明府》，庄炘入冥，受久死旧邻冯某托付："我葬某地，棺为地风所吹，现在倾仄。君归告我儿孙，改葬为安。""告知冯家。启坟视之，棺果斜朽。"卷二十四《广东官署鬼》：女鬼因"土浅地湿，棺中多水"，求改葬，"主人为启其棺，水湴湴欲流"，"为改葬高处"。[2]《阅微草堂笔记》记鬼自述"**孤坟**""倾圮"，乞人"**修治荒茔，并稍浚冢南水道，庶淫潦不浸幽窀**"，亦与俞蛟相近。对于"相地之说"，纪昀所持的基本观点是："刘向校书，已列此术为一家，安得谓之全无？但地师所学必不精，又或缘以

---

[1]《梦厂杂著》卷九《齐东妄言下·陈虚舟》，北京：北京古籍出版社，2001年，第196页。
[2]《新齐谐》卷十七，第373页；卷二十四，第539页。参卷十八《鸟门山事》，鬼告张某："我有骸骨葬鸟门山之西，被凿石者终日钻斫，山石就倾，我坟中朽棺业已半露，不久将坠入河中。幸君哀我，为改葬之。""往鸟门山视其墓棺，离水仅尺许，乃别择地改葬焉。"第383页。又，卷二十《灵鬼两救兄命》，汪氏鬼称："柱下有古冢一丘，因我父浚池不察，使他枯骨日浸水中，故欲来报怨。"第426页。

为奸利，所言尤不足据，不宜溺信之耳。若其凿然有验者，固未可诬也。"[1]

祭与享

祭祀在丧葬过程中一直以各种形式进行。俞樾郑重声言："人之初死，灵爽犹存，意所专注，虽远必达。圣人知之，故始死设重以依神，虞则有虞主，练则有练主，皆欲其灵爽有所式凭，不至遽散也。"[2]案"设重"在出殡前，"虞"（虞祭）、"练"（小祥）在出殡后。不过，随着丧礼完成，祭祀的意义逐渐转化为向亡魂提供生活用品，"鬼而贫也，尚有阳世以为不时之需"，[3]再进一步，则径指饮食。对于失祭会造成的后果，纪昀道之尤琐屑而痛切，**佃户张天锡**外，又有"王秃子"："王秃子幼失父母，迷其本姓。育于姑家，冒姓王。""夜经南横子丛冢间，为群鬼所遮。……一鬼叱曰：'秃子不孝，吾尔父也，敢肆殴！'秃子固未识父，方疑惑间，又一鬼叱曰：'吾亦尔父也，敢不拜！'群鬼又齐呼曰：'王秃子不祭尔母，致饥饿流落于此，为吾众人妻。吾等皆尔父也！'"[4]

人祭与鬼享的对应性乍看十分明确，无如佛教"轮回"

---

[1]《阅微草堂笔记》卷十二《槐西杂志（二）》，第277页。
[2]《右台仙馆笔记》卷九（367），第225页。
[3]《夜谭随录》卷八《谭九》，第216页。《新齐谐》卷八《土地受饿》有"人得一饱，可耐三日；鬼得一饱，可耐一年"之说，第172页。
[4]《阅微草堂笔记》卷四《滦阳消夏录（四）》，第69页。

之说早已深入人心，纪昀即坚信"轮回之说，凿然有之"，[1]鬼魂存在的持久性问题必须正视。《阅微草堂笔记》煞费苦心，斟酌常变，做出了下列说明：

> 谓鬼无轮回，则自古至今，鬼日日增，将大地不能容。谓鬼有轮回，则此死彼生，旋即易形而去，又当世间无一鬼。贩夫田妇往往转生，似无不轮回者。荒阡废冢往往见鬼，又似有不轮回者。表兄安天石尝卧疾，魂至冥府，以此问司籍之吏。吏曰："有轮回，有不轮回。轮回者三途：有福受报，有罪受报，有恩有怨者受报。不轮回者亦三途：圣贤仙佛不入轮回，无间地狱不得轮回，无罪无福之人，听其游行于墟墓，余气未尽则存，余气渐消则灭，如露珠水泡，倏有倏无，如闲花野草，自荣自落。如是者无可轮回。或有无依魂魄附人感孕，谓之偷生，高行缁黄转世借形，谓之夺舍，是皆偶然变现，不在轮回常理之中。至于神灵下降，辅佐明时，魔怪群生，纵横杀劫，是又气数所成，不以轮回论矣。"天石固不信轮回者，病瘥以后，尝举以告人，曰："据其所言，乃

---

[1]《阅微草堂笔记》卷二十一《滦阳续录（三）》，第500页，另见卷九《如是我闻（三）》："轮回之说，则凿然有之。"第175页。参卷四《滦阳消夏录（四）》："轮回之说，儒者所辟。而实则往往有之，前因后果，理自不诬。"第64页。

凿然成理。"[1]

安氏一病至此，事或可疑，幸而有鬼亲口交代："善根在者转生矣，恶贯盈者堕狱矣。我辈十三人，罪限未满、待轮回者四，业报沉沦、不得轮回者九也。"[2]且有人觇"僧寺""空园"，"厝棺约数十，然所见鬼少仅三五，多不过十余"，推测"或久而渐散，或已入转轮欤"，[3]可资旁证。

墓祭与庙祭

鬼魂——根据具体情况——既存在一段时间，当在葬地依托棺木而居，等候生人祭祀，这是沿前文逻辑不难得出的结论。然而古礼实重庙祭，又以墓祭为晚起，[4]遂启鬼魂依主或依墓之争，纪昀起而抗辩，至假某公鬼之口称："**以先人体魄，视如无物，而别植数寸之木，曰此吾父吾母之神**

---

[1]《阅微草堂笔记》卷五《滦阳消夏录（五）》，第86—87页。
[2]《阅微草堂笔记》卷十《如是我闻（四）》，第204页。参《夷坚志·甲志》卷十五《毛氏父祖》，毛璇"问：'地狱如何？'父曰：'有罪始入耳。吾无罪，当受生，但资次未到。'""资次"一语真非宋人不道，第135页。《阅微草堂笔记》卷八《如是我闻（二）》复有"求生者如求官，惟人所命。不求生者如逃名，惟己所为。苟不求生，神不强也"之说，第154页。
[3]《阅微草堂笔记》卷十六《姑妄听之（二）》，第398页。案鬼魂"配入转轮"之例有二，见卷十一《槐西杂志（一）》，第257页，卷十三《槐西杂志（三）》，第302—303页。
[4]庙祭、墓祭离合进退的情况，略参黄景略等《中华文化通志·丧葬陵墓志》第一章第三节二《宗庙与陵寝》，第26—33页，上海：上海人民出版社，1998年。

也,毋乃不知类耶?"

墓、庙歧出,本原在葬欲其远而祭欲其便,鬼魂的存在越坐实,两者间的矛盾就越凸显,作茧自缚,治丝益棼。《阅微草堂笔记》尽管见缝插针,反复申明立场,但言及墓祭情境也多语焉不详,[1] 比不上家祭亲切有味,如卷五所载:"前母即张太夫人姊。一岁忌辰,家祭后,张太夫人昼寝,梦前母以手推之曰:'三妹太不经事,利刃岂可付儿戏?'愕然惊醒,则余方坐身旁,掣姚安公(纪容舒)革带佩刀出鞘矣。始知魂归受祭,确有其事。"[2] 鬼魂既来去自由,又何须墓祭、庙祭强生分别?难怪俞樾感慨说:"古者庙焉而人鬼享,是鬼恒居家庙也。孔子又曰:'骨肉毙于下,阴为野土,其气发扬于上,为昭明,焄蒿凄怆。'是又居墟墓也。鬼果安在乎?延陵季子则曰:'若魂气则无不之也。'夫鬼不过人之余气,人之生也,非舟不能行水,非车不能行陆,乃其余气为鬼,遂能无所不之,是鬼转胜于人矣。"[3] 而他另举一例:

---

[1] 如卷十三《槐西杂志(三)》记某公鬼自称"岁时祭扫","一视子孙",第299页;卷十一《槐西杂志(一)》记某妇"清明祭扫毕,忽似昏眩",既归谓子"顷恍惚见汝父"云云,第233、234页。
[2]《阅微草堂笔记》卷五《滦阳消夏录(五)》,第93页。参蒲松龄《聊斋志异》卷二十二《乐仲》:"值母忌辰,仲适病,不能上墓……乃酹诸室中,对主号痛……病益剧。瞀乱中,觉有人抚摩之,目微启,则母也。惊问'何来',曰:'缘家中无人上墓,故来就飨,即视汝病。'"济南:齐鲁书社,1981年,第2275页。
[3]《右台仙馆笔记》卷二(85),第53页,"若魂气则无不之也"出《礼记·檀弓下》,《断句十三经经文》,第20页。

> 金少伯枢部之祖母某太夫人，享高寿……末年神识日衰……每至家祭之日，子妇具馔，则以既食辞。初谓是老耄谬误耳，已而每祭皆然，怪之。因问所食何物，则皆祭品也。始悟其形神已离，家祭之日，已与祖先一同受享矣。又缘此知"吉蠲为饎"，实有来享之者。圣人知鬼神之情状而制祭祀之礼，《诗》所谓"苾芬孝祀，神嗜饮食"者，初非虚语也。[1]

足见不论在操作或认识层面，家祭都是大众最习以为常的。

其实，家祭比墓祭重要，还有一个原因是它适宜合祭祖先。在此场合，究竟哪些先人莅临，又以怎样的仪式组织起来？清人小说一如既往，对"全景"问题做"特写"处理。《新齐谐》卷十九记程三郎妻三娘子"忽举动失常，三郎疑为遇祟，以左手批其颊。三娘子呼曰：'勿打我，我邻人曹阿狗也。闻家中设食，同人来赴。既至，独无我席，我惭且馁，知三娘子贤，特凭之求食耳，勿怖。'其邻曹姓，大族也，于前夕果延僧人诵焰口经。阿狗者，乃曹氏无赖，少年未婚而卒者也。以阿狗无后，实未为之设食，闻此言亦骇，同以酒浆楮锭至三娘子前致祝。三娘子曰：'今夕当专为我设食，送我于河，此后祭祀，必有阿狗名乃可。'曹氏惧，如其言送之，三娘子遂愈"。[2]《右台仙馆笔记》又有女

---

[1]《右台仙馆笔记》卷三（135），第79页。
[2]《新齐谐》卷十九《曹阿狗》，第402页。

性一例：唐西姚氏妇主家祭，"每祭前一日，必梦一妇人向之敛衽，曰：'我马氏也，凡遇祭祀，虽与诸尊属俱来，止能侍立于旁，而不得食。幸娘子哀怜，为设杯箸于末坐，且祝曰"马氏坐此"，则我得与矣。'寤而不知马氏为何人，遍访之姚氏诸长老，始知姚氏之先有贱妾马氏，无所出，家祭不及焉。乃如其言，设杯箸，且祝曰：'马姨娘坐此。'至今循之"。[1]

宗族社会

在对与祭者身份的揣摩中，一个奇想很早便生发出来。钱锺书《管锥编》论《太平广记》有云："《周翁仲》（出《风俗通》）腊祭，屠人鬼踞神坐享食，周氏祖宗彷徨不进，盖子非周出，乃易屠人男。按卷三一九《陈素》（出《幽明录》）事相类。《增补儒林外史》第四六回《争血食两父显灵魂》即仿此。"[2] 无法确认子女是否自己的血胤，诚为古代男性一大苦恼，而家祭竟有检验之效，不啻福音，唯其原理何在，犹欠揭明。纪昀显然就此做了深入思考，所论"**于某抱**

---

[1]《右台仙馆笔记》卷十（415），第266—267页。参《夷坚支乙》卷十《王姐求酒》，第874页；《新齐谐》卷十三《庄秀才》，第278页，袁枚怜香惜玉，其事可谓礼外行礼。

[2]《管锥编》第二册《太平广记·一三七、卷三一七·〈周翁仲〉事为〈儒林外史〉所仿》，第775页。案《周翁仲》《陈素》皆妇人偷易子女，《癸辛杂识别集》上《屠门受祭》则明言抱养，且自见受享之异，不烦他人视鬼，"自是当祀必先祀其所生，而后祀其所为。后者云：命后者，不可不知也"，似当点作"自是当祀必先祀其所生，而后祀其所为者云。命后者不可不知"，第238页。

养张某子，祭时乃所后来享。久而知其数世前本于氏妇怀孕嫁张生，是于之祖也"，设想比前人又加一倍，但以"血缘感应"为解，毋乃卑无高论，引证亦嫌粗疏。

《阅微草堂笔记》记"亡人杨宁"自陈："仆老无子息，误惑妇言，以婿为嗣。至外孙犹间一祭扫，后则视为异姓，纸钱麦饭久已阙如，三尺孤坟亦就倾圮。九泉茹痛，百悔难追。"准上文，"以婿为嗣"，即属"异姓"，"祭时皆所生来享，所后者弗来"，故就算杨婿设祭，杨翁也不能来享，想必因此只得寄望于墓祭，但外孙仅"间一祭扫，后则视为异姓"，不复存问。谆谆言之，深以无"同族"之后为诫，正当与《右台仙馆笔记》卷十六（665）合观：

咸宁樊氏子，余亲家玉农（樊琨）观察之疏族也。少无赖，好饮博，不事恒业，年四十余而死。有某者，其祖免昆弟也，樊子之鬼忽至其家为祟。某曰："我与汝素无怨，何忽见祟？"鬼曰："吾死无子，尔不为我立后，何也？"某曰："汝自潦倒，不畜妻子，非我之咎。且我与尔远矣，某某非汝近支乎？汝欲立后，何不就彼谋之，祟我何为？"鬼曰："不然。吾无田产，谁肯为吾后？虽近支，可若何？汝实笕一族之事，得汝一言，乃有济耳！"盖樊氏为咸宁大族，族长一人外，又有管事者数人，族中事皆其主持，某即其一也。乃语之曰："事诚在我，但汝生前初不以此为意，今何亟也？"鬼曰："吾生前大错，日谋逸乐，有子、无子不挂怀抱,死后为先灵所责,以为祖宗血食自我而斩。汝不为我立后,吾无以对先灵矣!"某于是言于族人,择其近支一人为之后,鬼始去。观于此,知鬼犹求食,古语非诬。兴灭继绝,先王之仁政;敬宗收族,古人之良法。未可谓魂升魄降,遂泯然无所知也。[1]

樊氏子生为宗族社会之人,犹自不悛,殁为宗族社会之鬼,幡然改悟。宗族制度初若屈于阳世,卒必伸于阴间。而"管事者数人"势力之大,彻于幽明。

《礼记》所载孔子论丧葬、祭祀的要义,一则曰:"众生必死,死必归土,此之谓鬼。骨肉毙于下,阴为野土,其气发扬于上,为昭明,焄蒿凄怆,此百物之精也,神之著也。"一则曰:"鬼神之为德,其盛矣乎!视之而弗见,听之而弗闻,体物而不可遗,使天下之人齐明盛服,以承祭祀,洋洋乎如在其上,如在其左右。"[2]但在清人志异小说中,对鬼神的感受已超越抽象演绎和神秘体验,而完全达到了"实体化"的境地:"事死如事生,事亡如事存"等同于"事死即事生,事亡即事存","祭如在,祭神如神在"等同于"祭即在,祭神即神在"。[3]由此,鬼神成了丧葬、祭祀的真正

---

[1]《右台仙馆笔记》卷十六(665),第431—432页。
[2]《礼记·祭义》,《断句十三经经文》,第92页;《四书章句集注·中庸章句》,第6页。
[3]《四书章句集注·中庸章句》,第8页;《论语集注》卷二《八佾》,第11页。

主体，实际的经历者、体验者与受用者，以致来自它们的回馈竟足以重组丧祭过程。

这些志异小说的作者不无民族、地域、身份及等级差异，但大体均属"文化精英"，其中如纪昀、俞樾尤为佼佼者，而他们的鬼神观恰旷世相应，沆瀣一气。这再次证明，即便从理论上对中国传统知识、思想与信仰做出"大、小传统"的区分，二者在现实中却交织混融，往往有着共同的"载体"。很显然，清人并不在乎搁置繁琐的礼学考辨，借助粗浅的原则与民间礼俗简单对接，对缺乏礼学根据的环节，就干脆认同于民间术数。而死者被纳入宗族体系，生存条件才获保障，乃是清人小说的终极设计。他们止步之处当然不是事实的边界——倘若真有鬼神，问题绝不会那么简单，而是想象的边界，归根结底，是清代社会的边界。

《阅微草堂笔记》

参考文献

艾儒略《职方外纪》,《四库全书》第 594 册,上海:上海古籍出版社,1987 年。
《白玉蟾真人全集》,海口:海南出版社,2015 年。
《八大人觉经》,安世高译,《佛教十三经》,北京:国际文化出版公司,1993 年。
班固《汉书》,北京:中华书局,2010 年。
《般舟三昧经》,支娄迦谶译,《乾隆大藏经》第十三册,北京:中国书店,2010 年。
蔡邕《蔡中郎文集》,《四部丛刊正编》第三十册,台北:商务印书馆,2011 年。
曹操等注《孙子十家注》,上海:上海书店,1992 年。
《长阿含十报法经》,安世高译,《乾隆大藏经》第三十册,北京:中国书店,2010 年。
长白浩歌子《萤窗异草》,北京:人民文学出版社,1999 年。
陈鼓应《老子注译及评介》,北京:中华书局,2015 年。
陈澔《礼记集说》,上海:上海古籍出版社,1994 年。
陈建《皇明从信录》,《续修四库全书·史部》第 355 册,上海:上海古籍出版社,
　　2002 年。
陈立疏证《白虎通疏证》,北京:中华书局,1994 年。
《陈亮集》,北京:中华书局,1974 年。
《陈确集》,北京:中华书局,2009 年。
陈铁民校注《王维集校注》,北京:中华书局,2018 年。
陈扬炯、冯巧英评注《昙鸾集评注》,太原:山西人民出版社,1992 年。
陈中浙《坛经散讲》,北京:商务印书馆,2018 年。
陈子龙等辑《明经世文编》,北京:中华书局,1962 年。
程颢、程颐《二程集》,北京:中华书局,2004 年。
程晋芳《勉行堂诗文集》,合肥:黄山书社,2012 年。
《大般涅槃经》,昙无谶译,《乾隆大藏经》第十七册,北京:中国书店,2010 年。
《大乘本生心地观经》,般若译,《乾隆大藏经》第三十五册,北京:中国书店,
　　2010 年。
《戴名世集》,北京:中华书局,1986 年。

《戴名世遗文集》，北京：中华书局，2002年。
《戴震全集》，北京：清华大学出版社，1999年。
《戴震文集》，北京：中华书局，2006年。
道世《法苑珠林》，《乾隆大藏经》第七十三册，北京：中国书店，2010年。
《道行般若经》，支娄迦谶译，《乾隆大藏经》第九册，北京：中国书店，2010年。
道宣《广宏明集》，上海：上海古籍出版社，1994年。
道宣《续高僧传》，《四朝高僧传》，北京：中国书店，2018年。
邓牧《伯牙琴》，合肥：安徽文艺出版社，2011年。
邓元锡《皇明书》，《四库全书存目丛书·史部》第二十九册，济南：齐鲁书社，1996年。
《地藏菩萨本愿经》，实叉难陀译，上海：上海佛学书局，1991年。
丁福保《佛经精华录笺注》，上海：华东师范大学出版社，2015年。
丁福保《六祖坛经笺注》，台北：新文丰出版公司，1993年。
丁福保《遗教三经笺注》，上海：华东师范大学出版社，2015年。
丁耀亢《出劫纪略》，中国社会科学院历史研究所明史室编《明史资料丛刊》第二辑，南京：江苏人民出版社，1982年。
董仲舒《春秋繁露》，程荣纂辑《汉魏丛书》，长春：吉林大学出版社，1992年。
段成式《酉阳杂俎》，上海：上海古籍出版社，2012年。
《断句十三经经文》，台北：开明书店，1978年。
法式善《陶庐杂录》，北京：中华书局，1997年。
法云《翻译名义集》，《乾隆大藏经》第八十五册，北京：中国书店，2010年。
范祥雍校注《洛阳伽蓝记校注》，上海：上海古籍出版社，1999年。
方以智《浮山文集》，北京：华夏出版社，2017年。
房玄龄等《晋书》，北京：中华书局，1993年。
《佛说大乘无量寿庄严清净平等觉经》，华藏净宗学会成立纪念（非卖品），1989年。
《佛说观无量寿经》，畺良耶舍译，《佛教十三经》，北京：国际文化出版公司，1993年。
《佛说无量寿经》，康僧铠译，《佛教十三经》，北京：国际文化出版公司，1993年。
《佛遗教经》，鸠摩罗什译，《佛教十三经》，北京：国际文化出版公司，1993年。
《抚州曹山元证禅师语录》，《大正新修大藏经》第四十七卷，台北：佛陀教育基金会，1990年。
高步瀛《孟子文法读本》，香港：寰球文化服务社，1979年。
高诱《淮南子注》，上海：上海书店，1992年。
高振农释译《大般涅槃经》，《中国佛学经典宝藏》，北京：东方出版社，2018年。
葛洪《神仙传》，上海：上海古籍出版社，影印文渊阁《四库全书》本，1995年。
顾恩瀚《竹素园丛谈》，收入杨寿柟《云在山房丛书三种》，太原：山西古籍出版社，1996年。

顾炎武《顾亭林诗文集》，北京：中华书局，1983年。

顾炎武《日知录集释》，黄汝成集释，长沙：岳麓书社，1994年。

郭朋校释《坛经校释》，北京：中华书局，2012年。

郭庆藩《庄子集释》，北京：中国书店，据扫叶山房本影印，1988年。

郭沂校补《孔子集语校补》，济南：齐鲁书社，1998年。

郭沂校注《孔子集语校注》，北京：中华书局，2017年。

果滨《敦博本与宗宝本〈六祖坛经〉比对暨研究》，台北：万卷楼图书股份有限公司，2018年。

杭世骏《订讹类编》，北京：中华书局，1997年。

和邦额《夜谭随录》，上海：上海古籍出版社，1988年。

洪迈《容斋随笔》，长沙：岳麓书社，1994年。

洪迈《夷坚志》，北京：中华书局，2006年。

胡应麟《少室山房笔丛》，上海：上海书店出版社，2001年。

黄宝生译注《梵汉对勘阿弥陀经·无量寿经》，北京：中国社会科学出版社，2016年。

黄嗣艾《南雷学案》，上海：正中书局，1936年。

黄震《黄氏日抄》，《全宋笔记》第十编，郑州：大象出版社，2018年。

黄宗羲《明儒学案》（修订本），北京：中华书局，2010年。

黄宗羲《明夷待访录》，段志强译注，北京：中华书局，2017年。

黄宗羲《明夷待访录》，《子海精华编》，南京：凤凰出版社，2017年。

黄宗羲《南雷文定》，《丛书集成初编》，据《粤雅堂丛书》本排印，北京：中华书局，1985年。

《黄宗羲全集》，杭州：浙江古籍出版社，2012年。

黄宗羲原撰、全祖望补修《宋元学案》，北京：中华书局，2009年。

黄遵宪《人境庐诗草》，北京：朝华出版社，2018年。

慧皎《高僧传》，北京：中华书局，1992年。

纪昀《阅微草堂笔记》，天津：天津古籍出版社，1995年。

纪昀《纪晓岚文集》，石家庄：河北教育出版社，1995年。

《江盈科集》，长沙：岳麓书社，1997年。

江永《近思录集注》，上海：上海书店，1987年。

姜义华主编《中国近代思想家文库·孙中山卷》，北京：中国人民大学出版社，2015年。

康有为《大同书》，北京：朝华出版社，2017年。

康有为《孟子微　礼运注　中庸注》，北京：中华书局，1987年。

康有为《南海康先生口说》，广州：中山大学出版社，1985年。

《孔子家语》，上海：上海古籍出版社，1990年。

赖永海、刘丹译注《楞伽经》，北京：中华书局，2010年。

郎瑛《七修类稿》，上海：上海书店出版社，2001年。

《老子道德经》，台北：文史哲出版社，1997年。

《楞伽经》，求那跋陀罗译，《佛教十三经》，北京：国际文化出版公司，1993年。

《楞严经》，般剌密帝译，《佛教十三经》，北京：国际文化出版公司，1993年。

黎靖德编《朱子语类》，北京：中华书局，2020年。

黎翔凤《管子校注》，北京：中华书局，2004年。

李百川《绿野仙踪》，北京：华艺出版社，1993年。

李昉等编《太平广记》，上海：上海古籍出版社，1991年。

李纲《梁溪集》，《四库全书》第1126册，上海：上海古籍出版社，1987年。

李觏《直讲李先生文集》，《四部丛刊正编》第四十一册，台北：商务印书馆，2011年。

李铭皖等修纂《(乾隆)元和县志》，清光绪九年（1883）刊本。

李汝珍《镜花缘》，北京：作家出版社，2020年。

李申校译、方广锠简注《敦煌坛经合校译注》，北京：中华书局，2018年。

李详《李审言文集》，南京：江苏古籍出版社，1989年。

李性学《文章精义》，北京：人民文学出版社，2016年。

《李颙集》，西安：西北大学出版社，2015年。

李贽《焚书》，长沙：岳麓书社，1994年。

梁辰鱼《浣纱记校注》，张忱石等校注，北京：中华书局，1994年。

梁启超《佛学研究十八篇》，北京：商务印书馆，2017年。

梁启超《饮冰室合集》，北京：中华书局，2003年。

梁启雄《韩子浅解》，北京：中华书局，2009年。

林纾《春觉斋论文》，北京：人民文学出版社，1998年。

林纾《畏庐三集》，《林纾集》第一册，福州：福建人民出版社，2020年。

林纾《畏庐文辑佚》，《林纾集》第一册，福州：福建人民出版社，2020年。

刘武《庄子集解内篇补正》，北京：中华书局，1999年。

刘献廷《广阳杂记》，北京：中华书局，1997年。

刘向《古列女传》，《四库全书》第448册，上海：上海古籍出版社，1987年。

刘向《说苑》，程荣纂辑《汉魏丛书》，长春：吉林大学出版社，1992年。

《六度集经》，康僧会译，成都：巴蜀书社，2001年。

龙树《大智度论》，鸠摩罗什译，北京：社会科学文献出版社，2014年。

楼宇烈校释《王弼集校释》，北京：中华书局，2012年。

陆贾《新语》，程荣纂辑《汉魏丛书》，长春：吉林大学出版社，1992年。

《陆九渊集》，北京：中华书局，2008年。

陆人龙《型世言》,《中国话本大系》,南京:江苏古籍出版社,1993年。
《金圣叹全集》(修订版),南京:凤凰出版社,2018年。
栾星编著《歧路灯研究资料》,郑州:中州书画社,1982年。
罗大经《鹤林玉露》,北京:中华书局,1997年。
罗泌《路史》,《四库全书》第383册,上海:上海古籍出版社,1987年。
罗钦顺《困知记》,北京:中华书局,2013年。
吕坤《呻吟语》,长沙:岳麓书社,2016年。
《吕氏春秋》,上海:上海书店,1992年。
《妙法莲华经》,鸠摩罗什译,《佛教十三经》,北京:国际文化出版公司,1993年。
《明实录》,台北:"中研院"历史语言研究所,1962年。
《墨子》,上海:上海古籍出版社,1991年。
聂先《续指月录》,成都:巴蜀书社,2018年。
蒲松龄《聊斋志异》,济南:齐鲁书社,1981年。
普济《五灯会元》,北京:中华书局,1994年。
普宁《宋高僧传》,《四朝高僧传》,北京:中国书店,2018年。
《契嵩集》,桂林:广西师范大学出版社,2012年。
钱大昕《潜研堂文集》,《嘉定钱大昕全集》,南京:江苏古籍出版社,1997年。
钱大昕《十驾斋养新录》,《嘉定钱大昕全集》,南京:江苏古籍出版社,1997年。
钱希言《狯园》,北京:文物出版社,2014年。
《钱玄同文集》,北京:中国人民大学出版社,1999年。
钱仪吉《碑传集》,北京:中华书局,1993年。
《清代文字狱档(增订本)》,上海:上海书店出版社,2011年。
屈大均《广东新语》,北京:中华书局,1997年。
阮元《揅经室集》,北京:中华书局,2006年。
尚荣译注《坛经》,北京:中华书局,2017年。
申时行等《明会典》,北京:中华书局,2007年。
《十三经注疏》,北京:北京大学出版社,2000年。
世亲《阿毗达磨俱舍论》,玄奘译,《乾隆大藏经》第五十七册,北京:中国书店,2010年。
释道原《景德传灯录》,郑州:中州古籍出版社,2019年。
释一如《三藏法数》,彰化:三慧学处,2000年。
释正受《楞伽经集注》,上海:上海古籍出版社,2011年。
司马迁《史记》,上海:上海书店,1992年。
宋起凤《稗说》,中国社会科学院历史研究所明史室编《明史资料丛刊》第二辑,南京:江苏人民出版社,1982年。

孙星衍辑《孔子集语》，上海：上海古籍出版社，1993年。

孙希旦《礼记集解》，北京：中华书局，1995年。

谭峭《化书》，北京：中华书局，1996年。

谭嗣同《仁学》，郑州：中州古籍出版社，1998年。

《唐才常集》，北京：中华书局，1982年。

唐甄《潜书》，北京：中华书局，1984年。

脱脱等《宋史》，北京：中华书局，1985年。

《陀罗尼杂集》，《乾隆大藏经》第六十七册，北京：中国书店，2010年。

汪道鼎《坐花志果》，台南：和裕出版社，1997年。

《王安石全集》，上海：复旦大学出版社，2016年。

王充《论衡》，上海：上海古籍出版社，1990年。

王夫之《读通鉴论》，北京：中华书局，1995年。

王夫之《噩梦》，《梨州船山五书》，台北：世界书局，1974年。

王夫之《黄书》，《梨州船山五书》，台北：世界书局，1974年。

王夫之《姜斋诗话》，北京：人民文学出版社，1998年。

王夫之《思问录》，《梨州船山五书》，台北：世界书局，1974年。

王夫之《俟解》，《梨州船山五书》，台北：世界书局，1974年。

《王国维文学美学论著集》，太原：北岳文艺出版社，1987年。

王弘撰《山志》，北京：中华书局，1999年。

王利器辑录《历代笑话集》，上海：上海古籍出版社，1981年。

王楙《野客丛书》，《全宋笔记》第六编，郑州：大象出版社，2013年。

王明校释《抱朴子内篇校释》（增订本），北京：中华书局，1988年。

王聘珍《大戴礼记解诂》，北京：中华书局，1992年。

王士禛《池北偶谈》，北京：中华书局，1997年。

王世贞《读书后》，《四库明人文集丛刊》，上海：上海古籍出版社，1993年。

王守仁《王阳明全集》，上海：上海古籍出版社，1995年。

王叔岷《庄子校诠》，北京：中华书局，2007年。

《王廷相集》，北京：中华书局，1989年。

王应麟《困学纪闻》，沈阳：辽宁教育出版社，1998年。

王贞珉、王利器辑《历代笑话集续编》，沈阳：春风文艺出版社，1985年。

王直《抑庵文集》，《四库全书》第1242册，上海：上海古籍出版社，1987年。

魏代富疏证《尸子疏证》，南京：凤凰出版社，2018年。

魏泰《东轩笔录》，上海：上海古籍出版社，2012年。

《文子》，上海：上海古籍出版社，1991年。

无著《瑜伽师地论》，玄奘译，北京：宗教文化出版社，2008年。

《无量寿如来会》，菩提流志译，《大正新修大藏经》第十一卷，台北：佛陀教育基金会，1990年。

吴澄《礼记纂言》，《四库全书》第121册，上海：上海古籍出版社，1987年。

吴友如《晚清社会风俗百图》，孙继林编，上海：学林出版社，1996年。

吴趼人《海上游骖录》，广州：花城出版社，1988年。

吴趼人《俏皮话·观音菩萨》，广州：广东人民出版社，1981年。

谢肇淛《五杂组》，沈阳：辽宁教育出版社，2001年。

徐复《訄书详注》，上海：上海古籍出版社，2017年。

徐秉义《明末忠烈纪实》，杭州：浙江古籍出版社，1987年。

徐朝华《尔雅今注》，天津：南开大学出版社，1994年。

《徐渭集》，北京：中华书局，1999年。

许富宏校注《鬼谷子集校集注》，北京：中华书局，2018年。

许维遹校释《韩诗外传集释》，北京：中华书局，2005年。

许治等修纂《（同治）苏州府志》，清乾隆二十一年（1761）刊本。

玄奘《大唐西域记》，上海：上海人民出版社，1977年。

《荀子》，上海：上海古籍出版社，1993年。

《严复全集》，福州：福建教育出版社，2014年。

严可均校辑《全上古三代秦汉三国六朝文》，北京：中华书局，1999年。

颜元《四存编》，《子海精华编》，南京：凤凰出版社，2016年。

颜之推《颜氏家训》，程荣纂辑《汉魏丛书》，长春：吉林大学出版社，1992年。

杨伯峻编著《春秋左传注》（修订本），北京：中华书局，2005年。

杨伯峻《列子集释》，北京：中华书局，1991年。

杨伯峻译注《论语译注》，北京：中华书局，1998年。

杨伯峻译注《孟子译注》，北京：中华书局，2003年。

杨伦《杜诗镜铨》，上海：上海古籍出版社，1998年。

杨明照《抱朴子外篇校笺》，北京：中华书局，1996—1997年。

杨泰亨纂《（光绪）慈溪县志》，上海：上海书店，影印1899年刘一柱校补德润书院刻本，《中国地方志集成》，1993年。

杨延毅译注《金刚经·坛经》，西宁：青海人民出版社，2002年。

姚鼐《惜抱轩文集》，《四部丛刊正编》第八十四册，台北：商务印书馆，2011年。

一行《大毗卢遮那成佛经疏》，《大正新修大藏经》第三十九卷，台北：佛陀教育基金会，1990年。

佚名《湖海新闻夷坚续志》，北京：中华书局，2006年。

佚名（原署李贽）《四书评》，上海：上海人民出版社，1975年。

佚名（原署吴承恩）《西游记》，武汉：长江文艺出版社，1985年。

永瑢等《四库全书总目》,北京:中华书局,1995年。

袁黄《袁了凡静坐要诀》(增订本),上海:上海古籍出版社,2018年。

袁黄《了凡四训》,北京:中华书局,2016年。

袁珂校注《山海经校注》,成都:巴蜀书社,1993年。

袁枚《小仓山房诗文集》,上海:上海古籍出版社,2009年。

袁枚《新齐谐 续新齐谐》,北京:人民文学出版社,1996年。

余嘉锡笺疏《世说新语笺疏》,北京:中华书局,2007年。

俞凤翰《高辛砚斋杂著》,北京:文物出版社,2017年。

俞蛟《梦厂杂著》,北京:北京古籍出版社,2001年。

俞万春《荡寇志》,北京:人民文学出版社,1985年。

俞樾《茶香室丛钞》,北京:中华书局,2012年。

俞樾《春在堂随笔》,南京:江苏古籍出版社,2000年。

俞樾《九九销夏录》,北京:中华书局,1995年。

俞樾《右台仙馆笔记》,上海:上海古籍出版社,1986年。

《俞樾全集》,杭州:浙江古籍出版社,2018年。

俞正燮《癸巳存稿》,沈阳:辽宁教育出版社,2003年。

《圆悟佛果禅师语录》,《大正新修大藏经》第四十七卷,台北:佛陀教育基金会,1990年。

岳珂《桯史》,北京:中华书局,1997年。

《杂阿含经》,求那跋陀罗译,《乾隆大藏经》第三十册,北京:中国书店,2010年。

《战国策》,上海:上海书店,1993年。

张潮《幽梦影》,杭州:浙江人民美术出版社,2017年。

张岱《快园道古》,杭州:浙江古籍出版社,1986年。

张之洞《劝学篇》,上海:上海书店出版社,2002年。

张燧《〈千百年眼〉校释》,朱志先校释,武汉:武汉大学出版社,2018年。

张廷玉等《明史》,北京:中华书局,1991年。

章太炎《国学讲演录》,上海:华东师范大学出版社,1995年。

《章太炎全集(三)》,上海:上海人民出版社,1984年。

《章太炎全集(七)》,上海:上海人民出版社,2015年。

《章太炎全集(十)》,上海:上海人民出版社,2017年。

章太炎《太炎文录初编》,上海:上海书店,1992年。

章学诚《乙卯札记 丙辰札记 知非日札》,北京:中华书局,1986年。

昭梿《啸亭杂录》,北京:中华书局,1997年。

赵在翰辑《七纬》,北京:中华书局,2012年。

真德秀《西山文集》,《四库全书》第1174册,上海:上海古籍出版社,1987年。

震华《续比丘尼传》,《高僧传合集》,上海:上海古籍出版社,2011年。
智颛《妙法莲华经文句》,《乾隆大藏经》第六十九册,北京:中国书店,2010年。
智旭《佛说阿弥陀经要解》,香港佛教法喜精舍,1998年。
智旭《阅藏知津》,北京:中华书局,2015年。
周密《癸辛杂识》,北京:中华书局,1997年。
朱保炯等编《明清进士题名碑录索引》,上海:上海古籍出版社,1998年。
朱东润编年校注《梅尧臣集编年校注》,上海:上海古籍出版社,2006年。
朱东润选注《陆游选集》,上海:上海古籍出版社,2013年。
朱国祯《涌幢小品》,北京:文化艺术出版社,1998年。
朱海《妄妄录》,北京:文物出版社,2015年。
《朱舜水集》,北京:中华书局,1984年。
《朱文公校昌黎先生集》,《四部丛刊正编》第三十四册,台北:商务印书馆,2011年。
朱熹《四书章句集注》,北京:中华书局,2006年。
朱铸禹汇校集注《全祖望集汇校集注》,上海:上海古籍出版社,2000年。
袾宏(莲池大师)《竹窗随笔》,台北:法尔出版社,1988年。
袾宏《莲池大师文集》,北京:九州出版社,2013年。
曾国藩《曾文正公诗文集》,《四部丛刊正编》第九十一册,台北:商务印书馆,2011年。
邹弢《浇愁集》,合肥:黄山书社,2009年。

陈来《古代宗教与伦理——儒家思想的根源》,北京:生活·读书·新知三联书店,1996年。
陈来《中国近世思想史研究》,北京:商务印书馆,2003年。
《陈旭麓文集》,上海:华东师范大学出版社,1997年。
杜继文、魏道儒《中国禅宗史》,南京:江苏人民出版社,2008年。
杜维明《中庸:论儒学的宗教性》,段智德译,林同奇校,北京:生活·读书·新知三联书店,2013年。
高翔《近代的初曙——18世纪中国观念变迁与社会发展》,北京:社会科学文献出版社,2000年。
葛兆光《中国经典十种》,香港:中华书局,1993年。
葛兆光《中国思想史》,上海:复旦大学出版社,2005年。
顾诚《南明史》,北京:中国青年出版社,1997年。
《顾颉刚全集·顾颉刚古史论文集》,北京:中华书局,2011年。
郭沫若《十批判书》,北京:东方出版社,1996年。

何炳棣《思想制度史论》，范毅军、何汉威整理，台北：联经出版事业股份有限公司，2013年。
何兆武《历史理性批判散论》，长沙：湖南教育出版社，1994年。
《胡适文存四集》，《胡适文集》第五册，北京：北京大学出版社，2013年。
胡新生《中国古代巫术》，北京：人民出版社，2010年。
黄景略等《中华文化通志·丧葬陵墓志》，上海：上海人民出版社，1998年。
黄云眉《史学杂稿订存》，济南：齐鲁书社，1980年。
黄志清编《周作人论文集》，香港：汇文阁书店，1972年。
季学原、桂兴沅《明夷待访录导读》，成都：巴蜀书社，1992年。
李零《兵以诈立：我读〈孙子〉》，北京：中华书局，2012年。
李零《丧家狗——我读〈论语〉》，太原：山西人民出版社，2009年。
李零《中国方术考》（修订本），北京：东方出版社，2001年。
李明友《一本万殊——黄宗羲的哲学与哲学史观》，北京：人民出版社，1995年。
李叔还《道教大辞典》，杭州：浙江古籍出版社，1990年。
李洵《下学集》，北京：中国社会科学出版社，1995年。
李泽厚《论语今读》，北京：生活·读书·新知三联书店，2004年。
李泽厚《新版中国古代思想史论》，天津：天津社会科学院出版社，2008年。
《林语堂作品精选》，武汉：长江文艺出版社，2012年。
《鲁迅全集》，上海：上海科学技术文献出版社，据1938年版影印，2016年。
吕澂《中国佛学源流略讲》，北京：中华书局，1991年。
吕思勉《经子解题》，上海：华东师范大学出版社，1995年。
吕思勉《吕著中国通史》，上海：华东师范大学出版社，1996年。
吕思勉《先秦学术概论》，上海：东方出版中心，1996年。
《毛泽东选集》第二卷，北京：人民出版社，2008年。
欧阳竟无《孔学杂著》，济南：山东人民出版社，1997年。
潘星辉《存傅诗话》，香港：中华书局，2013年。
潘星辉《返魅之旅：中国古代美术异史》，杭州：浙江大学出版社，2017年。
《浦江清文录》，北京：人民文学出版社，1989年。
钱锺书《管锥编》，北京：中华书局，1996年。
钱锺书《七缀集》，北京：生活·读书·新知三联书店，2019年。
钱锺书《写在人生边上　人生边上的边上》，北京：生活·读书·新知三联书店，2019年。
钱锺书《谈艺录》，香港：中华书局，1986年。
秦晖《中国传统十论》，北京：东方出版社，2015年。
沈善增《还吾庄子》，上海：学林出版社，2002年。

宋永培《〈说文〉与训诂研究论集》，北京：商务印书馆，2013年。
孙昌武《禅宗十五讲》，北京：中华书局，2019年。
《唐文治国学演讲录》，上海：上海交通大学出版社，2017年。
韦政通《中国思想史》，上海：上海书店出版社，2002年。
韦政通《中国哲学辞典》，台北：水牛出版社，1993年。
吴波《阅微草堂笔记研究》，上海：上海古籍出版社，2005年。
吴光等主编《黄梨洲三百年祭》，北京：当代中国出版社，1997年。
萧登福《道家道教与中土佛教初期经义发展》，上海：上海古籍出版社，2003年。
熊十力《存斋随笔》，上海：上海远东出版社，1996年。
阎步克《中国古代官阶制度引论》，北京：北京大学出版社，2010年。
杨明照《学不已斋杂著》，北京：中华书局，2019年。
印顺《中国禅宗史》，扬州：广陵书社，2008年。
余英时《论戴震与章学诚》，北京：生活·读书·新知三联书店，2000年。
余英时《现代儒学的回顾与展望》，北京：生活·读书·新知三联书店，2004年。
张国刚、乔治忠等《中国学术史》，上海：东方出版中心，2002年。
张岂之主编《中国历史·元明清卷》，北京：高等教育出版社，2002年。
赵纪彬《论语新探》，北京：人民出版社，1976年。
赵园《明清之际士大夫研究》，北京：北京大学出版社，2000年。
《周叔迦佛学论著集》，北京：中华书局，1991年。
《周作人散文全集》，桂林：广西师范大学出版社，2009年。
《朱光潜全集》第六册《我与文学及其他》，北京：中华书局，2012年。
朱维铮《走出中世纪二集》，上海：复旦大学出版社，2008年。

［德］路德维希·费尔巴哈（Ludwig Andreas Feuerbach）《基督教的本质》，荣震华译，北京：商务印书馆，2007年。

［德］卡尔·雅斯贝斯（Karl Theodor Jaspers）《历史的起源与目标》，魏楚雄等译，北京：华夏出版社，1989年。

［德］马克斯·韦伯（Max Weber）《儒教与道教》，洪天富译，南京：江苏人民出版社，2003年。

［法］列维－布留尔（Lucien Lévy-Bruhl）《原始思维》，丁由译，北京：商务印书馆，1981年。

［美］杰伊·帕里尼（Jay Parini）《最后一站》，张愉译，西安：陕西人民出版社，2010年。

［美］罗伯特·赖特（Robert Wright）《非零和：人类命运的逻辑》，北京：新华出版社，2019年。

［英］詹姆斯·弗雷泽（James George Frazer）《金枝——巫术与宗教之研究》，汪培基等译，北京：商务印书馆，2019年。

［英］杰克·特里锡德（Jack Tresidder）《象征之旅：符号及其意义》，石毅等译，北京：中央编译出版社，2001年。

［英］李约瑟（Joseph Terence Montgomery Needham）《文明的滴定——东西方的科学与社会》，张卜天译，北京：商务印书馆，2016年。

［英］理查德·道金斯（Richard Dawkins）《自私的基因》，卢允中等据2006年第三版译，北京：中信出版社，2012年。

［德］《马克思恩格斯选集》第四卷，北京：人民出版社，2001年。

何剑平《葛洪〈神仙传〉创作理论考源——以〈左慈传〉为考察中心》，《四川大学学报（哲社版）》2007年第1期，第79—86页。

毛佩琦《从明到清的历史转折——明在衰败中走向活泼开放，清在强盛中走向僵化封闭》，《明史研究论丛》第六辑，2004年，第272—287页。

潘星辉《南明浙江抗清活动研究（上篇）》，《新亚学报》第三十四卷，2017年8月，第315—368页。

潘星辉《〈庄子·徐无鬼〉"践—知"论索解》，《经学文献研究集刊》第十四辑，上海：上海书店出版社，2015年，第60—67页。

乔治忠《清朝〈四库全书〉馆隐没图书的另类手段——以三种史籍的遭际为例》，《史学理论与史学史学刊》，2017年8月，第155—170页。

孙卫华《〈明夷待访录〉果真曾是禁书吗？》，《人文论丛》2010年卷，第101—115页。

万明《明代白银货币化与明朝兴衰》，《明史研究论丛》第六辑，2004年，第395—396页。

王闰吉《"㺑獠"的词义及其宗教学意义》，《汉语史学报》2013年第1期，第257—268页。

杨曾文《敦煌本〈坛经〉的佛经引述及其在惠能禅法中的意义》，收入《周绍良先生纪念文集》，北京：北京图书馆出版社，2006年，第453—464页。

张隆溪《中国古代的类比思想》，《文景》2006年第12期，第56—59页。

张伟然《历史学家缺席的中国佛教研究》，《华东师范大学学报（哲社版）》2008年第4期，第19—21页。

张渊《〈管子·形势〉"抱蜀不言"之"蜀"再议》，《广播电视大学学报（哲学社会科学版）》2016年第2期，第47—50页。

［美］魏斐德（F. E. Wakeman）《明清更替：十七世纪的危机抑或轴心突破》，《中国学术》2002年第3辑，第1—16页。

"古典与文明"丛书

第一辑

义疏学衰亡史论　乔秀岩　著

文献学读书记　乔秀岩　叶纯芳　著

千古同文:四库总目与东亚古典学　吴国武　著

礼是郑学:汉唐间经典诠释变迁史论稿　华　喆　著

唐宋之际礼学思想的转型　冯　茜　著

中古的佛教与孝道　陈志远　著

《奥德赛》中的歌手、英雄与诸神　〔美〕查尔斯·西格尔　著

奥瑞斯提亚　〔英〕西蒙·戈德希尔　著

希罗多德的历史方法　〔美〕唐纳德·拉泰纳　著

萨卢斯特　〔新西兰〕罗纳德·塞姆　著

古典学的历史　〔德〕维拉莫威兹　著

母权论:对古代世界母权制宗教性和法权性的探究

〔瑞士〕巴霍芬　著

"古典与文明"丛书

第二辑

作与不作：早期中国对创新与技艺问题的论辩　〔美〕普　鸣　著
成神：早期中国的宇宙论、祭祀与自我神化　〔美〕普　鸣　著
海妖与圣人：古希腊和古典中国的知识与智慧
　　〔美〕尚冠文　杜润德　著
阅读希腊悲剧　〔英〕西蒙·戈德希尔　著
蘋蘩与歌队：先秦和古希腊的节庆、宴飨及性别关系　周轶群　著
古代中国与罗马的国家权力　〔美〕沃尔特·沙伊德尔　编

学术史读书记　乔秀岩　叶纯芳　著
两汉经师传授文本征微　虞万里　著
推何演董：董仲舒《春秋》学研究　黄　铭　著
周孔制法：古文经学与教化　陈壁生　著
《大学》的古典学阐释　孟　琢　著
参赞化育：惠栋易学考古的大道微言　谷继明　著